그림으로 쉽게 배우는
HTML+CSS+자바스크립트
직관적인 그림과 이해하기 쉬운 예제로
탄탄하게 익히는 웹 개발 기초

그림으로 쉽게 배우는
HTML+CSS+자바스크립트
직관적인 그림과 이해하기 쉬운 예제로
탄탄하게 익히는 웹 개발 기초

지은이 임지영

펴낸이 박찬규 **엮은이** 이대엽 **디자인** 북누리 **표지디자인** Arowa & Arowana

펴낸곳 위키북스 **전화** 031-955-3658, 3659 **팩스** 031-955-3660

주소 경기도 파주시 문발로 115 세종출판벤처타운 311호

가격 27,000 **페이지** 452 **책규격** 175 x 235mm

초판 발행 2025년 09월 10일
ISBN 979-11-5839-615-2 (93000)

등록번호 제406-2006-000036호 **등록일자** 2006년 05월 19일

홈페이지 wikibook.co.kr **전자우편** wikibook@wikibook.co.kr

Copyright ⓒ 2025 by 임지영
All rights reserved.
First published in Korea in 2025 by WIKIBOOKS

이 책의 한국어판 저작권은 저작권자와 독점 계약한 위키북스에 있습니다.
신저작권법에 의해 한국 내에서 보호를 받는 저작물이므로 무단 전재와 복제를 금합니다.

이 책의 내용에 대한 추가 지원과 문의는 위키북스 출판사 홈페이지 wikibook.co.kr이나
이메일 wikibook@wikibook.co.kr을 이용해 주세요.

그림으로 쉽게 배우는

HTML+CSS+자바스크립트

임지영 지음

직관적인 그림과 이해하기 쉬운 예제로
탄탄하게 익히는 웹 개발 기초

위키북스

저자 소개

임지영

깊게 이해하고 쉽게 설명하는 것이 목표인 개발자다. 비전공자로 혼자 개발을 배우며 쌓은 경험을 바탕으로, 입문자에게 도움이 되는 책을 쓰고 외부 강의를 진행하고 있다. 현재는 크래프톤에서 근무 중이며, 데이터 기반의 사내 서비스 개발 경험을 바탕으로 지금은 언어 모델을 활용한 기업 내 AI 에이전트 · 챗봇 프로젝트에 참여하고 있다.

예제 파일 다운로드

이 책에서 사용하는 예제 파일은 아래 사이트에서 내려받을 수 있습니다.

- 위키북스 깃허브

  https://github.com/wikibook/hcj

- 위키북스 홈페이지

  https://wikibook.co.kr/hcj/

자세한 내용은 본문 19페이지를 참조하세요.

프롤로그

여러분이 생각하는 '웹'은 무엇인가요?

아마 구글이나 네이버처럼 정보를 검색하는 곳일 수도, 유튜브나 웹툰처럼 즐길 거리를 제공하는 공간일 수도 있습니다. 그러나 오늘날의 웹은 단순히 PC 화면에 그치지 않고, 스마트폰과 태블릿, 심지어 자동차의 내비게이션이나 스마트워치까지 다양한 기기와 영역에서 활용되고 있습니다.

예를 들어, 우리가 매일 사용하는 금융 앱이나 쇼핑 앱의 상당 부분은 웹 기술을 기반으로 만들어졌으며, 게임의 일부 화면에서도 웹이 사용됩니다. 이처럼 웹은 우리의 일상 깊숙이 자리 잡고 있으며, 계속해서 새로운 모습으로 확장되고 있습니다. 따라서 웹 개발을 배우는 것은 단순히 홈페이지를 만드는 것을 넘어, 우리가 매일 접하는 기술을 직접 만들어가는 첫걸음이 됩니다.

무언가를 처음 배우는 것은 언제나 쉽지 않습니다. 저 또한 처음 웹 개발을 시작했을 때 HTML과 CSS 문법을 외우고, 예상대로 동작하지 않는 코드와 씨름하며 수많은 시행착오를 겪었습니다. 버튼 하나를 제대로 만들고, 원하는 위치에 배치하는 것도 쉽지 않았습니다. 하지만 점점 코드가 쌓이고, 작은 기능들이 하나씩 동작하는 것을 보며 재미를 느꼈고, 마침내 완성된 웹 페이지를 만들었을 때는 큰 성취감을 얻을 수 있었습니다. 아마도 그때의 즐거운 경험이 있었기에 지금까지 개발을 계속하고 있는 것 같습니다.

이 책은 그런 경험을 바탕으로 웹 개발을 처음 접하는 분들이 더 쉽게 배우고 즐길 수 있도록 구성했습니다. 초보자들도 쉽게 따라올 수 있도록 다양한 그림과 친숙한 비유, 그리고 직접 실습할 수 있는 예제를 활용해 어려운 개념들을 풀어냈습니다. 또한 실습 프로젝트에서는 HTML/CSS/자바스크립트를 활용해 하나의 완성된 웹 페이지를 제작하며, 앞에서 배운 내용을 종합적으로 적용할 수 있게 구성했습니다. 마지막으로 웹 접근성과 프런트엔드 라이브러리 등, 이 책을 마친 후 여러분이 나아갈 수 있는 다양한 방향도 함께 소개합니다.

이 책이 여러분에게 웹 개발의 첫걸음을 내딛는 데 든든한 출발점이자 길잡이가 되기를 바랍니다.

마지막으로, 이번 책 또한 성공적으로 완성할 수 있도록 많은 도움을 주신 이대엽 편집자님을 비롯한 위키북스 편집자 여러분, 그리고 언제나 아낌없는 응원을 보내준 가족과 지인들, 존재만으로 큰 위로가 되어 준 지수에게 진심으로 감사드립니다.

목차

01. 처음 만나는 웹 … 1

1.1 웹은 어떻게 동작하나요? … 2
전 세계를 하나로, 웹 … 2
웹은 어떻게 동작할까? … 4
사용자의 화면을 담당하는 프런트엔드 … 7

1.2 간단하게 살펴보는 웹 개발 … 7
서비스의 이면을 담당하는 백엔드와 데이터베이스 … 9

02. 개발 도구와 친해지기 … 13

2.1 코드 편집기로 더 편리하게 개발하기 … 14
코드 편집기란? … 14
VS Code 맛보기 … 18
구글 홈페이지로 알아보는 개발자 도구 … 23

2.2 개발자 도구로 웹 브라우저 200% 활용하기 … 23
HTML과 CSS를 확인하는 Elements 탭 … 25
Console 탭으로 자바스크립트 코드 작성하기 … 28
서비스의 모든 파일이 있는 Source 탭 … 30

03. 웹 페이지의 뼈대를 구성하는 HTML … 34

3.1 든든한 뼈대 HTML … 35
하이퍼텍스트로 알아보는 HTML … 35
HTML4와 HTML5는 무엇이 다를까? … 36
HTML의 기본, 태그 … 38

3.2 태그와 속성 … 38
태그를 풍성하게 만드는 속성 … 41

3.3 HTML의 기본 구조 42
    HTML의 기본 구조 살펴보기 43
    VS Code로 간편하게 HTML 문서 만들기 46

04. 자주 쓰이는 기본 HTML 태그 50

4.1 텍스트와 구조 51
    제목을 표현하는 ⟨h1⟩ ~ ⟨h6⟩ 태그 51
    단락을 표현하는 ⟨p⟩ 태그 52
    공백을 추가하는 ⟨br⟩ 태그 53
    선으로 내용을 구분하는 ⟨hr⟩ 태그 55
    텍스트를 강조하는 태그: ⟨strong⟩, ⟨em⟩ 56
    이미지를 삽입하는 ⟨img⟩ 태그 57

4.2 이미지와 링크 57
    웹 페이지를 자유롭게 이동하는 ⟨a⟩ 태그 59
    ⟨ul⟩로 순서가 없는 목록 만들기 61

4.3 목록 만들기 61
    ⟨ol⟩로 순서가 있는 목록 만들기 63
    설명 목록을 만드는 ⟨dl⟩, ⟨dt⟩, ⟨dd⟩ 64
    ⟨table⟩과 ⟨caption⟩으로 표 정의하기 65

4.4 표 만들기 65
    행과 열을 만드는 ⟨tr⟩, ⟨th⟩, ⟨td⟩ 태그 66
    셀 영역을 확장하는 rowspan, colspan 69
    ⟨audio⟩, ⟨video⟩ 태그로 멀티미디어 삽입하기 71

4.5 멀티미디어 요소 71
    ⟨source⟩ 태그로 다양한 형식의 콘텐츠 추가하기 73
    블록 요소와 인라인 요소 74

4.6 레이아웃 이해하기 74
    ⟨div⟩와 ⟨span⟩으로 레이아웃 만들기 76
    HTML5에서 새로 등장한 시맨틱 태그 78
    폼을 정의하는 ⟨form⟩ 태그 80

4.7 폼과 사용자 입력	80
〈input〉 태그로 다양한 내용 입력받기	81
〈label〉 태그로 폼 요소에 라벨 추가하기	82
radio와 checkbox로 원하는 옵션 선택하기	83
여러 줄의 텍스트를 입력할 수 있는 〈textarea〉	85
선택 상자를 만드는 〈select〉	86
버튼을 생성하는 〈button〉	87
회원 가입 폼 완성하기	88

05. 웹 페이지를 풍성하게 만드는 CSS 94

5.1 CSS로 화려하게 꾸미기	95
스타일을 담당하는 CSS	95
CSS는 왜 중요할까?	96
CSS의 기본 구문	98
5.2 기본 작성 방식과 주석	98
CSS에서 주석 사용하기	100
5.2 CSS는 어디에 작성해야 할까?	101
요소에 직접 적용하는 인라인 스타일	102
여러 요소에 적용하는 내부 스타일시트	103
파일을 넘나드는 외부 스타일시트	104
모든 요소를 선택하는 전체 선택자	106
5.3 CSS 기본 선택자	106
특정 요소만 선택하는 타입 선택자	108
클래스로 동일한 스타일 적용하기	109
하나의 요소에만 스타일을 적용하는 ID 선택자	110
요소의 속성을 선택하는 속성 선택자	111
그룹 선택자로 여러 요소에 스타일 적용하기	113
5.4 더 많은 선택자 활용하기	113
결합자로 하위 요소 선택하기	115
상태에 따라 적용하는 가상 클래스 선택자	118

06. 꼭 알아야 할 CSS 기본 속성   123

6.1 텍스트 스타일을 바꾸는 속성   124
폰트를 지정하는 font-family   124
크기를 지정하는 font-size   126
스타일을 정의하는 font-style   129
두께를 정의하는 font-weight   130
색상을 지정하는 color   131
줄 간격을 설정하는 line-height   135

6.2 텍스트 레이아웃 속성   135
text-align으로 텍스트 정렬하기   137
텍스트에 선을 추가하는 text-decoration   139
글자 사이 간격을 담당하는 letter-spacing   140
단어 사이 간격을 담당하는 word-spacing   141
배경색을 설정하는 background-color   142

6.3 화면을 더욱 다채롭게, 배경 속성   142
배경에 이미지를 적용하는 다양한 속성   143
배경에 그러데이션 적용하기   153
background 단축 속성으로 간편하게 선언하기   157
박스 모델 이해하기   158

6.4 박스 모델 이해하기   158
개발자 도구로 박스 모델 확인하기   160
width, height로 요소의 크기 정하기   161
margin과 padding으로 여백 만들기   163
border로 테두리 만들기   167
border-radius로 테두리 둥글게 만들기   170
박스 모델 범위를 정하는 box-sizing   172

6.5 기본 레이아웃 속성   173
요소를 어떻게 보여줄지 정하는 display   174
요소의 배치 방식을 정하는 position   176
z-index로 순서 정하기   181
어디에 띄울까? float   184

07. 웹 페이지의 완성도를 높이는 CSS 고급 속성   190

7.1 복잡한 레이아웃 간단히 구현하기   191
플렉스박스로 질서 있게 정렬하기   192
플렉스박스 컨테이너의 속성   193
플렉스박스 아이템의 속성   203
가로세로 그리드   210
그리드 컨테이너의 속성   210
그리드 아이템의 속성   214
템플릿으로 그리드 쉽게 사용하기   216

7.2 반응형 디자인 구현하기   218
뷰포트로 다양한 기기에서 표시하기   219
크기에 따라 스타일이 달라지는 미디어 쿼리   220
유튜브 카드 레이아웃 따라 하기   225

7.3 다양한 효과와 애니메이션 적용하기   227
요소의 스타일 변화를 부드럽게 만드는 transition   228
animation 속성으로 애니메이션 효과 적용하기   230
자유자재로 변형하는 transform   233
그림자를 추가하는 box-shadow   236
불투명도를 설정하는 opacity   238
다양한 그래픽 효과를 적용하는 filter 속성   240

7.4 웹 폰트 사용하기   242
간편하게 사용하는 외부 웹 폰트   243
내부 웹 폰트로 빠르게 폰트 불러오기   248

08. 웹 페이지에 생동감을 불어넣는 자바스크립트   257

8.1 웹 페이지에 생명을 불어넣는 자바스크립트   258
자바스크립트로 웹 페이지를 동적으로 바꾸기   258
프로그래밍 언어란?   260
HTML 문서 내부에 자바스크립트 코드 추가하기   262

8.2 자바스크립트 코드는 어디에 작성해야 할까? 262
  HTML 문서와 외부 자바스크립트 파일 연결하기 264
  자바스크립트 코드는 결과를 어떻게 확인할까? 266

8.3 미리 알아두면 좋은 자바스크립트 개념 266
  콘솔로 빠르게 오류 해결하기 269
  컨벤션과 주석으로 깔끔하게 코딩하기 271

09. 자바스크립트의 기본 문법 익히기 278

9.1 무엇이든 담을 수 있는 변수 279
  변수란? 279
  변수 만들기 280
  let, const, var? 281
  숫자 283
  문자열 283

9.2 변수의 자료형 283
  불리언 285
  null과 undefined 285
  객체 286
  배열 288

9.3 더하고 빼고 연산자 291
  산술 연산자 292
  비교 연산자 294
  논리 연산자 295
  만약 이랬다면? 조건문 296

9.4 제어 흐름(조건문, 반복문) 296
  if, else if, else 문 297
  삼항 연산자 299
  switch 문 299
  반복문으로 원하는 만큼 반복하기 301
  for 문 301
  for...of 303

while 문   305
do...while 문   306
함수란?   307

9.5 함수   307
매개변수 사용하기   308
반환값 활용하기   310
화살표 함수로 더 쉽게 표현하기   311

10. 자바스크립트로 동적인 웹 페이지 만들기   317

10.1 DOM으로 요소에 접근하기   318
웹 페이지의 구조, DOM   318
HTML 요소에 접근하는 다양한 방법   320
텍스트를 조작하는 textContent   325

10.2 HTML 콘텐츠 조작하기   325
innerHTML로 콘텐츠 수정하기   326
HTML 요소의 속성 변경하기   328
인라인 스타일 추가하기   332

10.3 CSS 스타일 수정하기   332
클래스 목록 조작하기   334
이벤트란?   338

10.4 이벤트와 이벤트 리스너   338
이벤트를 감지하는 이벤트 리스너   339
이벤트 객체로 더 다양하게 처리하기   342

10.5 폼 요소 조작하기   345
폼 항목 데이터 가져오기   346
폼 이벤트 관리하기   349

11. 처음 만드는 웹 페이지 — 357

11.1 프로젝트 소개 및 작업 준비 — 358
- 프로젝트 미리보기 — 358
- 작업 폴더 준비하기 — 362
- 기본 레이아웃 구현하기 — 367

11.2 메인 페이지 구현하기 — 367
- 헤더 구현하기 — 369
- 본문 구현하기 — 373
- 푸터 구현하기 — 380
- 레이아웃 구현하기 — 383

11.3 팝업 창 구현하기 — 383
- 팝업 본문 태그 구현하기 — 387
- 팝업 본문 스타일 구현하기 — 389
- 자바스크립트로 동적 기능 추가하기 — 394
- 깃허브란? — 399

11.4 깃허브 페이지로 웹사이트 배포하기 — 399
- 웹사이트 배포하기 — 400

12. 더 나아가기 — 409

12.1 모두를 위한 웹 접근성 — 410
- 웹 접근성이란? — 410
- 음성으로 모든 내용을 확인할 수 있도록 — 411
- 시각적으로 인지가 어려워도 사용할 수 있도록 — 412
- 신체에 제한이 있어도 사용할 수 있도록 — 413

12.2 API와 데이터 사용 — 416
- API란? — 417
- 자바스크립트에서 API 사용하기 — 419
- 프런트엔드 라이브러리는 왜 필요할까? — 424

12.3 프런트엔드 라이브러리 사용하기 — 424
- 나에게 맞는 라이브러리 선택하기 — 428

01

처음 만나는 웹

우리가 앞으로 만들게 될 웹 페이지는 웹이라 불리는 공간에서 보이는 화면을 의미합니다. 그렇다면 웹이라는 가상의 공간은 어떻게 탄생했고, 어떤 구조로 이뤄져 있을까요? 1장에서는 본격적인 개발에 앞서 웹에 대해 간단히 살펴봅니다.

1.1 웹은 어떻게 동작하나요?

미술관에 가본 적이 있으신가요? 만약 눈앞에 르네상스 시대의 명화가 있다고 생각해 봅시다. 다른 배경지식 없이 그림만 보며 감상하는 것도 좋은 방법이지만 오디오 가이드나 작품 해설집을 통해 르네상스 시대의 특징과 화가의 배경을 이해한다면 더욱 다양한 각도로 작품을 깊게 감상할 수 있을 것입니다.

그림 1.1 웹의 배경을 이해하고 HTML 코드를 보는 모습

웹 개발 또한 이와 유사합니다. 지금 바로 필요한 코드를 작성할 수도 있지만 웹이 무엇이고 어떤 방식으로 동작하는지 간단하게라도 이해하고 나면 이 책에서 배우게 될 HTML, CSS, 자바스크립트뿐만 아니라 앞으로의 웹 개발 여정에서 필요한 지식들을 더 쉽고 빠르게 이해할 수 있을 것입니다.

그럼 웹과 친해지는 시간을 한번 가져볼까요?

전 세계를 하나로, 웹

흔히 웹(Web)으로 불리는 **월드 와이드 웹(World Wide Web; WWW)**은 인터넷에 연결된 컴퓨터들이 서로 정보를 공유하고 찾아볼 수 있는 공간을 의미합니다. 전 세계에 흩어진 정보가 말 그대로 하나의 거미줄처럼 촘촘히 연결돼 있어 우리는 웹을 통해 원하는 정보를 번거로운 과정 없이 빠르게 찾을 수 있습니다.

웹은 1989년 CERN(유럽 입자 물리 연구소)에서 소프트웨어 공학자로 근무하던 팀 버너스 리(Tim Berners-Lee)에 의해 최초로 고안됐습니다. 당시 그는 전 세계 여러 나라에서 일하고 있는 물리학자들이 사용하는 하드웨어와 소프트웨어 사양이 각자 다르고 물리적으로도 멀리 떨어져 있어 연구 자료들을 찾아보기 힘든 현실을 해결하고자 했습니다. 이에 각자의 컴퓨터 사양에 구애받지 않고 바로 필요한 정보들을 열람할 수 있도록 만들어진 프로그램이 바로 웹입니다. 탄생 이후 웹은 끊임없는 발전을 거듭했고, 이제는 우리 일상에서 떼려야 뗄 수 없는 가상 공간으로 자리했습니다.

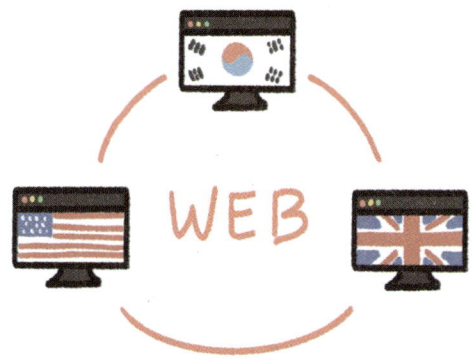

그림 1.2 전 세계의 정보가 연결된 웹

웹의 핵심은 바로 정보를 공유한다는 점입니다. 가끔 밖에서 스마트폰으로 웹 서핑을 할 때 와이파이 연결이 끊기는 경험을 해본 적 있나요? 연결이 끊기는 순간 우리의 손은 갈 곳을 잃고, 웹 브라우저는 없느니만 못한 존재가 돼 버립니다. 이처럼 웹은 전 세계 사용자들을 연결하고 상호작용하는 과정에서 존재 가치가 있습니다.

따라서 웹의 동작 방식을 설명할 때는 반드시 웹 페이지나 이미지, 파일 등 웹 자원을 요청하는 존재와 그 자원을 전달하는 존재가 등장합니다. 이때 자원을 요청하는 쪽을 **클라이언트(client)**, 자원을 전달하는 쪽을 **서버(server)**라고 부릅니다. 만약 우리가 구글 홈페이지에 접속한다면 우리, 즉 사용자의 컴퓨터 또는 그 컴퓨터에 설치돼 있는 웹 브라우저가 클라이언트가 되고, 구글 홈페이지를 구성하는 자원이 저장된 컴퓨터가 서버가 됩니다. 클라이언트와 서버의 개념은 웹이 아니어도 소프트웨어 분야를 공부하다 보면 자주 나오는 개념이므로 잘 알아두는 것이 좋습니다.

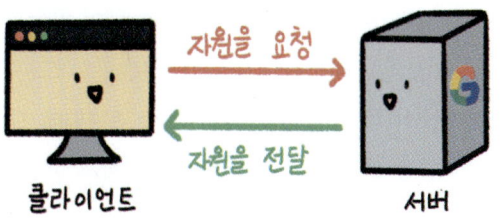

그림 1.3 클라이언트와 서버

추가로 앞서 언급한 **웹 브라우저**(web browser)는 우리가 잘 아는 구글 크롬(Google Chrome), 사파리(Safari), 마이크로소프트 엣지(Microsoft Edge) 같은 프로그램으로, 웹 문서를 열기 위해 사용하는 응용 소프트웨어입니다. 우리는 보통 웹을 웹 브라우저에서만 보기 때문에 이 둘을 하나로 묶어 생각하기 쉬운데, 사실 웹 브라우저는 웹을 잘 사용하기 위한 도구로 볼 수 있습니다.

웹 브라우저의 기능은 여러 가지가 있는데, 그중 대표적으로 HTML이나 자바스크립트로 작성된 코드나 자원들을 웹 문서 형태로 바꿔주는 번역기의 역할을 합니다. 우리가 앞으로 작성할 코드들은 전부 이 웹 브라우저를 거쳐야만 예쁜 화면으로 탄생할 수 있습니다. 만약 웹 브라우저 없이 날것 그대로의 코드를 봐야 했다면 웹이 지금처럼 성행하기는 힘들었을 것입니다.

웹은 어떻게 동작할까?

웹이 무엇인지 간략히 살펴봤으니, 이번에는 웹이 어떻게 동작하는지 알아볼까요? 네이버 사이트에 접속하는 방법을 한번 떠올려 봅시다. 웹 브라우저를 열고 주소창에 'https://www.naver.com'이라는 주소를 입력하고 엔터 키를 누르면 몇 초 안에 초록색 네이버 홈페이지가 나타납니다. 사용자 입장에서는 이렇게 단순해 보이지만 사실 그 안에는 많은 과정이 숨어 있습니다.

'https://www.naver.com'이라는 URL을 주소창에 입력하고 엔터 키를 누르면 우리의 요청은 가장 먼저 **DNS**(Domain Name System) **서버**에 도착합니다. naver.com, google.com 등 수많은 웹 서비스를 식별하기 위한 이름을 **도메인**(domain)이라고 부르는데, DNS 서버는 웹상의 수많은 도메인 목록과 이들의 '진짜 주소'를 저장하고 있다가 요청이 오면 진짜 주소의 정보를 알려주는 역할을 수행합니다. 가령 내가 '경복궁'에

가고 싶다고 얘기하면 DNS 서버에서 '서울특별시 종로구 세종로'에 가면 된다고 알려주는 식입니다.

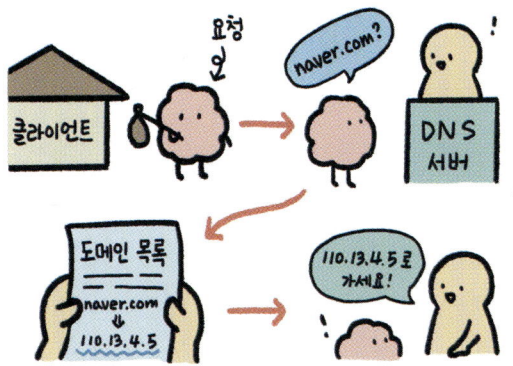

그림 1.4 클라이언트 요청이 DNS 서버로 가는 과정

그리고 앞서 언급한 진짜 주소는 IP 주소를 말하는 것으로, 127.0.0.1처럼 여러분도 종종 봤을 만한 일련의 숫자 묶음입니다. IP 주소는 우리가 일상에서 사용하는 주소와 유사한 개념으로, 모든 집에 고유한 주소가 있듯이 세상의 모든 웹 서비스는 고유한 IP 주소를 가지고 있어 서로 구분됩니다. 그런데 보다시피 IP 주소는 숫자들로 구성돼 있어 그것만 보고는 어느 서비스인지 알기 어려우므로 보통 이 IP 주소를 직접적으로 사용하지 않고 naver.com, google.com이라는 별명을 사용하는 것입니다.

이제 진짜 주소도 찾았으니 본격적으로 서버에 방문해 볼까요? naver.com의 IP 주소를 찾은 클라이언트는 해당 주소로 네이버 웹 페이지를 보내달라는 요청을 전송합니다. 이때 클라이언트는 **HTTP 메시지(HTTP message)**라는 형태로 요청을 보냅니다.

그림 1.5 클라이언트의 HTTP 요청 메시지

HTTP 메시지는 클라이언트와 서버 간에 데이터가 교환되는 방식입니다. 만약 경복궁에 잘 도착해서 근처 식당에서 밥을 먹는다고 생각해 봅시다. 식당에 들어갔는데 갑자기 직원이 영어나 중국어로 인사를 한다면 당황스러울 것입니다. 대한민국에서는 일반적으로 한국어를 사용한다는 암묵적 규칙이 있는 것처럼 웹상에서 정보를 주고받을 때도 HTTP 메시지라는 형태를 사용해야 한다는 규칙이 있습니다.

그리고 HTTP 메시지는 클라이언트가 서버에게 요청하는 메시지인 **요청 메시지**(request message)와 클라이언트의 요청을 해석한 서버가 응답하는 메시지인 **응답 메시지**(response message)로 구분합니다. 전체적인 틀은 비슷하지만 약간의 차이가 있는데, 이 둘의 관계는 카페에서의 주문서와 영수증의 관계와도 비슷합니다. 같은 언어로 쓰였지만, 손님이 점원에게 요청한 것인지 가게에서 손님에게 전달하는지에 따라 양식이 다릅니다.

요청 메시지를 받은 서버는 자신이 가진 자원 중에서 네이버 웹사이트의 파일들을 찾아 클라이언트에게 전송합니다. 전송할 때 앞서 클라이언트가 했던 것처럼 서버 또한 응답 메시지를 만들어 그 안에 파일과 함께 응답을 잘 처리했다는 메시지를 남깁니다.

그림 1.6 서버의 HTTP 응답 메시지와 요청 자원

이제 응답까지 받았고 마지막 단계만 남았습니다. 우리는 완성된 파일 하나가 통째로 전달된다고 생각하지만 사실 하나의 웹 페이지를 보여주기 위해서는 여러 코드 파일과 더불어 이미지나 동영상 같은 많은 자원이 필요합니다. 우리가 보는 웹 페이지는 하나의 거대한 대리석 조각이 아닌 작은 레고 조각의 모음으로 볼 수 있습니다.

서버가 보내는 이 작은 자원 조각들을 받으면 웹 브라우저는 자신이 받은 파일과 이미지 등을 잘 조립해 최종적으로 우리가 흔히 보는 네이버 홈페이지를 보여줍니다.

그림 1.7 받은 자원을 조합해 화면에 표현하는 웹 브라우저

아마 생각했던 것보다 웹이 하는 일이 참 많고 복잡하다는 생각이 들 것입니다. 이러한 웹의 복잡한 작업 과정이 잘 숨겨져 있기에 웹이 폭발적으로 발전할 수 있었고, 우리의 일상을 편리하게 만들 수 있었습니다.

1.2 간단하게 살펴보는 웹 개발

웹을 개발한다는 것은 일반적으로 웹 브라우저에 보이는 웹 서비스를 구현하는 것을 의미합니다.

최근에는 웹 개발에 사용하는 기술로 모바일이나 게임, 심지어 3D 화면까지 구현할 수 있어 웹 개발에 필요한 지식을 익힌다는 것은 다른 개발 분야로 확장할 수 있는 첫발을 뗀 것으로도 볼 수 있습니다.

그럼 이렇게 중요한 웹 개발에는 구체적으로 어떤 작업이 필요할까요? 이번 절에서는 우리가 일반적으로 보는 웹 서비스를 만드는 데 꼭 필요한 웹 개발 과정을 차례로 살펴보겠습니다.

사용자의 화면을 담당하는 프런트엔드

유튜브 같은 동영상 서비스를 보고 있다고 생각해 봅시다. 사용자는 웹 브라우저가 표현한 동영상 목록을 보고, 중간중간 화려하게 움직이는 애니메이션이나 알록달록한 일러스트도 볼 수 있을 것입니다. 또 검색창을 사용해 특정 키워드에 해당하는 영상을 찾거나 재미있는 영상에 좋아요 버튼을 누를 수도 있습니다.

이처럼 사용자의 화면에서 보이고 동작하는 모든 변화를 개발하는 일을 사용자의 앞(front)에 보이는 부분을 개발한다고 해서 **프런트엔드(Front-End) 개발**, 또는 **클라이언트 개발**이라고 부릅니다. 우리가 앞으로 배울 HTML, CSS, 자바스크립트가 바로 이 프런트엔드 개발을 하기 위해 사용하는 언어입니다.

그림 1.8 사용자의 화면을 담당하는 프런트엔드 개발

더불어 요즘 프런트엔드 개발을 이야기할 때 빠지지 않고 등장하는 이름들이 있는데, 바로 리액트(React)나 뷰(Vue) 같은 자바스크립트 라이브러리/프레임워크입니다. 이러한 라이브러리/프레임워크는 순수한 자바스크립트인 바닐라 자바스크립트[1]와는 여러 가지 차이점이 있는데, 가장 대표적인 것은 기존에 반복되던 코드를 간소화하거나 규격화했다는 점입니다. 레고 블록으로 집을 만들어야 하는데, 블록을 하나씩 조립하는지, 아니면 어느 정도 만들어진 블록 모음을 가지고 조립하는지의 차이로 볼 수 있습니다.

그림 1.9 바닐라 자바스크립트와 리액트, 뷰 비교

따라서 책에서 자바스크립트를 배운 뒤, 원하는 방향에 따라 리액트나 뷰 같은 라이브러리/프레임워크를 사용해 보며 더 효율적으로 프런트엔드 개발을 할 수 있습니다.

---

1 어떤 라이브러리/프레임워크도 사용하지 않는 순수한 자바스크립트

서비스의 이면을 담당하는 백엔드와 데이터베이스

지금까지 사용자의 화면을 담당하는 프런트엔드 개발을 살펴봤습니다. 그렇다면 반대로 우리가 볼 수 없는 서비스의 뒤편에서는 어떤 일이 일어나고 있을까요?

우선 세계 각지에서 올라오는 동영상 파일들을 저장하는 창고가 있을 것이고, 어떤 사용자가 고양이 동영상을 보고 싶다고 요청했을 때 저장소에 있는 파일 중 고양이 동영상만 골라 담아 전달하는 작업도 필요할 것입니다. 또 고양이 동영상이 랜선을 따라 이동하는 과정에서 해커처럼 악의를 가진 사람이 몰래 개인 정보를 탈취하지 않도록 보안을 유지하는 작업도 필요합니다.

이처럼 사용자의 뒤(back)에서 벌어지는 다양한 작업을 수행하는 일을 **백엔드(Back-End) 개발**, 또는 **서버 개발**이라고 부릅니다. 백엔드 개발 없이 프런트엔드 개발만 하게 된다면 눈에 보이는 화면은 변함없겠지만 동영상을 검색하거나 좋아요 버튼을 누르는 등의 동적인 작업은 할 수 없을 것입니다.

그림 1.10 눈에 보이지 않는 다양한 작업을 수행하는 백엔드 개발

백엔드 개발은 어느 정도 필요한 기술이 정해져 있는 프런트엔드 개발과 달리 자바, 파이썬 등 다양한 프로그래밍 언어로 개발할 수 있습니다. 또한 자바스크립트도 원래는 프런트엔드 개발을 위해 탄생한 언어이지만 현재는 백엔드 개발에서도 활발히 사용되므로 자바스크립트 언어만으로 전체 웹 개발이 가능합니다.

그리고 앞서 백엔드 개발을 설명할 때 동영상 파일들을 저장하는 창고를 언급했는데, 이러한 창고처럼 웹 서비스를 구현하는 데 필요한 대부분의 데이터를 저장하는 거대한 저장 공간을 **데이터베이스(database; DB)**라고 부릅니다. 음식을 만들 때 냉장고가 필요한 것처럼, 웹 개발에 있어 데이터베이스 또한 중요한 구성 요소입니다. 데이터베이스가 없다면 유튜브에 동영상을 올리고 싶어도 저장할 공간이 없어 올릴 수 없는 불상사가 생깁니다.

그림 1.11 데이터를 저장하고 관리하는 데이터베이스

데이터베이스도 MySQL, PostgreSQL 등 다양한 소프트웨어로 구성할 수 있으며, 어떤 규모로 구축하는가에 따라 성능 또한 달라집니다.

프런트엔드 개발과 백엔드 개발의 관계는 마치 시계의 앞뒤와 같습니다. 시계의 앞면만 있고 뒷면의 수많은 톱니바퀴가 없다면 정확한 시간을 알 수 없을 것입니다. 반대로, 시계에 톱니바퀴만 있고 앞면이 없어도 마찬가지입니다.

그림 1.12 시계로 이해하는 웹 개발

이처럼 웹 개발 또한 프런트엔드 개발, 백엔드 개발이 함께 긴밀하게 구성돼 있어야 좋은 웹 서비스를 만들 수 있습니다. 따라서 이 책에서는 HTML, CSS, 자바스크립트만 다루지만 앞으로 여러분이 좋은 웹 서비스를 만들고 싶다면 이 책을 읽고 나서도 앞서 이야기한 다양한 웹 개발 분야를 파고드는 것 또한 좋은 선택이 될 것입니다.

핵심 용어 정리

- **월드 와이드 웹**(World Wide Web; WWW): 인터넷에 연결된 컴퓨터들이 서로 정보를 공유하고 찾아볼 수 있는, 전 세계 정보가 거미줄처럼 연결된 가상 공간
- **클라이언트**(Client): 웹 자원을 요청하는 쪽으로, 사용자의 컴퓨터나 웹 브라우저를 의미함
- **서버**(Server): 웹 자원을 전달하는 쪽으로, 요청된 웹 페이지나 파일이 저장된 컴퓨터를 의미함
- **웹 브라우저**(Web Browser): 구글 크롬, 사파리, 마이크로소프트 엣지와 같이 웹 문서를 열기 위해 사용하는 응용 소프트웨어. HTML이나 자바스크립트 코드를 웹 문서 형태로 변환해주는 역할을 함
- **DNS**(Domain Name System): naver.com, google.com과 같은 도메인 이름을 해당 IP 주소로 변환해주는 시스템
- **도메인**(Domain): 웹 서비스를 식별하기 위한 이름(예: naver.com, google.com)
- **HTTP 메시지**(HTTP Message): 클라이언트와 서버 간에 데이터가 교환되는 방식
- **프런트엔드**(Front-End) **개발**: 사용자의 화면에서 보이고 동작하는 모든 부분을 개발하는 일(HTML, CSS, 자바스크립트 사용)
- **백엔드**(Back-End) **개발**: 사용자에게 보이지 않는 서버 측 기능을 개발하는 일
- **데이터베이스**(Database; DB): 웹 서비스 구현에 필요한 데이터를 저장하는 거대한 저장 공간

【연습 문제】

1. 웹 브라우저에 'https://www.naver.com'을 입력하고 페이지가 표시되기까지의 과정 중, 가장 먼저 요청이 도착하는 곳은?

    ① 네이버 서버
    ② DNS 서버
    ③ 클라이언트 컴퓨터
    ④ 데이터베이스 서버

2. 다음 중 프런트엔드 개발에 사용되는 언어의 조합으로 올바른 것은?

   ① Java, Python, MySQL

   ② HTML, CSS, JavaScript

   ③ SQL, PHP, Ruby

   ④ C++, C#, Swift

3. 127.0.0.1과 같은 형태의 주소는 무엇을 의미하는가?

   ① 도메인 이름

   ② IP 주소

   ③ HTTP 주소

   ④ 서버 주소록

4. HTTP 메시지에 대한 설명으로 올바른 것은?

   ① 클라이언트와 서버 간에 데이터가 교환되는 방식이다.

   ② 웹 브라우저에서만 사용되는 프로그래밍 언어이다.

   ③ 데이터베이스에 정보를 저장하는 방법이다.

   ④ 도메인 이름을 IP 주소로 변환하는 시스템이다.

5. 웹 개발에서 데이터베이스의 역할로 가장 적절한 것은?

   ① 웹 페이지의 디자인을 저장하고 관리한다.

   ② 웹 서비스 구현에 필요한 데이터를 저장하는 공간이다.

   ③ 웹 브라우저와 서버 간의 통신을 중개한다.

   ④ 웹 페이지의 HTML 코드를 해석하는 역할을 한다.

연습문제 해답

1. ② – DNS 서버
2. ② – HTML, CSS, JavaScript
3. ② – IP 주소
4. ① – 클라이언트와 서버 간에 데이터가 교환되는 방식이다.
5. ② – 웹 서비스 구현에 필요한 데이터를 저장하는 공간이다.

02

개발 도구와 친해지기

효율적으로 코드를 작성하기 위해서는 적절한 개발 도구를 고르는 것이 무엇보다 중요합니다. 2장에서는 웹 개발에 사용하는 여러 개발 도구의 특징을 살펴보고, 더불어 웹 브라우저의 개발자 도구를 활용하는 방법을 알아봅니다.

2.1 코드 편집기로 더 편리하게 개발하기

컴퓨터로 그림을 그린다고 생각해 봅시다. 그림판을 열고 간단한 그림을 그릴 수도 있고, 포토샵이나 일러스트레이터처럼 전문 그래픽 프로그램을 이용해 섬세한 그림을 그릴 수도 있습니다. 이렇게 그림을 그리기 위해 다양한 프로그램이 있는 것처럼 코드를 작성할 때도 특별한 프로그램을 사용하는데, 이를 코드 편집기라고 부릅니다.

코드 편집기란?

코드 편집기(code editor)는 코드를 작성하기 위해 설계된 프로그램입니다. 그렇다면 코드는 무조건 코드 편집기에서만 작성해야 할까요? 그건 아닙니다. 메모장이나 한글 파일에 코드를 작성해도 무방하며, 실제로 그렇게 작성한 코드를 실행해 보면 정상적으로 동작합니다. 하지만 코드 편집기를 이용하면 자동 들여쓰기, 프로젝트 관리 등 개발 과정을 훨씬 더 편리하고 빠르게 만들어 주는 기능을 활용할 수 있어 많은 개발자가 코드 편집기를 사용합니다.

앞서 그림을 그릴 때도 다양한 툴이 있는 것처럼 세상에는 다양한 코드 편집기가 있고 어떤 목적을 가지고 쓰는가에 따라 적절히 선택할 수 있습니다. 이번 절에서는 우리가 앞으로 배울 HTML, CSS, 자바스크립트 코드를 작성하는 데 적합한 대표적인 편집기 두 가지를 살펴보겠습니다.

우선 **코드펜**(Codepen)[1]은 HTML, CSS, 자바스크립트 코드를 작은 단위로 작성하고 빠르게 테스트할 때 유용한 코드 편집기입니다. 웹 브라우저에서 동작하기 때문에 별도로 프로그램을 설치하지 않아도 코드를 작성할 수 있고, 작성한 코드는 자동 저장되며 URL로 쉽게 공유할 수 있다는 장점이 있습니다.

---

[1] https://codepen.io

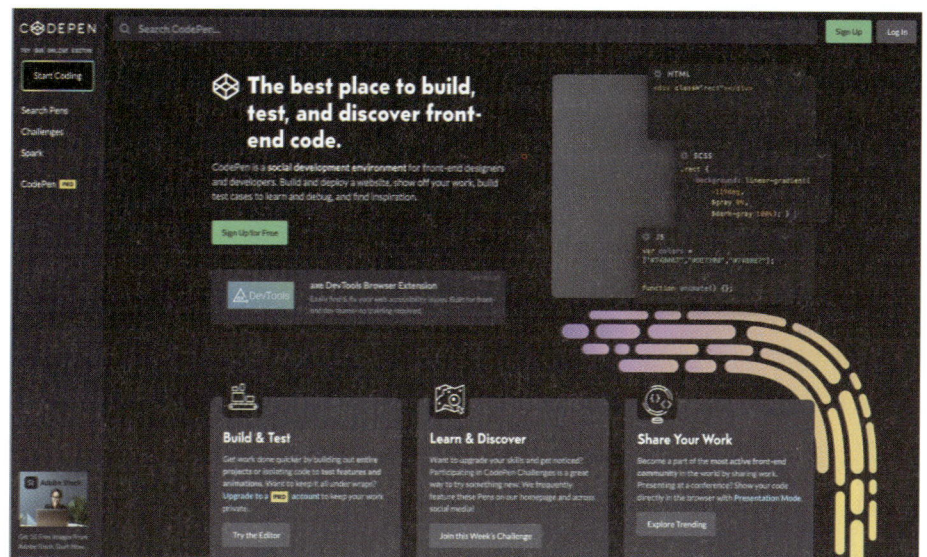

그림 2.1 코드펜 홈페이지

그럼 코드펜 화면을 볼까요?

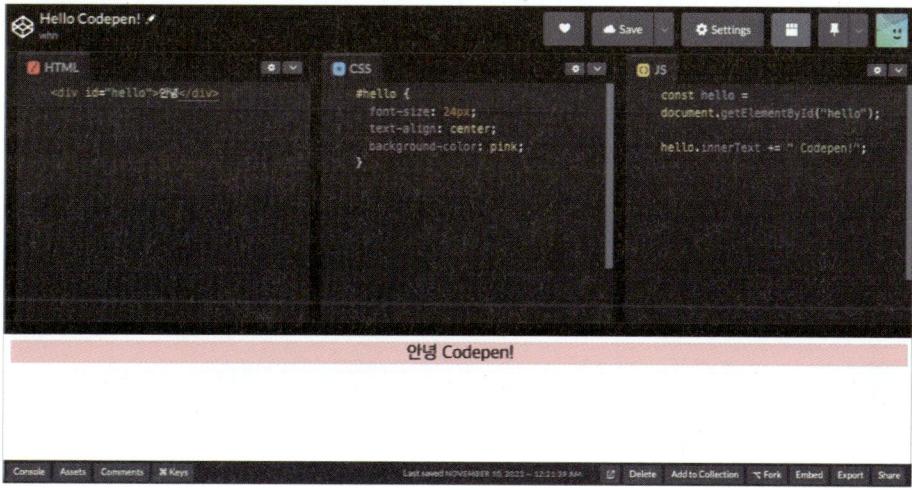

그림 2.2 코드펜 편집기 화면

우선 누가 봐도 명확히 영역이 분리되어 있어 보기가 편합니다. 하단은 미리보기 화면으로, 상단의 HTML, CSS, 자바스크립트 코드가 변경될 때마다 실시간으로 결과 화면을 볼 수 있습니다.

이런 특징 덕분에 코드펜은 적은 양의 프런트엔드 코드를 작성하기에 유용하다는 장점이 있습니다. 다만 HTML, CSS, 자바스크립트 코드만 작성할 수 있다 보니 다른 프로그래밍 언어를 사용하기에는 적합하지 않고, 파일을 분리해야 하거나 코드의 양이 많아질 때 대응하기 힘들다는 단점이 있습니다.

코드펜처럼 웹상에서 가볍게 코드를 작성할 수 있는 다른 코드 편집기로는 JSFiddle[2]과 CodeSandbox[3] 등이 있습니다.

다음으로 **VS Code(Visual Studio Code)**[4]는 다양한 언어의 코드를 작성할 수 있는 만능 편집기입니다. HTML, CSS, 자바스크립트뿐만 아니라 C++, 파이썬(Python), 자바(Java) 등 수많은 프로그래밍 언어를 지원하며, 작은 규모의 프로젝트부터 대규모 애플리케이션까지 개발할 수 있는 등 풍부한 기능을 제공합니다. 또 다양한 확장 프로그램까지 지원하고 있어 내 입맛에 맞는 개발 환경을 구성해 사용할 수 있다는 것도 VS Code의 매력입니다.

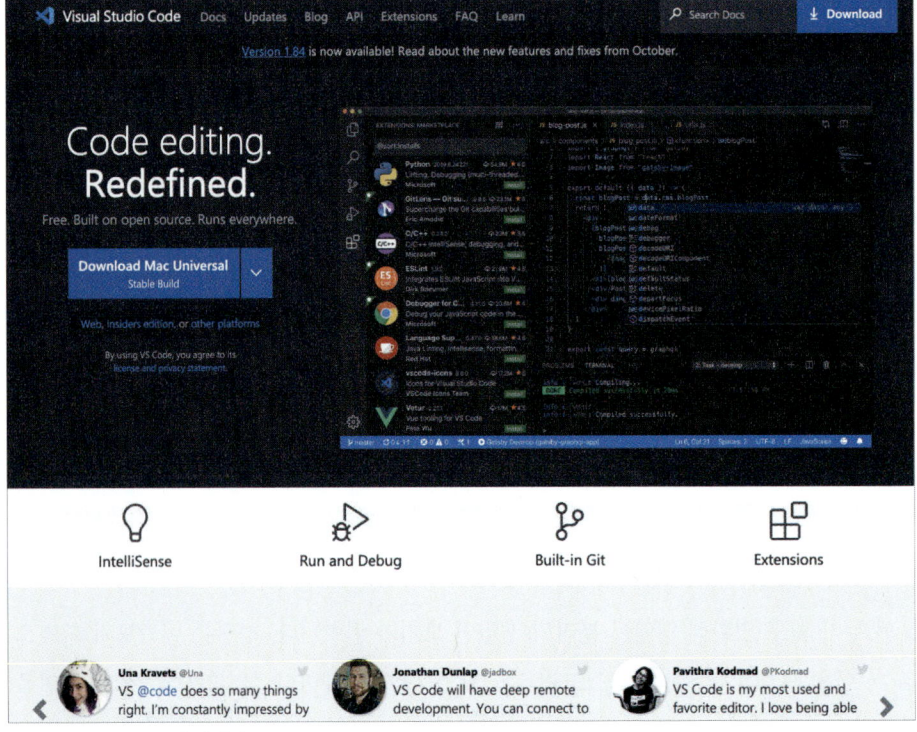

그림 2.3 VS Code 홈페이지

[2] https://jsfiddle.net/
[3] https://codesandbox.io/
[4] https://code.visualstudio.com/

그럼 이번에는 VS Code 편집기를 살펴보겠습니다.

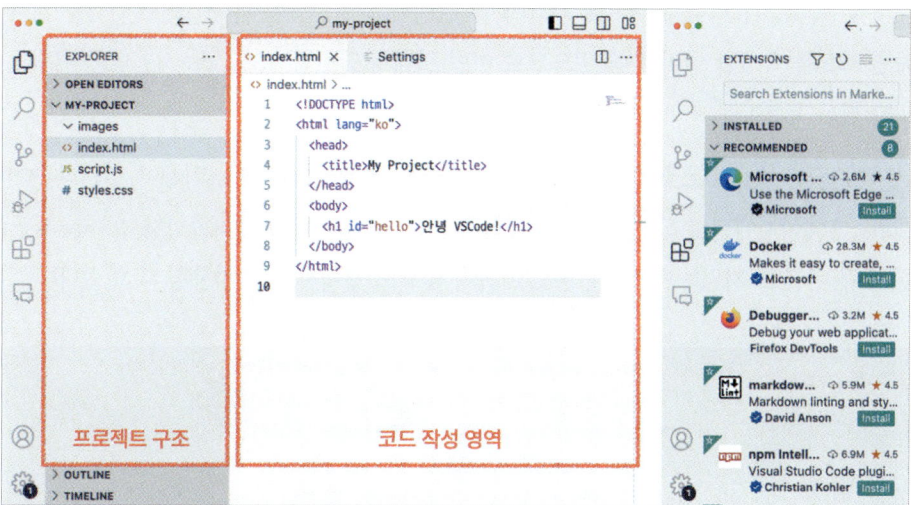

그림 2.4 VS Code의 편집기 화면(왼쪽), 확장 프로그램 패널(오른쪽)

확실히 코드펜보다는 뭔가 기능이 많고 복잡해 보입니다. 왼쪽 사이드바에서 현재 프로젝트의 구조를 확인할 수 있고, 오른쪽 영역에 코드를 작성합니다. 또 왼쪽의 블록 모양 버튼(▦)을 클릭해 확장 프로그램을 활성화할 수도 있는데, 띄어쓰기를 좀 더 잘 보이게 하거나 틀린 맞춤법을 자동으로 확인하는 등 다양한 기능을 제공하는 확장 프로그램을 설치해서 사용할 수 있습니다.

이처럼 VS Code는 풍부한 기능을 제공함으로써 많은 개발자의 사랑을 받고 있으며, 대부분의 개발에 적합한 도구입니다. 다만 코드펜 같은 간단한 편집기보다는 익숙해지는 데 시간이 더 걸린다는 단점이 있습니다.

VS Code와 유사한 성격의 편집기로는 Sublime Text[5]와 Notepad++[6] 등이 있습니다.

---

[5] https://www.sublimetext.com/
[6] https://notepad-plus-plus.org/

VS Code 맛보기

앞서 VS Code가 익숙해지는 데 시간이 좀 걸린다고 설명했는데, 앞으로 이 책을 읽다 보면 코드를 작성할 일이 종종 있으므로 이번 절에서 간단한 VS Code 사용법을 배워보고자 합니다.

VS Code는 설치형 프로그램이므로 사용하려면 먼저 시스템에 설치해야 합니다. VS Code 홈페이지에 접속하고, OS 환경에 맞는 버전을 내려받아 설치합니다. VS Code는 현재 웹 버전[7]도 지원하므로 별도로 설치하지 않고도 웹에서 바로 사용할 수 있습니다.

그림 2.5 VS Code 설치 프로그램 다운로드

설치를 완료하고 프로그램을 실행하면 다음과 같은 기본 화면을 확인할 수 있습니다.

---

[7] https://vscode.dev

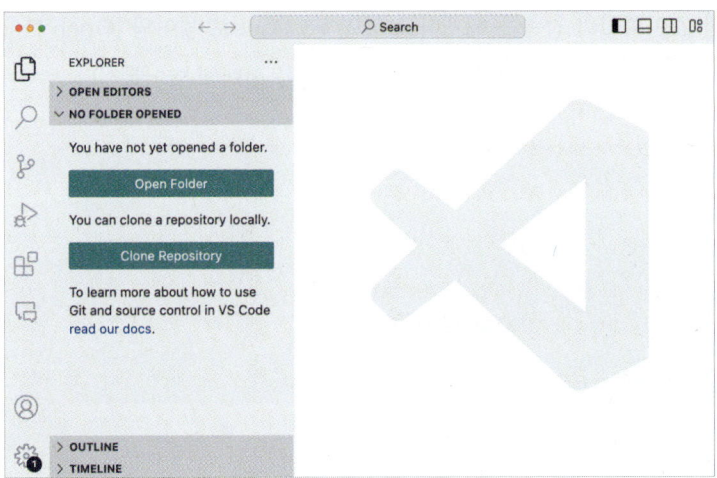

그림 2.6 VS Code 기본 화면

그럼 이 책에서 사용할 예제 파일을 열어보겠습니다. 먼저 웹 브라우저에 다음 URL을 입력해 예제 파일이 있는 페이지로 이동합니다.

- 예제 파일: https://github.com/wikibook/hcj

예제 파일을 내려받기 위해 다음 그림에 표시된 [Code] 버튼을 클릭한 후 [Download ZIP] 버튼을 클릭해 템플릿 파일을 다운로드합니다.

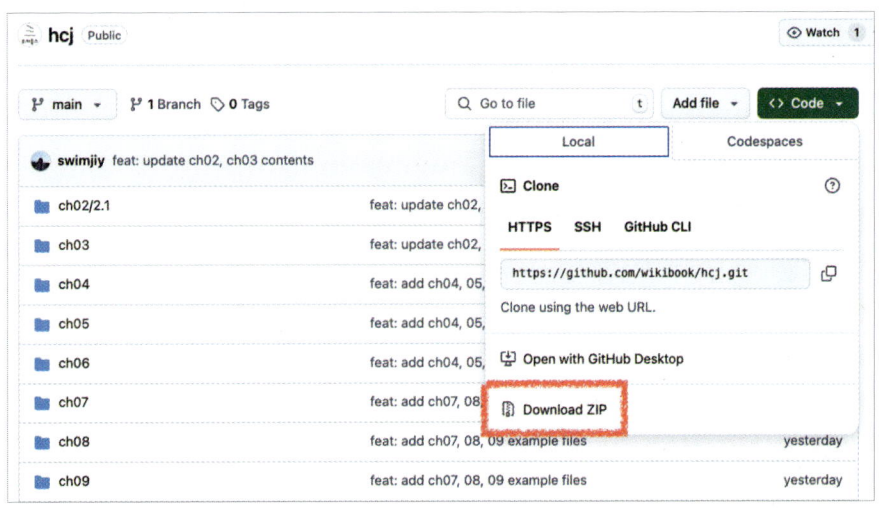

그림 2.7 예제 파일 다운로드

02 _ 개발 도구와 친해지기 19

다운로드한 ZIP 파일의 압축을 해제하고 나면 VS Code로 돌아와 [Open Folder] 버튼을 클릭합니다. 그리고 앞에서 압축을 해제한 폴더를 선택해 열어봅시다.

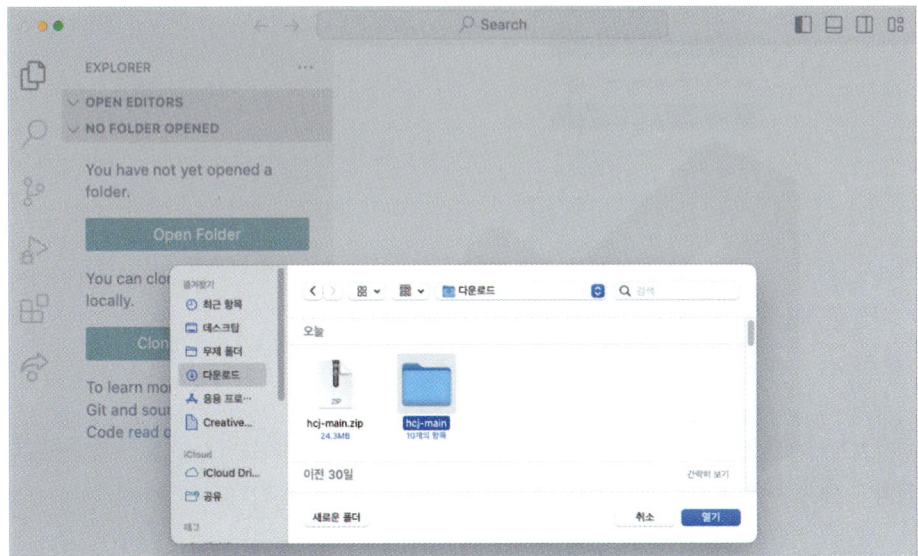

그림 2.8 예제 프로젝트 열기

폴더가 제대로 열리면 다음 그림과 같이 화면 왼쪽에는 프로젝트 구조가, 오른쪽에는 각 파일의 코드가 표시되는 것을 확인할 수 있습니다.

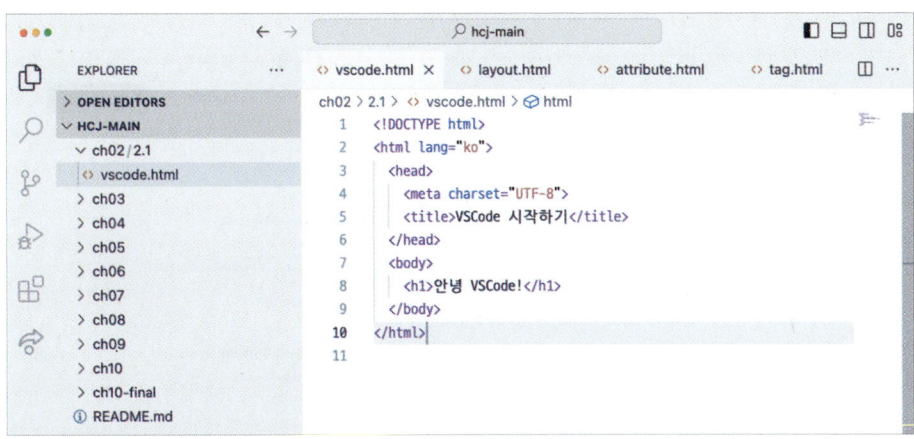

그림 2.9 프로젝트가 열린 모습

폴더 안에는 책에서 사용하는 모든 예제 코드뿐만 아니라 필요한 그림과 파일 또한 포함돼 있습니다. 코드를 작성하다가 막히는 부분이 있거나 예제에서 사용하는 그림이나 파일이 필요한 경우 이 폴더에서 바로 확인할 수 있습니다.

그럼 이번에는 새 파일을 만들어볼까요? 프로젝트 이름 오른쪽에 있는 파일 아이콘을 클릭해 새 파일을 생성하고, 파일 이름을 index.html로 입력합니다.

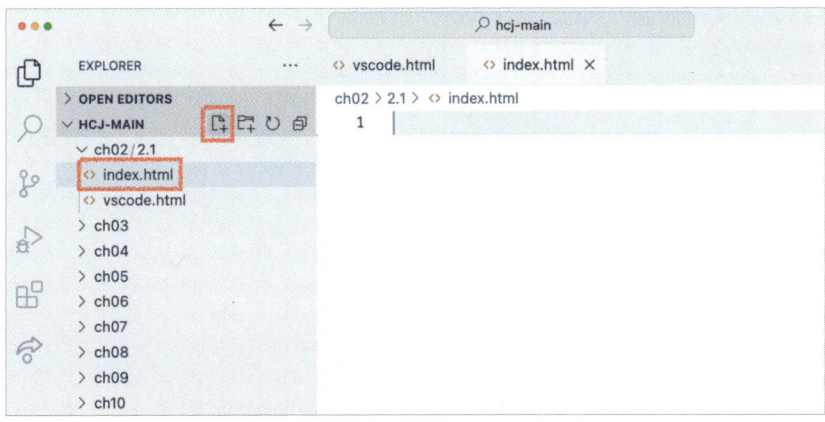

그림 2.10 새 HTML 파일 만들기

파일을 생성하면 화면 오른쪽에 내가 작성한 파일이 활성화되는 것을 확인할 수 있습니다. 이제 간단하게 '안녕 VS Code!'라는 문구가 나오는 페이지를 만들어 보겠습니다. 다음 예제와 예제 파일의 ch02/2.1/vscode.html 파일을 참고해 코드를 작성해 봅시다. 참고로 코드에서 꺾쇠를 작성할 때는 빗금(/) 유무를 꼭 확인하세요!

예제 2.1 '안녕 VSCode!' 문구를 표시하는 HTML 코드　　　　　　　　　　ch02/2.1/vscode.html

```html
<!DOCTYPE html>
<html lang="ko">
  <head>
    <meta charset="UTF-8">
    <title>VS Code 시작하기</title>
  </head>
  <body>
    <h1>안녕 VSCode!</h1>
  </body>
</html>
```

코드를 모두 작성했다면 Ctrl + S[8] 키를 눌러 파일을 저장합니다. 그다음 마우스 오른쪽 버튼을 클릭한 후 [Open In Default Browser] 버튼을 클릭하면 자동으로 해당 파일이 기본 웹 브라우저에서 열립니다.

만약 다른 브라우저로 열고 싶다면 그 아래의 [Open In Other Browsers] 버튼을 클릭해 원하는 브라우저를 선택할 수 있습니다.

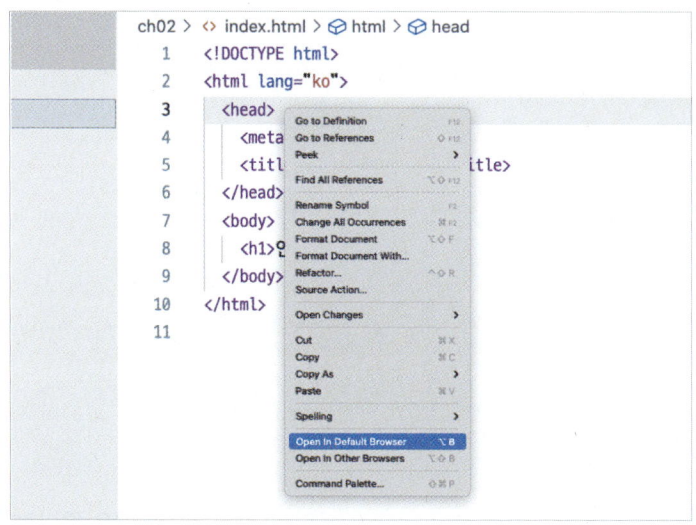

그림 2.11 HTML 파일을 브라우저에서 확인하는 방법

브라우저에서 다음과 같이 앞에서 작성한 문구가 정상적으로 표시되는 것을 확인할 수 있습니다.

그림 2.12 웹 브라우저에서 HTML 파일 확인하기

이처럼 VS Code를 직접 사용해 보면 생각보다 사용법이 간단합니다. 앞으로 책에서 코드가 나올 때마다 VS Code로 코드를 작성하고 웹 브라우저에서 결과물을 확인하기 바랍니다.

---

[8] macOS 환경에서는 command + S

2.2 개발자 도구로 웹 브라우저 200% 활용하기

앞서 웹 브라우저에서 코드와 자원을 해석해 웹 페이지를 그려낸다고 했습니다. 따라서 웹 개발을 할 때 내가 생각한 대로 페이지가 표시되는지 확인하기 위해서라도 웹 브라우저는 꼭 필요한 요소입니다.

지금은 배우는 단계라서 작성해야 하는 코드가 적어서 상관없지만 만약 몇 백, 몇 천 줄이나 되는 코드를 작성해야 한다고 생각해 봅시다. 코드가 조금 바뀔 때마다 VS Code에서 웹 브라우저로 이동해 확인하는 작업은 생각보다 꽤 피곤할 겁니다. 특히 뭔가 문제가 발생해서 원인을 찾아야 하는 작업이라면 더더욱 그럴 겁니다.

이런 상황에 놓였을 때 개발자들이 지치지 않고 코드를 작성할 수 있도록 웹 브라우저는 편리한 개발을 위한 도구 모음을 제공합니다. 이 도구 모음 덕분에 화면을 구현하는 속도도 빨라지고, 오류의 원인도 빨리 찾을 수 있게 됐습니다. 웹 브라우저마다 이 도구 모음을 부르는 용어는 조금씩 다른데, 가장 대표적이고 대중적인 이름이 바로 '개발자 도구'입니다.

앞으로 코드를 작성하다 보면 VS Code뿐만 아니라 개발자 도구 또한 사용할 일이 종종 있을 것이므로 이번 절에서 개발자 도구에 무슨 기능이 있고, 어떻게 활용할 수 있는지 간단히 살펴보겠습니다.

구글 홈페이지로 알아보는 개발자 도구

개발자 도구(DevTools)는 웹 브라우저에서 제공하는 도구 중 하나로, 웹 페이지를 개발할 때 웹 브라우저에서 쉽게 문제를 찾고 해결할 수 있도록 돕는 다양한 도구의 모음입니다.

크롬뿐만 아니라 사파리, 엣지 등의 웹 브라우저에는 모두 개발자 도구가 있습니다. 대부분 비슷한 기능을 지원하는데, 여기서는 그중 가장 많이 사용되는 크롬의 개발자 도구로 구글 홈페이지의 코드를 살펴보겠습니다.

그럼 개발자 도구를 열어볼까요?

개발자 도구를 여는 방법은 크게 두 가지가 있는데, 하나는 키보드의 F12 키[9]를 누르는 방법이고, 다른 하나는 마우스 오른쪽 버튼을 클릭해 [검사] 항목을 클릭하는 방법입니다.

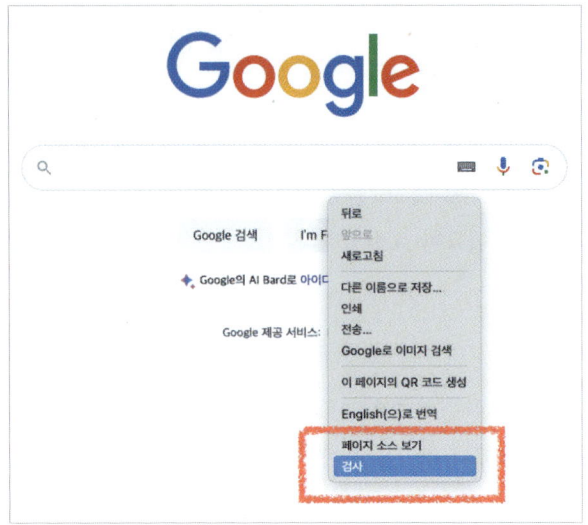

그림 2.13 마우스 오른쪽 버튼을 클릭하면 보이는 [검사] 항목

구글 홈페이지(https://www.google.com)에 접속한 후 개발자 도구를 열면 오른쪽 또는 브라우저의 특정 위치에 다음과 같이 개발자 도구 창이 활성화된 모습을 확인할 수 있습니다.

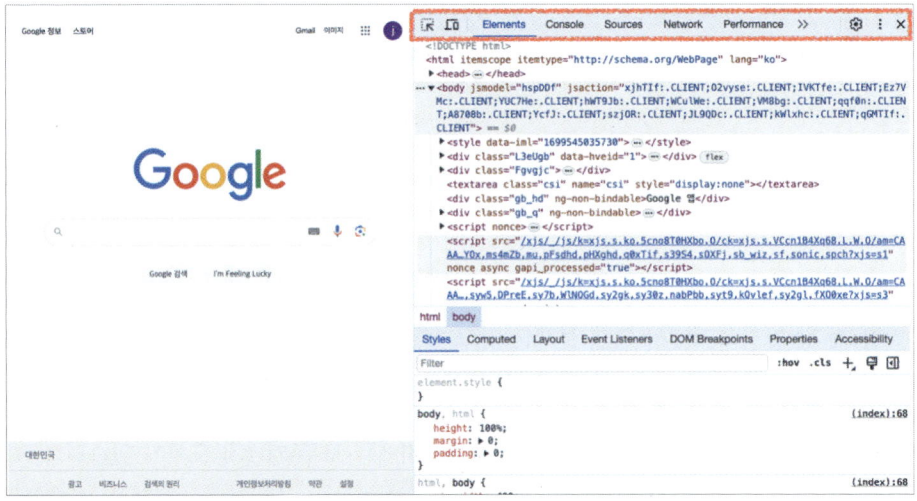

그림 2.14 구글 홈페이지에서 개발자 도구 창이 활성화된 모습

9 macOS 환경에서는 command + option + I

개발자 도구의 상단에 표시된 부분을 보면 다양한 탭이 있는 것을 확인할 수 있습니다. 여기서는 앞으로 이 책에서 자주 사용할 세 가지 탭만 살펴보겠습니다. 다른 탭 또한 개발할 때 유용하므로 나중에 추가로 살펴보는 것을 권장합니다.

HTML과 CSS를 확인하는 Elements 탭

개발자 도구의 맨 왼쪽에 위치한 **Elements 탭**은 현재 내가 보고 있는 웹 페이지의 HTML, CSS 코드를 확인하고 조작하는 기능을 지원합니다.

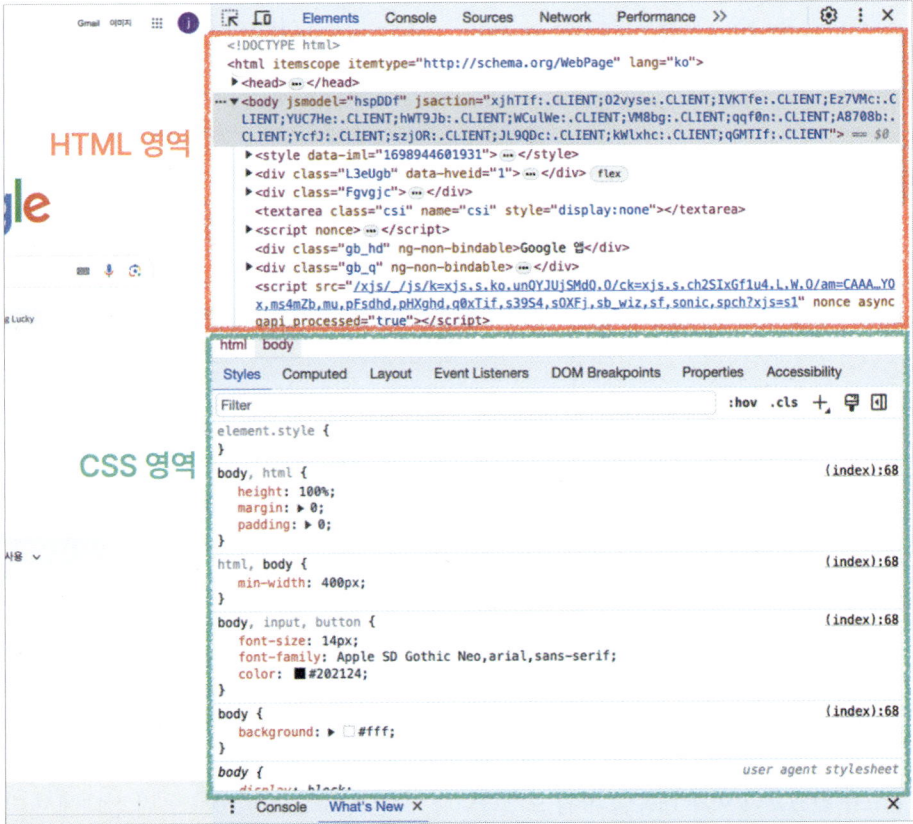

그림 2.15 개발자 도구의 Elements 탭

상단에 꺾쇠(<, >)로 작성된 코드가 HTML 코드이며, 하단의 'Styles'라고 적힌 영역에 있는 구문이 CSS 코드입니다.

이 Elements 탭을 사용해 구글 홈페이지의 HTML, CSS 코드를 개발자 도구에서 수정해 보겠습니다.

우선 HTML 태그를 수정해 구글 홈페이지 맨 아래의 '대한민국' 문구를 '로스앤젤레스'라고 바꿔보겠습니다. 그런데 이 많은 HTLM 태그 안에서 어떻게 '대한민국' 문구가 있는 HTML 태그를 찾을 수 있을까요? 이러한 상황을 위해 Elements 탭에서는 특정 HTML 영역을 선택하는 기능을 지원합니다.

다음과 같이 개발자 도구 왼쪽 상단의 화살표 아이콘을 클릭해 HTML 영역 선택 기능을 활성화합니다. 그 상태에서 구글 웹 페이지의 '대한민국' 영역을 클릭하면 HTML 코드 영역에서 해당 영역을 강조 표시해 줍니다.

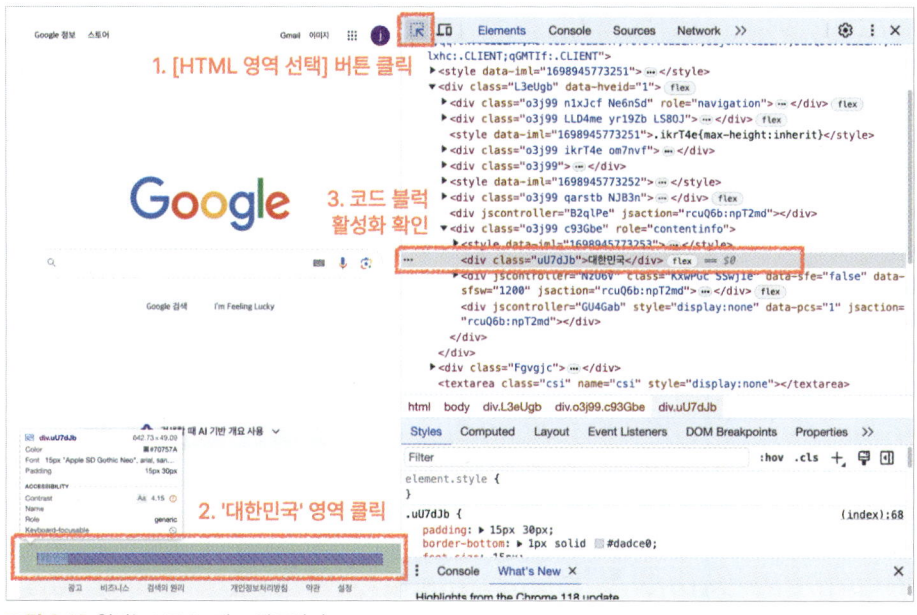

그림 2.16 원하는 HTML 태그 강조하기

코드를 찾았으니 이제 내용을 바꿔 보겠습니다. 오른쪽 코드에 커서를 올린 상태에서 마우스 우측 버튼을 클릭해 [Edit as HTML] 버튼을 클릭하거나, '대한민국'이라는 텍스트를 더블클릭해 편집 상태로 만듭니다. 그런 다음, 내용을 '로스앤젤레스'라고 바꾸고 화면의 다른 영역을 클릭해 편집 창을 벗어나면 왼쪽 웹 페이지에 있던 '대한민국'이라는 단어가 '로스앤젤레스'로 바로 바뀌는 것을 확인할 수 있습니다.

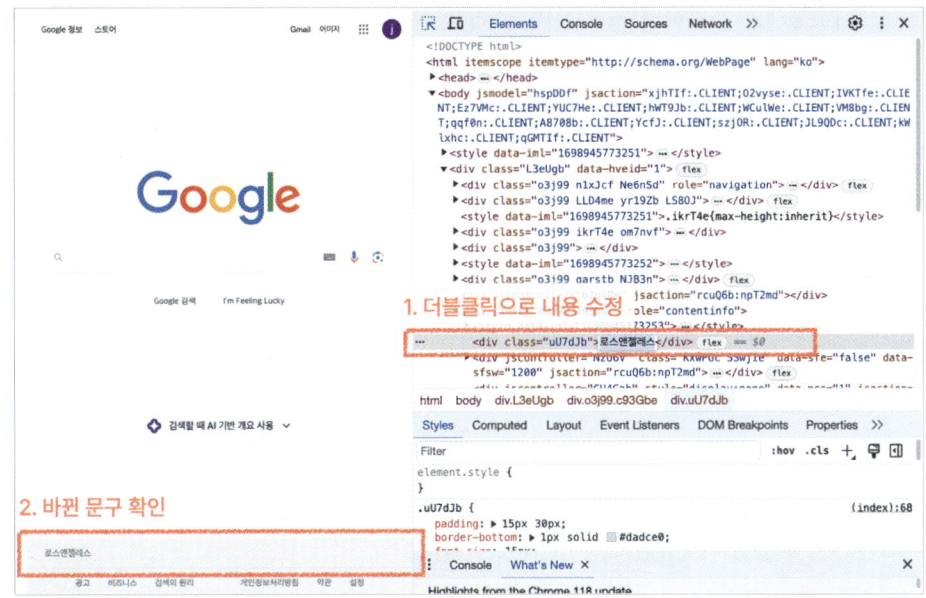

그림 2.17 수정한 HTML 코드가 적용된 모습

문구를 바꿨으니 이번에는 스타일을 바꿔보겠습니다. Elements의 Styles 탭은 내가 선택한 HTML 태그에 적용된 CSS 스타일을 보여줍니다. 그래서 상단 HTML 영역에서 아까 수정했던 '로스앤젤레스' 태그를 다시 클릭하면 하단 Styles 영역에서 '로스앤젤레스' 태그에 적용된 스타일을 확인할 수 있습니다.

스타일 속성 하나하나에 마우스를 갖다 대면 다음과 같이 체크박스가 활성화되는 것을 볼 수 있는데, 이 체크박스를 체크/체크 해제하면서 어떤 CSS 스타일 속성이 적용돼야 웹 페이지의 결과물처럼 나오는지를 간단히 확인할 수 있습니다.

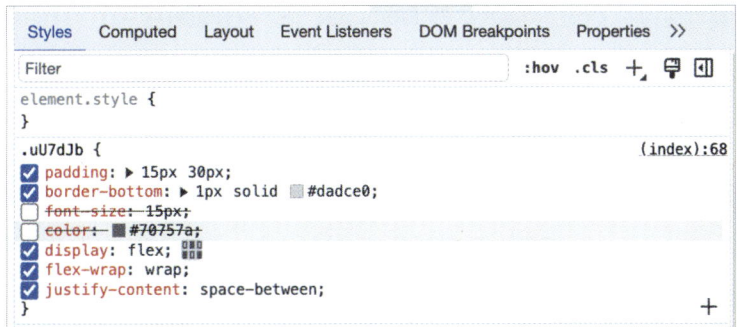

그림 2.18 체크박스 목록을 활용해 기존의 스타일 확인

02 _ 개발 도구와 친해지기   27

또 스타일을 새로 추가할 수도 있는데, 스타일 속성이 없는 빈 곳에 대고 마우스를 클릭하면 프롬프트가 활성화됩니다. 여기서는 배경을 분홍색으로 한번 바꿔볼까요? 활성화된 영역에 다음과 같은 CSS 속성을 추가하고 엔터 키를 누르거나 다른 영역을 클릭해 프롬프트 창을 벗어나면 배경색이 분홍색으로 바뀌는 모습을 확인할 수 있습니다.

예제 2.2 배경색을 분홍색으로 바꾸는 CSS 코드

```
background-color: pink;
```

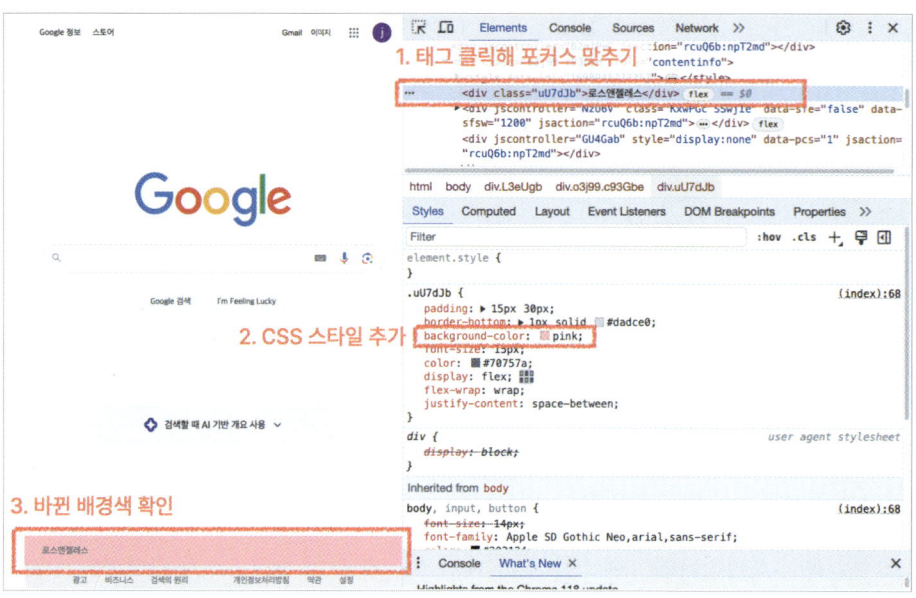

그림 2.19 CSS로 선택 영역의 배경색 바꾸기

이처럼 코드 편집기가 없어도 빠르게 원하는 코드를 작성해 확인할 수 있다는 장점이 있어 많은 웹 개발자가 화면을 구현할 때 Elements 탭을 활용합니다.

Console 탭으로 자바스크립트 코드 작성하기

두 번째로 Console 탭에서는 내가 보고 있는 웹 페이지의 자바스크립트 로그를 확인하거나 간단한 자바스크립트 코드를 작성할 수 있습니다. 가령 어떤 홈페이지는 Console 탭에 빨갛고 노란 문구가 출력되거나 다음과 같이 내가 뭔가를 작성하지 않아도 메시지가 적혀 있는 것을 볼 수 있습니다. 이처럼 Console 탭은 자바스크립트 코드를 실행하는 중에 발생하는 에러나 경고를 보여주기도 하고, 개발자가 작성한 기록을 확인할 때도 사용합니다.

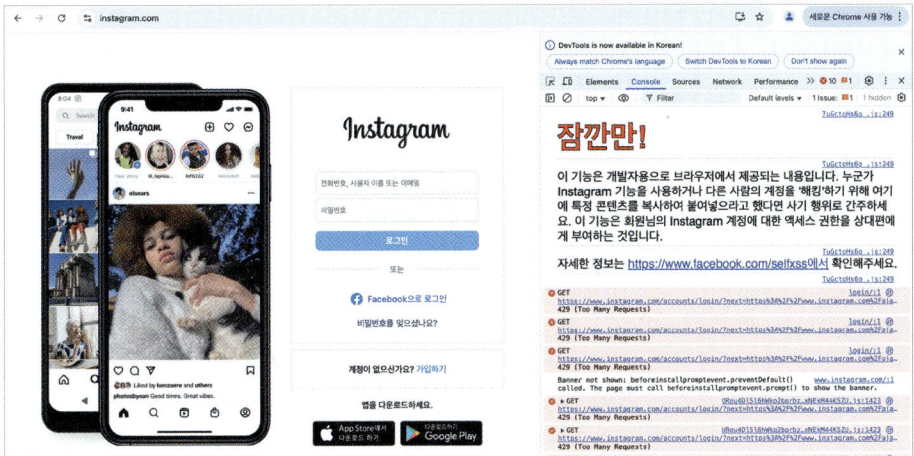

그림 2.20 인스타그램[10] 서비스의 Console 탭 화면

또 다음과 같이 코드로 귀여운 이스터에그를 그리는 경우도 있습니다.

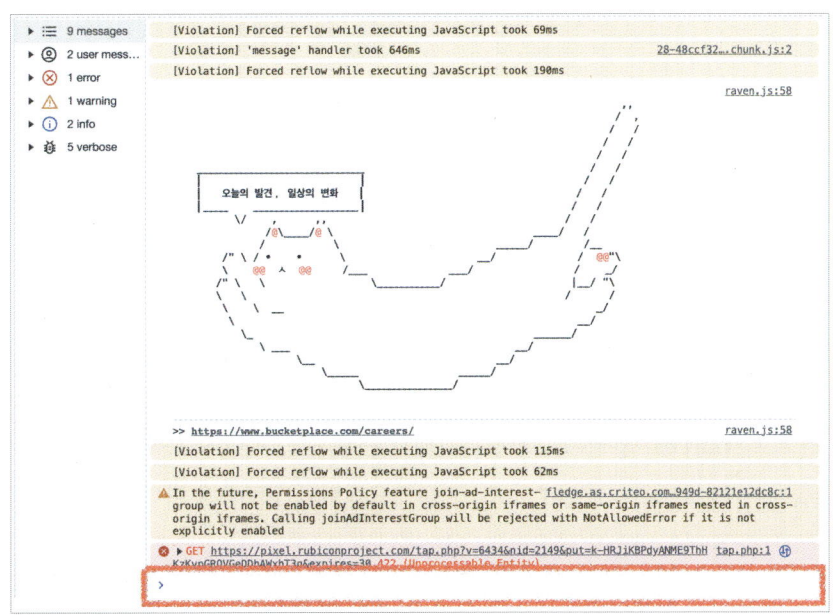

그림 2.21 오늘의 집[11] 서비스의 Console 탭 화면

---

[10] https://www.instagram.com

[11] https://ohou.se

Console 탭의 맨 아래에 보이는 작은 파란색 꺾쇠(>) 영역이 프롬프트입니다. 이 프롬프트에서 직접 자바스크립트 코드를 작성해서 결과를 빠르게 확인할 수도 있습니다. 그럼 한번 사용해 볼까요?

이번에는 구글 홈페이지에 '반갑습니다!'라는 알림창이 나타나게 해보겠습니다. 개발자 도구의 Console 탭을 열고 하단 프롬프트 영역에 다음과 같이 자바스크립트 코드를 작성합니다. 그리고 엔터 키를 누르면 웹 브라우저에 그림 2.22와 같이 알림창이 나타나는 것을 확인할 수 있습니다.

예제 2.3 '반갑습니다'라는 내용의 알림창을 표시하는 자바스크립트 코드

```
alert("반갑습니다!");
```

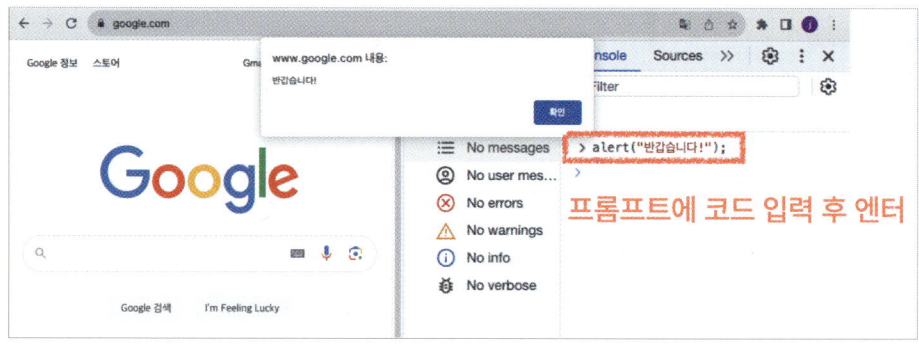

그림 2.22 Console 탭을 활용해 알림창을 표시한 모습

이처럼 Console 탭은 현재 실행 중인 자바스크립트 코드의 상태를 확인할 수 있을뿐만 아니라 웹 개발을 할 때 많이 활용되므로 이 책에서도 자주 사용할 예정입니다.

서비스의 모든 파일이 있는 Source 탭

마지막으로 **Sources 탭**에서는 현재 화면에서 사용 중인 파일의 목록과 코드를 확인할 수 있습니다. 이곳에서는 HTML, CSS, 자바스크립트의 코드뿐만 아니라 이미지나 동영상 등 다양한 유형의 파일도 확인할 수 있습니다.

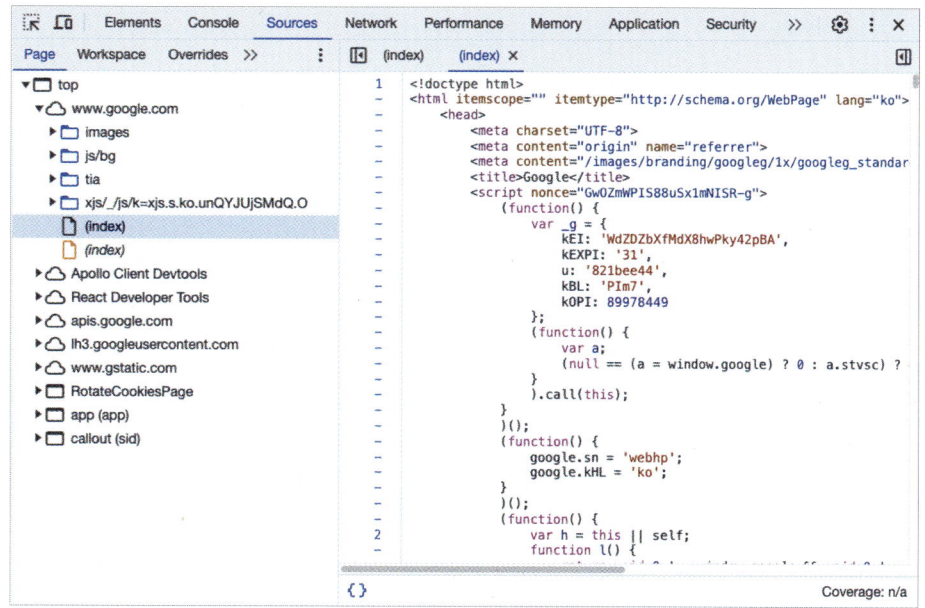

그림 2.23 구글 홈페이지의 Sources 탭

그런데 자세히 보면 폴더나 파일 이름이 'xjs/_/js/k=xjs.s'와 같이 알 수 없는 이상한 암호처럼 적혀 있는 모습을 확인할 수 있습니다. 실제로 개발할 때 저런 암호 같은 파일명을 사용한다고 오해할 수 있지만 사실은 그렇지 않습니다. 코드는 서버에 저장되기 전에 파일 크기를 경량화하거나 성능을 최적화하기 위한 용도로 한 번 변환을 거치게 되는데, 그 과정에서 기존에 사용하던 파일의 이름이나 코드의 변수명 등이 이처럼 난해하게 바뀝니다. 그래서 요즘 대부분의 서비스에서는 이렇게 파일 이름을 알아볼 수 없는 경우가 많습니다.

Sources 탭은 웹 페이지에서 사용하는 파일이나 코드를 확인하는 용도로 쓸 수 있지만 앞에서 언급한 것처럼 대다수의 웹 페이지가 코드 변환을 거치다 보니 모든 내용을 자세히 확인하기에는 어려움이 있습니다.

핵심 용어 정리

- **코드 편집기(Code Editor)**: 코드를 작성하기 위해 설계된 프로그램으로, 자동 들여쓰기, 프로젝트 관리 등 개발 과정을 더 편리하고 빠르게 만들어 주는 기능을 제공함
- **코드펜(Codepen)**: HTML, CSS, 자바스크립트 코드를 작은 단위로 작성하고 빠르게 테스트할 수 있는 웹 기반 코드 편집기로, 별도 설치 없이 사용 가능
- **VS Code(Visual Studio Code)**: 다양한 프로그래밍 언어를 지원하는 범용 코드 편집기로, 확장 프로그램을 통해 개발자가 원하는 환경을 구성할 수 있음
- **개발자 도구(DevTools)**: 웹 브라우저에서 제공하는 도구로, 웹 페이지를 개발할 때 문제를 쉽게 찾고 해결할 수 있도록 돕는 다양한 기능의 모음
- **Elements 탭**: 개발자 도구에서 현재 웹 페이지의 HTML, CSS 코드를 확인하고 조작할 수 있는 기능을 제공하는 탭
- **Console 탭**: 개발자 도구에서 웹 페이지의 자바스크립트 로그를 확인하거나 간단한 자바스크립트 코드를 실행할 수 있는 탭
- **Sources 탭**: 개발자 도구에서 현재 웹 페이지에서 사용 중인 모든 파일(HTML, CSS, 자바스크립트, 이미지 등)의 목록과 코드를 확인할 수 있는 탭

【연습 문제】

1. 코드 편집기의 주요 기능과 역할은 무엇인가?
   ① 웹 페이지 디자인만을 위한 도구다.
   ② 코드를 작성하고 자동 들여쓰기, 프로젝트 관리 등을 지원하는 프로그램이다.
   ③ 서버와 데이터베이스를 관리하는 도구다.
   ④ 웹 브라우저 내에서만 실행되는 프로그램이다.

2. 개발자 도구(DevTools)의 정의와 용도로 올바른 것은?
   ① 웹 서버를 구축하기 위한 도구다.
   ② 웹 브라우저에서 제공하는 도구로, 웹 페이지의 코드를 확인하고 문제를 해결하는 데 사용된다.
   ③ 데이터베이스를 설계하고 관리하기 위한 도구다.
   ④ 웹 페이지를 만들기 위한 코드 편집기다.

3. 개발자 도구의 Elements 탭과 Console 탭의 주요 기능을 올바르게 설명한 것은?

   ① Elements 탭은 자바스크립트 실행, Console 탭은 HTML/CSS 확인.
   ② Elements 탭은 웹 페이지의 파일 목록 확인, Console 탭은 오류 수정.
   ③ Elements 탭은 HTML/CSS 확인 및 수정, Console 탭은 자바스크립트 실행 및 로그 확인.
   ④ Elements 탭은 네트워크 트래픽 확인, Console 탭은 데이터베이스 쿼리 실행.

4. 웹 기반 코드 편집기인 코드펜(Codepen)과 설치형 코드 편집기인 VS Code의 차이점으로 올바른 것은?

   ① 코드펜은 HTML/CSS/자바스크립트만 지원하고, VS Code는 다양한 프로그래밍 언어를 지원한다.
   ② 코드펜은 오프라인에서만 사용 가능하고, VS Code는 온라인에서만 사용 가능하다.
   ③ 코드펜은 대규모 프로젝트에 적합하고, VS Code는 소규모 프로젝트에만 적합하다.
   ④ 코드펜은 코드 자동 완성 기능이 있고, VS Code는 그런 기능이 없다.

5. 웹 브라우저의 Sources 탭의 주요 기능은 무엇인가?

   ① 웹 페이지의 HTML 코드만 확인할 수 있다.
   ② 자바스크립트 코드를 실행하고 디버깅할 수 있다.
   ③ 웹 페이지에서 사용 중인 모든 파일(HTML, CSS, 자바스크립트, 이미지 등)의 목록과 코드를 확인할 수 있다.
   ④ 서버와의 통신 내역만 확인할 수 있다.

연습문제 해답

1. ② – 코드를 작성하고 자동 들여쓰기, 프로젝트 관리 등을 지원하는 프로그램이다.
2. ② – 웹 브라우저에서 제공하는 도구로, 웹 페이지의 코드를 확인하고 문제를 해결하는 데 사용된다.
3. ③ – Elements 탭은 HTML/CSS 확인 및 수정, Console 탭은 자바스크립트 실행 및 로그를 확인하는 데 사용된다.
4. ① – 코드펜은 HTML/CSS/자바스크립트만 지원하고, VS Code는 다양한 프로그래밍 언어를 지원한다.
5. ③ – 웹 페이지에서 사용 중인 모든 파일(HTML, CSS, 자바스크립트, 이미지 등)의 목록과 코드를 확인할 수 있다.

03

웹 페이지의
뼈대를 구성하는 HTML

HTML은 웹 페이지를 구성하는 데 있어 가장 기초가 되는 언어입니다. 3장에서는 HTML이 무엇이고 어떤 역할을 하는지 알아보고, 본격적으로 HTML 코드를 작성하기에 앞서 알아둬야 할 개념들을 소개합니다.

3.1 든든한 뼈대 HTML

집을 짓는 과정을 한번 떠올려볼까요? 가장 먼저 철근이나 콘크리트로 뼈대를 튼튼하게 세우고, 다음으로 페인트로 벽을 예쁘게 단장하고, 마지막으로 전기나 수도관 등을 설치하면 멋진 집이 완성됩니다.

대뜸 집을 짓는 과정을 설명한 이유는 이 과정이 웹 페이지를 만드는 과정과 크게 다르지 않기 때문입니다. CSS가 집의 보이는 부분을 꾸미는 역할이고, 자바스크립트가 전등을 켜거나 수도꼭지를 여는 등의 사용자 행동에 맞춰 집에 변화를 주는 역할이라면 HTML은 가장 처음 진행했던 뼈대를 세우는 작업으로 볼 수 있습니다.

그림 3.1 집의 골조 공사 단계로 비유하는 HTML

골조가 튼튼하지 않다면 아무리 보기 좋은 집이라도 금방 무너질 것입니다. 그만큼 HTML은 웹 페이지에 있어 가장 기본이 되고 중요한 요소입니다. 이번 절에서는 HTML의 다양한 요소를 배우기에 앞서 HTML 자체에 대해 가볍게 살펴보겠습니다.

하이퍼텍스트로 알아보는 HTML

HTML은 HyperText Markup Language의 약자로, '하이퍼텍스트를 만들기 위한 마크업 언어'로 해석할 수 있습니다. 여기서 낯선 단어가 두 개 보이는데, 바로 하이퍼텍스트(hypertext)와 마크업(markup)입니다. 각각 어떤 뜻인지 살펴보겠습니다.

하이퍼텍스트를 이해하기 위해서는 먼저 하이퍼링크(hyperlink)에 대해 짚고 넘어가야 합니다. 웹 페이지를 보다 보면 종종 일반 문장과는 다르게 밑줄이 그어져 있거나 강조돼 있고 마우스 커서로 클릭했을 때 다른 웹 페이지로 전환하는 기능을 가진 텍스트를 볼 수 있습니다. 이처럼 웹 페이지에서 또 다른 웹 페이지로 넘어갈 수 있는 연결 고리를 **하이퍼링크**라고 부릅니다. 그리고 이 하이퍼링크를 포함하는 문서를 **하이퍼텍스트**라고 부릅니다.

그림 3.2 웹 페이지를 넘나들 수 있는 하이퍼링크

이렇게 문서 사이를 자유롭게 넘나드는 하이퍼링크를 지금은 대수롭지 않게 여길 수 있지만 웹이 처음 탄생한 1990년대에는 이것이 기존의 컴퓨터 정보를 탐색하는 방식을 뒤바꾸는 혁신적인 기술이었습니다. 이전까지만 해도 원하는 정보를 찾기 위해서는 마치 백과사전을 읽듯이 문서를 처음부터 끝까지 차례대로 탐색해야 했습니다. 생각만 해도 머리가 아프죠?

아울러 HTML 이전에도 텍스트 문서를 작성하는 방식들이 있었는데, 이들을 텍스트의 구조를 정의하는 언어라는 의미에서 마크업 언어라고 불렀습니다. 웹이 탄생하고 하이퍼링크를 포함한 다양한 기능을 가진 하이퍼텍스트를 작성하기 위해 기존과 다른 새로운 마크업 언어가 필요했습니다. 이러한 배경에서 하이퍼텍스트를 작성하기 위해 새롭게 등장한 특별한 마크업 언어가 바로 HTML입니다. 이제 HTML이 왜 이런 이름을 갖게 됐는지 이해되나요?

HTML4와 HTML5는 무엇이 다를까?

HTML을 배우다 보면 HTML4, HTML5처럼 HTML의 뒤에 특정 숫자가 붙어 있는 경우를 종종 마주합니다. 이렇게 숫자가 붙어 있는 HTML과 아무것도 없는 HTML의 차이는 무엇이며, 또 HTML4와 HTML5는 무엇이 다를까요?

모든 기술은 시간의 흐름에 따라 크고 작은 변화를 겪습니다. 이에 새롭게 바뀐 기술을 오래된 기술과 구분하기 위해 버전(version)이라는 개념이 생겨났습니다. 버전은 생각보다 우리에게 익숙한 개념입니다. 스마트폰을 구입할 때 가장 최신 버전은 무엇이고, 어떤 새로운 기능을 탑재하고 있는지 꼼꼼히 따져보며 택합니다. 버전이 업그레이드됐다는 것은 그만큼 주목할 만한 변화가 있었다는 뜻입니다.

HTML 또한 마찬가지입니다. 1990년에 탄생한 이후로 여러 기능이 추가되고 삭제되며 버전이 바뀌었고, 그중 최신 버전이 바로 2014년에 표준화된 HTML5입니다. HTML5는 바로 이전 버전인 HTML4와 비교해 많은 것이 바뀌었습니다. 그중 가장 큰 차이는 예전에는 오디오나 비디오 등 멀티미디어 콘텐츠를 보기 위해 어도비 플래시(Adobe Flash) 등의 플러그인이 필요했지만 HTML5부터는 <audio>, <video> 태그를 도입해 별도의 플러그인 없이도 쉽게 오디오와 비디오 콘텐츠를 추가할 수 있게 됐다는 점입니다. 또 <article>과 <nav> 등, 문서의 구조를 명확하게 표현하는 시맨틱 태그(semantic tag)가 추가되기도 했습니다. 시맨틱 태그에 관한 내용은 뒷장에서 자세히 다룰 예정이므로 지금은 가볍게 이해하고 넘어가도 좋습니다.

그림 3.3 HTML4와 HTML5의 차이

이처럼 버전에 따라 기능이 다르고, 코드를 작성하는 방식이 조금씩 다르기 때문에 HTML4와 HTML5가 혼용됐던 몇 년 전만 해도 버전을 명시하는 것이 중요했습니다. 하지만 현재는 우리가 알고 있는 대다수의 웹 서비스가 HTML5를 이용하므로 일반적으로 HTML이라고 하면 HTML5를 의미한다고 볼 수 있습니다.

3.2 태그와 속성

HTML 문서의 모든 내용은 태그로 이뤄져 있다고 해도 과언이 아닐 정도로 태그는 HTML 문서를 구성하는 기본 요소입니다. 따라서 효과적인 HTML 학습을 위해서는 태그를 잘 아는 것이 무엇보다 중요합니다.

이번 절에서는 이러한 태그가 어떤 구조를 띠는지 알아보고, 추가로 태그를 작성할 때 함께 알아두면 좋은 개념인 주석까지 살펴보고자 합니다.

HTML의 기본, 태그

HTML 태그(tag)는 요소(element)라고도 부르며, 문서를 구성하는 가장 기본적인 단위입니다. HTML은 다양한 태그를 지원하는데, 이런 수많은 태그가 모여 HTML 문서가 만들어집니다.

그럼 태그는 어떻게 작성할까요? 기본적으로 모든 태그는 다음과 같이 꺾쇠(<, >)를 사용해 표현합니다.

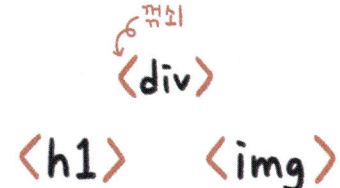

그림 3.4 기본 태그 구조

그리고 실제로 코드에 태그를 작성할 때는 표현하고자 하는 요소의 앞뒤에 태그를 하나씩 배치하고, 뒤에 있는 태그는 앞에 빗금(/)을 추가해 브라우저에서 해당 태그 영역을 명확하게 인지할 수 있게 합니다.

예를 들어, 제목 태그인 <h1> 태그를 사용해 코드에 '안녕하세요!'라는 제목을 추가한다면 다음과 같이 작성할 수 있습니다.

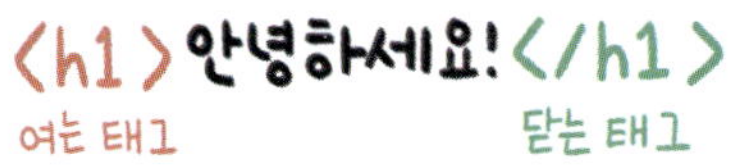

<h1>안녕하세요!</h1>
여는 태그   닫는 태그

그림 3.5 여는 태그와 닫는 태그

이때 앞에 있는 태그를 '여는 태그', 뒤에 있는 태그를 '닫는 태그'라고 부릅니다.

이렇게 입력하고 브라우저를 열어보면 작성한 문구가 정상적으로 보이는 것을 확인할 수 있습니다.

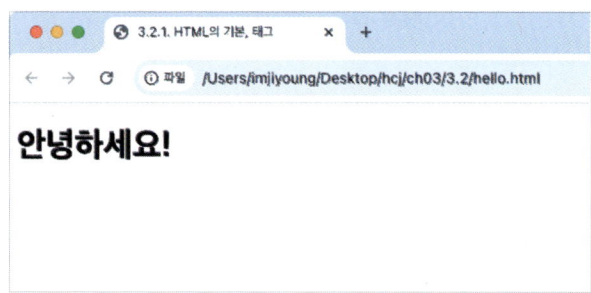

그림 3.6 <h1> 태그 안의 문구가 화면에 정상적으로 표시된 모습

그럼 태그 안에는 무조건 텍스트만 입력해야 할까요? 그건 아닙니다. 태그 안에 또 다른 태그를 넣을 수도 있습니다. 이렇게 태그를 중첩해서 태그 간의 위계를 표현하기도 합니다. 다음 예제를 볼까요?

예제 3.1 여러 태그가 중첩된 코드   ch03/3.2/tag.html

```
<h1>동물의 종류</h1>
<ul>
  <li>
    포유류
    <ul>
      <li>개</li>
      <li>고양이</li>
    </ul>
  </li>
  <li>조류</li>
  <li>파충류</li>
</ul>
```

ul과 li는 목록을 표현할 때 사용하는 태그로, 이후에 자세히 배울 예정이므로 지금은 간단하게 이해하고 넘어가도 됩니다.

이렇게 코드를 작성하고 브라우저를 열어보면 다음과 같이 표시됩니다.

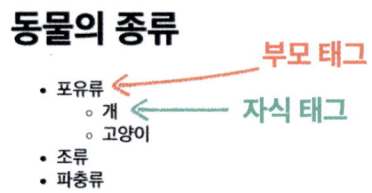

그림 3.7 부모 태그와 자식 태그

결과를 보면 '개'가 '포유류'보다 더 하위에 있는 것을 확인할 수 있습니다. 이처럼 태그를 중첩했을 때 바깥의 감싸는 태그를 부모 태그, 안쪽에 있는 태그를 자식 태그라고 지칭합니다. 앞의 예시에서는 포유류 태그가 부모 태그, 개 태그가 자식 태그라고 볼 수 있습니다.

그리고 앞서 예제에서 또 하나 주목할 점이 있는데, 바로 자식 태그는 코드에 들여쓰기가 적용돼 있다는 점입니다. 보통 들여쓰기는 탭이나 스페이스를 많이 사용하는데, 사실 들여쓰기를 하지 않아도 코드는 정상적으로 동작합니다. 하지만 부모와 자식 사이를 구분해 가독성을 높이고 원활하게 협업할 수 있도록 돕기 때문에 많은 사람이 HTML 코드를 작성할 때 들여쓰기를 사용합니다.

그림 3.8 코드의 가독성을 높이기 위해 사용하는 들여쓰기

마지막으로 태그를 작성할 때 여는 태그와 닫는 태그를 각각 작성해야 한다고 했는데, 이를 하나의 태그로 표현하는 경우도 있습니다. 예를 들어, 이미지를 표현할 때 사용하는 <img> 태그는 결과물이 이미지다 보니 그 사이에 문자나 다른 태그가 들어갈 수가 없습니다. 따라서 다음과 같이 하나의 태그 안에 여는 태그와 닫는 태그를 함께 나타내는 자체 닫기 태그(self-closing tag)로 작성하기도 합니다. 한결 간편해 보이나요?

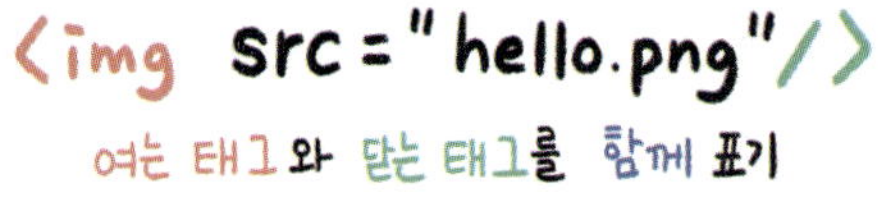

<img src="hello.png" />
여는 태그와 닫는 태그를 함께 표기

그림 3.9 여는 태그와 닫는 태그가 하나로 이뤄진 자체 닫기 태그

참고로 이러한 자체 닫기 태그는 마지막 빗금(/)을 빼고 작성해도 무방합니다. 즉, <img src="hello.png">라고 작성해도 동일하게 작동합니다. 다만 실무에서는 이 태그가 다른 내용을 포함하지 않는다는 것을 명시적으로 알리기 위해 뒤에 빗금을 붙일 수 있습니다.

태그를 풍성하게 만드는 속성

마지막에 살펴본 <img> 태그의 경우 앞에서 본 태그와 다른 점이 하나 있습니다. 바로 태그 사이에 보이는 src="hello.png"라는 문구입니다. 이 문구는 **속성**(attribute)이라고 일컫는, 태그에 적용하는 세부 정보로, 태그의 기능을 확장하거나 수정하는 데 사용합니다.

속성은 '속성 이름=속성값' 형태로 작성하고, 모든 태그에서 사용할 수 있는 공통 속성과 태그별로 특수하게 사용하는 개별 속성이 있습니다.

예를 들어, 앞의 예시에서 본 <img> 태그에는 src라는 개별 속성이 있었는데, 이는 표시하고자 하는 이미지의 경로를 설정하는 속성입니다. 따라서 src 속성이 없다면 <img> 태그를 잘 넣어도 브라우저에서 아무것도 보이지 않겠지만 src에 이미지의 경로를 지정하면 정상적으로 이미지가 표시됩니다.

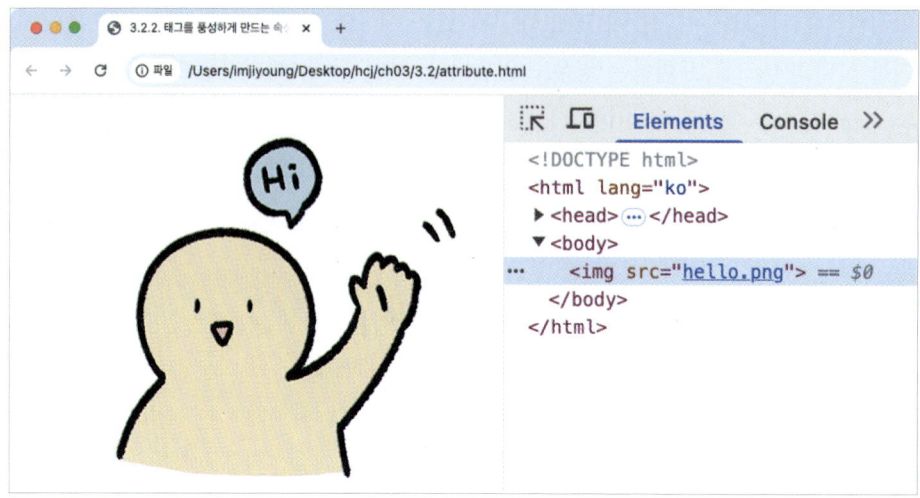

그림 3.11 src 속성을 사용해 이미지 경로를 지정하는 img 태그

속성은 태그마다 다르고 속성값에 따른 효과도 다양하며, 자세한 내용은 각 태그를 배울 때 살펴보겠습니다.

3.3 HTML의 기본 구조

옛날에 쓰던 그림 일기장을 떠올려볼까요? 아무 위치에나 그릴 수 있는 스케치북과 달리 일기장은 제목을 쓰는 칸, 그림을 그리는 칸, 내용을 쓰는 칸이 각각 구분돼 있습니다. 이 영역을 넘어서 날짜를 쓰는 칸에 엉뚱하게 그림을 그린다면 아마 선생님에게 꾸중을 들었을 것입니다.

이처럼 그림 일기를 쓸 때도 일련의 양식이 있는 것처럼 HTML 또한 문서를 작성할 때 요구하는 기본 구조가 있습니다. 이 구조에 맞게 태그를 추가해야 브라우저에서 정상적으로 내용을 읽고 화면에 출력할 수 있습니다.

그럼 HTML 문서의 기본 구조는 어떻게 돼 있을까요?

HTML의 기본 구조 살펴보기

상황에 따라 조금씩 다르지만 일반적으로 HTML 문서는 다음과 같은 구조를 가집니다.

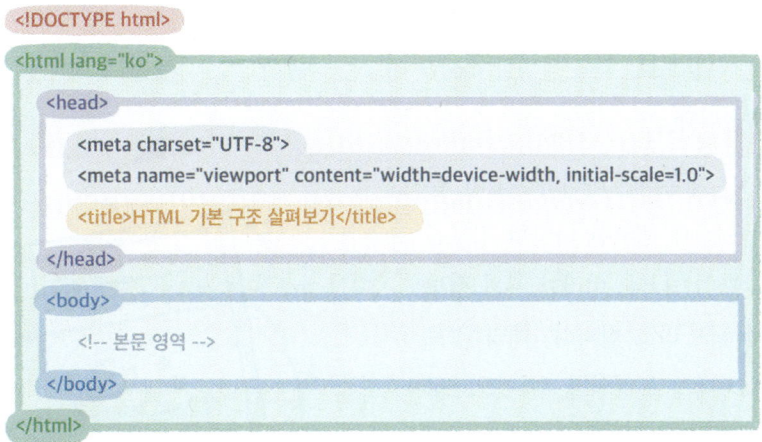

그림 3.12 HTML의 기본 구조

갑자기 처음 보는 태그가 많이 나와서 당황할 수 있는데, 한번 이해하고 나면 쉽게 넘길 수 있으니 천천히 살펴보겠습니다.

문서의 형식, DOCTYPE

맨 처음에 나오는 <!DOCTYPE html>은 이 문서가 HTML 문서 형식을 따른다는 것을 알리는 역할을 합니다. 예전에는 SGML이나 XML 등 다른 문서 타입을 사용하거나, 같은 HTML이어도 HTML4인지 HTML5인지에 따라 문서 형식이 달라 DOCTYPE 설정이 중요했지만, 지금은 대부분 HTML5로 통일됐으므로 이렇게 DOCTYPE을 HTML 문서 맨 앞에 작성한다는 것만 기억하면 됩니다.

문서의 최상위 요소, <html>

그다음에 등장하는 <html> 태그는 이름에서 알 수 있듯이 HTML 문서를 감싸는 최상위 요소입니다. 따라서 HTML 문서 안에 있는 모든 요소는 이 <html> 태그 안에 있어야 정상적으로 동작합니다. 추가로 <html> 태그의 속성인 lang은 HTML 문서의 언어 코드를 의미합니다. 예제 안에는 한국어를 의미하는 'ko'가 속성값으로 지정돼 있습니다.

문서의 부가 정보, <head>

<head> 태그는 본문과 별개로, 문서의 부가 정보를 포함하는 태그입니다. 다시 그림 일기장을 생각해 보면 상단에는 날짜와 제목을 작성하는 칸이 있고, 하단에 실제 일기 내용을 작성하는 칸이 있습니다. 이를 HTML에 비유하면 <head> 태그를 상단의 일기 정보를 작성하는 부분으로, 뒤에 설명할 <body> 태그를 하단의 일기 내용을 작성하는 부분으로 볼 수 있습니다.

<head>에는 제목뿐만 아니라 HTML 문서를 만드는 데 필요한 다양한 정보를 추가할 수 있습니다. 이러한 부가 정보를 '메타 정보'라고 합니다. 메타 정보는 <meta> 태그로 정의할 수 있으므로 <head> 태그의 안쪽에 <meta> 태그가 있는 구조입니다.

그림 3.13 그림 일기장에 비유한 head, body, meta 태그

문서의 메타 정보, <meta>

<meta> 태그는 앞에서 얘기했던 것처럼 문서의 메타 정보를 나타냅니다. 그럼 메타 정보로는 어떤 것이 있을까요? 예를 들어 charset 속성은 텍스트의 인코딩 방식을 의미합니다. 웹서핑을 하다 보면 한글이나 특수 문자를 입력할 때 이상한 문자로 깨지는 현상을 볼 수 있는데, 이를 방지하기 위해 charset을 미리 지정해서 문서 안의 언어를 특정 방식으로 변환해야 한다고 명시하는 것입니다. 가장 대중적으로 사용하는 UTF-8의 경우 세계 표준 인코딩 방식으로 한글도 잘 변환되는 인코딩 방식입니다.

또 charset 속성 아래에 있는 viewport 속성은 이 책의 뒤에서 설명할 반응형 웹을 위한 속성입니다. 이처럼 <meta> 태그는 다양한 속성을 통해 문서의 정보를 전달할 수 있습니다.

문서의 제목, <title>

<title> 태그는 문서의 제목을 표현합니다. 이름이 <title>이어서 웹 화면에 보이지 않을까, 하고 생각할 수 있는데, 이 <title> 태그에 작성된 제목은 브라우저의 콘텐츠 영역 안에서는 보이지 않고, 다음 그림처럼 웹 브라우저 탭 상단에 표시됩니다.

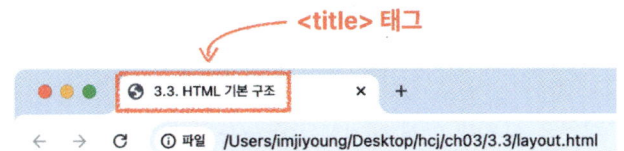

그림 3.14 title이 표시된 브라우저 탭 상단바

문서의 본문, <body>

맨 하단의 <body>는 문서의 본문을 포함합니다. <body> 태그 안에 작성되는 내용이 전부 웹 페이지에 실제로 반영되는 내용이며 앞으로 우리가 코드를 추가하게 될 영역이라고 이해하면 됩니다.

코드를 설명하는 주석 태그

마지막으로 HTML의 기본 구조에는 포함되지 않지만 앞으로 자주 접하게 될 태그가 있는데, 바로 **주석(comment)** 태그입니다.

주석 태그는 코드 안에 부가적인 설명을 추가하기 위해 사용하는 태그입니다. 앞의 그림 3.12에서 <body> 태그 안에 '본문 영역'이라고 표시된 부분이 보이나요? 이는 <body> 태그 내부에는 본문 코드가 들어간다는 것을 설명하는 주석 태그입니다. 이러한 주석 태그는 작성하고자 하는 내용의 앞뒤로 아래 예제와 같은 화살표 표식을 넣어 만들 수 있습니다.

예제 3.2 주석 표기 방법　　　　　　　　　　　　　　ch03/3.3/layout.html

```
<!-- 본문 영역 -->
```

이렇게 작성한 주석 태그는 실제 브라우저 화면에서는 보이지 않는다는 큰 특징이 있습니다. 다음 그림을 함께 살펴볼까요?

그림 3.15 브라우저에서 보이지 않는 주석

분명 오른쪽 개발자 도구의 HTML 코드에는 '<!-- 본문 영역 -->'이라는 주석 태그가 있는데, 왼쪽의 웹 브라우저 화면에서는 표시되지 않습니다.

이러한 주석의 성격을 이용해 앞서 얘기했듯이 코드를 위한 설명을 작성할 수도 있고, 개발 과정에서 사용자의 화면에 보여주고 싶지 않은 태그를 임시로 숨기는 데 활용할 수 있습니다. 다만 코드 내 주석이 너무 많을 경우 오히려 코드를 읽는 데 어려움을 줄 수 있으니 적절하게 사용하는 것이 중요합니다.

VS Code로 간편하게 HTML 문서 만들기

앞서 HTML 문서의 기본 구조에 대해 살펴봤습니다. 그런데 생각보다 작성해야 할 게 많아서 외우기도 어렵고 번거롭습니다. 이에 VS Code에서는 쉽게 HTML 문서를 만들 수 있도록 자동 완성 기능을 제공합니다.

이 기능은 어떻게 사용할까요? 우선 VS Code를 열고, 빈 HTML 파일을 하나 생성합니다. 이때 VS Code의 자동 완성을 활용하려면 HTML 파일의 확장자를 반드시 .html로 지정해야 합니다.

파일을 만든 후 파일 내용에 느낌표(!)를 입력하거나 `html:5`를 입력하고 탭 혹은 엔터 키를 누르면 기본 태그가 자동으로 완성되는 것을 확인할 수 있습니다.

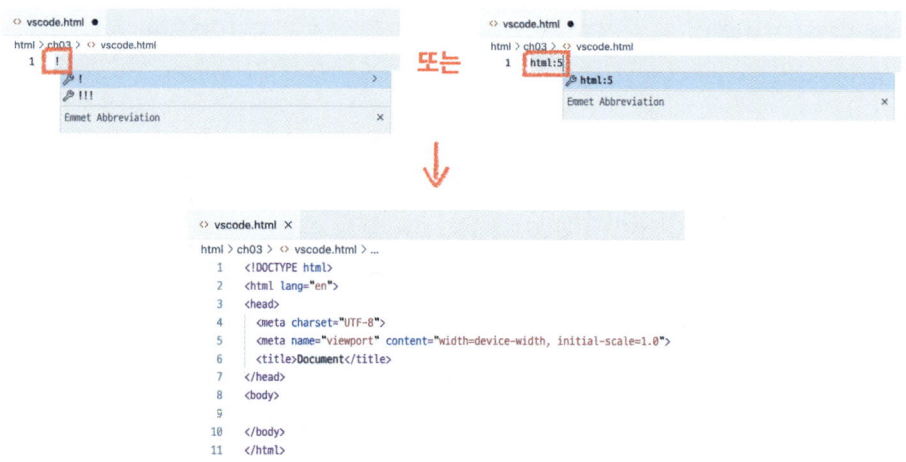

그림 3.16 VS Code에서 기본 HTML 구조가 자동으로 만들어지는 모습

앞서 살펴본 태그들이 바로 만들어진 것을 확인할 수 있습니다. 다른 점이 하나 있다면 <html> 태그의 lang 속성이 en으로 지정돼 있다는 것입니다.

이 lang 속성은 코드의 동작에는 직접적인 영향을 주지 않지만 시각 장애인이 문서를 읽기 위해 사용하는 스크린 리더(screen reader)[1]에 언어 정보를 제공해 적절하게 발음할 수 있게 돕고, 브라우저에서 언어에 맞게 자동 번역 기능을 제공하는 등 나름의 역할이 있습니다. 따라서 필수는 아니지만 편의를 위해 문서에서 사용하는 언어 코드로 맞춰주는 것이 좋습니다. 이 책의 예제에서는 주로 한글을 사용할 예정이므로 앞에서 본 것처럼 ko로 바꾸겠습니다.

그림 3.17 <html> 태그의 lang 속성을 ko로 변경

이렇게 기본 구조까지 만들면 코드를 작성할 준비가 끝납니다. 이어지는 장부터는 본격적으로 HTML의 다양한 태그에 대해 살펴보겠습니다.

---

1 컴퓨터 또는 모바일 화면의 콘텐츠를 음성으로 읽어주는 소프트웨어로, 시각 장애인이나 저시력자 등이 주로 사용합니다.

핵심 용어 정리

- **HTML(HyperText Markup Language)**: 하이퍼텍스트를 만들기 위한 마크업 언어로, 웹 페이지의 기본 구조와 콘텐츠를 정의하는 언어
- **하이퍼텍스트(Hypertext)**: 하이퍼링크를 포함하는 문서로, 다른 문서나 웹 페이지로 연결되는 링크가 포함된 텍스트
- **하이퍼링크(Hyperlink)**: 웹 페이지에서 다른 웹 페이지로 넘어갈 수 있는 연결 고리
- **HTML5**: HTML의 최신 버전으로, 2014년에 표준화되었으며 멀티미디어 콘텐츠 지원과 시맨틱 태그 등의 새로운 기능이 추가됨
- **HTML 태그(Tag)**: HTML 문서를 구성하는 가장 기본적인 단위로, 꺾쇠(<, >)를 사용해 표현함
- **여는 태그와 닫는 태그**: 태그는 일반적으로 여는 태그와 닫는 태그로 구성되며, 닫는 태그는 앞에 빗금(/)이 추가됨
- **자체 닫기 태그(Self-closing tag)**: 내용이 없는 태그로, 하나의 태그 안에 여는 태그와 닫는 태그가 함께 나타남(예: `<img />`)
- **속성(Attribute)**: 태그에 적용하는 세부 정보로, 태그의 기능을 확장하거나 수정하는 데 사용됨(예: src, href, class 등)
- **주석(Comment)**: 코드 안에 부가적인 설명을 추가하기 위해 사용하는 태그로, 브라우저 화면에는 보이지 않음(`<!-- 주석 내용 -->`)
- **DOCTYPE**: HTML 문서의 가장 앞부분에 위치하며, 해당 문서가 HTML 문서 형식을 따른다는 것을 알리는 선언

【연습 문제】

1. HTML이란 무엇이며, 웹 페이지 구성에서 어떤 역할을 담당하는지 올바르게 설명한 것은?

   ① 웹 페이지의 디자인을 담당하는 스타일 언어다.
   ② 웹 페이지의 동적 기능을 담당하는 프로그래밍 언어다.
   ③ 하이퍼텍스트를 만들기 위한 마크업 언어로, 웹 페이지의 기본 구조와 콘텐츠를 정의한다.
   ④ 웹 서버와 클라이언트 간의 통신을 담당하는 프로토콜이다.

2. HTML 태그의 구조에 대한 설명으로 올바른 것은?

① 모든 HTML 태그는 반드시 닫는 태그가 필요하다.
② HTML 태그는 일반적으로 여는 태그와 닫는 태그로 구성되며, 일부 태그는 자체 닫기 태그로 사용된다.
③ HTML 태그의 속성은 반드시 큰따옴표(", ")로 묶어야 한다.
④ HTML 태그 간의 중첩은 허용되지 않는다.

3. HTML5와 이전 버전인 HTML4의 차이점으로 올바른 것은?

① HTML5는 멀티미디어 콘텐츠(오디오, 비디오)를 별도의 플러그인 없이 지원하고, 시맨틱 태그가 추가됐다.
② HTML5는 텍스트만 지원하며, HTML4는 멀티미디어 콘텐츠를 지원한다.
③ HTML5는 인터넷 익스플로러에서만 사용 가능하다.
④ HTML5는 모바일 기기에서만 사용할 수 있다.

4. HTML 문서의 기본 구조에 대한 설명으로 올바르지 않은 것은?

① DOCTYPE은 문서의 형식을 선언하는 역할을 한다.
② `<html>` 태그는 HTML 문서의 최상위 요소로, 모든 요소는 이 태그 안에 있어야 한다.
③ `<head>` 태그는 문서의 본문을 포함하고, `<body>` 태그는 문서의 부가 정보를 포함한다.
④ `<meta>` 태그는 문서의 메타 정보(인코딩 방식, 뷰포트 등)를 나타낸다.

5. HTML에서 주석의 역할과 특징으로 올바른 것은?

① 주석은 웹 페이지에서 사용자에게 중요한 정보를 강조하기 위해 사용된다.
② 주석은 `<!-- 내용 -->` 형태로 작성하며, 브라우저 화면에는 표시되지 않는다.
③ 주석은 HTML 태그의 한 종류로, 항상 `<body>` 태그 내부에만 작성해야 한다.
④ 주석은 웹 페이지의 로딩 속도를 높이기 위해 사용된다.

연습문제 해답

1. ③ – 하이퍼텍스트를 만들기 위한 마크업 언어로, 웹 페이지의 기본 구조와 콘텐츠를 정의한다.
2. ② – HTML 태그는 일반적으로 여는 태그와 닫는 태그로 구성되며, 일부 태그는 자체 닫기 태그로 사용된다.
3. ① – HTML5는 멀티미디어 콘텐츠(오디오, 비디오)를 별도의 플러그인 없이 지원하고, 시맨틱 태그가 추가됐다.
4. ③ – `<head>` 태그는 문서의 부가 정보를 포함하고, `<body>` 태그는 본문을 포함한다.
5. ② – 주석은 `<!-- 내용 -->` 형태로 작성하며, 브라우저 화면에는 표시되지 않는다.

04

자주 쓰이는
기본 HTML 태그

HTML에서는 문서의 구성 요소를 구현하기 위해 여러 태그를 제공합니다. 목록, 링크, 표 등 목적에 따라 태그를 작성하는 방식부터 속성의 종류까지 다양합니다. 4장에서는 이러한 HTML 태그 중 꼭 알아둬야 할 핵심 태그의 역할과 사용법을 살펴봅니다.

4.1 텍스트와 구조

텍스트는 HTML 문서를 구성하는 가장 기본적인 요소입니다. 따라서 좋은 HTML 코드를 작성하기 위해서는 의미에 맞는 텍스트 태그를 사용하고, 기능에 맞게 적절히 배치하는 것이 중요합니다.

이번 절에서는 HTML에서 텍스트를 표현하고 구조화하는 데 사용하는 기본 태그를 살펴보겠습니다.

제목을 표현하는 <h1> ~ <h6> 태그

독후감부터 과제물, 보고서까지, 우리가 작성하는 대부분의 문서에는 맨 위에 제목이 있습니다. 이처럼 제목은 문서를 작성할 때 가장 먼저 고려하는 텍스트 형식입니다.

제목 태그는 **헤딩(heading) 태그**라고도 불리며, 헤딩(heading)의 첫 글자를 따서 알파벳 'h'를 앞에 붙여 사용합니다. 또한 제목 태그는 크기나 그 중요도에 따라 <h1>부터 <h6>까지 다양한 형태가 있습니다.

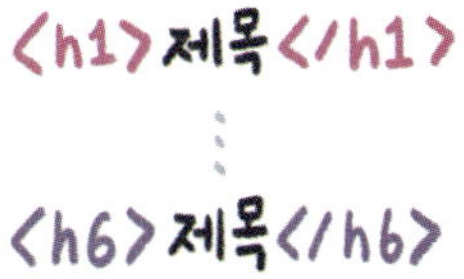

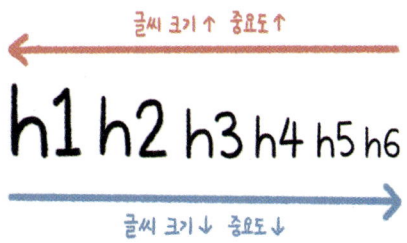

그림 4.1 헤딩 태그의 기본형

예를 들어, 첫 번째 헤딩 태그인 <h1> 태그는 가장 높은 수준의 제목을 나타내며, 제목 크기 또한 가장 큽니다. h 뒤에 붙은 숫자가 작아질수록 제목의 크기도 작아지고 중요도도 낮아집니다.

그림 4.2 글씨 크기와 중요도가 다른 헤딩 태그

이러한 헤딩 태그의 특성을 이용해 제목의 위계를 표현할 수 있습니다. 다음은 독후감의 목차를 나열한 예제입니다.

예제 4.1 다양한 헤딩 태그를 활용해 독후감 목차 만들기　　　ch04/4.1/text.html

```html
<!DOCTYPE html>
<html lang="ko">
  <head>
    <meta charset="UTF-8">
    <title>4.1. 텍스트와 구조</title>
  </head>
  <body>
    <h1>"어린 왕자" 독후감</h1>
    <h2>서론</h2>
    <h2>본론</h2>
    <h3>명대사</h3>
    <h3>느낌 및 교훈</h3>
    <h2>결론</h2>
  </body>
</html>
```

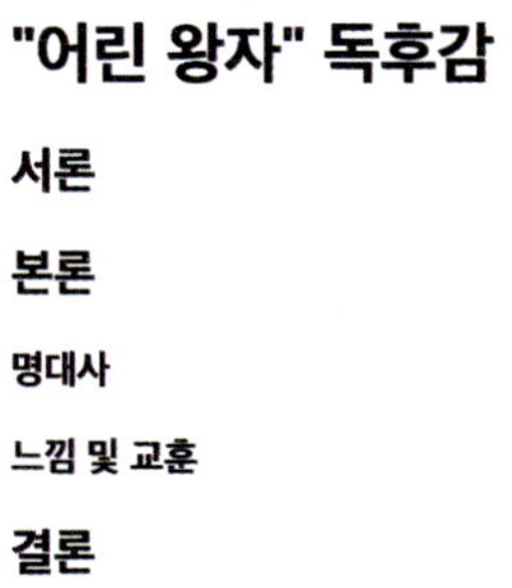

"어린 왕자" 독후감

서론

본론

명대사

느낌 및 교훈

결론

그림 4.3 결과 화면

헤딩 태그를 다르게 사용하는 것만으로도 제목 사이의 위계가 명확하게 보입니다. 이처럼 다양한 헤딩 태그를 활용해 웹 페이지의 내용을 구조적으로 표현할 수 있습니다.

단락을 표현하는 <p> 태그

단어가 모여 하나의 문장이 되고, 관련된 문장이 모이면 하나의 단락(paragraph)이 만들어집니다. 이러한 단락을 표현하는 기본 태그가 바로 `<p>` 태그입니다.

<p>내용</p>

그림 4.4 `<p>` 태그의 기본형

텍스트를 단락으로 구분하면 가독성을 높이고 구조를 명확하게 할 수 있으므로 다음과 같이 여러 문장을 구분해서 표현해야 할 때 `<p>` 태그를 사용할 수 있습니다.

예제 4.2 `<p>` 태그를 사용해 단락 만들기   ch04/4.1/text.html

```
... 생략 ...
<h3>명대사</h3>
<p>
    네가 길들인 것에 대해서 따르는 책임을 너는 절대 잊으면 안 돼.
    너는 장미꽃에 대해서 책임이 있는 거야.
</p>
<p>
    네가 오후 네시에 온다면 나는 세시부터 행복해질 거야.
    시간이 가면 갈수록 그만큼 나는 더 행복할 거야.
</p>
... 생략 ...
```

명대사

네가 길들인 것에 대해서 따르는 책임을 너는 절대 잊으면 안 돼. 너는 장미꽃에 대해서 책임이 있는 거야.

네가 오후 네시에 온다면 나는 세시부터 행복해질 거야. 시간이 가면 갈수록 그만큼 나는 더 행복할 거야.

그림 4.5 결과 화면

공백을 추가하는 `<br>` 태그

`<p>` 태그 예제에서 특이한 점이 하나 보이는데, 바로 코드 안에서는 분명히 줄 바꿈을 했는데 실제 웹 화면 안에서는 한 줄로 표현된다는 점입니다.

이처럼 HTML에서는 기본적으로 텍스트의 줄 바꿈을 무시합니다. 따라서 명시적인 줄 바꿈이 필요할 때는 **\<br\> 태그**를 사용합니다.

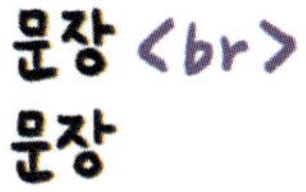

문장 \<br\>
문장

그림 4.6 \<br\> 태그의 기본형

\<br\> 태그를 사용해 앞의 예제 문장에 줄 바꿈을 추가해 볼까요? 참고로 \<br\> 태그 하나당 한 번의 줄 바꿈이 만들어지므로 여러 줄의 공백을 만들고 싶다면 \<br\> 태그를 여러 번 추가해야 합니다.

예제 4.3 \<br\> 태그로 줄 바꿈 추가하기   ch04/4.1/text.html

```
... 생략 ...
<h3>명대사</h3>
<p>
    네가 길들인 것에 대해서 따르는 책임을 너는 절대 잊으면 안 돼.
    <br>
    너는 장미꽃에 대해서 책임이 있는 거야.
</p>
<p>
    네가 오후 네시에 온다면 나는 세시부터 행복해질 거야.
    <br>
    <br>
    <br>
    시간이 가면 갈수록 그만큼 나는 더 행복할 거야.
</p>
... 생략 ...
```

이렇게 작성한 뒤에 웹 브라우저에서 확인하면 \<br\>의 개수만큼 줄 바꿈이 적용된 것을 볼 수 있습니다.

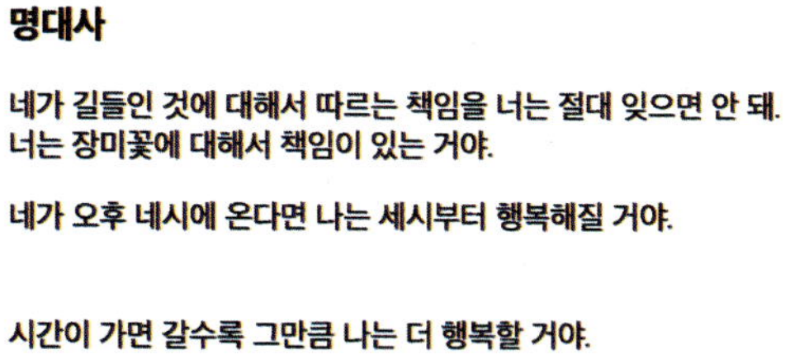

명대사

네가 길들인 것에 대해서 따르는 책임을 너는 절대 잊으면 안 돼.
너는 장미꽃에 대해서 책임이 있는 거야.

네가 오후 네시에 온다면 나는 세시부터 행복해질 거야.

시간이 가면 갈수록 그만큼 나는 더 행복할 거야.

그림 4.7 결과 화면

선으로 내용을 구분하는 <hr> 태그

 태그가 눈에 보이지 않는 줄 바꿈을 적용한다면 <hr> 태그는 화면에 수평선을 추가해 내용 사이의 구분을 명확히 표현할 수 있습니다.

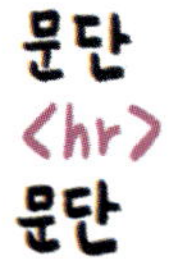

명대사의 문단 사이에 <hr> 태그를 사용해 볼까요?

그림 4.8 <hr> 태그의 기본형

예제 4.4 <hr> 태그로 수평선 추가하기   ch04/4.1/text.html

```
... 생략 ...
<h3>명대사</h3>
<p>
    네가 길들인 것에 대해서 따르는 책임을 너는 절대 잊으면 안 돼.
    <br>
    너는 장미꽃에 대해서 책임이 있는 거야.
</p>
<hr>
<p>
    네가 오후 네시에 온다면 나는 세시부터 행복해질 거야.
    <br>
    <br>
    <br>
    시간이 가면 갈수록 그만큼 나는 더 행복할 거야.
</p>
... 생략 ...
```

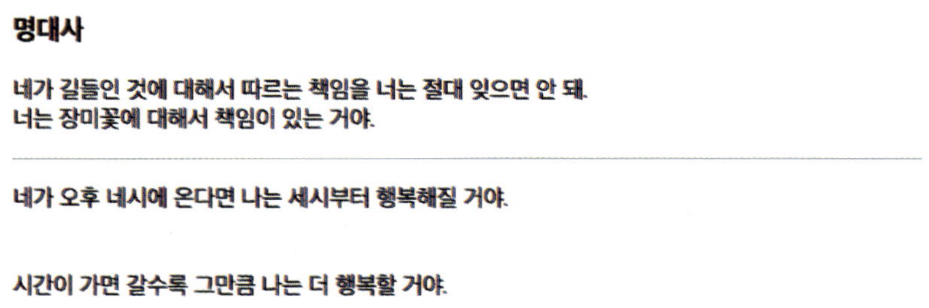

명대사

네가 길들인 것에 대해서 따르는 책임을 너는 절대 잊으면 안 돼.
너는 장미꽃에 대해서 책임이 있는 거야.

───────────────

네가 오후 네시에 온다면 나는 세시부터 행복해질 거야.

시간이 가면 갈수록 그만큼 나는 더 행복할 거야.

그림 4.9 결과 화면

보다시피 수평선이 추가되어 각 문단이 좀 더 명확하게 구분되는 모습을 확인할 수 있습니다. 이처럼 <hr> 태그를 사용해 문단이나 내용 등을 시각적으로 분리할 수 있습니다.

텍스트를 강조하는 태그: <strong>, <em>

교과서나 문제집으로 공부할 때를 떠올려 볼까요? 시험에 나올 것 같은 중요한 단어들은 밑줄을 치거나 별표를 넣어서 강조하곤 하는데, 이처럼 HTML에서도 특정 텍스트를 강조할 수 있는 태그를 제공합니다.

그중 <strong> 태그는 텍스트를 굵게 표현해 중요성을 부여하고, <em> 태그는 기울임체를 적용해 텍스트를 강조합니다.

<Strong> 굵게 표시하고자 하는 텍스트 </Strong>
<em> 기울임체를 적용하고자 하는 텍스트 </em>

그림 4.10 <strong>, <em> 태그의 기본형

이러한 <strong> 및 <em> 태그를 사용해 독후감의 마지막 '느낌 및 교훈'을 작성해 보겠습니다.

예제 4.5 <strong>, <em> 태그로 텍스트 강조하기   ch04/4.1/text.html

```
... 생략 ...
<h3>느낌 및 교훈</h3>
<p>책 <strong>"어린 왕자"</strong>는 어린 왕자와 장미, 그리고 여우와의 관계를 통해 <em>진정한 사랑과 우정</em>을 표현하고 있습니다.</p>
... 생략 ...
```

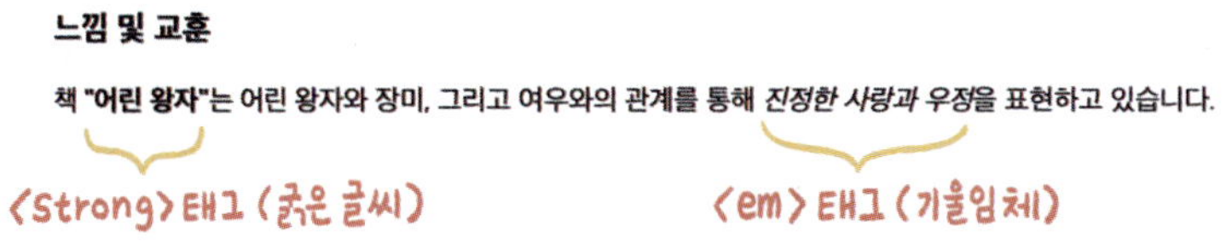

느낌 및 교훈
책 "어린 왕자"는 어린 왕자와 장미, 그리고 여우와의 관계를 통해 *진정한 사랑과 우정*을 표현하고 있습니다.

<Strong> 태그 (굵은 글씨)   <em> 태그 (기울임체)

그림 4.11 결과 화면

확실히 똑같은 스타일의 텍스트만 있을 때보다 중요한 부분이 눈에 잘 들어옵니다. 이처럼 강조 태그를 사용해 문서를 작성하면 웹 페이지의 내용을 더욱 분명하게 전달할 수 있습니다.

4.2 이미지와 링크

텍스트가 HTML 문서를 작성하는 데 있어 가장 기본이 되는 요소라면 이미지와 링크는 웹 페이지를 더욱 풍성하게 만드는 요소입니다. 이번 절에서는 이러한 이미지와 링크를 생성하는 태그를 살펴보겠습니다.

이미지를 삽입하는 <img> 태그

<img> 태그는 웹 페이지에 이미지를 추가하는 태그입니다.

앞서 3.2절 '태그와 속성'에서 태그에 따라 몇 가지 주요 속성이 있다고 이야기했는데, <img> 태그 또한 다음 속성을 태그와 함께 사용합니다.

<img src="이미지 경로" alt="이미지 설명">

그림 4.12 <img> 태그의 기본형

각 속성을 하나씩 살펴볼까요?

먼저 **src 속성**은 삽입하려는 이미지의 경로를 지정합니다. 이때 이미지의 경로가 정확하지 않으면 웹 화면에서 이미지가 제대로 표시되지 않을 수 있습니다.

예를 들어, "cat.jpg"라는 이미지가 다음과 같이 HTML 파일(index.html)과 같은 위치에 있다면 src="cat.jpg"로 작성하고, 상위 폴더에 있다면 "../cat.jpg"처럼 상위 폴더에 있음을 명시적으로 나타내야 합니다.

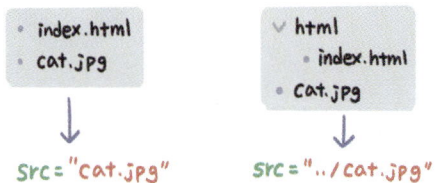

그림 4.13 이미지 위치에 따라 다르게 작성하는 src 속성

alt 속성은 대체 텍스트를 위한 속성으로, 이미지를 불러오는 데 문제가 발생했거나 스크린 리더를 사용할 때 이미지 대신 사용하는 텍스트를 의미합니다.

그럼 실제 예제를 살펴볼까요? 예제 파일의 ch04/4.2/ 폴더를 열어보면 다음과 같이 google-logo.png 이미지 파일을 볼 수 있습니다.

그림 4.14 google-logo.png 이미지 확인

index.html 파일에는 다음과 같이 <img> 태그가 있고, src 속성과 alt 속성이 추가된 것을 확인할 수 있습니다.

예제 4.6 <img> 태그로 이미지 추가　　　　　　　　　　ch04/4.2/image-link.html

```
<img src="google-logo.png" alt="구글 로고">
```

index.html 파일을 웹 브라우저로 열어 보면 그림 4.15와 같이 웹 페이지에 구글 로고 이미지가 보이는 것을 확인할 수 있습니다.

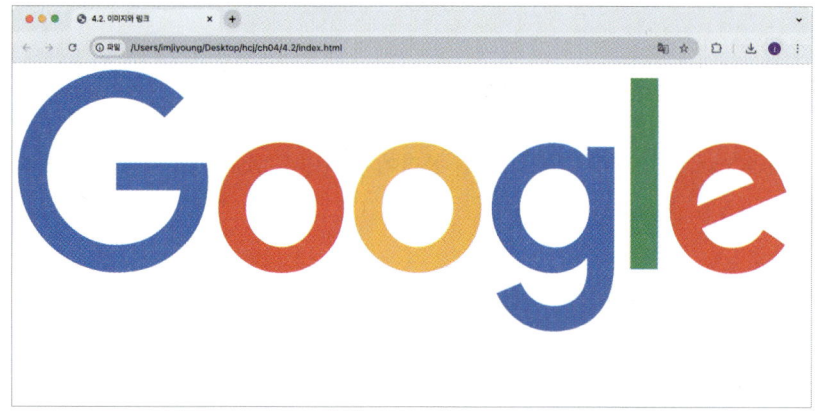

그림 4.15 결과 화면

만약 이미지의 경로가 잘못됐거나 네트워크 문제로 이미지가 보이지 않는 경우에는 다음과 같이 alt 속성에 추가한 '구글 로고'라는 대체 텍스트가 표시됩니다.

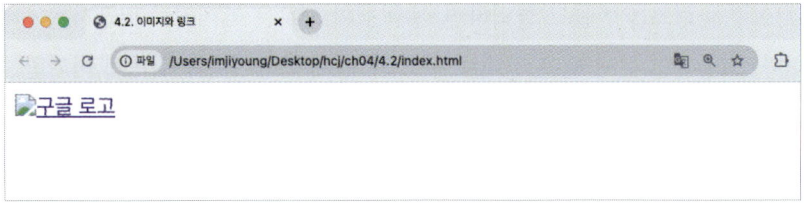

그림 4.16 대체 텍스트가 표시된 모습

웹 페이지를 자유롭게 이동하는 <a> 태그

<a> 태그는 하이퍼링크를 생성해 다른 웹 페이지로 이동하는 기능을 제공합니다.

어디론가 이동하기 위해서는 목적지가 있어야 합니다. 따라서 <a> 태그를 사용할 때는 이동하고자 하는 웹 페이지의 경로를 입력하는 href 속성을 필수로 추가해야 합니다.

<a href="웹 페이지 경로">텍스트</a>

그림 4.17 <a> 태그의 기본형

이러한 <a> 태그를 활용해 다음과 같이 구글 홈페이지로 이동하는 링크를 만들 수 있습니다.

예제 4.7 <a> 태그로 구글 홈페이지로 이동하는 링크를 생성　　　　ch04/4.2/image-link.html

```
<a href="https://www.google.com">구글 바로 가기</a>
```

그림 4.18 결과 화면

그런데 이렇게 링크를 만들고 클릭하면 현재 탭이 새로운 페이지로 바뀐다는 불편함이 있습니다. 그렇다면 현재 탭은 그대로 두고 새 탭에서 페이지가 열리게 하려면 어떻게 해야 할까요?

다음과 같이 target="_blank" 속성을 추가하면 새 탭에서 웹 사이트를 열 수 있습니다.

예제 4.8 target="_blank" 속성을 사용해 새 탭에서 웹 사이트 열기　　　ch04/4.2/image-link.html

```
<a href="https://www.google.com" target="_blank">구글 바로 가기</a>
```

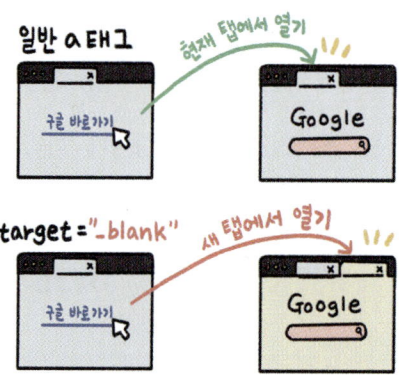

그림 4.19 target="_blank"를 적용하기 전과 후의 차이

마지막으로 <a> 태그는 텍스트뿐만 아니라 이미지나 다른 태그에도 링크를 적용할 수 있습니다. 앞에서 살펴본 <img> 태그와 <a> 태그의 예제를 하나로 합쳐 보겠습니다.

예제 4.9 <a> 태그와 <img> 태그를 함께 사용하기　　　ch04/4.2/image-link.html

```
<a href="https://www.google.com" target="_blank">
  <img src="google-logo.png" alt="구글 로고">
</a>
```

<a> 태그 안에 텍스트 대신 <img> 태그를 추가했습니다. 이렇게 작성한 후 웹 브라우저에서 확인하면 눈에 보이는 것은 <img> 태그만 있을 때와 같지만 이미지에 커서를 가져가면 <a> 태그에서 본 것처럼 커서가 손가락 모양의 포인터로 바뀌고, 이미지를 클릭했을 때 구글 홈페이지로 이동하게 됩니다.

그림 4.20 <a> 태그와 <img> 태그를 함께 사용한 모습

이처럼 <a> 태그는 웹 페이지의 중요한 구성 요소인 만큼 앞으로 웹 페이지를 구현할 때 자주 사용할 예정입니다.

4.3 목록 만들기

우리는 여행 준비물을 작성하거나 음식 조리 단계를 정리하는 등 다양한 상황에서 목록을 사용합니다. 웹 페이지를 구성할 때도 정보를 정리하고 순서와 단계를 직관적으로 보여주기 위해 목록 태그를 활용할 수 있습니다.

이번 절에서는 HTML에서 제공하는 여러 종류의 목록 태그와 그 사용법에 대해 알아보겠습니다.

<ul>로 순서가 없는 목록 만들기

<ul> 태그는 순서가 없는 목록(unordered list)을 생성하며, <li> 태그는 목록의 항목을 나타냅니다. 사용법은 다음과 같이 목록으로 묶을 범위를 <ul> 태그로 지정하고, 하위의 개별 항목을 <li> 태그로 정의하면 됩니다.

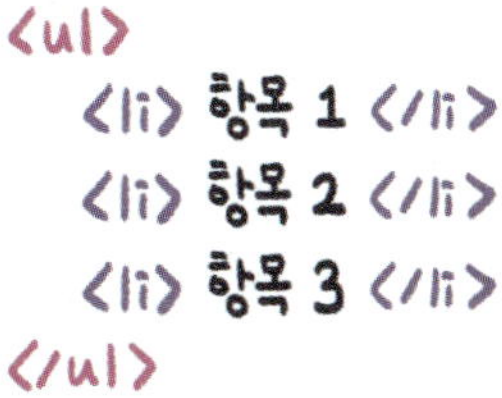

```
<ul>
    <li> 항목 1 </li>
    <li> 항목 2 </li>
    <li> 항목 3 </li>
</ul>
```

그림 4.21 <ul> 태그의 기본형

<ul> 태그는 순서가 따로 없으므로 다양한 상황에서 폭넓게 사용할 수 있습니다. 예를 들면, 다음과 같이 동물의 종류를 나열하는 등 내용을 보기 좋게 정돈하는 데 사용할 수 있습니다.

예제 4.10 `<ul>` 태그를 사용해 목록 만들기　　　　　　　　ch04/4.3/list.html

```
<h3>동물의 종류</h3>
<ul>
  <li>포유류</li>
  <li>조류</li>
  <li>파충류</li>
</ul>
```

웹 브라우저에서 보면 각 항목 앞에 작은 도형처럼 보이는 불릿(bullet) 기호가 표시된 목록이 만들어집니다.

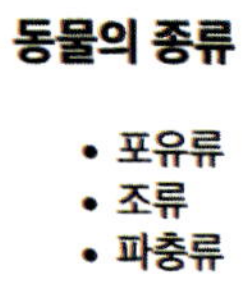

동물의 종류
- 포유류
- 조류
- 파충류

그림 4.22 결과 화면

목록 안에 또 다른 목록을 만들고 싶다면 어떻게 해야 할까요? 이런 경우에는 목록 태그를 중첩해 사용할 수 있습니다.

예제 4.11 목록 안의 목록 만들기　　　　　　　　ch04/4.3/list.html

```
<h3>동물의 종류</h3>
<ul>
  <li>
    포유류
    <ul>
      <li>인간</li>
      <li>원숭이</li>
    </ul>
  </li>
  <li>조류</li>
  <li>파충류</li>
</ul>
```

동물의 종류
- 포유류
  - 인간
  - 원숭이
- 조류
- 파충류

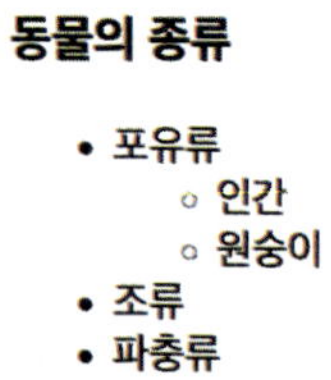

그림 4.23 결과 화면

이렇게 하위에 목록 태그를 추가할 경우 웹 페이지에서 자동으로 들여쓰기가 적용되며, 불릿 기호 또한 위계에 따라 스타일이 바뀌는 것을 확인할 수 있습니다.

<ol>로 순서가 있는 목록 만들기

<ol> 태그는 순서가 있는 목록(ordered list)을 생성합니다. 사용법은 <ul> 태그와 동일하게 목록 범위를 <ol> 태그로 묶고, 하위 항목에 <li> 태그를 사용합니다.

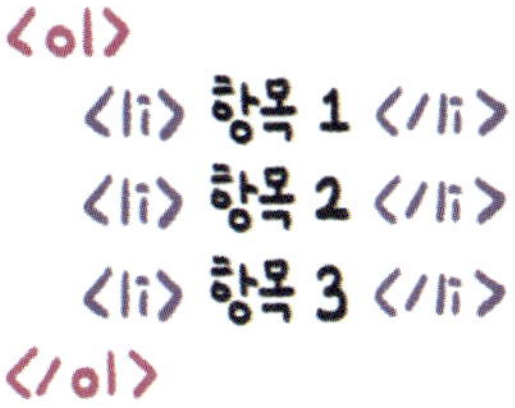

```
<ol>
  <li> 항목 1 </li>
  <li> 항목 2 </li>
  <li> 항목 3 </li>
</ol>
```

그림 4.24 <ol> 태그의 기본형

다른 점이 있다면 <ol> 태그는 순서가 있는 목록을 나타내므로 각 항목 앞에 불릿 기호 대신 숫자가 표시된다는 것입니다.

따라서 <ol> 태그는 주로 단계별로 항목을 표시해야 하는 경우에 활용할 수 있습니다. 예를 들어, 다음과 같이 피자를 만드는 순서를 정리할 때 사용할 수 있습니다.

예제 4.12 <ol> 태그를 사용해 목록 만들기   ch04/4.3/list.html

```
<h3>피자 만드는 방법</h3>
<ol>
  <li>피자 도우 만들기</li>
  <li>토마토 소스와 토핑 추가하기</li>
    <ol>
      <li>토마토 소스를 도우에 골고루 바릅니다.</li>
      <li>모짜렐라 치즈를 알맞게 뿌립니다.</li>
    </ol>
  <li>오븐에 굽기</li>
</ol>
```

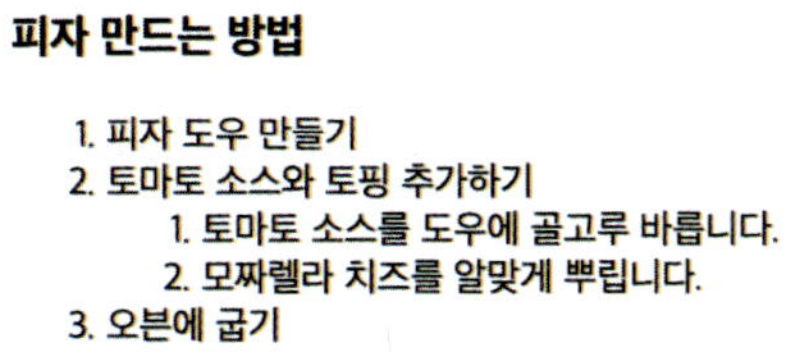

피자 만드는 방법
1. 피자 도우 만들기
2. 토마토 소스와 토핑 추가하기
   1. 토마토 소스를 도우에 골고루 바릅니다.
   2. 모짜렐라 치즈를 알맞게 뿌립니다.
3. 오븐에 굽기

그림 4.25 결과 화면

<ol> 태그 또한 목록 안의 목록을 만들 수 있는데, 하위 항목의 숫자가 동일하게 반복되는 것을 확인할 수 있습니다.

설명 목록을 만드는 <dl>, <dt>, <dd>

<dl> 태그는 설명 목록(description list)을 만들 때 사용합니다. 설명 목록이란, 사전처럼 특정 용어나 이름을 설명하기 위한 용도로 사용하는 목록을 의미합니다. 따라서 <dl> 태그는 용어의 정의나 긴 설명이 필요할 때 유용합니다.

사용법은 <dl>로 목록을 묶고, <dt>로 용어 또는 이름을 작성하고, <dd>로 용어 또는 이름에 대한 설명을 추가하는 것입니다.

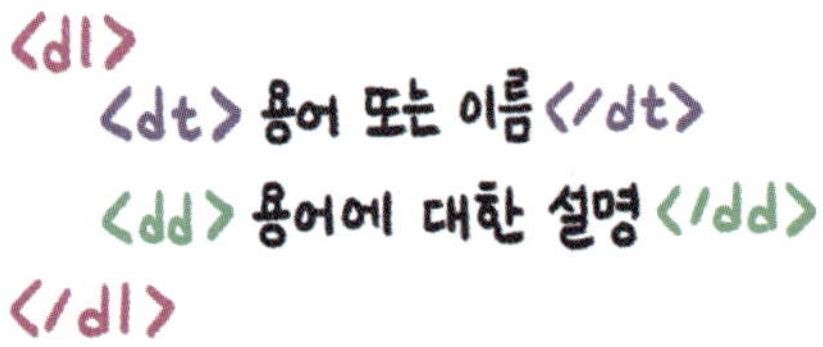

```
<dl>
    <dt> 용어 또는 이름 </dt>
    <dd> 용어에 대한 설명 </dd>
</dl>
```

그림 4.26 <dl>, <dt>, <dd> 태그의 기본형

추가로 사전의 경우 하나의 단어에도 여러 뜻이 있는데, 그 경우 하나의 <dt> 태그에 여러 개의 <dd> 태그를 추가해 여러 설명을 덧붙일 수 있습니다.

예를 들어, 동물 종류와 그 설명을 목록으로 정의한다면 다음과 같이 작성할 수 있습니다.

예제 4.13 <dl>, <dt>, <dd>를 사용해 설명 목록 만들기   ch04/4.3/list.html

```
<dl>
    <dt>포유류</dt>
    <dd>포유강의 동물로 젖을 먹여 새끼를 기릅니다.</dd>
    <dd>대표적인 동물: 인간, 원숭이 등</dd>
</dl>
```

> 포유류
>   포유강의 동물로 젖을 먹여 새끼를 기릅니다.
>   대표적인 동물: 인간, 원숭이 등

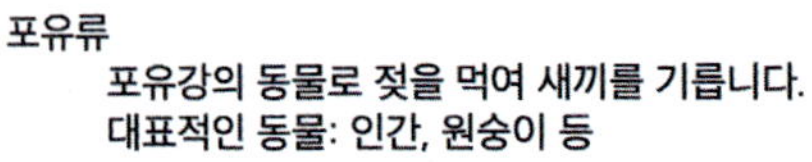

그림 4.27 결과 화면

이처럼 필요에 맞게 적절히 태그를 추가해 설명 목록을 구현할 수 있습니다.

4.4 표 만들기

여행 준비물 정도로 간단한 내용이라면 목록을 사용하면 되지만 정리해야 하는 내용이 1분기 매출 정보처럼 여러 항목과 값이 한데 엮인 데이터라면 표가 좋은 선택지일 것입니다. 이처럼 표는 복잡한 데이터를 깔끔하고 이해하기 쉽게 표현할 수 있는 강력한 방법 중 하나입니다.

이번 절에서는 HTML에서 표를 어떻게 구현하는지 알아보겠습니다.

<table>과 <caption>으로 표 정의하기

앞에서 살펴본 목록 태그와 마찬가지로 표 태그 또한 표 전체를 감싸는 부모 태그가 필요합니다. 이때 사용하는 **<table>** 태그는 표의 영역을 정의하며 내부에 다양한 태그를 추가해 표를 만들 수 있습니다.

표가 있다면 표의 제목도 있어야 합니다. **<caption>** 태그는 표의 제목을 표시하며, 주로 <table> 태그 바로 아래에 작성합니다.

```
<table>
    <caption> 표의 제목 </caption>
    <!-- 표의 내용 -->
</table>
```
그림 4.28 <table>, <caption> 태그의 기본형

<table> 태그 바로 아래에 작성한 <caption> 태그의 내용은 다음 그림과 같이 표의 위쪽 가운데에 표시됩니다.

그림 4.29 <caption> 태그의 내용이 표시된 모습

행과 열을 만드는 <tr>, <th>, <td> 태그

우리가 알고 있는 표는 기본적으로 다음과 같은 구조를 띠고 있습니다.

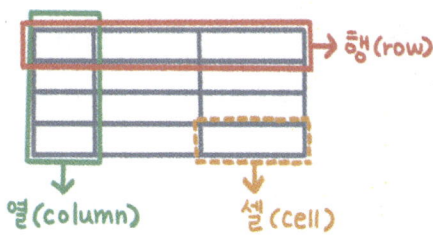

그림 4.30 표의 기본 구조

행(row)과 열(column)이 있고, 모든 값은 셀(cell)이라고 부르는 공간 안에 담겨 있습니다. 그리고 이 셀이 여러 개 모여 하나의 표를 구성합니다.

HTML 또한 이러한 기본 구조에 기반해 표를 구현합니다. 다른 점이 있다면 HTML에서는 하나의 행을 먼저 정의하고, 그 안에 셀이 몇 개씩 추가되는지에 따라 열이 정해진다는 것입니다. 이때 행을 만드는 태그가 <tr>, 셀을 만드는 태그가 <th>와 <td>입니다. <th>는 제목 셀을 나타내며, <td>는 그 외 일반 셀을 나타냅니다.

가령 다음과 같은 형태의 표가 있다고 해봅시다.

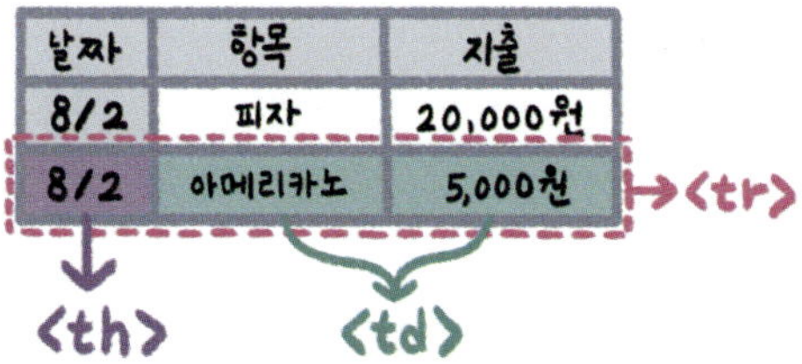

그림 4.31 표로 확인하는 <tr>, <th>, <td>

이때 점선으로 강조된 마지막 행을 HTML 코드로 표현한다면 다음과 같습니다.

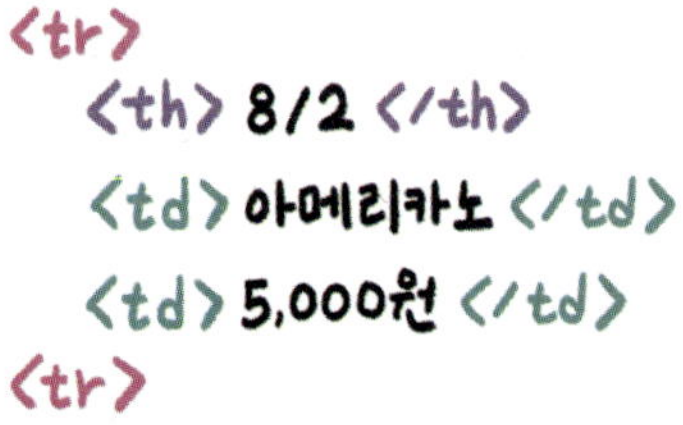

```
<tr>
    <th> 8/2 </th>
    <td> 아메리카노 </td>
    <td> 5,000원 </td>
<tr>
```

그림 4.32 코드로 표현한 <tr>, <th>, <td>

이처럼 <tr>, <th>, <td>를 사용해 정보를 표로 구성할 수 있습니다.

그럼 지금까지 배운 내용을 토대로 간단한 표를 만들어 보겠습니다.

예제 4.14 표 태그를 활용해 가계부 만들기   ch04/4.4/table.html

```
<table>
    <caption>8월 가계부</caption>
    <tr>
        <th>날짜</th>
        <th>항목</th>
        <th>지출</th>
    </tr>
    <tr>
        <th>8/2</th>
        <td>피자</td>
        <td>20,000원</td>
    </tr>
    <tr>
        <th>8/2</th>
        <td>아메리카노</td>
        <td>5,000원</td>
    </tr>
    <tr>
        <th>8/1</th>
        <td>샐러드</td>
        <td>10,000원</td>
    </tr>
</table>
```

먼저 <tr> 태그가 4개 있고, 각 <tr> 태그 안에 <th> 또는 <td> 태그가 3개씩 있는 것으로 보아 8월 가계부 표는 4행 3열로 구성돼 있음을 알 수 있습니다. 또한 첫 번째 <tr>에는 <th> 태그만 있고, 나머지 <tr>에는 <th> 태그가 <td> 태그의 앞에 있는 것으로 보아 표의 상단과 왼쪽에 제목이 각각 있는 구조임을 알 수 있습니다.

실제 웹 페이지를 보면 다음과 같은 표가 만들어진 것을 확인할 수 있습니다.

```
              8월 가계부
     날짜      항목        지출
     8/2  피자         20,000원
     8/2  아메리카노    5,000원
     8/1  샐러드       10,000원
```

그림 4.33 결과 화면

그런데 결과를 보면 이상한 점이 하나 있습니다. 바로 표의 테두리가 없다는 점입니다. <table> 태그의 기본 스타일은 테두리를 표시하지 않으므로 필요하다면 직접 CSS 스타일을 작성해 적용해야 합니다.

CSS 스타일을 적용하는 방법 중 하나로 HTML 태그의 <head> 태그 안에 다음 예제와 같이 <style> 태그를 추가하는 방법이 있습니다. 자세한 내용은 나중에 CSS 파트에서 설명할 예정으로 지금은 간단히 이런 게 있구나, 하고 넘어가면 됩니다.

예제 4.15 테두리를 추가하는 CSS 스타일　　　　　　　　　　ch04/4.4/table.html

```html
<head>
  <!-- 생략 -->
  <style>
    table, th, td {
      border: 1px solid gray; /* 셀 사이의 겹치는 선을 하나로 합치는 속성 */
      border-collapse: collapse; /* 테두리의 스타일을 정의하는 속성 */
    }
  </style>
</head>
```

이렇게 스타일을 추가하고 브라우저를 열어보면 표에 깔끔하게 테두리가 생긴 것을 확인할 수 있습니다.

```
         8월 가계부
    ┌─────┬────────┬────────┐
    │ 날짜 │  항목   │  지출   │
    ├─────┼────────┼────────┤
    │ 8/2 │ 피자    │20,000원 │
    │ 8/2 │아메리카노│ 5,000원 │
    │ 8/1 │ 샐러드  │10,000원 │
    └─────┴────────┴────────┘
```

그림 4.34 결과 화면

셀 영역을 확장하는 rowspan, colspan

rowspan과 **colspan**은 셀을 행 또는 열로 합치는 <th>와 <td> 태그의 속성입니다.

앞에서 만든 표를 다시 보면 '8/2'라는 날짜가 중복된 것을 확인할 수 있습니다. 지금이야 셀이 몇 개 없어서 크게 불편함이 없지만 항목이 많아지면 이런 사소한 중복도 불편하게 느껴질 수 있습니다.

이런 상황에서 셀에 rowspan 또는 colspan 속성을 적용해 표를 더욱 보기 좋게 만들 수 있습니다.

rowspan은 하나의 셀을 여러 행으로 확장하는 속성이며, colspan은 하나의 셀을 여러 열에 걸쳐 확장하는 속성입니다. 이때 주의할 점은 확장된 셀이 차지할 영역에는 다른 셀이 없어야 한다는 것입니다. 내가 방을 2칸으로 확장하려고 할 때 그곳에 다른 사람이 살고 있으면 안 되는 것과 같습니다.

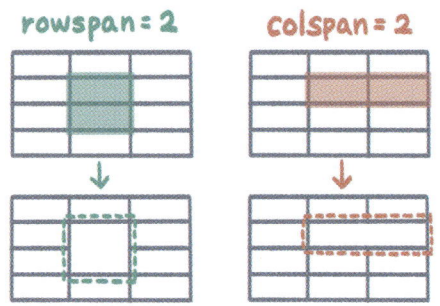

그림 4.35 셀을 행 또는 열로 확장하는 rowspan, colspan 속성

앞에서 만든 표에 rowspan을 적용해 볼까요? rowspan의 경우 행을 합치는 속성이므로 두 번째 행의 '8/2' 셀에 rowspan="2"라는 속성을 추가하고, 세 번째 행의 '8/2' 셀을 제거합니다.

예제 4.16 rowspan을 사용해 셀 확장하기   ch04/4.4/table.html

```
<table>
  <caption>8월 가계부</caption>
  <tr>
    <th>날짜</th>
```

```
    <th>항목</th>
    <th>지출</th>
  </tr>
  <tr>
    <th rowspan="2">8/2</th>
    <td>피자</td>
    <td>20,000원</td>
  </tr>
  <tr>
    <!-- <th>8/2</th> 삭제 -->
    <td>아메리카노</td>
    <td>5,000원</td>
  </tr>
  <tr>
    <th>8/1</th>
    <td>샐러드</td>
    <td>10,000원</td>
  </tr>
</table>
```

이렇게 하면 '8/2' 셀이 두 행에 걸쳐 확장된 것을 확인할 수 있습니다.

8월 가계부

날짜	항목	지출
8/2	피자	20,000원
	아메리카노	5,000원
8/1	샐러드	10,000원

그림 4.36 결과 화면

이처럼 rowspan과 colspan을 사용해 표의 중복을 제거하고 더 간결하게 표현할 수 있습니다.

4.5 멀티미디어 요소

멀티미디어 요소는 웹 페이지를 다채롭게 표현하고 다양한 방식으로 정보를 전달하는 역할을 합니다.

예전에는 이러한 멀티미디어를 직접 삽입하는 표준 방식이 없어 어도비 플래시(Adobe Flash) 같은 외부 플러그인을 사용해야 했지만 HTML5부터 <audio>와 <video> 태그가 도입되어 쉽게 멀티미디어 요소를 추가할 수 있게 됐습니다.

이번 절에서는 <audio>와 <video> 태그를 활용해 오디오와 비디오 콘텐츠를 웹 페이지에 추가하는 방법을 살펴보겠습니다.

<audio>, <video> 태그로 멀티미디어 삽입하기

앞에서 설명했듯이 멀티미디어를 삽입할 때 사용하는 대표적인 태그는 오디오 콘텐츠를 추가하는 <audio> 태그와 비디오 콘텐츠를 추가하는 <video> 태그입니다.

기본적인 사용법은 둘 다 비슷한데, 다음과 같이 <audio> 또는 <video> 태그를 추가하고, <img> 태그처럼 src 속성을 사용해 웹 페이지에 삽입하고자 하는 멀티미디어 파일의 경로를 지정합니다.

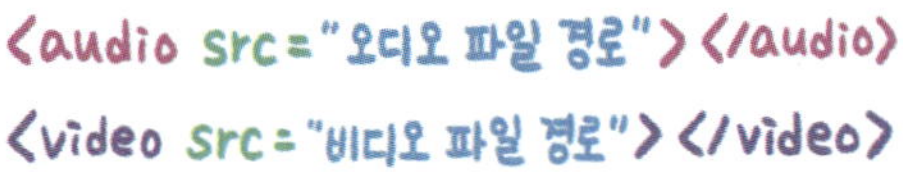

```
<audio src="오디오 파일 경로"></audio>
<video src="비디오 파일 경로"></video>
```

그림 4.37 <audio>, <video> 태그의 기본형

다만 이렇게 추가한 뒤에 브라우저를 열어봐도 아무것도 표시되지 않는 것을 확인할 수 있는데, 그 이유는 우리가 오디오 또는 비디오라고 생각하면 떠올리는 재생, 일시 정지 등의 기능이 있는 컨트롤러는 controls라는 별도 속성으로 추가해야 하기 때문입니다.

이러한 controls를 비롯해 <audio> 태그와 <video> 태그에서 지원하는 대표 속성은 다음과 같습니다.

표 4.1 <audio>, <video> 태그의 속성

속성명	설명
controls	재생, 일시 정지, 볼륨 조절, 전체 화면 표시 등을 제공하는 컨트롤러를 추가합니다. 브라우저마다 제공하는 컨트롤러 스타일이 조금씩 다릅니다.
autoplay	웹 페이지가 보일 때 오디오/비디오를 자동으로 시작하도록 합니다.
loop	반복 재생을 지원합니다.
width, height	<video> 태그에서만 지원하며, 영상의 너비와 높이를 지정할 수 있습니다. 이때 숫자만 입력할 경우 기본적으로 픽셀(px) 단위로 인식합니다.

이 속성들은 <audio> 태그와 <video> 태그에 다음과 같이 적용할 수 있습니다.

예제 4.17 <audio>, <video> 태그에 속성 적용하기   ch04/4.5/multimedia.html

```
<audio src="audio.mp3" controls autoplay loop></audio>
<video src="video.mp4" width="960" height="540" controls autoplay loop></video>
```

그림 4.38 결과 화면

이렇게 <audio> 태그와 <video> 태그를 사용해 웹 페이지에 오디오 및 비디오 콘텐츠를 손쉽게 추가할 수 있습니다.

<source> 태그로 다양한 형식의 콘텐츠 추가하기

앞서 브라우저마다 보이는 컨트롤러의 스타일이 다르다고 설명했습니다. 실제로는 컨트롤러뿐만 아니라 지원하는 오디오/비디오 파일의 형식 또한 브라우저마다 다른 경우가 있습니다. 그래서 간혹 크롬 브라우저에서는 음악이 잘 들리는데 엣지 브라우저에서는 들리지 않는 문제가 발생합니다.

이를 해결하기 위해 <source> 태그를 사용해 여러 형식의 파일을 제공할 수 있습니다. <source> 태그는 다음과 같이 파일 경로와 파일의 타입을 기본으로 작성합니다.

<source src="파일 경로" type="파일 형식">

그림 4.39 <source> 태그의 기본 형식

그럼 이 <source> 태그를 사용해 어떻게 여러 파일 형식에 대응할 수 있을까요?

<audio> 태그의 경우 다음과 같이 <audio> 태그의 src 속성을 제거하고, 내부에 여러 파일 형식을 가진 <source> 태그를 여러 개 추가해서 사용할 수 있습니다.

예제 4.18 <audio> 태그에 <source> 태그 적용하기　　　　ch04/4.5/multimedia.html

```
<audio controls autoplay loop>
  <source src="audio.ogg" type="audio/ogg">
  <source src="audio.mp3" type="audio/mpeg">
  해당 브라우저에서는 오디오 콘텐츠를 지원하지 않습니다.
</audio>
```

이처럼 <audio> 태그 안에 여러 <source> 태그를 추가하면 브라우저에서는 이 중에서 지원하는 형식을 찾아 오디오를 재생합니다. 마지막으로 추가된 문장은 브라우저가 모든 형식을 지원하지 않는 경우에 넣을 수 있는 대체 텍스트입니다.

이와 유사하게 <video> 태그에서도 다음과 같이 여러 형식의 비디오 콘텐츠를 지원할 수 있습니다.

예제 4.19 <video> 태그에 <source> 태그 적용하기　　　　ch04/4.5/multimedia.html

```
<video width="960" height="540" controls autoplay loop>
  <source src="video.webm" type="video/webm">
```

```
<source src="video.mp4" type="video/mp4">
해당 브라우저에서는 비디오 콘텐츠를 지원하지 않습니다.
</video>
```

이처럼 `<source>` 태그를 사용하면 다양한 브라우저에서 호환성 문제를 해결하고, 사용자에게 일관된 멀티미디어 경험을 제공할 수 있습니다.

4.6 레이아웃 이해하기

유튜브 웹 페이지와 네이버 웹 페이지를 떠올려 볼까요? 웹 페이지라는 공통점이 있지만 콘텐츠의 구성이나 배치가 완연히 다릅니다.

이처럼 웹 페이지는 목적과 콘텐츠에 따라 다양한 스타일을 제공하며, 이렇게 웹 페이지를 구성하는 방식을 **레이아웃**(layout)이라고 부릅니다. 좋은 레이아웃은 사용자가 웹 페이지를 쉽게 이해하고 정보를 빠르게 찾을 수 있게 도와줍니다.

이번 절에서는 이러한 레이아웃을 정의하는 다양한 태그에 대해 알아보겠습니다.

블록 요소와 인라인 요소

모든 HTML 태그는 크게 블록 요소와 인라인 요소로 나뉩니다. 레이아웃 태그를 알아보기 전에 먼저 **블록 요소**(block element)와 **인라인 요소**(inline element)를 이해해 봅시다.

블록 요소는 화면의 너비를 전부 차지하고, 자동으로 새로운 줄에서 시작합니다. `<h1>` ~ `<h6>`, `<p>`, `<ul>`, `<ol>` 등의 태그가 대표적인 블록 요소입니다.

반면, 인라인 요소는 필요한 만큼의 너비만 차지하며, 생성 시 줄 바꿈 없이 이전 태그와 이어집니다. `<a>`, `<img>`, `<strong>`, `<em>` 등이 대표적인 인라인 요소입니다.

그럼 실제 화면에서 이 두 요소가 어떤 차이가 있는지 확인해 볼까요?

예제 4.20 블록 요소와 인라인 요소의 영역 확인하기　　　ch04/4.6/layout.html

```
<head>
  <!-- 생략 -->
  <style>
    h1, p { background: lightpink; }
    a, strong { background: lightblue; }
  </style>
</head>
<body>
  <h1>h1 태그는 블록 요소</h1>
  <p>p 태그도 블록 요소</p>
  <a>a 태그는 인라인 요소</a>
  <strong>strong 태그도 인라인 요소</strong>
</body>
```

이 예제는 두 요소의 태그가 차지하는 영역을 배경색으로 표현한 코드입니다. 웹 브라우저에서 실제 웹 페이지를 확인하면 다음과 같습니다.

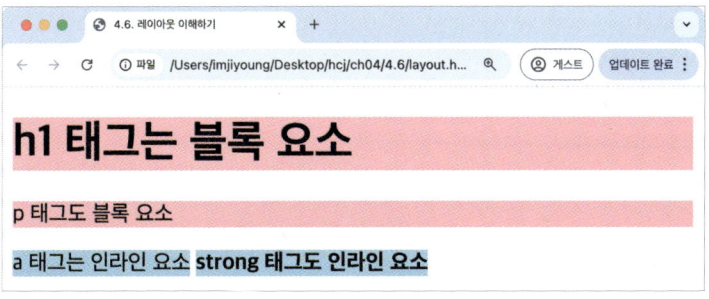

그림 4.40 결과 화면

상단의 분홍색 배경 태그들은 대표적인 블록 요소로, 브라우저의 너비만큼 영역이 채워진 것을 확인할 수 있습니다. 반면 하단 하늘색 배경의 태그들은 대표적인 인라인 요소로, 자신의 텍스트 크기만큼만 영역이 채워져 있으며, 줄 바꿈도 적용되지 않은 것을 볼 수 있습니다.

이러한 특징을 활용해 블록 요소는 주로 웹 페이지의 구조나 레이아웃을 정의하는 데 사용하며, 인라인 요소는 텍스트나 소규모 콘텐츠를 다루는 데 사용합니다.

<div>와 <span>으로 레이아웃 만들기

그럼 본격적으로 레이아웃 태그를 살펴볼까요?

레이아웃 태그는 여러 태그를 감싸고 영역을 구분하는 등 웹 페이지의 레이아웃과 스타일을 구조화하는 용도로 사용합니다. 앞에서 살펴본 태그들처럼 태그 자체가 어떤 기능이나 스타일을 제공하지는 않지만 그 쓰임새는 매우 중요합니다. 마치 서랍장이 직접 뭔가를 하지는 않지만 다양한 물건을 정리해서 찾기 쉽게 해주는 것과 같습니다.

대표적인 레이아웃 태그인 `<div>` 태그는 division의 약자로, 여러 요소를 묶거나 구역을 나누는 데 사용하는 블록 요소입니다. 이는 웹 페이지의 큰 구조를 만드는 데 자주 사용하는 태그로, 실제 웹 페이지를 구현할 때 자주 사용하게 됩니다.

<div> 묶고자 하는 요소 </div>

그림 4.41 `<div>` 태그의 기본형

`<div>` 태그를 사용해 태그들을 어떻게 묶는지 살펴보겠습니다.

예제 4.21 `<div>` 태그를 사용해 영역 구분하기 ch04/4.6/layout.html

```
<div>
    <h1>참새에 대해서</h1>
    <p>참샛과의 새로 마을이나 도시에서 흔히 볼 수 있습니다.</p>
</div>
<div>
    <h1>참새의 서식지</h1>
    <p>아시아 및 유럽에 폭넓게 분포해 있습니다.</p>
</div>
```

지금은 웹 브라우저에서 봤을 때 적용하기 전과 후의 변화가 없지만 나중에 CSS를 배우고 나면 `<div>` 태그에 CSS 스타일을 적용해서 다음과 같이 `<div>` 태그로 묶인 영역을 보기 좋게 꾸밀 수 있습니다.

그림 4.42 <div> 태그에 스타일이 적용된 모습

다음으로 <span> 태그는 인라인 요소로, 특정 단어나 문장에 색상, 폰트, 배경 등을 다르게 설정할 때 유용합니다.

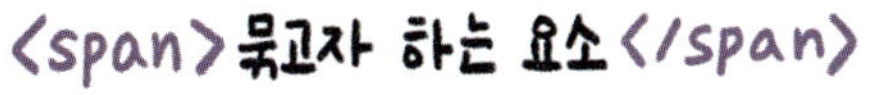

그림 4.43 <span> 태그의 기본형

사용법은 <div>와 동일하게 원하는 부분을 <span> 태그로 묶고, 나중에 CSS 스타일을 적용해 웹 페이지에서 특정 문장을 강조할 수 있습니다.

예제 4.22 <span> 태그를 사용해 텍스트 구분하기　　　　　　　　　ch04/4.6/layout.html

```
<p>
    <span>꼭 알아두어야 할</span> 참새의 특징
</p>
```

그림 4.44 <span> 태그에 스타일이 적용된 모습

이처럼 레이아웃 태그를 적절히 조합해 웹 페이지의 콘텐츠와 레이아웃을 효과적으로 구성할 수 있습니다.

HTML5에서 새로 등장한 시맨틱 태그

HTML5 이전의 블록 요소 레이아웃 태그는 <div>가 거의 유일했습니다. 따라서 코드에 무분별하게 <div> 태그가 사용됐고, 이 때문에 코드만 보고는 콘텐츠의 의미를 파악하기 힘들었습니다. 이러한 불편함을 겪는 것은 개발자뿐만 아니라 코드를 미리 읽어 사용자에게 결과를 제공하는 검색 엔진 등의 기계적 요소 또한 마찬가지였습니다.

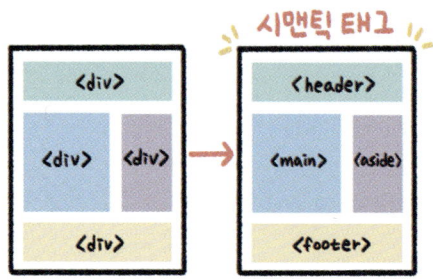

그림 4.45 시맨틱 태그의 등장

따라서 웹 페이지를 구성하는 코드가 그 의미와 구조를 명확히 표현하도록 하는 시맨틱(semantic) 웹에 대한 관심이 점차 높아졌고, 이러한 배경을 바탕으로 HTML5에서 **시맨틱 태그**가 등장했습니다.

시맨틱 태그는 앞의 그림처럼 태그의 이름만 봐도 어떤 역할을 하는지 한눈에 파악할 수 있어 웹 페이지 개발을 편리하게 만들고, 검색 엔진 또한 각 영역의 역할을 바로 이해해 콘텐츠를 적절히 분석할 수 있게 하는 등 다양한 이점이 있습니다.

그럼 이러한 이점을 지닌 시맨틱 태그에는 어떤 것이 있을까요?

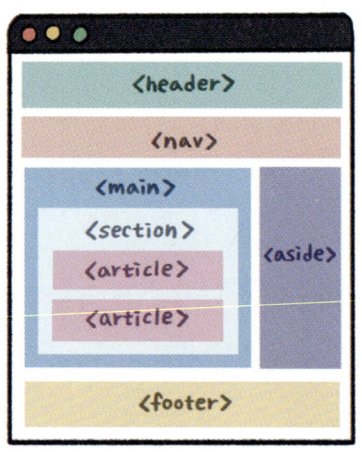

그림 4.46 시맨틱 태그의 종류

그림에 표시된 각 시맨틱 태그의 종류와 역할은 다음과 같습니다.

- <header>, <footer>: 최상단에 위치한 <header> 태그는 머리말을 나타냅니다. 로고, 제목 등 주로 웹 페이지의 상단 요소를 정의하는 데 사용합니다. 최하단에 위치한 <footer> 태그는 꼬리말을 나타내며, 연락처나 저작권 정보 등 웹 페이지의 하단 요소를 정의할 때 사용할 수 있습니다.
- <nav>: <nav> 태그는 내비게이션 링크를 위한 태그로, 메뉴 또는 목차를 구성하는 데 사용합니다.
- <aside>: 중앙에 위치한 태그 중 오른쪽에 있는 <aside> 태그는 주요 콘텐츠가 아닌 부수적인 내용을 담는 태그입니다. 가령 사이드바 또는 광고 영역이 대표적인 <aside> 태그의 용도입니다.
- <main>: 가장 큰 영역을 차지하는 <main> 태그는 웹 페이지의 주요 콘텐츠를 나타냅니다. 말 그대로 메인 영역에 사용하는 태그이므로 한 페이지에 하나의 <main> 태그만 존재해야 합니다.
- <section>, <article>: <main> 태그 하위에 위치한 <section> 태그는 웹 페이지 내에서 특정 영역을 구분하기 위해 사용합니다. 그리고 마지막 <article> 태그는 블로그 게시물, 뉴스 기사 등 독립적으로 구분할 수 있는 영역을 나타냅니다.

<section> 태그와 <article> 태그는 얼핏 들으면 비슷하게 느껴지는데, 명확한 차이는 없지만 일반적으로 <section> 태그가 좀 더 큰 영역을 구분할 때 사용하며, <article>은 좀 더 작고 재사용 가능한 영역을 정의할 때 사용합니다.

뉴스 페이지에서 <section> 태그와 <article> 태그를 함께 사용하는 예는 다음과 같습니다.

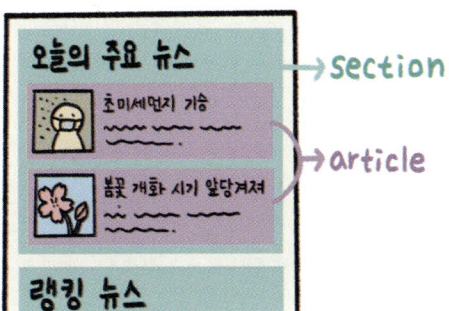

그림 4.47 <section> 태그와 <article> 태그의 차이

이처럼 시맨틱 태그를 사용해 웹 페이지의 의미와 구조를 향상하면 개발자와 검색 엔진 모두 콘텐츠를 명확하게 이해할 수 있습니다.

4.7 폼과 사용자 입력

회원 가입을 하거나 설문 조사를 하는 등, 우리는 살면서 다양한 폼(form)을 마주합니다.

이러한 폼과 일반 페이지의 가장 큰 차이점은 바로 사용자 입력이 요구된다는 점입니다. 예를 들어, `<h2>` 태그나 `<p>` 태그로 정의된 뉴스 페이지는 사용자가 별다른 행위를 하지 않고 눈으로 읽기만 하면 되지만 회원 가입이나 설문 조사의 경우 사용자가 마우스나 터치 패드를 통해 값을 입력하고, 그 값은 서버로 전송돼야 합니다.

이러한 특성 때문에 폼 태그는 서버나 사용자 입력 등 약간은 낯설고 복잡하지만 하나씩 살펴보면 그다지 어렵지 않다는 사실을 알게 됩니다. 그럼 이제부터 다양한 폼 태그를 살펴보겠습니다.

폼을 정의하는 <form> 태그

`<form>` 태그는 폼의 영역을 정의하는 태그로, `<form>` 태그 내부에 여러 하위 요소를 추가해 폼을 구성합니다.

앞에서 사용자가 폼에 입력한 내용이 서버로 전송된다고 했는데, 따라서 폼에서는 '어떤 서버'에 '어떤 방식'으로 내용을 전달할지 명시해야 합니다. 이를 위해 `<form>` 태그는 `action`과 `method`라는 두 가지 속성을 가집니다.

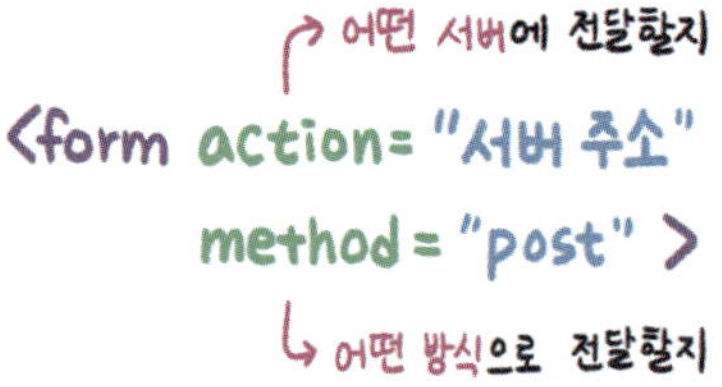

```
           ┌─ 어떤 서버에 전달할지
<form action="서버 주소"
      method="post" >
                    └─ 어떤 방식으로 전달할지
```

그림 4.48 `<form>` 태그의 기본형

`action` 속성에는 폼 데이터가 전송될 서버의 주소를 입력하고, `method` 속성에는 서버에 어떤 방식으로 전송할지를 지정합니다. 각 속성의 구체적인 값은 나중에 실제 서버와 통신하는 단계에서 필요하므로 지금은 이 정도만 이해하고 넘어가도 좋습니다.

<input> 태그로 다양한 내용 입력받기

폼이 마련되면 이제 사용자로부터 정보를 입력받는 창구가 있어야 합니다. 이러한 역할을 하는 폼 요소를 **입력 필드**라고 합니다.

<input> 태그는 이러한 입력 필드를 생성하는 대표적인 폼 태그입니다. 우리가 폼이라고 생각하면 일반적으로 떠올리는 형태 대부분이 이 <input> 태그입니다.

회원가입 페이지를 한번 떠올려 봅시다. 아이디, 비밀번호, 이메일 주소 등 다양한 종류의 입력 필드가 필요합니다. <input> 태그는 이러한 다양한 유형의 정보를 받을 수 있도록 **type** 속성을 제공합니다.

```
<input type="타입" name="이름">
```

그림 4.49 <input> 태그의 기본형

대표적인 type 속성값으로 박스 안에 텍스트를 입력할 수 있는 **text**와 텍스트를 입력할 수 있지만 화면상에는 보이지 않는 **password**가 있습니다.

이처럼 <input> 태그에서 설정해야 할 또 다른 속성이 name입니다. name 속성은 폼 데이터를 서버로 전송할 때 각 입력 필드를 구분하는 데 사용되며, <input>을 포함해 뒤에서 살펴볼 다양한 입력 필드를 생성할 때도 꼭 필요한 속성입니다.

이러한 속성들을 사용해 다음과 같이 기본적인 로그인 입력 필드를 만들 수 있습니다.

예제 4.23 <input> 태그를 사용해 아이디, 비밀번호 입력 필드 만들기   ch04/4.7/form.html

```html
<input type="text" name="username">
<input type="password" name="password">
```

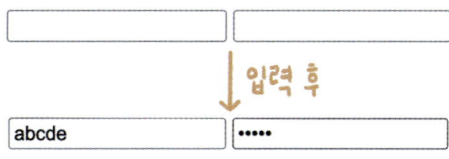

그림 4.50 결과 화면

<label> 태그로 폼 요소에 라벨 추가하기

그런데 앞의 예제처럼 입력 필드만 덩그러니 있다면 어디에 어떤 값을 입력해야 할지 헷갈릴 수 있습니다. 이런 상황에서 <input> 태그와 함께 자주 사용하는 태그가 바로 <label> 태그입니다.

<label> 태그는 폼 태그의 라벨을 정의할 때 사용하며, 보통 사용자가 라벨을 클릭했을 때 관련된 폼 요소가 활성화될 수 있도록 연결해 편의성을 향상할 수 있습니다.

<label> 폼 요소의 라벨</label>

그림 4.51 <label> 태그의 기본형

<label> 태그와 폼 요소를 연결하는 방법은 크게 두 가지가 있습니다. 하나는 <label>의 for 속성과 폼 요소의 id 속성을 동일하게 입력하는 방법이며, 다른 하나는 별도 설정 없이 <label> 태그가 폼 요소를 감싸는 방법입니다. 이때 id는 각 HTML 요소를 고유하게 식별하는 이름으로, 페이지 안에서 같은 id는 중복될 수 없습니다.

앞에서 생성한 아이디, 비밀번호 입력 필드에 각기 다른 방법으로 <label> 태그를 연결해 봅시다.

예제 4.24 <label> 태그를 사용해 라벨 연결하기   ch04/4.7/form.html

```
<!-- for 속성을 사용하는 방식 -->
<label for="username">아이디</label>
<input type="text" id="username" name="username">

<!-- <label> 태그가 폼 요소를 감싸는 방식 -->
<label>
    비밀번호
    <input type="password" name="password">
</label>
```

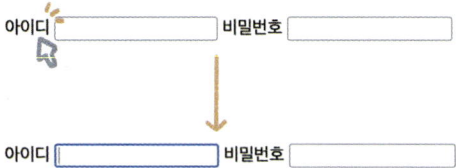

그림 4.52 결과 화면

이렇게 작성한 뒤에 브라우저에서 '아이디' 또는 '비밀번호' 텍스트를 클릭하면 각 <label>에 연결된 <input> 필드가 활성화되는 것을 확인할 수 있습니다.

어떤 방법을 선택하든 결과는 동일하므로 상황에 맞는 방식으로 <label> 태그를 적절히 적용하면 됩니다.

radio와 checkbox로 원하는 옵션 선택하기

앞에서 설명한 text, password 타입 외에도 <input> 태그로 다양한 유형의 입력 필드를 구성할 수 있습니다. 그중 radio와 checkbox 타입은 선택 입력을 위해 사용됩니다.

먼저 radio 타입은 사용자가 동일한 name 그룹 내에서 하나만 선택할 수 있게 하는 라디오 버튼을 생성합니다. 속성 중 value는 실제 서버에 전송할 때의 값으로, 웹 페이지에서는 보이지 않습니다.

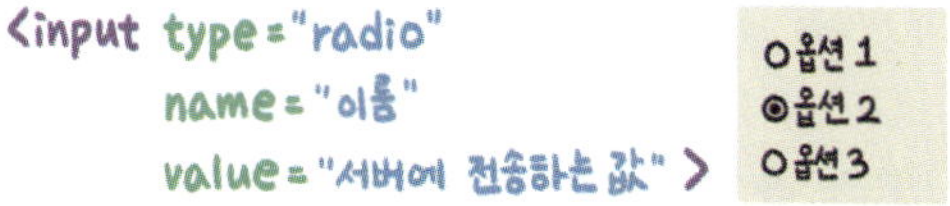

```
<input type="radio"
       name="이름"
       value="서버에 전송하는 값">
```

○ 옵션 1
◉ 옵션 2
○ 옵션 3

그림 4.53 radio 타입의 기본형

예를 들어, 회원의 종류를 선택할 수 있는 라디오 버튼을 만들어 보겠습니다.

예제 4.25 간단한 라디오 버튼 만들기 　　　　　　　　　　　　　　ch04/4.7/form.html

```
<h4>구분</h4>
<label>
    일반 회원
    <input type="radio" name="role" value="user">
</label>
<label>
    단체 회원
    <input type="radio" name="role" value="group">
</label>
```

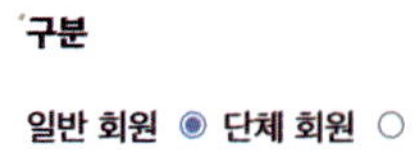

구분

일반 회원 ◉ 단체 회원 ○

그림 4.54 결과 화면

실제 브라우저에서 버튼 중 하나를 클릭해 보면 다른 버튼은 비활성화되는 것을 확인할 수 있습니다.

이처럼 라디오 버튼은 여러 옵션 중 하나만 선택해야 하는 특성이 있으므로 주로 성별, 국가 등 한 가지만 선택하는 경우에 주로 사용합니다.

반면, checkbox 타입은 사용자가 옵션에서 여러 개를 선택할 수 있게 하는 체크박스 버튼을 생성합니다.

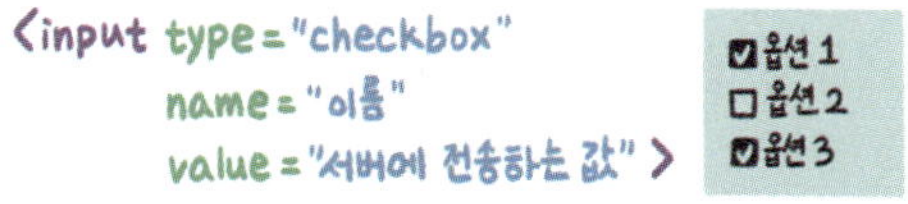

```
<input type="checkbox"
       name="이름"
       value="서버에 전송하는 값">
```
☑옵션 1
☐옵션 2
☑옵션 3

그림 4.55 checkbox 타입의 기본형

체크박스 버튼은 위 그림의 '옵션 2'처럼 사용자가 처음 웹 페이지에 접근했을 때 기본값으로 체크가 해제돼 있습니다. 이때 **checked** 속성을 추가하면 기본적으로 체크된 상태로 만들 수 있습니다.

이번에는 checked 속성도 함께 사용해 관심 분야를 선택할 수 있는 체크박스 버튼을 만들어 보겠습니다.

예제 4.26 간단한 체크박스 버튼 만들기　　　　　📄 ch04/4.7/form.html

```
<h4>관심 분야</h4>
<label>
  쇼핑
  <input type="checkbox" name="interest" value="shopping" checked> <!-- 체크 활성화 -->
</label>
<label>
  뉴스
  <input type="checkbox" name="interest" value="news">
</label>
<label>
  맛집
```

```
    <input type="checkbox" name="interest" value="restaurant" checked> <!-- 체크 활성화 -->
</label>
```

관심 분야

쇼핑 ☑ 뉴스 ☑ 맛집 ☑

그림 4.56 결과 화면

브라우저에서 확인해 보면 checked 속성을 추가한 경우 체크박스가 기본으로 활성화된 것을 확인할 수 있습니다. 또한 라디오 버튼과 달리 여러 버튼을 함께 선택할 수 있는 것도 확인할 수 있는데, 이러한 특징 때문에 체크박스는 주로 취미나 관심사처럼 여러 항목을 함께 선택하는 경우에 주로 사용합니다.

여러 줄의 텍스트를 입력할 수 있는 <textarea>

text 타입만으로도 간단한 텍스트를 입력할 수 있지만 <input>은 한 줄만 입력할 수 있다는 단점이 있습니다. 이와 달리 여러 줄의 텍스트를 입력하기 위해서 사용하는 태그가 바로 <textarea>입니다.

<textarea> 태그는 기본적으로 다음과 같이 rows와 cols 속성으로 입력 상자의 초기 크기를 설정할 수 있습니다.

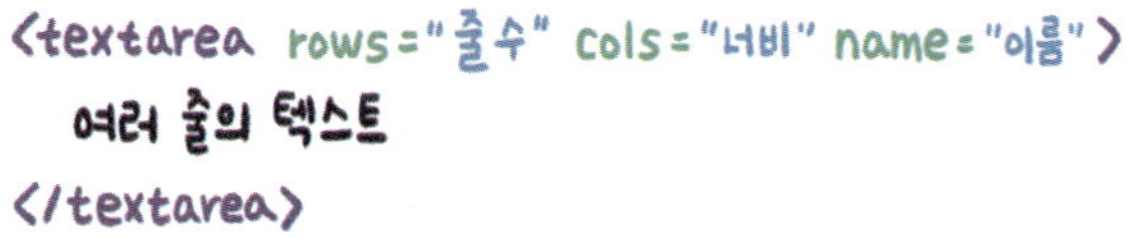

```
<textarea rows="줄수" cols="너비" name="이름">
    여러 줄의 텍스트
</textarea>
```

그림 4.57 <textarea> 태그의 기본형

간단한 메모를 작성할 수 있는 입력 상자를 만들어 보겠습니다.

예제 4.27 <textarea> 태그를 사용해 입력 상자 만들기 　　　　　　　　ch04/4.7/form.html

```
<h4>메모</h4>
<textarea rows="5" cols="50" name="memo"></textarea>
```

코드를 작성하고 브라우저에서 확인하면 다음과 같이 <input> 태그보다는 크기가 큰 입력 상자가 만들어집니다.

그림 4.58 결과 화면

보다시피 확실히 <input>보다는 많은 텍스트를 입력할 수 있습니다. 이러한 특성 때문에 블로그 글이나 댓글 등에서 주로 <textarea> 태그를 사용합니다.

선택 상자를 만드는 <select>

<select> 태그는 클릭했을 때 아래로 요소들이 펼쳐지는 형태의 드롭다운(dropdown) 선택 상자를 생성합니다.

사용법은 다음과 같이 <select> 태그로 전체 목록을 감싸고, <option> 태그로 각 선택 항목을 정의합니다.

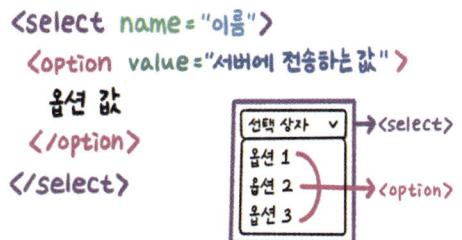

그림 4.59 <select> 태그의 기본형

<input> 태그와 마찬가지로 value는 실제 서버에 전송하는 값으로, 웹 페이지에는 표시되지 않고 서버로 전송되는 값입니다.

<select> 태그로 사용자가 어떤 경로를 통해 서비스를 알게 됐는지 확인하는 선택 상자를 만들어 보겠습니다.

예제 4.28 <select> 태그를 사용해 가입 경로 선택 상자 만들기   ch04/4.7/form.html

```html
<h4>가입 경로</h4>
<select name="register_route">
  <option value="sns">SNS</option>
  <option value="ad">광고</option>
  <option value="search">직접 검색</option>
</select>
```

이렇게 작성한 뒤 웹 페이지에서 확인하면 다음과 같이 선택 상자가 나타나고 클릭했을 때 하위 옵션이 보이는 것을 확인할 수 있습니다.

그림 4.60 결과 화면

버튼을 생성하는 <button>

폼의 입력 필드를 열심히 만들었다면 이제 마지막으로 서버로 데이터를 전송하는 버튼이 필요합니다.

<button> 태그는 이름에서 알 수 있듯 버튼을 생성하는 태그입니다. 웹 페이지를 탐색하다 보면 다양한 종류와 기능을 가진 버튼을 마주하는데, 이처럼 <button> 태그는 폼이 아니어도 자주 사용되는 태그입니다.

<button type="타입"> 버튼 명 </button>

그림 4.61 <button> 태그의 기본형

버튼이 어떤 역할을 수행하는지는 type 속성으로 정의할 수 있습니다.

type 속성의 값이 **submit**이라면 폼의 내용을 서버에 전송하는 역할이며, **reset**이라면 폼 내에 사용자가 작성한 내용을 초기화하는 역할입니다. 이 두 가지 역할에 포함되지 않는다면 **button**이라는 값을 지정해 이 버튼이 다른 기능이 없다는 것을 명시합니다. 결과로 만들어지는 실제 웹 페이지는 동일하지만 클릭했을 때 버튼이 수행하는 기능이 각기 다르다는 차이점이 있습니다.

예제 4.29 type이 다른 <button> 태그 구현하기　　　　　　　　　ch04/4.7/form.html

```
<button type="submit">전송</button>
<button type="reset">초기화</button>
<button type="button">기타 작업</button>
```

그림 4.62 결과 화면

회원 가입 폼 완성하기

지금까지 다양한 입력 필드와 버튼을 포함한 폼의 구성 요소를 살펴봤습니다. 이제 폼 태그를 조합해 하나의 회원 가입 폼을 완성해 보겠습니다.

예제 4.30 폼 태그를 활용해 회원 가입 폼 만들기　　　　　　　　ch04/4.7/form.html

```
<h2>회원 가입</h2>
<hr>
<form action="submit.js" method="post">
  <h3>기본 정보</h3>
  <!-- 예제 4.24 -->
  <label for="username">아이디</label>
  <input type="text" id="username" name="username">
  <label>
    비밀번호
    <input type="password" name="password">
  </label>
  <hr>
  <h3>선택 정보</h3>
  <!-- 예제 4.25 -->
  <h4>구분</h4>
  <label>
    일반 회원
    <input type="radio" name="role" value="user">
  </label>
```

```html
    <label>
        단체 회원
        <input type="radio" name="role" value="group">
    </label>
    <!-- 예제 4.26 -->
    <h4>관심 분야</h4>
    <label>
        쇼핑
        <input type="checkbox" name="interest" value="shopping">
    </label>
    <label>
        뉴스
        <input type="checkbox" name="interest" value="news">
    </label>
    <label>
        맛집
        <input type="checkbox" name="interest" value="restaurant">
    </label>
    <!-- 예제 4.27 -->
    <h4>메모</h4>
    <textarea rows="5" cols="50" name="memo"></textarea>
    <!-- 예제 4.28 -->
    <h4>가입 경로</h4>
    <select name="register_route">
        <option value="sns">SNS</option>
        <option value="ad">광고</option>
        <option value="search">직접 검색</option>
    </select>
    <hr>
    <!-- 예제 4.29 -->
    <button type="submit">전송</button>
    <button type="reset">초기화</button>
    <button type="button">기타 작업</button>
</form>
```

회원 가입 폼은 크게 기본 정보와 선택 정보로 나눌 수 있습니다. 기본 정보는 아이디와 비밀번호이며, `<input>` 태그를 사용해 입력받습니다.

회원 구분은 둘 중 하나만 선택할 수 있으므로 radio 타입을 사용하고, 관심 분야는 여러 항목을 선택할 수 있기 때문에 checkbox 타입을 사용합니다. 메모 입력은 여러 줄을 작성할 수 있도록 <textarea> 태그로 구현하며, 가입 경로는 <select>와 <option> 태그를 사용해 제공된 목록 중 하나를 선택할 수 있게 합니다.

마지막으로, 버튼은 모두 <button> 태그를 사용했지만 type 속성에 따라 각각 전송(submit), 초기화(reset), 기타 작업(button) 등의 기능을 하도록 설정합니다.

작성한 코드를 웹 브라우저에서 확인하면 다음과 같은 회원 가입 폼이 나타납니다.

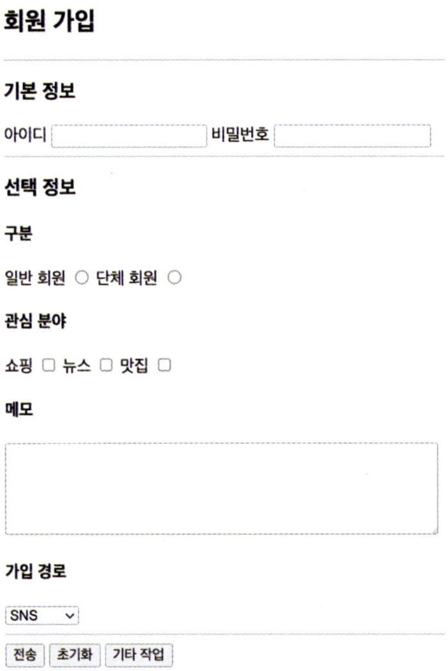

그림 4.63 결과 화면

꽤 그럴듯한 회원 가입 폼이 만들어졌습니다. 이처럼 다양한 요소를 조합해 효과적으로 사용자와 상호작용할 수 있는 폼을 만들 수 있습니다.

핵심 용어 정리

- **제목 태그(<h1> ~ <h6>)**: 웹 페이지의 제목과 부제목을 나타내는 태그로, 숫자가 작을수록 크기가 크고 중요도가 높음

- **<p> 태그**: 단락(paragraph)을 표현하는 기본 태그로, 관련된 문장들을 하나의 단락으로 묶음

- **
 태그**: HTML에서 줄 바꿈을 위해 사용하는 태그

- **<hr> 태그**: 수평선을 추가해 내용 사이의 구분을 명확히 표현하는 태그

- **<img> 태그**: 웹 페이지에 이미지를 추가하는 태그로, src 속성에 이미지 경로를 지정

- **<a> 태그**: 하이퍼링크를 생성해 다른 웹 페이지로 이동하는 기능을 제공하는 태그

- **<ul>, <ol>, <li> 태그**: 목록을 만드는 태그로, <ul>은 순서가 없는 목록, <ol>은 순서가 있는 목록, <li>는 목록 항목을 나타냄

- **<table>, <tr>, <th>, <td> 태그**: 표를 만드는 태그로, <table>은 표 영역, <tr>은 행, <th>는 제목 셀, <td>는 일반 셀을 나타냄

- **<audio>, <video> 태그**: HTML5에서 도입된 멀티미디어 태그로, 오디오와 비디오 콘텐츠를 웹 페이지에 추가

- **블록 요소와 인라인 요소**: HTML 태그의 종류로, 블록 요소는 화면의 가로 너비를 전부 차지하고 새로운 줄에서 시작하며, 인라인 요소는 필요한 만큼의 너비만 차지하고 줄 바꿈 없이 이어짐

- **<div>, <span> 태그**: 레이아웃을 위한 태그로, <div>는 블록 요소로 여러 요소를 묶거나 구역을 나누는 데 사용하고, <span>은 인라인 요소로 특정 단어나 문장에 스타일을 적용할 때 사용

- **시맨틱 태그**: HTML5에서 새로 등장한 태그로, 태그의 이름만으로 내용의 의미와 구조를 명확히 표현할 수 있는 태그(예: <header>, <footer>, <nav>, <section>, <article> 등)

- **<form> 태그**: 사용자로부터 입력을 받을 수 있는 폼 영역을 정의하는 태그

- **<input> 태그**: 다양한 유형의 입력 필드를 생성하는 태그로, type 속성에 따라 텍스트, 비밀번호, 라디오 버튼, 체크박스 등 다양한 형태로 표현됨

- **<textarea> 태그**: 여러 줄의 텍스트를 입력할 수 있는 입력 상자를 생성하는 태그

【연습 문제】

1. HTML에서 웹 페이지의 제목과 부제목을 표현하는 태그는 무엇이며, 그 특징은 무엇인가?

    ① <title> 태그로, 웹 브라우저의 탭에 표시되는 제목을 정의한다.
    ② <h1> ~ <h6> 태그로, 숫자가 작을수록 크기가 크고 중요도가 높다.
    ③ <p> 태그로, 제목과 본문을 구분하는 역할을 한다.
    ④ <header> 태그로, 웹 페이지의 모든 제목을 포함하는 영역을 정의한다.

2. HTML에서 이미지를 삽입하는 <img> 태그의 필수 속성과 그 역할은 무엇인가?

    ① src 속성으로, 이미지의 경로를 지정한다.
    ② href 속성으로, 이미지의 경로를 지정한다.
    ③ alt 속성으로, 이미지가 표시되지 않을 때 대체 텍스트를 제공한다.
    ④ title 속성으로, 이미지에 마우스를 올렸을 때 표시되는 툴팁을 정의한다.

3. HTML에서 목록을 만드는 태그들의 특징과 용도를 올바르게 설명한 것은?

    ① <ul>은 순서가 있는 목록, <ol>은 순서가 없는 목록을 만들 때 사용한다.
    ② <ul>은 순서가 없는 목록, <ol>은 순서가 있는 목록을 만들 때 사용하며, 둘 다 <li> 태그로 항목을 정의한다.
    ③ <dl>, <dt>, <dd> 태그는 모두 일반 목록을 만들 때 사용하는 태그다.
    ④ <li> 태그는 단독으로 사용할 수 있으며, 자동으로 불릿 또는 숫자가 표시된다.

4. 블록 요소와 인라인 요소의 차이점을 올바르게 설명한 것은?

    ① 블록 요소는 HTML 문서의 구조를 정의하고, 인라인 요소는 스타일을 정의한다.
    ② 블록 요소는 다른 블록 요소를 포함할 수 없지만, 인라인 요소는 다른 인라인 요소를 포함할 수 있다.
    ③ 블록 요소는 가로 너비를 전부 차지하고 새로운 줄에서 시작하며, 인라인 요소는 필요한 만큼의 너비만 차지하고 줄 바꿈 없이 이어진다.
    ④ 블록 요소는 CSS로 스타일을 변경할 수 있지만, 인라인 요소는 스타일을 변경할 수 없다.

5. HTML5에서 새로 등장한 시맨틱 태그의 의미와 용도를 올바르게 설명한 것은?

① 시맨틱 태그는 웹 페이지를 더 예쁘게 꾸미기 위한 태그다.

② 시맨틱 태그는 HTML 문서의 크기를 줄이기 위해 도입된 축약형 태그다.

③ 시맨틱 태그는 태그의 이름만으로 내용의 의미와 구조를 명확히 표현할 수 있는 태그로, <header>, <footer>, <nav>, <section>, <article> 등이 있다.

④ 시맨틱 태그는 모바일 기기에서만 사용 가능한 특수한 태그다.

연습문제 해답

1. ② – <h1> ~ <h6> 태그로, 숫자가 작을수록 크기가 크고 중요도가 높다.
2. ① – src 속성으로, 이미지의 경로를 지정한다.
3. ② – <ul>은 순서가 없는 목록, <ol>은 순서가 있는 목록을 만들 때 사용하며, 둘 다 <li> 태그로 항목을 정의한다.
4. ③ – 블록 요소는 가로 너비를 전부 차지하고 새로운 줄에서 시작하며, 인라인 요소는 필요한 만큼의 너비만 차지하고 줄 바꿈 없이 이어진다.
5. ③ – 시맨틱 태그는 태그의 이름만으로 내용의 의미와 구조를 명확히 표현할 수 있는 태그로, <header>, <footer>, <nav>, <section>, <article> 등이 있다.

05

웹 페이지를 풍성하게 만드는 CSS

CSS는 웹 페이지를 다양하게 꾸미는 데 필수적인 요소입니다. 5장에서는 웹 페이지를 구성하는 데 있어 CSS가 어떤 역할을 하는지, 그리고 CSS를 사용하기 위해 어떤 기본 개념을 알아둬야 하는지 소개합니다.

5.1 CSS로 화려하게 꾸미기

앞에서 HTML을 설명할 때 언급한 집 짓기 비유를 떠올려볼까요? HTML이 튼튼한 뼈대를 만드는 역할이라면 CSS는 외벽을 아름답게 꾸미는 역할을 한다고 했습니다. 좋은 집을 만들기 위해서는 내구성도 중요하지만 심미적인 부분도 중요합니다. 실제로 좋은 웹 디자인은 사용자 편의성에 큰 영향을 미치기 때문에 CSS를 잘 작성하는 것 또한 웹 페이지를 만드는 데 중요한 역할을 합니다.

따라서 이번 절에서는 CSS가 무엇인지, 그리고 어떤 점에서 중요한지 살펴보겠습니다.

스타일을 담당하는 CSS

CSS(Cascading Style Sheets)는 웹 페이지의 스타일을 정의하는 언어로, HTML과 같은 마크업 언어로 작성된 문서의 요소가 어떻게 보여야 하는지를 지정합니다. 간단히 말하면, 칙칙하고 단순해 보이는 HTML 문서가 사용자들의 눈에 잘 들어오도록 꾸며주는 역할을 합니다.

어느 정도 작성 방식이 정형화된 HTML과 달리 CSS는 작성 방식이 다양합니다. 따라서 같은 디자인을 전혀 다른 CSS 코드로 구현할 수도 있고, 심지어 같은 HTML 코드를 가지고도 어떤 CSS 스타일을 적용하느냐에 따라 전혀 다른 분위기로 보여줄 수 있습니다.

다음은 동일한 HTML 코드에 CSS 스타일만 다르게 적용한 결과입니다. 분명 내용은 같은데 분위기가 완전히 다른 게 느껴지나요?

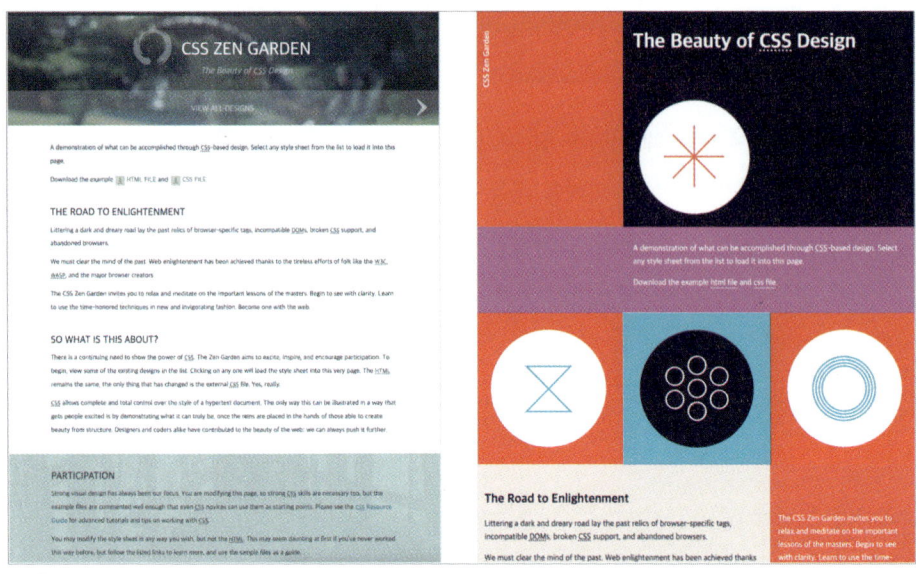

그림 5.1 CSS를 활용해 다른 주제로 스타일링한 모습

CSS는 왜 중요할까?

그럼 CSS를 사용해 웹을 스타일링했을 때 얻을 수 있는 이점은 무엇일까요? 단순히 보기에 예쁘다는 것이 전부일까요?

그렇지는 않습니다. CSS는 웹 개발의 필수 요소로, 사용자가 웹 서비스를 사용하는 데 중요한 역할을 합니다. 우선 웹 서비스를 제공하는 기업의 아이덴티티를 강화하고, 사용자에게 서비스의 개성을 각인시킬 수 있습니다.

다음 페이지의 네이버 홈페이지를 살펴보겠습니다. HTML 코드만 있는 왼쪽 화면에서는 일부 그림을 제외하고는 다른 웹 페이지와 크게 다른 점을 느끼지 못하지만 CSS 스타일을 적용한 오른쪽 화면에서는 네이버의 메인 컬러나 검색 포털이라는 목적에 맞는 레이아웃을 확인할 수 있습니다.

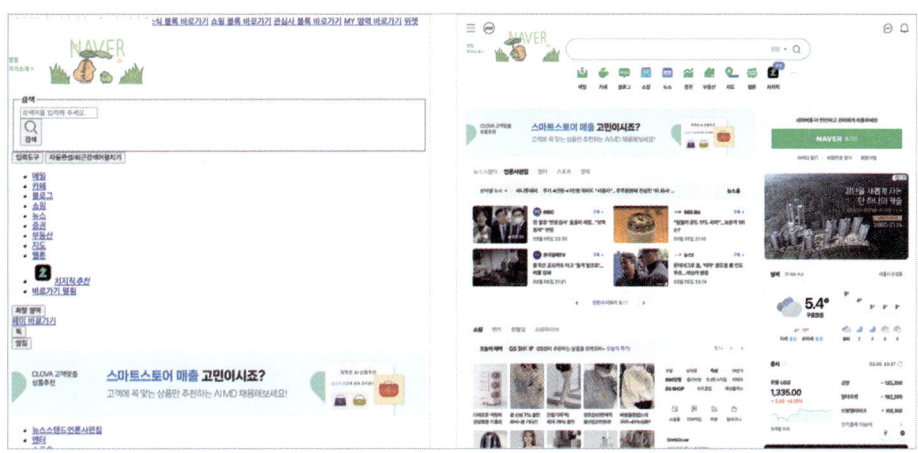

그림 5.2 네이버 홈페이지에 HTML 코드만 있는 화면(왼쪽)과 CSS가 적용된 화면(오른쪽)

또한 CSS는 사용자 경험(User Experience; UX)을 향상하는 데도 도움을 줄 수 있습니다. 예를 들어, 동일한 로그인 폼이라도 로그인 버튼을 강조하면 사용자가 빠르게 로그인하는 데 도움을 줄 수 있습니다.

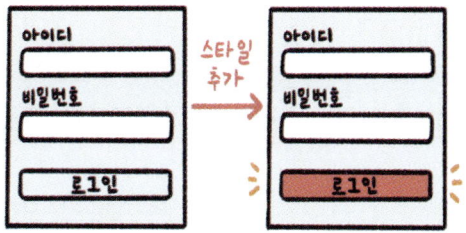

그림 5.3 동일한 로그인 폼에 로그인 버튼을 강조한 모습

이처럼 적절한 색상, 폰트, 간격 등을 지정해 정보의 가독성을 높이고, 사용자가 웹 사이트를 쉽게 이용하도록 도울 수 있습니다.

마지막으로, CSS를 사용하면 **반응형 웹**(responsive web)을 구현할 수 있습니다. 태블릿, 스마트폰 등 다양한 디바이스가 상용화되면서 웹 또한 PC 화면만 고려하면 충분했던 과거와 달리 다양한 크기의 디바이스를 고려해야 합니다. 이때 디바이스에 따라 콘텐츠의 레이아웃, 크기 등을 동적으로 조절할 수 있게 등장한 것이 바로 반응형 웹입니다. 가령 유튜브의 경우 다음과 같이 디바이스의 크기에 따라 한 열에 표시되는 영상의 수나 메뉴의 위치 등이 바뀌도록 구성돼 있습니다.

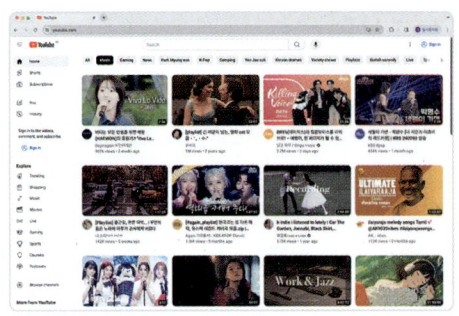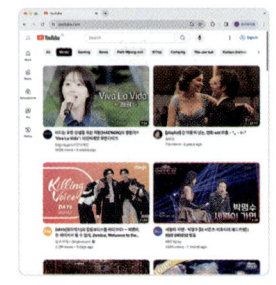

그림 5.4 각 디바이스에 맞는 적절한 화면을 제공하는 반응형 웹 디자인

그리고 이러한 반응형 웹은 CSS의 미디어 쿼리(media query) 기능을 이용해 구현할 수 있습니다. 미디어 쿼리는 화면 해상도, 장치 유형 등을 파악할 수 있는 기능으로, 이러한 미디어 쿼리를 사용해 다양한 화면 크기와 해상도에 맞게 적절한 웹 페이지 화면을 제공할 수 있습니다.

이처럼 CSS는 단순한 꾸미기를 넘어 웹 페이지의 품질, 사용성, 접근성을 결정하는 핵심 요소입니다.

5.2 기본 작성 방식과 주석

HTML에서 다양한 태그를 아우르는 기본 문법이 있듯이, CSS 또한 공통적인 선언 방식을 제공합니다. 이번 절에서는 CSS의 기본 문법과 함께 코드 작성 시 유용하게 활용할 수 있는 주석의 사용법을 살펴보겠습니다.

CSS의 기본 구문

여러분이 새집을 구매했고, 인테리어 담당자에게 이런저런 요구사항을 전달한다고 생각해 봅시다. 방의 벽지 색깔을 바꾸고 싶다면 '벽지의 색깔은 아이보리로 해주세요.'라고 말할 수 있을 겁니다.

이때 요청한 문장 내용을 보면 대상(벽지)과 속성(색깔), 속성의 값(아이보리색)으로 구분할 수 있습니다. CSS 또한 웹 페이지라는 가상 공간을 예쁘게 꾸미는 역할이므로 CSS 코드를 작성하는 방식도 이와 유사합니다.

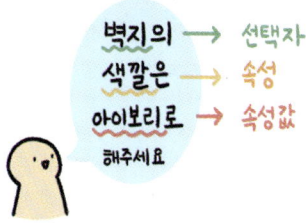

그림 5.5 인테리어 요구사항으로 비유하는 CSS 구문의 구조

벽지처럼 실제 스타일을 적용할 대상을 CSS에서는 **선택자(selector)**라고 부릅니다. 선택자의 종류는 정말 다양한데, 이는 다음 절에서 자세히 다루도록 하겠습니다.

CSS는 이 선택자를 먼저 작성하고, 선택자 뒤에 중괄호({, })를 추가해서 나타냅니다. 중괄호 안에는 적용하고자 하는 스타일 **속성**과 **속성값**을 '**속성: 속성값;**' 형태로 작성합니다. 이때 속성값 뒤에 반드시 세미콜론(;)을 붙여야 브라우저에서 속성들을 원활하게 인식할 수 있습니다.

선택자 { 속성 : 속성값 ; }

그림 5.6 CSS 기본 구문

그런데 안방 벽지를 선택할 때 색깔뿐만 아니라 질감처럼 여러 요소를 함께 고를 수도 있을 겁니다. 이처럼 하나의 선택자에도 여러 속성을 추가할 수 있습니다. 이때는 속성을 순서대로 나열하되, 행이 길어지면 다음과 같이 중괄호를 아래로 늘여서 가독성을 높일 수 있습니다.

```
선택자 {
  속성 : 속성값 ;
  속성 : 속성값 ;
}
```

그림 5.7 하나의 선택자에 여러 속성을 추가하는 경우

그럼 실제 코드에서는 어떻게 작성할까요? 가령 `<span>` 태그의 요소에 대해 폰트 색상(`color`)을 빨간색으로, 폰트 크기(`font-size`)를 20픽셀로 설정하려면 다음과 같이 작성합니다.

예제 5.1 <span> 태그에 CSS 스타일 적용하기　　　　　　ch05/5.2/convention.html

```html
<!DOCTYPE html>
<html lang="ko">
  <head>
    <meta charset="UTF-8">
    <title>5.2. 기본 작성 방식과 주석</title>
    <style>
      span {
        color: red;
        font-size: 20px;
      }
    </style>
  </head>
  <body>
    <p>논산 딸기는 <span>달콤하고 단단한 과육</span>이 일품입니다.</p>
  </body>
</html>
```

이렇게 작성한 뒤 웹 브라우저에서 확인하면 다음과 같이 `<span>` 요소에만 폰트 색상과 크기가 적용된 것을 확인할 수 있습니다.

논산 딸기는 달콤하고 단단한 과육이 일품입니다.

그림 5.8 스타일 적용 결과

이러한 기본 문법을 기반으로 다양한 선택자, 속성, 속성값의 조합을 통해 효과적으로 스타일을 적용할 수 있습니다.

CSS에서 주석 사용하기

HTML과 동일하게 CSS에서도 주석을 추가할 수 있습니다. HTML 주석보다는 좀 더 간단하며, 다음과 같이 /*과 */ 사이에 내용을 입력합니다.

예제 5.2 주석 표기 방법　　　　　　　　　　　　　　　ch05/5.2/convention.html

```css
span {
  /* color: red; */
  font-size: 20px;
}
```

CSS에서도 주석은 실제 코드에 반영되지 않으므로 위 코드를 브라우저에서 확인해 보면 다음과 같이 주석으로 처리된 폰트 색상이 실제 웹 페이지에 적용되지 않는 모습을 확인할 수 있습니다.

논산 딸기는 달콤하고 단단한 과육이 일품입니다.

그림 5.9 주석 처리한 스타일이 적용되지 않은 모습

여러 줄을 주석 처리하는 경우에도 다음과 같이 동일하게 작성합니다.

예제 5.3 여러 줄의 주석 표기 방법　　　　　　　　　　　📄 ch05/5.2/convention.html

```
/*
span {
  color: red;
  font-size: 20px;
}
*/
```

이러한 주석은 코드를 설명하거나 일시적으로 특정 코드를 비활성화하고자 할 때 유용합니다. 특히 CSS는 속성 한 줄의 유무가 스타일에서 큰 차이를 만들기도 하므로 주석을 적극적으로 활용하면 더 효율적으로 코드를 작성할 수 있을 것입니다.

5.3 CSS는 어디에 작성해야 할까?

앞에서 HTML 코드를 작성하는 방법을 익혔고, CSS 스타일을 작성하는 방법도 알아봤습니다. 그렇다면 HTML 요소와 CSS 스타일은 어떻게 연결할 수 있을까요?

CSS에서는 특정 요소에 적용할 스타일을 어느 위치에 둘지에 따라 크게 세 가지 적용 방식을 지원합니다. 요소에 직접 적용하는 인라인 스타일, 여러 요소에 적용하는 내부 스타일시트, 파일을 넘나드는 외부 스타일시트가 그것입니다. 이번 절에서는 이러한 스타일 적용 방식의 종류와 각 방식의 특징을 알아보겠습니다.

요소에 직접 적용하는 인라인 스타일

인라인 스타일(inline styles)은 HTML 요소 내에서 style 속성을 사용해 직접 스타일을 적용하는 방법입니다.

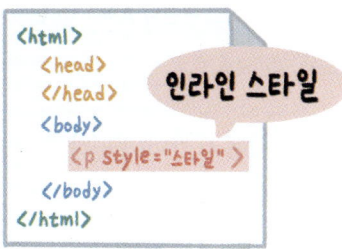

그림 5.10 요소에 직접 스타일을 적용하는 인라인 스타일

인라인 스타일을 적용하는 방법은 다음과 같이 스타일을 적용하고자 하는 태그에 style 속성을 추가하고, CSS 속성과 속성값을 나열하면 됩니다.

예제 5.4 인라인 스타일 적용하기 ch05/5.3/css-import.html

```
<body>
    <h2>논산 딸기 특징</h2>
    <p style="color: red; background-color: yellow;">
    논산 딸기는 달콤하고 단단한 과육이 일품입니다.
    </p>
</body>
```

논산 딸기 특징

논산 딸기는 달콤하고 단단한 과육이 일품입니다.

그림 5.11 인라인 스타일 적용 결과

인라인 스타일의 독특한 점은 바로 앞에서 CSS 기본 구문을 배울 때 살펴본 선택자를 선언하지 않는다는 것입니다. 이는 인라인 스타일이 style 속성을 선언한 요소에만 정확히 적용되기 때문입니다. 어차피 <p> 태그 안에 작성했으니 굳이 선택자가 <p>라는 것을 또 알려줄 필요가 없는 것입니다.

이러한 특징 때문에 인라인 스타일은 개별 요소에 빠르게 스타일을 적용할 때 유용하지만 HTML 문서에 스타일 정보와 태그가 섞여 있어 코드를 한눈에 파악하기 어렵고, 또 여러 요소에 동일한 스타일을 적용하는 것이 불가능해서 스타일을 재사용할 수 없다는 단점이 있습니다.

여러 요소에 적용하는 내부 스타일시트

그렇다면 CSS 스타일을 관리하기 편하게 한곳에 모아두면 어떨까요? 이런 생각에서 등장한 것이 바로 **스타일시트**입니다. 그리고 그중 **내부 스타일시트**(internal stylesheets)는 HTML 문서의 <head> 태그 안에 <style> 태그를 추가해 스타일 코드를 포함하는 방법입니다.

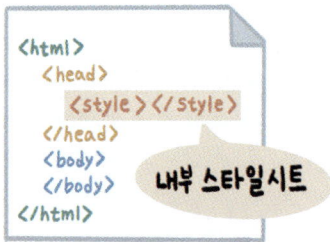

그림 5.12 스타일을 <style> 태그 내에서 관리하는 내부 스타일시트

그럼 앞에서 작성한 코드를 내부 스타일시트로 바꿔보겠습니다.

예제 5.5 내부 스타일시트 적용하기   ch05/5.3/css-import.html

```
<!DOCTYPE html>
<html lang="ko">
  <head>
    <style>
      p {
        color: red;
        background-color: yellow;
      }
    </style>
  </head>
  <body>
    <h2>논산 딸기 특징</h2>
    <p>논산 딸기는 달콤하고 단단한 과육이 일품입니다.</p>
  </body>
</html>
```

<head> 태그 안에 <style> 태그를 추가하고, 그 안에 <p> 태그에 작성했던 스타일 코드를 추가했습니다. 또한 스타일시트에서는 선택자도 명시해야 하므로 <p> 선택자도 추가했습니다.

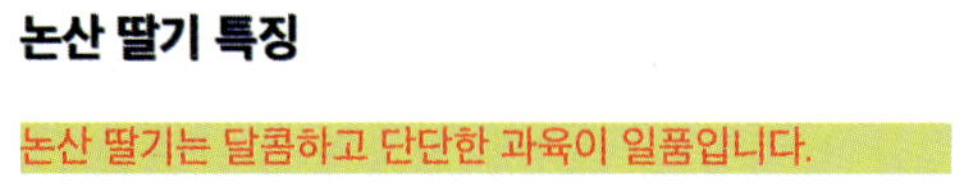

논산 딸기 특징

<mark>논산 딸기는 달콤하고 단단한 과육이 일품입니다.</mark>

그림 5.13 내부 스타일시트 적용 결과

결과를 보면 앞에서 인라인 스타일을 적용한 것과 동일하게 <p> 요소에 스타일이 적용된 것을 확인할 수 있습니다.

이처럼 내부 스타일시트를 사용하면 문서의 스타일을 한곳에서 관리할 수 있어 인라인 스타일보다 관리하기가 쉽다는 장점이 있습니다. 다만 내부 스타일시트를 사용하더라도 HTML 문서가 여러 개라면 동일한 스타일 코드를 각 문서에 작성해야 한다는 한계가 있습니다.

파일을 넘나드는 외부 스타일시트

그럼 여러 HTML 문서에 일관된 스타일을 적용하려면 어떻게 해야 할까요?

외부 스타일시트(external stylesheets)는 별도의 CSS 파일에 스타일을 정의하고, HTML 문서에서 <link> 태그를 사용해 이를 참조하는 방법입니다.

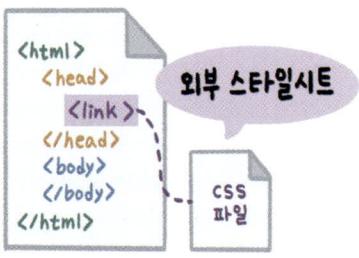

그림 5.14 CSS 파일에 스타일을 정의하는 외부 스타일시트

이때 사용하는 <link> 태그는 외부의 리소스를 HTML 문서에 연결하는 태그로, href 속성에 CSS 파일의 경로를 입력합니다.

```
<link rel="stylesheet"
      href="CSS 파일 경로">
```

그림 5.15 `<link>` 태그의 기본형

그럼 마지막으로 앞에서 작성한 코드의 스타일 작성 방식을 외부 스타일시트로 바꿔보겠습니다. 먼저, HTML 문서와 같은 디렉터리에 style.css 파일을 만들고 다음과 같이 스타일 코드를 추가합니다.

예제 5.6 style.css 파일 만들기　　　　　　　　　　　　　　　　　ch05/5.3/style.css

```css
p {
  color: red;
  background-color: yellow;
}
```

그다음 HTML 문서로 돌아와 `<link>` 태그를 추가하고 href 속성을 사용해 방금 만든 style.css 파일을 불러옵니다.

예제 5.7 외부 스타일시트 적용하기　　　　　　　　　　　　　　ch05/5.3/css-import.html

```html
<!DOCTYPE html>
<html lang="ko">
  <head>
    <link rel="stylesheet" href="style.css">
  </head>
  <body>
    <h2>논산 딸기 특징</h2>
    <p>논산 딸기는 달콤하고 단단한 과육이 일품입니다.</p>
  </body>
</html>
```

이렇게 작성한 뒤에 브라우저에서 확인하면 내부 스타일시트의 결과와 동일하게 `<p>` 요소에 스타일이 적용된 것을 확인할 수 있습니다. 이렇게 외부 스타일시트를 사용하면 HTML 파일이 여러 개 생기더라도 CSS 코드는 한 곳에서만 작성하면 되니 편리합니다.

논산 딸기 특징

논산 딸기는 달콤하고 단단한 과육이 일품입니다.

그림 5.16 외부 스타일시트 적용 결과

외부 스타일시트는 여러 HTML 문서에서 일관된 스타일을 제공할 수 있고, 스타일 관련 코드를 별도의 파일에서 관리하므로 유지 보수가 효율적이라는 장점이 있습니다. 따라서 실제 웹 페이지를 구현할 때도 관리와 재사용성을 위해 외부 스타일시트를 주로 사용합니다.

5.4 CSS 기본 선택자

앞서 CSS 기본 문법은 인테리어를 하는 것과 비슷하다고 이야기했습니다. 그렇다면 가령 여러 방 중에서 특정한 방의 벽지만 바꾸고 싶을 때는 어떻게 해야 할까요? 아마 단순히 '방'이라고 말하는 것보다는 '가장 작은 방' 또는 '입구에서 가장 가까운 방'과 같은 더 자세한 설명이 필요할 것입니다.

CSS 또한 마찬가지입니다. 코드를 작성하다 보면 특정 요소에 스타일을 적용해야 하는 상황이 빈번히 발생합니다. 이를 위해 CSS에서는 다양한 선택자 유형을 제공해 개발자가 원하는 요소에 정확하게 스타일을 적용할 수 있게 합니다.

선택자의 종류는 정말 다양한데, 이번 절에서는 그중 가장 많이 사용되는 5가지 선택자인 전체 선택자, 타입 선택자, 클래스 선택자, ID 선택자, 속성 선택자를 알아보겠습니다.

모든 요소를 선택하는 전체 선택자

전체 선택자(universal selector)는 이름에서 알 수 있듯이 문서의 모든 요소에 스타일을 적용할 수 있는 선택자입니다. 이러한 전체 선택자는 다음과 같이 별표(*)로 표기합니다.

* { 속성 : 속성값 ; }

그림 5.17 전체 선택자의 기본형

전체 선택자는 주로 초기 스타일을 설정할 때 사용합니다. 크롬이나 사파리 등 모든 브라우저에서는 자체적인 기본 스타일을 가지고 있으므로 같은 HTML 코드여도 브라우저마다 약간씩 다르게 보이는 경우가 있습니다. 이런 상황에서 전체 선택자를 사용해 스타일을 초기화하면 모든 브라우저에서 일관된 모습의 웹 페이지를 보여줄 수 있다는 장점이 있습니다.

예를 들면, 다음과 같이 전체 선택자에 여백을 담당하는 `margin`과 `padding` 속성값을 0으로 입력해 모든 요소의 여백을 초기화할 수 있습니다.

예제 5.8 전체 선택자를 사용해 여백을 초기화　　　　　　　　　　　　ch05/5.4/selector.html

```html
<!DOCTYPE html>
<html lang="ko">
  <head>
    <meta charset="UTF-8">
    <title>5.4. CSS 기본 선택자</title>
    <style>
      * {
        margin: 0;
        padding: 0;
      }
    </style>
  </head>
  <body>
    <main>
      <h2>산지직송 논산 딸기</h2>
      <span>1팩(800g)</span>
      <span>29,900원</span>
      <button type="submit">구매하기</button>
      <button type="button">장바구니</button>
    </main>
  </body>
</html>
```

그림 5.18 스타일 초기화 결과

특정 요소만 선택하는 타입 선택자

타입 선택자(type selector)는 특정 태그를 사용하는 모든 요소 타입에 스타일을 적용하는 선택자입니다. 이러한 타입 선택자는 p, div, span 등 HTML의 태그 이름을 사용해 표현합니다.

$$태그이름 \{ 속성 : 속성값 ; \}$$

그림 5.19 타입 선택자의 기본형

타입 선택자를 사용하면 해당하는 모든 요소에 스타일을 적용하므로 요소마다 일관된 스타일을 적용할 때 사용할 수 있습니다. 가령 다음 코드는 HTML 문서 안의 모든 <span> 요소의 글자 색상을 분홍색으로 설정합니다.

예제 5.9 타입 선택자 사용하기 📄 ch05/5.4/selector.html

```html
<!-- 생략 -->
<style>
  span { color: hotpink; }
</style>
...
<h2>산지직송 논산 딸기</h2>
<span>1팩(800g)</span>
<span>29,900원</span>
<!-- 생략 -->
```

산지직송 논산 딸기
1팩(800g) 29,900원 구매하기 장바구니

그림 5.20 타입 선택자로 스타일을 적용한 결과

클래스로 동일한 스타일 적용하기

앞에서 말한 것처럼 타입 선택자를 사용하면 특정 태그를 사용하는 모든 HTML 요소에 동일한 스타일을 적용할 수 있습니다. 그럼 <span> 요소 중에서도 일부 요소에만 스타일을 다르게 적용하려면 어떻게 해야 할까요?

그런 상황에서 사용할 수 있는 선택자가 바로 **클래스 선택자**(class selector)입니다. 클래스 선택자는 HTML 태그에 클래스라는 식별자를 추가하고, 이 식별자를 사용하는 HTML 요소에 동일한 스타일을 적용하는 선택자입니다.

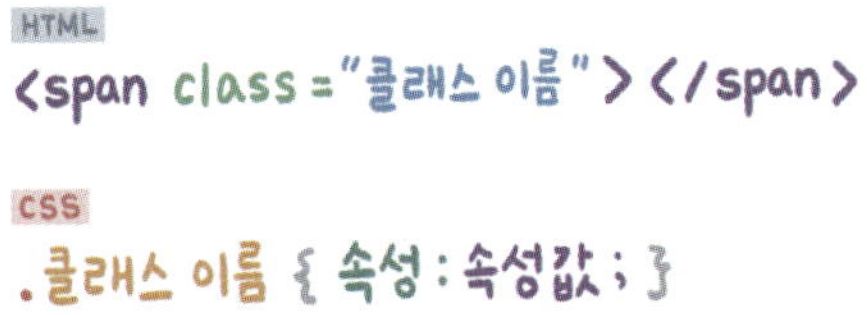

`HTML`
`<span class="클래스 이름"></span>`

`CSS`
`.클래스 이름 { 속성: 속성값; }`

그림 5.21 클래스 선택자의 기본형

그럼 실제 코드에 적용해 볼까요? 다음은 예제 5.9의 <span> 요소 중 가격에 해당하는 <span> 요소에만 스타일을 추가하는 코드입니다.

예제 5.10 클래스 선택자 사용하기   ch05/5.4/selector.html

```
<!-- 생략 -->
<style>
  span { color: hotpink; }
  .price { font-weight: bold; } /* 2. 클래스 스타일 추가 */
</style>
...
<h2>산지직송 논산 딸기</h2>
<span>1팩(800g)</span>
<span class="price">29,900원</span> <!-- 1. price 클래스를 추가 -->
<!-- 생략 -->
```

먼저 가격에 해당하는 `<span>` 태그에 class 속성을 추가하고, 'price'라는 클래스 이름을 지정합니다. 그리고 스타일 영역에서 클래스 이름인 price를 입력하고, 그 앞에 점(.)을 붙여서 이 이름이 클래스 선택자라는 것을 명시합니다.

그러고 나서 브라우저에서 확인하면 다음과 같이 가격에 해당하는 텍스트만 font-weight 속성이 적용되어 글씨 두께가 굵어진 것을 확인할 수 있습니다.

그림 5.22 클래스 선택자로 스타일을 적용한 결과

이처럼 클래스 선택자를 이용하면 원하는 요소를 선택해 스타일을 적용할 수 있다는 장점이 있어 실제 웹 페이지를 구현할 때 자주 사용됩니다.

하나의 요소에만 스타일을 적용하는 ID 선택자

ID 선택자(ID selector)는 클래스 선택자와 유사하게 요소에 ID라는 식별자를 부여하고 해당 ID를 가진 HTML 요소에 스타일을 적용하는 선택자입니다.

다만 클래스 선택자와 달리 ID는 문서 안에서 유일해야 하며 중복해서 사용할 수 없다는 특징이 있습니다. 어떤 태그가 'hello'라는 ID를 가지고 있다면 문서 내에서 'hello'라는 ID는 더 이상 사용할 수 없는 것입니다. 이러한 ID 선택자를 사용하기 위해서는 먼저 HTML 문서에서 특정 태그에 id 속성을 추가하고, CSS 코드에서는 해당 ID 앞에 해시 기호(#)를 붙여 스타일을 적용합니다.

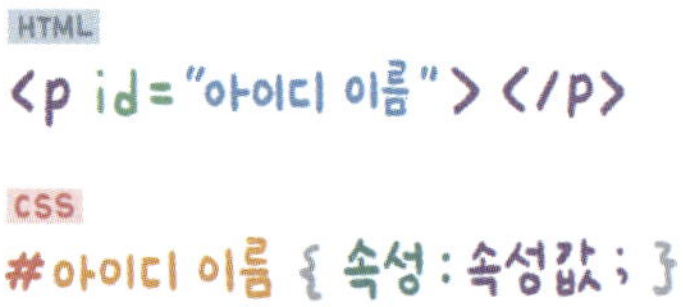

그림 5.23 ID 선택자의 기본형

ID 선택자는 페이지 내 유일한 요소에 스타일을 적용할 때 주로 사용됩니다. 예를 들어, 웹 페이지에는 일반적으로 하나의 본문 영역이 있는데, 이때 본문 영역에 'container'라는 ID를 추가해 본문 요소에만 스타일을 고유하게 적용할 수 있습니다.

다음은 본문에 해당하는 `<main>` 요소에 'container'라는 ID를 추가한 뒤, 내부 여백(padding)과 테두리(border) 스타일을 추가한 예제입니다.

예제 5.11 본문 요소에만 스타일 추가하기   📄 ch05/5.4/selector.html

```html
<!-- 생략 -->
<style>
  ...
  #container {
    padding: 10px;
    border: 1px solid grey;
  }
</style>
...
<body>
  <main id="container">
    <h2>산지직송 논산 딸기</h2>
    <span>1팩(800g)</span>
    <span class="price">29,900원</span>
    <button type="submit">구매하기</button>
    <button type="button">장바구니</button>
  </main>
</body>
<!-- 생략 -->
```

그림 5.24 ID 선택자로 스타일을 적용한 결과

이처럼 ID 선택자는 특정 요소를 정확하게 선택해 고유한 스타일을 적용할 수 있다는 장점이 있습니다.

요소의 속성을 선택하는 속성 선택자

같은 요소여도 어떤 속성을 가지고 있느냐에 따라 전혀 다르게 활용되는 경우가 있습니다. 예를 들어, `<input>` 태그의 경우 type 속성이 text라면 아이디처럼 일반 텍스트를 입력할 때 사용하고, type 속성을 password로 지정하면 비밀번호를 입력할 때 사용할 수 있습니다. 이때 아이디 입력 창에만 스타일을 적용하려면 어떻게 해야 할까요?

속성 선택자(attribute selector)는 특정 속성을 가진 요소를 대상으로 하는 선택자로, 앞에서 설명한 `<input>` 태그의 예시처럼 HTML 태그의 속성에 따라 스타일을 적용하고자 할 때 사용합니다. 기본 형태는 타입 선택자처럼 요소를 앞에 작성하고, 대괄호([])를 추가한 뒤 그 안에 속성을 추가합니다. 이때 대괄호 안에 속성 이름만 입력해 단순히 특정 속성을 가지고 있는지만 확인할 수도 있고 속성값도 함께 지정해 속성값이 일치하는지도 함께 파악할 수 있습니다.

```
속성만 선택
태그[속성] { 속성 : 속성값 ; }

속성값도 선택
태그[속성="속성값"] { 속성 : 속성값 ; }
```

그림 5.25 속성 선택자의 기본형

그럼 실제 코드에 한번 적용해 볼까요? 다음은 type 속성을 가진 모든 `<button>` 요소의 테두리를 제거하고, 그중 type 속성값이 submit인 요소만 배경색을 하늘색으로 바꾸는 예제입니다.

예제 5.12 속성 선택자 사용하기　　　　　　　　　　　　　ch05/5.4/selector.html

```
<!-- 생략 -->
<style>
  ...
  button[type] { border: none; }
  button[type="submit"] { background-color: lightblue; }
</style>
...
<button type="submit">구매하기</button>
<button type="button">장바구니</button>
<!-- 생략 -->
```

산지직송 논산 딸기
1팩(800g) 29,900원 구매하기 장바구니

그림 5.26 속성 선택자로 스타일을 적용한 결과

이러한 속성 선택자는 `<a>` 태그의 href 속성이나 `<img>` 태그의 src 속성 등과 같은 필수 속성뿐 아니라 id, class 등 선택자로도 사용하는 속성에도 적용할 수 있으므로 다양한 상황에서 유용하게 활용할 수 있습니다.

5.5 더 많은 선택자 활용하기

앞에서 기본 CSS 선택자에 대해 살펴봤습니다. 그러나 실제로 CSS 스타일을 구현하다 보면 더 구체적으로 요소를 선택해야 하는 경우가 종종 있습니다. 예를 들어, 여러 선택자에 동일한 스타일을 적용해야 하거나(그룹 선택자), 특정 요소의 하위 요소를 선택해야 하거나(자손 결합자, 자식 결합자), 사용자가 버튼을 클릭했을 때처럼 동적으로 변하는 상황에 맞춰 스타일을 적용해야 하는 경우(가상 클래스 선택자)가 그렇습니다.

이런 상황에서 앞에서 배운 기본 선택자뿐만 아니라 더 다양한 선택자를 활용해 요소의 범위를 세밀하게 제어할 수 있습니다. 그럼 지금부터 하나씩 살펴보겠습니다.

그룹 선택자로 여러 요소에 스타일 적용하기

`<h3>` 요소와 `<h4>` 요소에 대한 스타일을 다음과 같이 정의했다고 가정합시다.

예제 5.13 태그마다 똑같은 스타일을 적용한 모습

```
h3 { color: red; }
h4 { color: red; }
```

이 경우 스타일은 동일한데 태그가 달라서 똑같은 코드를 한 번 더 작성해야 하는 불편함이 있습니다. 이런 상황에서 사용할 수 있는 선택자가 바로 그룹 선택자입니다.

그룹 선택자(group selector)는 여러 요소에서 공통으로 적용할 스타일 규칙을 정의할 때 사용합니다. 쉼표(,)로 각 선택자를 구분하며, 각 선택자에 모두 동일한 스타일을 적용합니다. 이때 요소는 태그뿐만 아니라 클래스나 ID가 될 수도 있습니다.

요소, 요소, 요소 { 속성 : 속성값 ; }

그림 5.27 그룹 선택자의 기본형

이러한 그룹 선택자를 사용하면 스타일의 중복을 줄이고 효율적으로 CSS 코드를 작성할 수 있다는 장점이 있습니다. 다음 예제는 <h3>와 <h4> 요소의 글자 색을 모두 빨간색으로 변경하는 코드입니다.

예제 5.14 그룹 선택자 사용하기　　　　　　　　　　　　　　　　　　ch05/5.5/selector.html

```html
<!DOCTYPE html>
<html lang="ko">
  <head>
    <meta charset="UTF-8">
    <title>5.5. 더 많은 선택자 활용하기</title>
    <style>
      h3, h4 { color: red; }
    </style>
  </head>
  <body>
    <main>
      <h3>논산 딸기 특징</h3>
      <p>논산 딸기는 달콤하고 단단한 과육이 일품입니다.</p>
      <p>20년의 노하우로 최고 품질을 보장합니다.</p>
      <p>당일 수확, 당일 배송을 원칙으로 합니다.</p>
      <div>
        <h4>참고</h4>
        <p>딸기는 금방 무르므로 받으신 즉시 냉장 보관해 주세요.</p>
      </div>
      <button>더 알아보기</button>
    </main>
  </body>
</html>
```

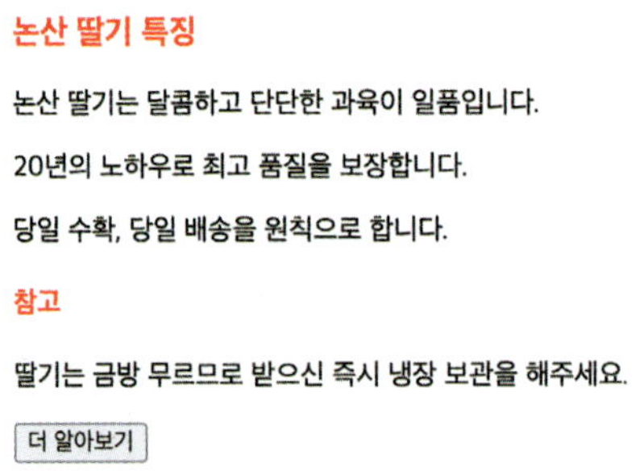

그림 5.28 그룹 선택자로 스타일을 적용한 결과

이처럼 그룹 선택자를 사용하면 중복되는 코드를 간결하게 작성할 수 있습니다.

결합자로 하위 요소 선택하기

결합자에 대해 본격적으로 설명하기에 앞서, 먼저 예제 5.14의 코드를 계층 구조로 바꿔서 표현해 보겠습니다.

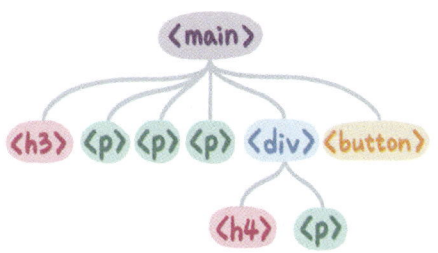

그림 5.29 예제 5.14의 HTML 구조를 계층 구조로 표현한 모습

이 구조를 보면 <main> 요소 아래에 <h3> 하나와 여러 개의 <p>, <div>, <button>이 포함돼 있고, 그중 <div> 안에는 다시 <h4>와 <p> 요소가 들어 있는 것을 확인할 수 있습니다.

이것은 마치 가계도와도 비슷한데요, 실제로 HTML 요소 간의 관계도 우리가 잘 아는 가족 관계처럼 설명합니다. 예를 들어, <main> 안에 있는 <div>는 한 단계 아래에 있으므로 <main>의 자식 요소입니다. 그리고 <div>와 바로 옆에 있는 <button>은 같은 단계에 있기 때문에 형제 요소라고 설명합니다.

이처럼 HTML에서는 요소 간에 다양한 위계 구조가 있고, CSS에서는 이러한 구조적 관계를 고려해 요소를 선택할 수 있도록 하는 선택자를 **결합자**(combinator)라고 부릅니다. 결합자는 특정 요소와 주변 요소 간의 관계나 위치 등을 토대로 여러 조건을 결합해 하나의 선택자처럼 사용할 수 있으므로 좀 더 효율적으로 스타일을 지정할 수 있다는 장점이 있습니다.

결합자의 종류는 다양하지만 이번 절에서는 대표적인 결합자 두 가지를 살펴보겠습니다.

자손 요소 선택하기

보통 자손이라고 하면 자식과 손주 등 내 아래 구성원들을 일컫습니다. 이와 비슷하게, **자손 선택자**(descendant selector)도 특정 요소 하위의 모든 자손 요소를 선택하는 결합자입니다.

선택자 선택자 { 속성 : 속성값 ; }

그림 5.30 자손 선택자의 기본형

보다시피 자손 선택자는 선택자 사이에 공백을 추가한 형태인데, 왼쪽 선택자가 특정 요소를 나타내고, 오른쪽 선택자가 그 요소의 하위에 있는 모든 자손 요소를 나타냅니다.

예시를 살펴볼까요? 다음 예제에는 <p> 요소가 중간중간 포함돼 있는데, 이때 <main> 요소 안의 모든 <p> 태그를 선택하기 위해 자손 선택자를 사용할 수 있습니다.

예제 5.15 자손 선택자 사용하기   ch05/5.5/selector.html

```html
<!DOCTYPE html>
<html lang="ko">
  <head>
    ... 생략 ...
    <style>
      h3, h4 { color: red; }
      main p { color: green; } /* 추가 */
    </style>
  </head>
  <body>
    <main>
      <h3>논산 딸기 특징</h3>
      <p>논산 딸기는 달콤하고 단단한 과육이 일품입니다.</p>
      <p>20년의 노하우로 최고 품질을 보장합니다.</p>
      <p>당일 수확, 당일 배송을 원칙으로 합니다.</p>
      ... 생략 ...
    </main>
  </body>
</html>
```

이렇게 작성하고 웹 브라우저에서 확인해 보면 <main> 요소 안에 있는 모든 <p> 요소의 글자 색이 초록색으로 바뀐 것을 확인할 수 있습니다.

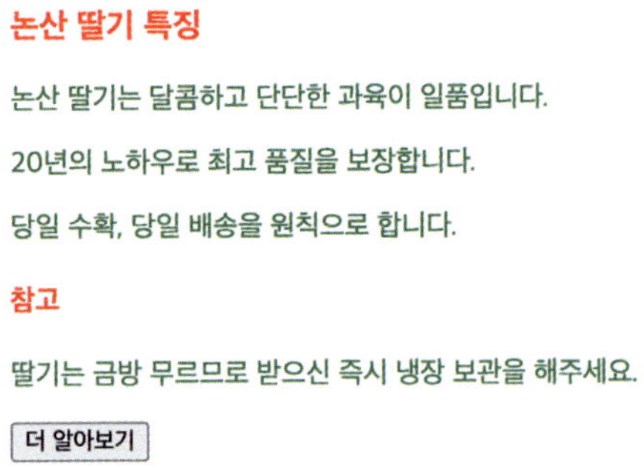

논산 딸기 특징

논산 딸기는 달콤하고 단단한 과육이 일품입니다.

20년의 노하우로 최고 품질을 보장합니다.

당일 수확, 당일 배송을 원칙으로 합니다.

참고

딸기는 금방 무르므로 받으신 즉시 냉장 보관을 해주세요.

[더 알아보기]

그림 5.31 자손 선택자로 스타일을 적용한 결과

이처럼 자손 선택자를 사용하면 원하는 요소의 모든 하위 요소에 일괄적으로 스타일을 적용할 수 있습니다.

자식 요소 선택하기

자손 선택자와 달리 **자식 선택자**(child selector)는 특정 요소의 직계 자식 요소를 선택하는 데 사용하는 결합자입니다. 자식 선택자는 선택자 사이에 꺾쇠(>) 기호를 사용하며, 왼쪽에 부모 요소, 오른쪽에 자식 요소를 추가합니다.

선택자 > 선택자 { 속성 : 속성값; }

그림 5.32 자식 선택자의 기본형

자손과 달리 자식은 부모의 직계 후손을 의미합니다. 자손 선택자가 하위의 모든 요소를 가리키는 것과 달리, 자식 선택자는 바로 아래에 있는 요소만 선택한다는 점에서 차이가 있습니다.

예제 5.15의 코드에 자식 선택자를 추가해 보겠습니다. 다음은 <main> 요소의 바로 아래에 있는 <p> 요소만 선택해 글씨 두께를 굵게 변경하는 코드입니다.

예제 5.16 자식 선택자 사용하기   ch05/5.5/selector.html

```
... 생략 ...
  main > p { font-weight: bold; }
</style>
... 생략 ...
```

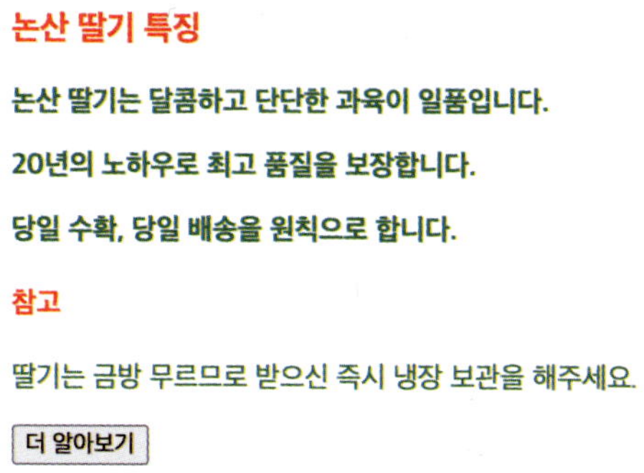

논산 딸기 특징

논산 딸기는 달콤하고 단단한 과육이 일품입니다.

20년의 노하우로 최고 품질을 보장합니다.

당일 수확, 당일 배송을 원칙으로 합니다.

참고

딸기는 금방 무르므로 받으신 즉시 냉장 보관을 해주세요.

[더 알아보기]

그림 5.33 자식 선택자로 스타일을 적용한 결과

이처럼 자식 선택자의 특성을 이용하면 요소의 하위 요소 중 특정 레벨의 요소에만 스타일을 적용할 수 있습니다.

상태에 따라 적용하는 가상 클래스 선택자

웹 페이지를 둘러보면 버튼에 마우스를 올리면 색이 바뀌거나 입력 상자를 클릭하면 테두리 색이 바뀌고 커서가 깜빡이는 것을 볼 수 있습니다. 이러한 현상을 가리켜 요소의 상태가 바뀌었다고 표현합니다. 이처럼 요소의 상태가 바뀔 때 다른 스타일을 적용할 수 있는데, 이를 가능케 하는 것이 바로 가상 클래스 선택자입니다.

가상 클래스 선택자(pseudo-class selector)는 요소의 특정 상태에 스타일을 적용하는 선택자입니다. 선택자 뒤에 원하는 상태의 가상 클래스를 콜론(:)과 함께 지정하는 방식으로 사용합니다.

선택자 : 가상 클래스 { 속성 : 속성값 ; }

그림 5.34 가상 클래스 선택자의 기본형

예제를 한번 볼까요? 특정 요소에 마우스 커서가 올라가 있는 상태를 호버(hover)라고 부르는데, 버튼이 호버 상태일 때의 배경색을 하늘색으로 바꿔 보겠습니다.

예제 5.17 가상 클래스 선택자 사용하기 　　　　　　　　　　📄 ch05/5.5/selector.html

```
... 생략 ...
button:hover { background-color: lightblue; }
</style>
... 생략 ...
```

맨 앞에 대상인 button 요소를 작성하고 그 뒤에 가상 클래스인 :hover를 추가해 가상 클래스 선택자를 만들 수 있습니다. 이렇게 적용하고 웹 브라우저에서 확인해 보면 그냥 화면을 보고 있을 때는 스타일이 적용되지 않는데, 마우스 커서를 버튼에 가져다 대면 다음과 같이 배경색이 하늘색으로 바뀌는 것을 확인할 수 있습니다.

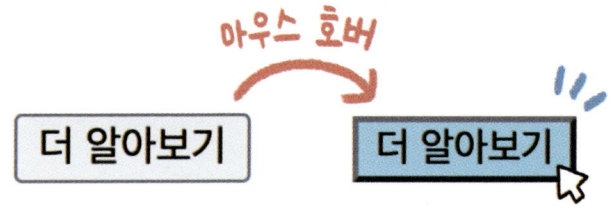

그림 5.35 버튼을 호버했을 때 바뀌는 배경색

:hover 외에도 CSS에서는 다음과 같이 다양한 가상 클래스를 제공하는데, 이를 이용해 상태에 따라 다른 스타일을 적용할 수 있습니다.

표 5.1 대표적인 가상 클래스

가상 클래스	설명
:hover	마우스 커서가 요소 위에 있는 상태일 때
:active	요소가 사용자에 의해 활성화된 상태일 때
:focus	입력 필드나 링크 등의 요소가 포커스를 받은 상태일 때
:checked	라디오나 체크박스 등의 입력 필드가 선택된 상태일 때

핵심 용어 정리

- **CSS**(Cascading Style Sheets): 웹 페이지의 스타일을 정의하는 언어로, HTML과 같은 마크업 언어로 작성된 문서의 요소가 어떻게 보여야 하는지를 지정함
- **선택자**(Selector): CSS에서 스타일을 적용할 HTML 요소를 지정하는 패턴
- **속성**(Property): 선택자에 의해 선택된 요소에 적용할 스타일의 특성(예: `color`, `font-size` 등)
- **속성값**(Value): 속성에 적용되는 구체적인 값(예: red, 20px 등)
- **인라인 스타일**(Inline Styles): HTML 요소 내에서 `style` 속성을 사용해 직접 스타일을 적용하는 방법
- **내부 스타일시트**(Internal Stylesheets): HTML 문서의 `<head>` 태그 안에 `<style>` 태그를 추가해 스타일 코드를 포함하는 방법
- **외부 스타일시트**(External Stylesheets): 별도의 CSS 파일에 스타일을 정의하고, HTML 문서에서 `<link>` 태그를 사용해 참조하는 방법
- **전체 선택자**(Universal Selector): 문서의 모든 요소에 스타일을 적용하는 선택자(*)
- **타입 선택자**(Type Selector): 특정 태그를 사용하는 모든 요소 타입에 스타일을 적용하는 선택자(예: p, div, span 등)
- **클래스 선택자**(Class Selector): HTML 요소에 `class` 속성을 추가하고, 이 클래스를 가진 모든 요소에 스타일을 적용하는 선택자(.으로 시작)
- **ID 선택자**(ID Selector): HTML 요소에 `id` 속성을 추가하고, 이 ID를 가진 요소에 스타일을 적용하는 선택자(#으로 시작)
- **속성 선택자**(Attribute Selector): 특정 속성을 가진 요소를 대상으로 하는 선택자([]로 표시)
- **그룹 선택자**(Group Selector): 여러 요소에 공통으로 적용할 스타일 규칙을 정의할 때 사용하는 선택자(,로 구분)
- **자손 선택자**(Descendant Selector): 특정 요소 하위의 모든 자손 요소를 선택하는 결합자(공백으로 구분)
- **가상 클래스 선택자**(Pseudo-class Selector): 요소의 특정 상태(예: 마우스 오버, 포커스 등)에 따라 스타일을 적용하는 선택자(:으로 시작)

【연습 문제】

1. CSS는 무엇의 약자이며, 웹 개발에서 어떤 역할을 담당하는지 올바르게 설명한 것은?

① Cascading Style Sheets의 약자로, 웹 페이지의 내용과 구조를 정의하는 언어다.
② Cascading Style Sheets의 약자로, 웹 페이지의 스타일과 레이아웃을 정의하는 언어다.
③ Computer Style System의 약자로, 웹 페이지의 동적 기능을 구현하는 언어다.
④ Creative Styling Syntax의 약자로, 웹 브라우저와 서버 간의 통신을 담당하는 언어다.

2. CSS의 기본 구문에 대한 설명으로 올바른 것은?

① CSS는 태그, 속성, 값의 세 가지 요소로 구성되며, 태그 안에 속성과 값을 작성한다.
② CSS는 선택자와 선언부로 구성되며, 선언부는 중괄호({, }) 안에 속성과 속성값을 작성한다.
③ CSS는 요소와 속성으로만 구성되며, 반드시 HTML 파일 내에 작성해야 한다.
④ CSS는 항상 HTML 요소의 style 속성 내에 직접 작성해야 한다.

3. CSS를 HTML 문서에 적용하는 세 가지 방법과 그 특징을 올바르게 설명한 것은?

① 인라인 스타일, 내부 스타일시트, 외부 스타일시트가 있으며, 인라인 스타일은 가장 높은 우선 순위를 가진다.
② 인라인 스타일, 내부 스타일시트, 외부 스타일시트가 있으며, 외부 스타일시트는 항상 다른 방식보다 우선 적용된다.
③ 블록 스타일, 인라인 스타일, 혼합 스타일이 있으며, 블록 스타일이 가장 일반적으로 사용된다.
④ 선택자 스타일, 속성 스타일, 값 스타일이 있으며, 세 가지 방식을 모두 조합해야 스타일이 적용된다.

4. CSS 선택자의 종류와 그 특징을 올바르게 설명한 것은?

① 클래스 선택자는 #으로 시작하며, ID 선택자는 .으로 시작한다.
② 전체 선택자는 $로 표시하며, 문서의 모든 요소에 스타일을 적용한다.
③ 타입 선택자는 HTML 태그 이름을 사용하며, 자손 선택자는 선택자 사이에 공백을 두어 표현한다.
④ 속성 선택자는 ()로 표시하며, 그룹 선택자는 ;으로 여러 선택자를 구분한다.

5. 다음 중 input 요소에 초점이 맞춰졌을 때 테두리 색상을 변경하고 싶을 때 사용하는 선택자는?

① input:hover

② input:focus

③ input:checked

④ input:active

연습문제 해답

1. ② – Cascading Style Sheets의 약자로, 웹 페이지의 스타일과 레이아웃을 정의하는 언어다.
2. ② – CSS는 선택자와 선언부로 구성되며, 선언부는 중괄호({, }) 안에 속성과 속성값을 작성한다.
3. ① – 인라인 스타일, 내부 스타일시트, 외부 스타일시트가 있으며, 인라인 스타일은 가장 높은 우선순위를 가진다.
4. ③ – 타입 선택자는 HTML 태그 이름을 사용하며, 자손 선택자는 선택자 사이에 공백을 두어 표현한다.
5. ② – input:focus

06

꼭 알아야 할
CSS 기본 속성

웹의 발전으로 더 섬세하고 복잡한 화면 구현이 가능해졌고, 이에 따라 CSS 또한 많은 변화를 거쳐 지금의 다양한 속성을 갖추게 됐습니다. 기본 요소인 텍스트를 꾸미는 속성뿐만 아니라 배경과 레이아웃을 설정하는 속성, 더 나아가 애니메이션과 반응형 디자인을 위한 속성도 생겼습니다. 6장에서는 꼭 알아야 할 CSS의 핵심 속성과 사용법을 살펴봅니다.

6.1 텍스트 스타일을 바꾸는 속성

앞서 4장에서 텍스트는 HTML 문서를 이루는 가장 기본 요소라고 설명했습니다. 이처럼 중요한 요소인 텍스트를 다양하게 꾸밀 수 있도록 CSS에서도 텍스트와 관련한 다양한 속성을 제공합니다. 먼저 아래의 두 알파벳의 차이점을 찾아볼까요?

그림 6.1 모양과 색이 다른 두 알파벳

크기, 색깔, 굵기, 폰트까지 다른 점이 많이 보입니다. 이러한 세부적인 특징 하나하나가 모두 CSS의 텍스트 속성입니다. 이처럼 텍스트 하나에도 여러 속성을 제공하는 이유는 텍스트가 화면의 많은 부분을 차지하는 요소인 만큼 어떤 스타일을 적용하느냐에 따라 사용자의 편의성과 서비스의 개성에 영향을 미치기 때문입니다.

따라서 이번 절에서는 이러한 중요한 역할을 하는 텍스트에 적용할 수 있는 다양한 CSS 속성을 살펴보겠습니다.

폰트를 지정하는 font-family

`font-family`는 텍스트에 사용할 폰트를 지정하는 속성입니다. 다음과 같이 적용하고자 하는 폰트 이름을 속성값으로 작성합니다.

```
font-family: 폰트명1, 폰트명2, ... 일반 폰트 계열
```

폰트는 하나만 작성해도 되고, 여러 폰트를 콤마(,)로 묶어 지정할 수도 있습니다. 폰트를 여러 개 나열하는 이유는 사용자의 환경에 따라 특정 폰트가 보이지 않는 경우에 대비하기 위해서입니다. 가장 왼쪽에 있는 폰트가 우선 적용되며, 앞의 폰트가 적용되지 않으면 그다음 폰트를 순서대로 적용합니다.

마지막 **일반 폰트 계열**(generic family)은 지정된 모든 폰트를 사용할 수 없을 때 적용되며, 대표적으로 serif, sans-serif가 있습니다. serif는 궁서체, 바탕체와 같이 끝에 삐침이 있는 스타일을 말하며, sans-serif는 책의 폰트처럼 삐침이 없고 굵기가 일정한 스타일을 의미합니다.

그림 6.2 serif와 sans-serif 타입 비교

따라서 실제 코드에서는 다음과 같이 font-family 속성을 적용할 수 있습니다.

예제 6.1 font-family 속성 적용하기   ch06/6.1/text.html

```html
<!DOCTYPE html>
<html lang="ko">
  <head>
    <meta charset="UTF-8">
    <title>6.1 텍스트 스타일을 바꾸는 속성</title>
    <style>
      body {
        font-family: "맑은 고딕", "돋움", sans-serif;
      }
    </style>
  </head>
  <body>
    <h2>설카타 육지거북</h2>
    <span>Sulcata tortoise</span>
    <p>
      엄청난 생명력을 자랑하는 설카타 육지거북은 세계에서 3번째로 큰 육지거북입니다.
    </p>
  </body>
</html>
```

이렇게 하면 왼쪽부터 순서대로 먼저 맑은 고딕 폰트가 적용되고, 맑은 고딕 폰트를 사용자의 환경에서 지원하지 않는다면 돋움 폰트를, 그렇지 않다면 웹 브라우저에서 기본으로 제공하는 sans-serif 폰트가 적용됩니다.

이때 중요한 점이 하나 있는데, 웹 페이지에 적용한 폰트가 제대로 표시되려면 내 컴퓨터에도 동일한 폰트가 설치돼 있어야 한다는 것입니다. 다시 말해, 앞의 예제처럼 웹 페이지에 맑은 고딕 폰트를 적용했다면 내 컴퓨터에도 맑은 고딕 폰트가 설치돼 있어야 웹 브라우저에서 해당 폰트를 확인할 수 있습니다.

그렇다면 내 컴퓨터에 설치하지 않은 폰트가 웹 서비스에 잘 적용돼 있는 경우는 왜 그럴까요? 그 이유는 웹 폰트를 사용하기 때문입니다. 웹 폰트는 URL로 폰트를 불러오거나 코드 안에 미리 폰트를 저장해 뒀다가 사용자에게 폰트를 제공할 수 있는 기능입니다. 웹 폰트에 대한 자세한 내용은 7.4절 '웹 폰트 사용하기'에서 자세히 설명하겠습니다.

크기를 지정하는 font-size

`font-size`는 이름에서 알 수 있듯이 글자 크기를 지정하는 속성입니다.

```
font-size: 절대 단위(px, pt 등) | 상대 단위(em, rem 등)
```

이때 지정할 수 있는 속성값은 크게 절대 단위와 상대 단위로 구분할 수 있습니다. 절대 단위는 다른 요소의 크기와 관계없이 고정된 크기이고, 상대 단위는 주변 요소의 크기에 따라 동적으로 크기가 조정되는 단위입니다.

가령 친구에게 컵에 물을 담아 달라고 부탁했을 때 물을 200ml만 담아 달라고 한다면 컵의 크기와 관계없이 물은 항상 200ml일 것입니다. 여기서 ml처럼 고정된 단위가 바로 절대 단위입니다.

그림 6.3 주변 요소와 관계없이 고정된 절대 단위

우리가 잘 알고 있는 절대 단위는 워드나 엑셀에서 사용하는 pt(포인트), 실물 크기를 잴 때 사용하는 cm(센티미터), mm(밀리미터) 등이 있습니다. CSS에서는 주로 화면의 작은 점을 나타내는 px(픽셀)을 사용합니다.

그럼 이번에는 친구에게 컵의 절반만큼 물을 담아달라고 한다면 어떨까요? 이때는 컵의 크기에 따라 물의 양 또한 차이가 날 것입니다. 이처럼 주변 요소의 크기에 따라 크기가 변하는 단위가 상대 단위입니다.

그림 6.4 주변 요소에 따라 크기가 변하는 상대 단위

font-size 속성에서 주로 사용하는 상대 단위는 em, rem, 백분율(%)이 있습니다. 자세한 설명은 다음 표를 참고하세요.

표 6.1 font-size 속성값

속성값	설명
em	부모 요소의 폰트 크기에 상대적인 단위입니다. 예를 들어, 부모 요소의 폰트 크기가 40px이고, 자식 요소의 폰트 크기를 0.5em으로 지정하면 40px에 0.5를 곱한 20px이 자식 요소의 폰트 크기가 됩니다.
rem(root em)	em에서 가장 상위(root) 요소를 의미하는 r 알파벳이 추가된 형태로, 이름에서 알 수 있듯이 가장 상위 요소(보통 <html> 요소)의 폰트 크기를 기준으로 하는 상대 크기입니다.
백분율(%)	em과 유사하게 부모 요소의 크기에 상대적인 크기를 설정합니다. 부모 요소의 폰트 크기가 40px이고 자식 요소의 폰트 크기를 50%로 지정하면 자식 요소 폰트의 크기는 20px이 됩니다.

따라서 같은 20px이라고 해도 어떤 단위를 사용하느냐에 따라 다음과 같이 다르게 표현할 수 있습니다.

<html> 20px
<div> 40px
<p>
0.5em = 20px
1rem = 20px
50% = 20px

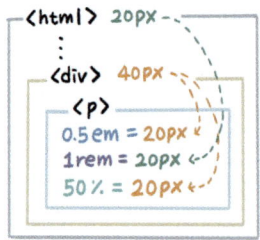

그림 6.5 여러 단위로 같은 크기를 표현하는 방법

그럼 실제 코드로 작성해 볼까요? 다음은 다양한 크기 단위를 사용해 `font-size` 속성을 적용하는 예제입니다.

예제 6.2 텍스트에 `font-size` 속성 적용하기 　　　　ch06/6.1/text.html

```
... 생략 ...
    <style>
      html {
        font-size: 10px; /* 최상단 요소 */
      }
      body {
        font-family: "맑은 고딕", "돋움", sans-serif;
        font-size: 20px; /* 부모 요소 */
      }
      h2 {
        font-size: 1em; /* 20px */
      }
      span {
        font-size: 1rem; /* 10px */
      }
      p {
        font-size: 16px;
      }
    </style>
... 생략 ...
```

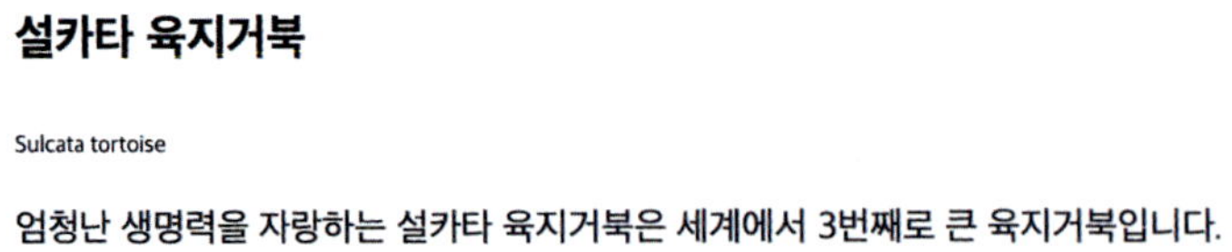

설카타 육지거북
Sulcata tortoise
엄청난 생명력을 자랑하는 설카타 육지거북은 세계에서 3번째로 큰 육지거북입니다.

그림 6.6 텍스트 크기가 적용된 모습

이전에는 대다수가 정적 단위인 px을 사용했으나 최근에는 브라우저의 크기에 따라 유동적으로 크기를 바꿔야 하는 반응형 웹 페이지의 등장으로 em과 rem 같은 상대 단위도 많이 사용됩니다. 더불어 이러한 크기 단위는 텍스트의 크기뿐만 아니라 이후에 배울 박스의 너비와 높이 등 다양한 곳에서 사용되므로 꼭 기억해 두는 것이 좋습니다.

스타일을 정의하는 font-style

font-style은 텍스트에 다양한 스타일을 적용하는 속성입니다.

```
font-style: normal | italic | oblique
```

normal은 일반 텍스트이고 italic는 기울임꼴을 의미합니다. 다음 예제와 같이 중간에 있는 영문명의 font-style을 italic으로 변경하면 텍스트에 기울임꼴이 적용되는 것을 확인할 수 있습니다.

예제 6.3 텍스트에 기울임꼴 적용하기　　　　　　　　　　　　　ch06/6.1/text.html

```
... 생략 ...
    span {
        font-size: 1rem;
        font-style: italic;
    }
... 생략 ...
```

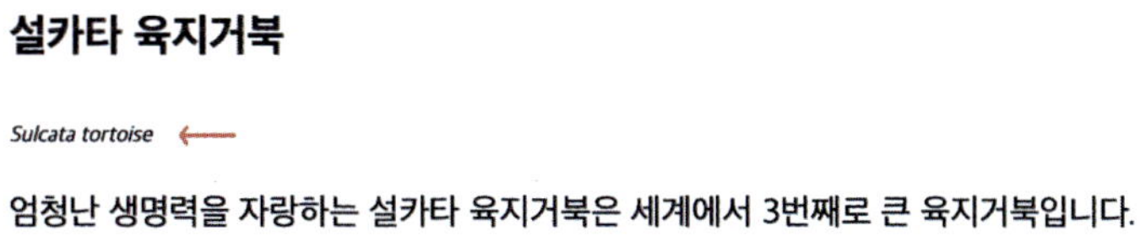

설카타 육지거북

Sulcata tortoise ←

엄청난 생명력을 자랑하는 설카타 육지거북은 세계에서 3번째로 큰 육지거북입니다.

그림 6.7 텍스트에 기울임꼴이 적용된 모습

oblique 또한 italic과 동일하게 기울임꼴을 의미합니다. 다만 italic은 폰트 디자이너가 별도로 디자인한 기울임 스타일이 적용되지만 oblique는 기존 폰트를 인위적으로 기울여 보여줌으로써 폰트에 따라 단순하다는 느낌을 줄 수 있습니다.

그림 6.8 oblique와 italic의 차이

더불어 현대 웹 브라우저에서는 oblique를 지원하지 않거나 oblique를 italic으로 대체해서 보여주는 경우가 많기 때문에 웹 화면을 구현할 때는 주로 italic을 사용합니다.

두께를 정의하는 font-weight

font-weight는 텍스트의 두께를 지정하는 속성으로, 100단위의 숫자 또는 키워드를 값으로 설정할 수 있습니다.

> font-weight: 키워드(normal, bold) | 숫자(100, 200 ... 800, 900)

키워드란 숫자 대신에 이름으로 쉽게 두께를 인지할 수 있도록 만든 일종의 단축어입니다. 대표적으로 사용하는 키워드인 normal은 기본 두께로 400과 동일하고 bold는 굵은 두께를 나타내며 700과 동일합니다.

따라서 다음과 같이 font-weight를 조절해 텍스트의 특정 부분을 강조할 수 있습니다.

예제 6.4 font-weight로 텍스트 굵기 조절하기   ch06/6.1/text.html

```
... 생략 ...
    h2 {
        font-size: 1em;
        font-weight: 400; /* normal과 동일 */
    }
... 생략 ...
    p {
        font-size: 16px;
        font-weight: bold; /* 700과 동일 */
    }
    </style>
... 생략 ...
```

<h2> 태그와 같은 제목 태그의 경우 기본값으로 굵은 글씨가 적용돼 있으므로 값을 400으로 적용하면 다음과 같이 더 얇게 바뀌는 것을 확인할 수 있습니다.

설카타 육지거북

Sulcata tortoise

엄청난 생명력을 자랑하는 설카타 육지거북은 세계에서 3번째로 큰 육지거북입니다.

그림 6.9 font-weight 속성이 적용된 모습

좀 더 세밀하게 두께를 조정하고자 한다면 300, 500 등의 숫자를 사용합니다. 다만 사용하고자 하는 폰트에서 해당 두께를 지원하지 않는 경우에는 가장 가까운 두께의 폰트 스타일이 적용됩니다. 예를 들어, 두께를 500으로 설정했는데 폰트에서 400, 700 두께밖에 지원하지 않는다면 가장 가까운 400 두께로 적용됩니다.

색상을 지정하는 color

color는 텍스트의 색상을 지정하는 속성입니다. 다음과 같이 color 속성을 입력하고, 그 뒤에 적용하고자 하는 텍스트 색상을 입력합니다.

```
color: 색상 이름 | HEX 코드 | RGB | RGBA 등
```

색상을 지정하는 방법 또한 앞에서 살펴본 크기 단위처럼 다양합니다. 그중 이 책에서는 가장 대표적으로 사용하는 네 가지 단위인 색상 이름, HEX 코드, RGB, RGBA에 대해 살펴보겠습니다.

표 6.2 color 속성값

속성값	설명
색상 이름	CSS에 미리 정의된 색상 이름을 의미합니다. red, blue, green 등이 대표적인 색상 이름으로, 더 많은 색상 이름은 W3Scools[1]의 색상 목록에서 확인할 수 있습니다. 색상 이름을 사용하면 내가 색상 코드를 몰라도 빠르게 색을 지정할 수 있고 직관적이라는 장점이 있지만 CSS에 정의된 색상 이름은 약 140개로, 사용할 수 있는 색상의 범위가 제한적이라는 단점이 있습니다.
HEX 코드	HEX 코드는 16진수 표기법을 사용해 색상을 표현하는 단위입니다. 기본적으로 해시 기호(#)로 시작하며, 6자리의 숫자와 문자(A~F)의 조합으로 이뤄져 있습니다. 예를 들어, 색상 이름인 red 색상은 HEX 코드로는 #FF0000으로 변환할 수 있습니다. 이러한 HEX 코드는 다양한 색상을 정밀하게 지정할 수 있다는 장점이 있어 웹 디자인에서 주로 사용하는 단위입니다.
RGB	RGB 코드(RGB code)의 RGB는 Red, Green, Blue의 약자로, 이 세 가지 기본 색상의 조합으로 만든 색상을 의미합니다. rgb() 함수를 사용해 각 색상의 강도를 0부터 255까지 표현하는 형태입니다. RGB 코드 또한 HEX 코드와 유사하게 다양한 색상을 정밀하게 조절할 수 있다는 장점이 있습니다.
RGBA	RGB 코드에서 투명도를 나타내는 알파(alpha) 항목이 추가된 단위로, 0~1 범위의 숫자로 투명도를 조절할 수 있습니다.

이러한 색상 단위를 이해하고 나면 같은 빨간색을 적용한다고 해도 다음과 같이 다양한 단위로 표현할 수 있습니다.

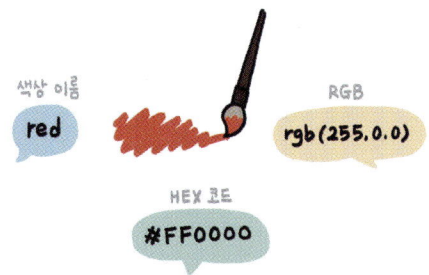

그림 6.10 같은 색상을 다른 단위로 표현한 모습

1 https://www.w3schools.com/tags/ref_colornames.asp

그럼 직접 color 속성을 사용해 볼까요? 다음은 텍스트에 다양한 단위의 색상을 적용하는 예제입니다.

예제 6.5 color 속성 적용하기   ch06/6.1/text.html

```css
... 생략 ...
    h2 {
        font-size: 1em;
        font-weight: 400;
        color: skyblue;
    }
    span {
        font-size: 1rem;
        font-style: italic;
        color: #008000;
    }
    p {
        font-size: 16px;
        font-weight: bold;
        color: rgba(255, 0, 0, 0.5);
    }
</style>
... 생략 ...
```

설카타 육지거북

Sulcata tortoise

엄청난 생명력을 자랑하는 설카타 육지거북은 세계에서 3번째로 큰 육지거북입니다.

그림 6.11 color 속성을 적용한 결과

그런데 이 방법을 사용할 경우 #008000, rgba(255, 0, 0, 0.5) 등 코드 자체만 봤을 때는 색상이 무엇인지 전혀 유추할 수 없다는 점이 불편합니다. 그래서 VS Code에서는 속성 값 옆에 색상 미리보기를 지원합니다. 색상 값에 마우스를 가져다 대면 다음 그림과 같이 컬러 팔레트가 표시되며, 팔레트 내부에서 색상을 직접 선택할 수도 있습니다.

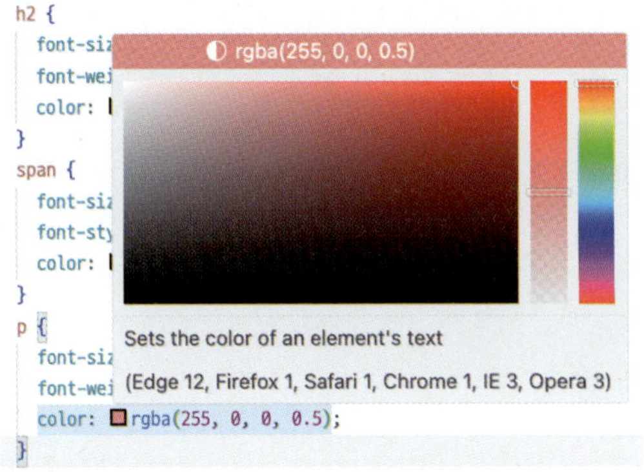

그림 6.12 VS Code의 팔레트 기능

VS Code뿐만 아니라 웹 사이트에서도 쉽게 색상 단위를 확인할 수 있습니다. 대표적으로 Color Hex[2]라는 사이트에서는 같은 색상을 HEX, RGB 등 여러 단위로 변환해서 보여줍니다. 다음 그림과 같이 메뉴 상단의 색상 선택 상자를 사용해 원하는 색상을 선택하고 [Get Info] 버튼을 클릭하면 다양한 단위로 분홍색이 표현된 것을 확인할 수 있습니다.

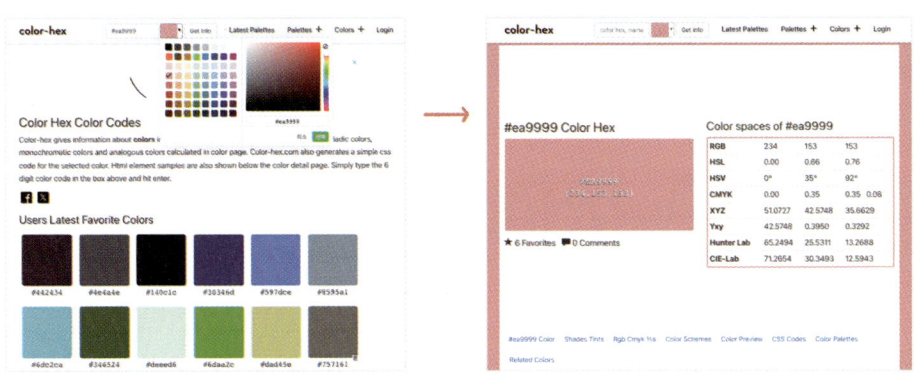

그림 6.13 다양한 색상 단위를 확인할 수 있는 사이트

이러한 기능과 색상 단위를 활용해 텍스트를 더욱 다채롭게 꾸밀 수 있습니다.

2   https://www.color-hex.com

6.2 텍스트 레이아웃 속성

지금 읽는 이 책에서도 볼 수 있듯이 하나의 문장 안에는 그 문장과 함께 다양한 여백이 포함돼 있습니다. 글자 사이를 의미하는 자간, 문장 사이의 줄 간격을 의미하는 행간 등이 있습니다. 그리고 이러한 여백을 어떻게 설정하느냐에 따라 디자이너의 의도가 달라지고 가독성에 영향을 주기도 합니다. 왼쪽 정렬, 가운데 정렬 등 어떤 식으로 문장을 정렬하는지 또한 문장을 꾸미는 중요한 요소입니다.

이번 절에서는 이러한 텍스트의 레이아웃을 설정하는 다양한 속성을 살펴보겠습니다.

줄 간격을 설정하는 line-height

`line-height`는 텍스트의 줄 간격을 설정합니다. 문장이 여러 줄일 때 `line-height` 속성을 사용하면 줄 사이의 간격을 제어해 텍스트의 가독성을 향상하거나 디자인적 요소로 활용할 수 있습니다.

`line-height`의 속성값으로는 다음과 같이 숫자, 백분율, 앞서 `font-size` 속성에서 살펴본 크기 단위 등을 입력할 수 있습니다.

> `line-height: 숫자(배수) | 백분율(%) | 크기 단위(px, em 등)`

속성값 중 숫자와 백분율, em 등 상대 단위는 모두 적용하고자 하는 폰트의 크기에 비례합니다. 예를 들어, 숫자는 폰트 크기에 대한 배수를 의미하는데, 적용하고자 하는 텍스트의 크기가 16px이고 `line-height`를 2로 지정하면 줄 간격은 16px의 2배인 32px로 적용됩니다.

이러한 특성을 활용해 다음과 같이 다양한 단위로 `line-height` 속성을 적용할 수 있습니다.

예제 6.6 다양한 단위로 표현한 line-height 속성   ch06/6.2/text-layout.html

```
<!DOCTYPE html>
<html lang="ko">
  <head>
```

```html
    <meta charset="UTF-8">
    <title>6.2. 텍스트 레이아웃 속성</title>
    <style>
      body { font-size: 16px; }
      .line-number { line-height: 2; } /* 32px */
      .line-percent { line-height: 100%; } /* 16px */
      .line-pixel { line-height: 24px; }
    </style>
  </head>
  <body>
    <p class="line-number">
      캐나다는 북아메리카 대륙 북부의 연방 국가입니다.<br/>
      면적은 약 1000만 제곱킬로미터에 이르며, 러시아에 이어 세계에서 두 번째로 큰 나라입니다.
    </p>
    <p class="line-percent">
      캐나다는 북아메리카 대륙 북부의 연방 국가입니다.<br/>
      면적은 약 1000만 제곱킬로미터에 이르며, 러시아에 이어 세계에서 두 번째로 큰 나라입니다.
    </p>
    <p class="line-pixel">
      캐나다는 북아메리카 대륙 북부의 연방 국가입니다.<br/>
      면적은 약 1000만 제곱킬로미터에 이르며, 러시아에 이어 세계에서 두 번째로 큰 나라입니다.
    </p>
  </body>
</html>
```

캐나다는 북아메리카 대륙 북부의 연방 국가입니다.

면적은 약 1000만 제곱킬로미터에 이르며, 러시아에 이어 세계에서 두 번째로 큰 나라입니다.

캐나다는 북아메리카 대륙 북부의 연방 국가입니다.
면적은 약 1000만 제곱킬로미터에 이르며, 러시아에 이어 세계에서 두 번째로 큰 나라입니다.

캐나다는 북아메리카 대륙 북부의 연방 국가입니다.
면적은 약 1000만 제곱킬로미터에 이르며, 러시아에 이어 세계에서 두 번째로 큰 나라입니다.

그림 6.14 line-height 속성이 적용된 모습

이러한 line-height 속성은 사용자가 적절한 호흡으로 문장을 읽을 수 있도록 돕기 때문에 웹 페이지를 구현할 때 유용하게 사용할 수 있습니다.

text-align으로 텍스트 정렬하기

text-align은 텍스트의 수평 정렬 방식을 지정하는 속성입니다. text-align을 사용하면 문장 내 텍스트를 왼쪽, 오른쪽, 가운데 등 원하는 방향으로 정렬할 수 있습니다.

```
text-align: left | right | center | justify | start | end
```

각 속성값에 대한 자세한 설명 및 예제는 다음과 같습니다.

표 6.3 text-align 속성값

속성값	설명
left(기본값)	텍스트를 왼쪽으로 정렬합니다.
right	텍스트를 오른쪽으로 정렬합니다.
center	텍스트를 가운데로 정렬합니다.
justify	텍스트를 양쪽 정렬해 양 끝을 맞춥니다.
start	현재 텍스트 방향의 시작 지점을 기준으로 정렬합니다.
end	현재 텍스트 방향의 끝 지점을 기준으로 정렬합니다.

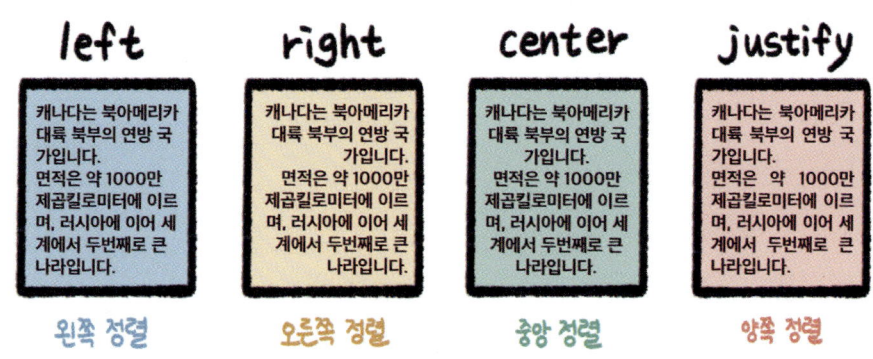

그림 6.15 각 text-align 속성값을 적용한 모습

설명만 봤을 때는 start와 left, 그리고 right와 end가 동일하다고 느껴질 수 있는데, 중요한 차이가 하나 있습니다. 바로 start, end는 웹 페이지 내 기본 정렬 방향을 정하는 direction 속성에 따라 방향이 달라진다는 점입니다. 예를 들어, direction이 ltr(left to right)이라면 start 또한 왼쪽 정렬을 기준으로 정렬하지만, rtl(right to left)이라면 start가 오른쪽 정렬이 기준이 된다는 점에서 차이가 있습니다.

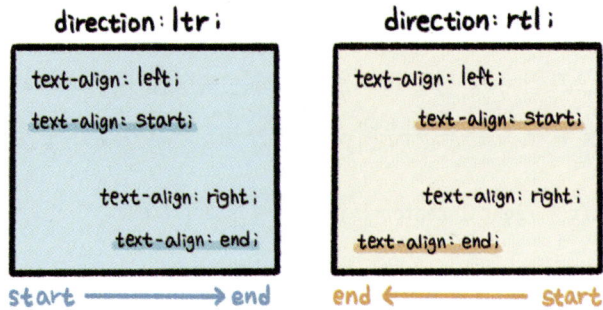

그림 6.16 direction 속성에 따른 start, end 속성값의 변화

이러한 direction 속성은 주로 국가별로 다르게 설정되는 경우가 많습니다. 위키백과를 예시로 보면, 우리나라처럼 왼쪽 정렬이 기본인 나라로 언어를 설정하면 ltr, 아랍권처럼 오른쪽 정렬이 기본이 되는 나라의 언어로 설정하면 rtl로 바뀌며 텍스트 정렬 또한 자동으로 바뀌는 것을 확인할 수 있습니다.

그림 6.17 한국어(왼쪽)와 아랍어(오른쪽)로 작성된 위키백과 CSS 페이지

이러한 언어적 특수성을 제외하고도 text-align은 다양한 상황에서 유용합니다. 가령 제목이나 중요한 텍스트를 강조하기 위해서는 중앙 정렬, 양옆의 여백을 동일하게 맞춰 디자인의 통일감을 주기 위해서는 양쪽 정렬을 적용하는 등 목적에 맞춰 text-align을 활용할 수 있습니다.

텍스트에 선을 추가하는 text-decoration

text-decoration은 텍스트에 밑줄, 취소선 등의 장식을 적용하는 속성입니다.

> text-decoration: none | underline | overline | line-through

각 속성값에 대한 자세한 설명 및 예제는 다음과 같습니다.

표 6.4 text-decoration 속성값

속성값	설명
none(기본값)	장식을 제거합니다.
underline	텍스트 아래에 선을 추가합니다.
overline	텍스트 위에 선을 추가합니다.
line-through	텍스트 중앙에 선을 추가합니다.

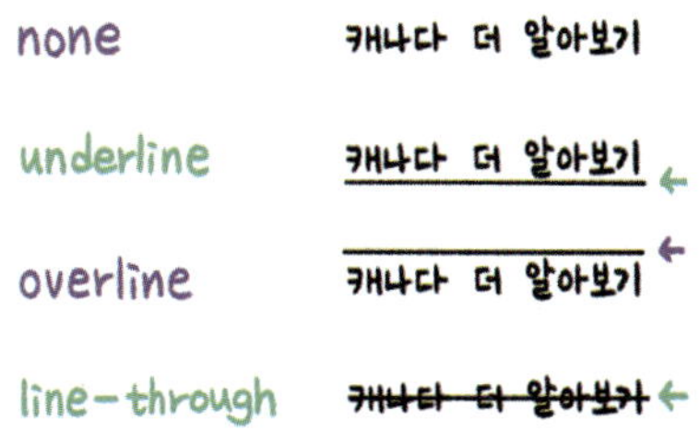

그림 6.18 text-decoration 속성값에 따른 차이

이러한 text-decoration을 이용하면 중요도 또는 디자인에 따라 선을 추가하거나 뺄 수 있습니다. 보통은 선을 추가할 때 사용하지만 예외로 <a> 태그는 기본형에 밑줄 스타일이 적용돼 있으므로 다음과 같이 none 속성값을 적용해 링크에서 밑줄을 제거하고 직접 필요한 스타일을 추가할 수 있습니다.

예제 6.7 text-decoration 속성을 사용해 링크에서 밑줄 제거하기   ch06/6.2/text-layout.html

```
<!DOCTYPE html>
<html lang="ko">
  <head>
    <style>
      a { text-decoration: none; }
```

```
            </style>
        </head>
        <body>
            <p>
                캐나다는 북아메리카 대륙 북부의 연방 국가입니다.<br/>
                면적은 약 1000만 제곱킬로미터에 이르며, 러시아에 이어 세계에서 두 번째로 큰 나라입니다.
            </p>
            <a href="#">캐나다 더 알아보기</a>
        </body>
    </html>
```

<u>캐나다 더 알아보기</u> ➡ 캐나다 더 알아보기

그림 6.19 text-decoration 속성을 적용한 결과

글자 사이 간격을 담당하는 letter-spacing

`letter-spacing`은 글자 사이의 간격, 즉 자간을 조절하는 속성입니다. `letter-spacing`을 적절히 사용하면 텍스트 사이에 여유를 주어 가독성을 높이고, 디자인의 퀄리티 또한 한 층 더 향상할 수 있습니다.

> `letter-spacing: 크기 단위(px, em 등)`

길이 단위는 `px`, `em` 등이 있는데, 이때 `em` 같은 상대 단위는 앞서 살펴본 `line-height` 속성처럼 `font-size`의 크기에 비례해 정해집니다.

예제 6.8 다양한 단위로 표현한 letter-spacing 속성　　　　ch06/6.2/text-layout.html

```
... 생략 ...
    body { font-size: 16px; }
    .letter-em { letter-spacing: 1em; } /* 16px */
    .letter-pixel { letter-spacing: 10px; }
... 생략 ...
    <p class="letter-em">
        캐나다는 북아메리카 대륙 북부의 연방 국가입니다.
    </p>
    <p class="letter-pixel">
```

캐나다는 북아메리카 대륙 북부의 연방 국가입니다.
        </p>
    ... 생략 ...

캐 나 다 는   북 아 메 리 카   대 륙   북 부 의   연 방   국 가 입 니 다 .
캐 나 다 는   북 아 메 리 카   대 륙   북 부 의   연 방   국 가 입 니 다 .

그림 6.20 letter-spacing 속성이 적용된 모습

단어 사이 간격을 담당하는 word-spacing

마지막으로 **word-spacing**은 단어 사이의 간격, 즉 어간을 조절하는 속성입니다.

```
word-spacing: 크기 단위(px, em 등)
```

설명만 들었을 때는 letter-spacing 속성과 비슷하다고 느껴질 수 있습니다. letter-spacing이 글자 하나하나의 간격을 조정하는 것과 달리 word-spacing은 단어 사이의 간격을 조정한다는 점에서 차이가 있습니다.

따라서 동일한 요소에 각각 letter-spacing, word-spacing을 적용했을 때 다음과 같이 간격에 차이가 생기는 것을 확인할 수 있습니다.

예제 6.9 letter-spacing과 word-spacing 비교하기   ch06/6.2/text-layout.html

```html
<!DOCTYPE html>
<html lang="ko">
  <head>
    <style>
      .letter-spacing { letter-spacing: 10px; }
      .word-spacing { word-spacing: 10px; }
    </style>
  </head>
  <body>
    <p>
      캐나다는 북아메리카 대륙 북부의 연방 국가입니다.
    </p>
    <p class="letter-spacing">
```

```
            캐나다는 북아메리카 대륙 북부의 연방 국가입니다.
        </p>
        <p class="word-spacing">
            캐나다는 북아메리카 대륙 북부의 연방 국가입니다.
        </p>
    </body>
</html>
```

캐나다는 북아메리카 대륙 북부의 연방 국가입니다.

캐 나 다 는   북 아 메 리 카   대 륙   북 부 의   연 방   국 가 입 니 다 .

캐나다는 북아메리카 대륙 북부의 연방 국가입니다.

그림 6.21 letter-spacing과 word-spacing에 따른 간격의 차이

6.3 화면을 더욱 다채롭게, 배경 속성

이번에는 우리가 익히 알고 있는 웹 페이지들을 떠올려 볼까요? 구글, 네이버, 유튜브 등 대부분의 웹 페이지가 텍스트만 보여주기보다는 서비스의 성격과 분위기에 따라 요소의 배치, 색상, 크기 등을 서로 다르게 보여줍니다. 이러한 웹 페이지의 시각적 요소를 구현하기 위해 많이 사용하는 속성이 바로 **배경**입니다.

CSS의 배경 속성을 이용하면 웹 페이지 요소에 배경 색상뿐만 아니라 이미지, 그러데이션 등 다양한 효과를 적용할 수 있습니다. 이번 절에서는 배경과 관련한 다양한 속성을 배우며 어떻게 웹 페이지를 더욱 매력적으로 만들 수 있는지 살펴보겠습니다.

배경색을 설정하는 background-color

background-color는 요소의 배경 색상을 지정하는 속성입니다. 속성값으로는 앞서 텍스트의 color 속성과 동일하게 색상 이름, HEX 코드, RGB, RGBA 등 다양한 유형의 값을 사용할 수 있습니다.

```
background-color: 색상 이름 | HEX 코드 | RGB | RGBA 등
```

예를 들어, 웹 페이지 전체에 배경색을 적용하고 싶다면 다음 예제와 같이 <body> 요소에 background-color 속성을 추가해 적용할 수 있습니다.

예제 6.10 background-color 속성으로 배경색 추가하기   ch06/6.3/background.html

```html
<!DOCTYPE html>
<html lang="ko">
  <head>
    <meta charset="UTF-8">
    <title>6.3. 화면을 더욱 다채롭게, 배경 속성</title>
    <style>
      body {
        color: white;
        background-color: green;
      }
    </style>
  </head>
  <body>
    <h2>멋진 등껍질을 자랑하는 거북이</h2>
  </body>
</html>
```

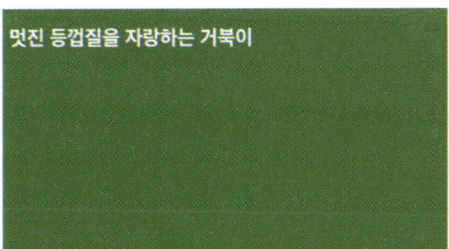

그림 6.22 배경색이 적용된 모습

배경에 이미지를 적용하는 다양한 속성

웹 페이지를 방문하면 배경에 움직이는 동영상이나 이미지가 적용된 것을 자주 볼 수 있습니다. 이러한 배경 이미지는 웹 디자인에서 중요한 요소로 자리잡고 있으며, CSS에서도 다양한 속성을 제공해 배경 이미지를 설정하고 조절할 수 있습니다. 그럼 하나씩 살펴볼까요?

background-image

먼저 **background-image**는 배경의 이미지를 설정하는 속성입니다. background-image를 사용하면 이미지 위에 텍스트를 추가하는 등 <image> 요소를 사용하는 것보다 더 복합적인 디자인이 가능합니다.

```
background-image: url('이미지 경로')
```

배경 이미지를 추가하기 위해서는 속성값에 먼저 url() 함수를 추가하고, 그 안에 이미지의 경로를 지정합니다. 이때 경로는 <image> 요소의 src 속성과 마찬가지로 이미지의 위치에 따라 상대 경로 또는 절대 경로를 정확히 입력해야 합니다.

> **상대 경로와 절대 경로란?**
>
> 웹 페이지에서 파일을 불러올 때 사용하는 경로에는 '상대 경로'와 '절대 경로'라는 두 가지 방식이 있습니다.
>
> 상대 경로는 말 그대로 '현재 위치'를 기준으로 상대적으로 파일의 위치를 가리키는 방식입니다. 예를 들어, 현재 파일과 같은 폴더에 있는 이미지를 불러오려면 ./background.jpg처럼 쓰고, 한 단계 상위 폴더에 있는 이미지를 불러오려면 ../background.jpg처럼 작성합니다. 반면, 절대 경로는 현재 위치와 관계없이 컴퓨터의 루트(최상위 위치)부터 전체 경로를 지정하는 방식입니다. 예를 들어 C:/Users/user/Desktop/hcj/ch06/6.3/background.jpg처럼 작성합니다.

다음은 background-image 속성을 사용해 거북이 배경 이미지를 추가하는 예제입니다.

예제 6.11 background-image를 사용해 배경 이미지 추가하기　　　ch06/6.3/background.html

```
... 생략 ...
    <style>
      body {
        color: white;
        background-color: green;
        background-image: url('./background.jpg');
      }
    </style>
... 생략 ...
```

그림 6.23 배경 이미지가 추가된 모습

background-repeat

앞서 배경 이미지가 추가된 모습을 보면 우리는 분명 이미지를 한 번만 추가했지만 화면에는 패턴처럼 반복해서 보이는 것을 확인할 수 있습니다.

그렇다면 배경 이미지를 한 번만 보이게 하고 싶을 때는 어떻게 해야 할까요? 이때 사용하는 속성이 바로 **background-repeat**입니다.

background-repeat은 배경 이미지의 반복 여부를 설정하는 속성입니다.

```
background-repeat: repeat | repeat-x | repeat-y | no-repeat
```

표 6.5 background-repeat 속성값

속성값	설명
repeat(기본값)	이미지가 반복됩니다.
repeat-x	이미지를 가로 방향으로만 반복합니다.
repeat-y	이미지를 세로 방향으로만 반복합니다.
no-repeat	이미지를 반복하지 않습니다.

그림 코드에서 반복 여부를 설정해 볼까요? 예제의 `background-image` 코드 아래에 `background-repeat` 속성을 `no-repeat`으로 추가하면 다음과 같이 거북이 이미지가 한 번만 나오는 것을 확인할 수 있습니다.

예제 6.12 background-repeat을 사용해 배경 반복 여부 설정하기　　ch06/6.3/background.html

```
... 생략 ...
  <style>
    body {
      color: white;
      background-color: green;
      background-image: url('./background.jpg');
      background-repeat: no-repeat;
    }
  </style>
... 생략 ...
```

그림 6.24 background-repeat이 적용된 모습

background-position

background-position은 배경 이미지의 시작 위치를 설정하는 속성입니다.

　　background-position: 수평 위치　수직 위치

속성값을 보면 수평 위치와 수직 위치를 각각 추가해야 합니다. left과 top처럼 지정된 키워드를 사용할 수도 있고, 크기 단위 또는 백분율을 사용할 수도 있습니다. 방향에 따라 적용할 수 있는 속성값에 차이가 있으므로 유의해서 적용해야 합니다.

표 6.6 background-position 속성값

속성값	설명
left	수평 위치에 해당하며, 배경을 왼쪽으로 이동합니다.
right	수평 위치에 해당하며, 배경을 오른쪽으로 이동합니다.
center	수평과 수직 위치 모두 해당하며, 배경을 중앙으로 이동합니다.
top	수직 위치에 해당하며, 배경을 상단으로 이동합니다.
bottom	수직 위치에 해당하며, 배경을 하단으로 이동합니다.
크기 단위(px, %, em 등)	수평과 수직 위치 모두 해당하며, 지정된 크기만큼 배경을 이동합니다. 기본으로 왼쪽 상단을 기준으로 이동합니다.

이때 크기 단위를 사용하는 경우에는 기본적으로 왼쪽 상단으로부터의 거리를 의미하므로 만약 왼쪽 상단이 아닌 다른 방향을 기준으로 거리를 두고 싶다면 right 100px bottom 10%처럼 앞에 원하는 방향을 입력합니다.

값이 하나만 입력된 경우에는 어떻게 할까요? 이 경우 자동으로 다른 위치는 중앙으로 정렬합니다. left, top처럼 입력한 값이 수평 또는 수직이라고 확신할 수 있는 경우를 제외하면 보통 나머지 위치는 수직을 의미합니다. 예를 들어, 값을 100px로 하나만 입력했다면 수평 위치는 왼쪽으로부터 100px 떨어진 지점이고, 수직 위치는 중앙이 됩니다.

이러한 규칙을 활용해 다음처럼 다양한 위치에 배경 이미지를 위치시킬 수 있습니다.

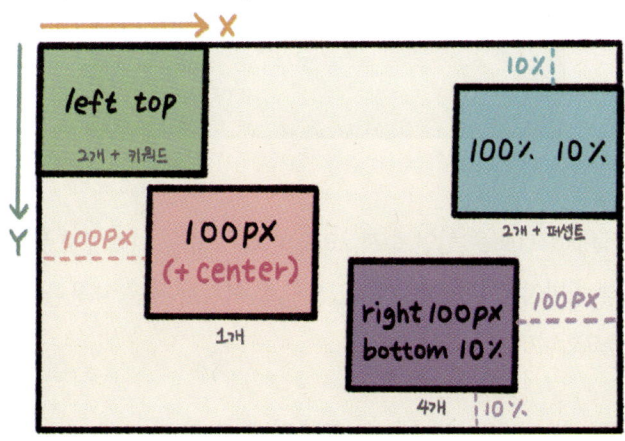

그림 6.25 속성값에 따른 배경 위치

그러면 직접 배경 이미지 위치를 바꿔볼까요? 다음은 왼쪽으로부터 50px, 상단으로부터 100px 떨어진 곳에 배경 이미지를 배치하는 코드입니다.

예제 6.13 background-position 속성을 사용해 배경 이미지 위치 바꾸기　　ch06/6.3/background.html

```
... 생략 ...
    <style>
      body {
        color: white;
        background-color: green;
        background-image: url('./background.jpg');
        background-repeat: no-repeat;
        background-position: 50px 100px;
      }
    </style>
... 생략 ...
```

이렇게 속성을 추가한 뒤 브라우저에서 확인해 보면 다음과 같이 거북이 이미지의 위치가 바뀐 것을 확인할 수 있습니다.

그림 6.26 배경 이미지 위치가 바뀐 모습

이처럼 `background-position`은 선언 순서, 요소의 크기 등을 이해하지 못하면 원하지 않는 방향으로 배경 이미지를 위치시킬 수 있으므로 여기서 배운 내용을 잘 염두에 두고 사용하는 것이 중요합니다.

background-size

background-size는 배경 이미지의 크기를 설정하는 속성입니다. 다음과 같이 다양한 속성값을 활용해 크기를 자유롭게 적용할 수 있습니다.

```
background-size: auto | cover | contain | 크기 단위(px, em, % 등)
```

표 6.7 background-size 속성값

속성값	설명
auto(기본값)	원래 크기를 유지합니다.
cover	요소를 덮을 수 있도록 이미지를 확대하거나 축소합니다.
contain	이미지 전체가 요소 안에 맞춰지도록 확대하거나 축소합니다.
크기 단위(px, %, em 등)	하나만 입력한 경우에는 너비로 인지하고, 2개를 입력한 경우는 순서대로 너비, 높이로 인지합니다.

cover와 contain이 서로 비슷해 보일 수 있는데, cover가 요소를 완전히 덮을 수 있도록 너비와 높이 중 큰 쪽에 이미지 크기를 맞춘다면 contain은 요소의 범위에 넘치지 않게 너비와 높이 중 작은 쪽에 크기를 맞춘다고 이해하면 됩니다.

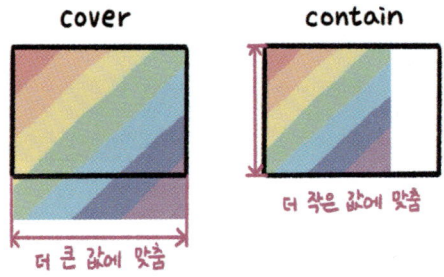

그림 6.27 cover와 contain 속성값의 차이

크기 단위를 입력하는 경우에는 값이 하나라면 너비로 인지하고, 값이 두 개라면 순서대로 너비, 높이에 적용됩니다. 예를 들어, 배경 이미지의 너비를 500px로, 높이를 200px로 지정한다면 다음과 같이 작성할 수 있습니다.

예제 6.14 background-size 속성으로 배경 이미지 크기 정하기   ch06/6.3/background.html

```
... 생략 ...
    <style>
      body {
        color: white;
        background-color: green;
        background-image: url('./background.jpg');
        background-repeat: no-repeat;
        background-position: 50px 100px;
        background-size: 500px 200px;
      }
    </style>
  </head>
  <body>
    <h2>멋진 등껍질을 자랑하는 거북이</h2>
  </body>
</html>
```

그림 6.28 background-size 속성이 적용된 모습

background-attachment

background-attachment는 배경 이미지가 스크롤 될 때의 동작 방식을 지정하는 속성입니다. 어떤 웹 페이지를 보면 스크롤을 내릴 때 배경 이미지가 함께 올라가지 않고 고정된 경우가 있습니다. 이런 상황에서 사용하는 속성이 바로 background-attachment입니다.

```
background-attachment: scroll | fixed | local
```

표 6.8 background-attachment 속성값

속성값	설명
scroll	배경 이미지가 요소의 내용과 함께 스크롤됩니다. 요소를 스크롤할 때 배경 이미지도 함께 움직입니다.
fixed	배경 이미지가 브라우저 창에 고정됩니다. 페이지를 스크롤해도 배경 이미지는 고정되어 움직이지 않습니다.
local	배경 이미지가 요소의 스크롤에 따라 움직입니다. 요소 내부의 스크롤바를 사용할 때 배경 이미지가 움직입니다.

이러한 background-attachment 속성은 실제 화면에서 스크롤했을 때의 차이를 이해하는 것이 중요하므로 예제를 직접 작성해 보고 전체 스크롤과 요소 내부의 스크롤바를 직접 움직여보면서 어떤 속성을 지정했을 때 배경 이미지가 고정되거나 움직이는지 살펴보는 것이 중요합니다.

예제 6.15 다양한 background-attachment 속성값 사용하기 ch06/6.3/background-attachment.html

```
<!DOCTYPE html>
<html lang="ko">
  <head>
    <meta charset="UTF-8">
    <title>background-attachment</title>
    <style>
      div {
        width: 400px;
        height: 120px;
        margin: 10px;
        padding: 10px;
        color: white;
        overflow: auto;
        background-color: green;
        background-image: url('./background.jpg');
        background-repeat: no-repeat;
        background-size: cover;
        background-position: center;
      }
      .scroll {
```

```html
            background-attachment: scroll;
        }
        .fixed {
            background-attachment: fixed;
        }
        .local {
            background-attachment: local;
        }
    </style>
</head>
<body>
    <div class="scroll">
        <h2>멋진 등껍질을 자랑하는 거북이</h2>
        <p>
            설카타 육지거북은 평균 수명이 100년 이상으로 엄청난 생명력을 자랑합니다.<br/>
            평균 몸길이는 70~80cm, 평균 체중은 80~90kg으로 세계에서 3번째로 큰 육지거북입니다.
        </p>
    </div>
    <div class="fixed">
        <h2>멋진 등껍질을 자랑하는 거북이</h2>
        <p>
            설카타 육지거북은 평균 수명이 100년 이상으로 엄청난 생명력을 자랑합니다.<br/>
            평균 몸길이는 70~80cm, 평균 체중은 80~90kg으로 세계에서 3번째로 큰 육지거북입니다.
        </p>
    </div>
    <div class="local">
        <h2>멋진 등껍질을 자랑하는 거북이</h2>
        <p>
            설카타 육지거북은 평균 수명이 100년 이상으로 엄청난 생명력을 자랑합니다.<br/>
            평균 몸길이는 70~80cm, 평균 체중은 80~90kg으로 세계에서 3번째로 큰 육지거북입니다.
        </p>
    </div>
</body>
</html>
```

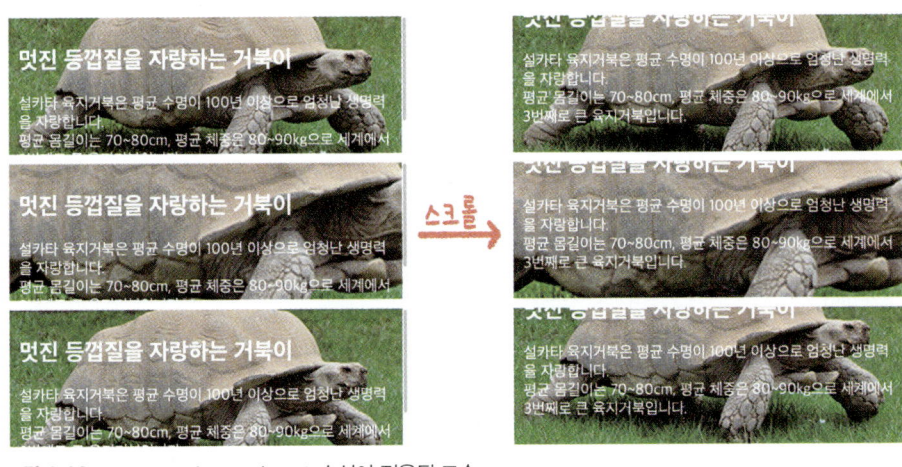

그림 6.29 background-attachment 속성이 적용된 모습

결과를 보면 fixed를 적용한 배경 이미지는 다른 요소에 비해 크기가 큰 것을 확인할 수 있습니다. 그 이유는 fixed는 배경 이미지를 브라우저 화면에 고정하므로 크기나 위치 또한 브라우저 화면을 기준으로 바뀌기 때문입니다.

이처럼 CSS 속성에는 세세한 조건이 있고 그에 따라 차이가 큽니다. 그러므로 각각을 모두 암기하기보다는 속성값에 따라 이런 차이가 있구나, 하고 넘어간 뒤에 나중에 여러 코드를 직접 작성하며 이해하는 것이 좋습니다.

배경에 그러데이션 적용하기

지금까지 배경에 색상과 이미지를 적용하는 방법을 살펴봤습니다. 그렇다면 배경에 그러데이션도 적용할 수 있지 않을까요?

background 속성의 **그레이디언트**(gradient) 함수를 사용하면 우리가 원하는 다양한 형태의 그러데이션을 만들 수 있습니다. 그레이디언트는 크게 **선형 그레이디언트**(linear gradient)와 **원형 그레이디언트**(radial gradient)로 나뉩니다.

linear-gradient()

먼저 `linear-gradient()`는 선형 그러데이션을 만들 수 있는 함수입니다.

```
background: linear-gradient(방향, 색상1, 색상2, ...)
```

linear-gradient()를 사용할 때는 먼저 그러데이션을 진행할 방향을 설정합니다. 방향은 to right처럼 키워드를 입력할 수도 있고, 아니면 45deg처럼 구체적인 각도를 입력할 수도 있습니다.

표 6.9 방향의 종류

속성값	설명
to right	왼쪽에서 오른쪽으로 색이 변합니다.
to left	오른쪽에서 왼쪽으로 색이 변합니다.
to bottom(기본값)	위에서 아래로 색이 변합니다.
to top	아래에서 위로 색이 변합니다.
각도(deg)	원하는 각도를 직접 설정할 수 있습니다. 만약 45deg라면 왼쪽 하단에서 오른쪽 상단으로 색이 변합니다.

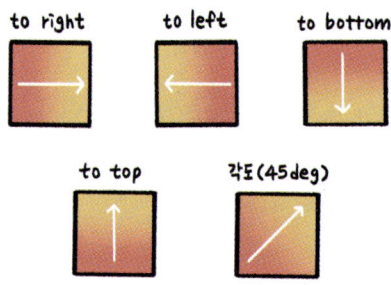

그림 6.30 linear-gradient의 방향에 따른 그러데이션 모습

그다음으로 원하는 색상을 지정합니다. 그러데이션은 최소 2개의 색상이 필요하며, 예제와 같이 여러 색상을 추가해 다채로운 그러데이션을 만들 수도 있습니다.

예제 6.16 linear-gradient를 사용해 무지개 그러데이션 만들기   ch06/6.3/background-gradient.html

```
<!DOCTYPE html>
<html lang="ko">
<head>
<meta charset="UTF-8">
    <title>background gradient</title>
    <style>
      .linear-gradient {
```

```
            height: 300px;
            color: white;
            background: linear-gradient(45deg, red, yellow, green, blue, violet);
        }
    </style>
</head>
<body>
    <div class="linear-gradient">
        <h2>무지갯빛 우리네 인생</h2>
    </div>
</body>
</html>
```

그림 6.31 linear-gradient 적용 결과

radial-gradient()

radial-gradient()는 원형 그러데이션을 만들 수 있는 함수입니다.

> background: radial-gradient(형태, 색상1, 색상2, …)

선형 그러데이션과 달리 원형은 별도의 방향이나 각도가 필요 없습니다. 대신 원형 또는 타원형과 같이 그러데이션의 형태를 지정할 수 있습니다.

표 6.10 radial-gradient() 형태의 종류

속성값	설명
circle	원형
ellipse(기본값)	타원형

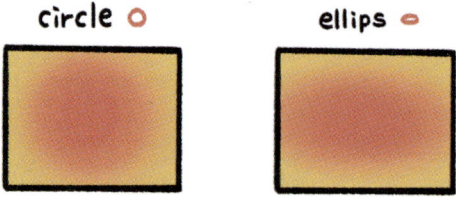

그림 6.32 radial-gradient()의 형태에 따른 그러데이션 모습

radial-gradient()도 linear-gradient()처럼 그러데이션에 여러 색상을 사용할 수 있습니다.

예제 6.17 radial-gradient를 사용해 원형 무지개 그러데이션 만들기　　ch06/6.3/background-gradient.html

```
... 생략 ...
    .radial-gradient {
      height: 300px;
      color: white;
      background: radial-gradient(circle, red, yellow, green, blue, violet);
    }
  </style>
... 생략 ...
  <div class="radial-gradient">
    <h2>무지갯빛 우리네 인생</h2>
  </div>
... 생략 ...
```

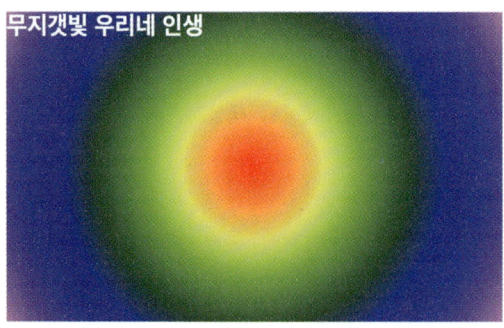

그림 6.33 radial-gradient 적용 결과

background 단축 속성으로 간편하게 선언하기

지금까지 배경과 관련한 다양한 속성을 살펴봤습니다. 그런데 이러한 배경 속성의 종류가 많다 보니 배경만 추가하는 데도 여러 줄의 코드가 생기는 것을 확인할 수 있습니다. 이때 background 단축 속성을 활용하면 여러 배경 속성을 한 줄로 간결하게 정의해 불편을 해소할 수 있습니다.

background 속성은 다음과 같이 앞서 언급한 배경 속성들을 공백으로 구분해 순서대로 입력합니다. 참고로 모든 값을 지정할 필요는 없으며, 필요한 속성만 선택적으로 사용할 수 있습니다.

background: 색상　이미지_경로　반복_방식　위치/크기　스크롤_방식

그럼 한번 실제로 적용해 볼까요? 다음과 같은 배경 속성이 있었다면 background 속성을 사용해 간결하게 바꿀 수 있습니다.

예제 6.18 background 속성을 적용하기 전과 후 비교

```css
/* 적용 전 */
background-image: url('./background.jpg');
background-repeat: no-repeat;
background-position: right top;
background-size: 600px 300px;
background-attachment: scroll;

/* 적용 후 */
background: url('./background.jpg') no-repeat right top/600px 300px scroll;
```

이때 위치와 크기를 제외하면 다음과 같이 순서를 바꿔서 표현해도 동일하게 적용됩니다.

예제 6.19 background 속성의 속성값 순서를 바꾼 모습

```css
background: no-repeat url('./background.jpg') scroll right top/600px 300px;
```

위치와 크기를 제외하는 이유는 위치에 해당하는 background-position과 크기에 해당하는 background-size의 속성값 유형 중 일부가 동일하기 때문입니다. 예를 들어, 100px은 위치를 나타내는 값이 될 수도 있고, 크기를 나타내는 값이 될 수도 있지요. 그래서 위치

는 크기가 없어도 명시할 수 있으나 크기는 반드시 위치 뒤에 빗금(/)과 함께 추가해야 합니다.

6.4 박스 모델 이해하기

지금까지 살펴본 모든 HTML 요소는 한 가지 공통점이 있는데, 바로 모든 요소가 네모난 박스 형태라는 점입니다.

이처럼 모든 요소는 일종의 박스 형태로 구성되며, 이러한 박스가 어떻게 이뤄져 있는지를 설명한 것이 바로 **박스 모델**(box model)입니다. 앞서 설명했듯이 우리가 알고 있는 HTML의 모든 요소에 박스 모델이 적용되기 때문에 웹 페이지의 레이아웃을 원하는 형태로 조절하기 위해서는 박스 모델에 대한 이해가 필수입니다.

이번 절에서는 이러한 박스 모델에 대해 알아보고, 박스 모델의 각 구성 요소와 연관된 CSS 속성에 대해서도 살펴보겠습니다.

박스 모델 이해하기

앞서 모든 HTML 요소는 박스 형태라고 이야기했습니다. 하나의 박스는 다음과 같이 네 가지 주요 부분으로 나뉩니다.

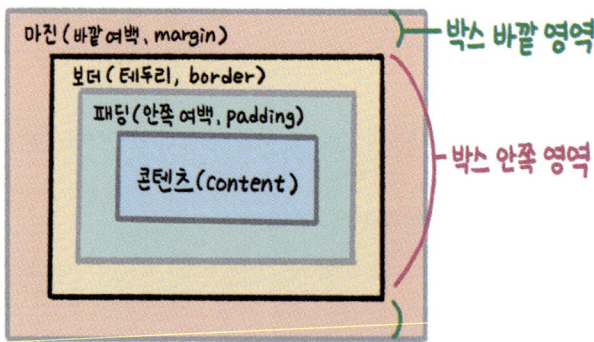

그림 6.34 박스 모델 구성

가장 안쪽은 실제 내용이 들어가는 **콘텐츠(content)** 영역입니다. 우리가 실제로 보는 텍스트나 이미지 등이 표시되는 공간이 바로 이 부분입니다.

그 바깥으로는 안쪽 여백인 **패딩(padding)**이 있습니다. 박스의 여백은 테두리를 기준으로 내부, 외부로 나뉘는데, 패딩은 그중 내부의 여백을 설정합니다. 패딩은 박스 내부에 해당하므로 배경색이나 배경 이미지가 적용됩니다.

그다음으로는 경계선인 **테두리(border)**가 위치합니다. 이 테두리를 기준으로 바깥 부분은 박스의 바깥 영역으로 구분됩니다.

마지막으로 **마진(margin)**은 박스의 바깥 여백입니다. 마진은 박스의 바깥 여백이기 때문에 패딩과 달리 배경색이나 배경 이미지가 적용되지 않습니다.

박스 모델 요소의 특징이나 차이가 지금은 크게 와닿지 않을 수 있는데, 액자 속의 그림을 떠올려보면 좀 더 쉽게 이해할 수 있습니다.

그림 6.35 액자 속의 그림으로 비유한 박스 모델

먼저 콘텐츠는 실제 액자 속에 들어 있는 그림이나 사진 자체를 의미합니다. 그 바깥으로 그림과 액자 사이의 여백을 패딩으로 비유할 수 있습니다. 그리고 보더는 그림을 둘러싸고 있는 액자 프레임을 의미합니다. 마지막 마진은 액자와 다른 액자 사이의 공간을 의미한다고 볼 수 있습니다.

참고로 마진은 그림에서 보는 것처럼 박스 바깥 영역의 여백을 만드는 역할을 하기 때문에 앞에서 HTML 요소를 공부하며 배웠던 블록 요소 중 인라인 요소에는 적용되지 않습니다. 따라서 인라인 요소에 외부 여백을 추가하고 싶다면 해당 요소를 블록 속성으로 바꿔야 합니다. 이때 사용하는 속성인 display에 대해서는 다음 절에서 자세히 다루겠습니다.

개발자 도구로 박스 모델 확인하기

그럼 우리가 만든 요소들의 박스 모델은 어디서 볼 수 있을까요? 바로 개발자 도구를 통해 쉽게 확인할 수 있습니다.

먼저 웹 브라우저에서 키보드의 F12 키[3]를 누르거나 마우스 오른쪽 버튼을 클릭하고 [검사] 버튼을 눌러 개발자 도구를 열고, 좌측 상단에 네모난 아이콘으로 표시된 [요소 선택(Select an element in the page to inspect it)] 버튼을 눌러 요소 선택 상태를 활성화합니다. 그런 다음, 웹 페이지 화면에서 요소를 클릭하면 다음과 같이 해당 요소의 박스 모델 상태를 확인할 수 있습니다.

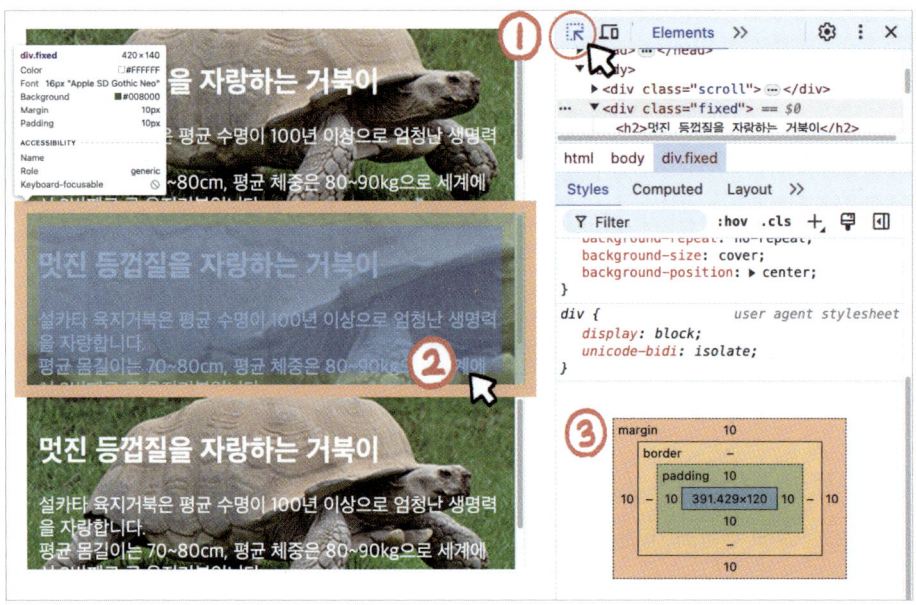

그림 6.36 개발자 도구로 박스 모델 확인하기

지금 선택한 박스의 경우 마진과 패딩이 각각 10px이고, 테두리는 없으며, 내부 콘텐츠는 너비 391.429px에 높이 120px인 것을 확인할 수 있습니다. 추가로 그림에서 알 수 있

---

3 macOS 환경에서는 command + option + I

듯이 박스 모델의 각 요소에 마우스를 가져다 대면 마진과 패딩 등 각 박스 모델 영역마다 오른쪽 그림과 동일한 배경색이 보이기 때문에 쉽게 박스 모델 구조를 파악할 수 있습니다.

width, height로 요소의 크기 정하기

박스 모델에 대해서도 배웠으니 이제부터 박스 모델과 관련한 속성을 살펴볼까요?

먼저 `width`와 `height`는 콘텐츠의 너비와 높이를 정하는 속성입니다. 속성값으로는 픽셀부터 백분율, em 등 다양하게 사용할 수 있으며, 이때 em과 rem 같은 상대 단위는 이전에 배운 font-size 속성과 마찬가지로 각각 부모, 최상위 요소의 크기에 따라 정해집니다.

```
width: auto | px | 백분율(%) | em | rem | vw 등
```

```
height: auto | px | 백분율(%) | em | rem | vh 등
```

여기서 속성값에 vw와 vh라는 낯선 값이 보입니다.

vw(Viewport Width)와 vh(Viewport Height)는 **뷰포트(viewport)**라 불리는 브라우저 화면의 크기를 기준으로 변하는 상대 단위입니다. 그중 vw는 뷰포트의 화면 너비를 기준으로, 1vw는 화면 너비의 1%를 의미합니다. vh는 뷰포트의 화면 높이를 기준으로 하며, 1vh는 화면 높이의 1%를 나타냅니다. 그래서 브라우저의 크기가 너비 1500px, 높이 1000px이고, 어떤 요소의 크기가 너비 50vw, 높이 50vw라고 한다면 실제 크기는 너비 750px, 높이 500px로 환산할 수 있습니다.

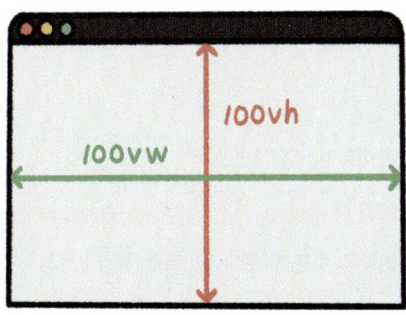

그림 6.37 vw, vh 단위를 사용한 크기 표현

이러한 뷰포트 관련 단위는 주로 화면 전체에 요소를 보여주고 싶을 때 사용합니다. 그와 더불어 또 하나 알아두면 좋은 것이 있는데, 바로 calc()입니다.

calc()는 CSS 안에서 연산을 수행할 수 있게 돕는 도구입니다. calc()를 사용하면 다음과 같이 서로 다른 단위를 조합해서 사용할 수 있으므로 고정된 간격을 유지하면서 요소 크기를 조정해야 하는 등 동적으로 크기를 정해야 할 때 유용합니다.

예제 6.20 calc()를 사용해 동적으로 크기 지정하기

```
width: calc(100% - 10px);
height: calc(100vh - 20px);
```

속성값에 대해서도 배웠으니 예제를 통해 확인해 볼까요? 이번 절에서는 간단한 날씨 뉴스 카드를 만들어보겠습니다. 다음은 <div> 요소의 너비를 500px, 높이를 300px로 지정하는 예제입니다.

예제 6.21 width, height로 카드의 크기 지정하기   ch06/6.4/box-model.html

```html
<!DOCTYPE html>
<html lang="ko">
  <head>
    <meta charset="UTF-8">
    <title>6.4. 박스 모델 이해하기</title>
    <style>
      div {
        width: 500px;
        height: 150px;
        background-color: cornsilk; /* 요소의 너비를 육안으로 확인하기 위해 추가 */
      }
    </style>
  </head>
  <body>
    <div>
      서울 낮 33도 등 더위 이어져…주말 비 소식
    </div>
    <div>
      때 이른 무더위에 시원하고 수분 많은 과일 매출 성장 뚜렷
    </div>
  </body>
</html>
```

이렇게 작성하고 나서 브라우저를 열어보면 다음과 같이 <div> 요소의 크기를 확인할 수 있습니다. 배경색 때문에 어디까지가 하나의 박스 크기인지 확인하기 어려울 때는 개발자 도구를 활용해 정확한 크기를 확인할 수 있습니다. 그림을 보면 콘텐츠 크기가 너비 500px, 높이 150px로 적용된 것이 보입니다.

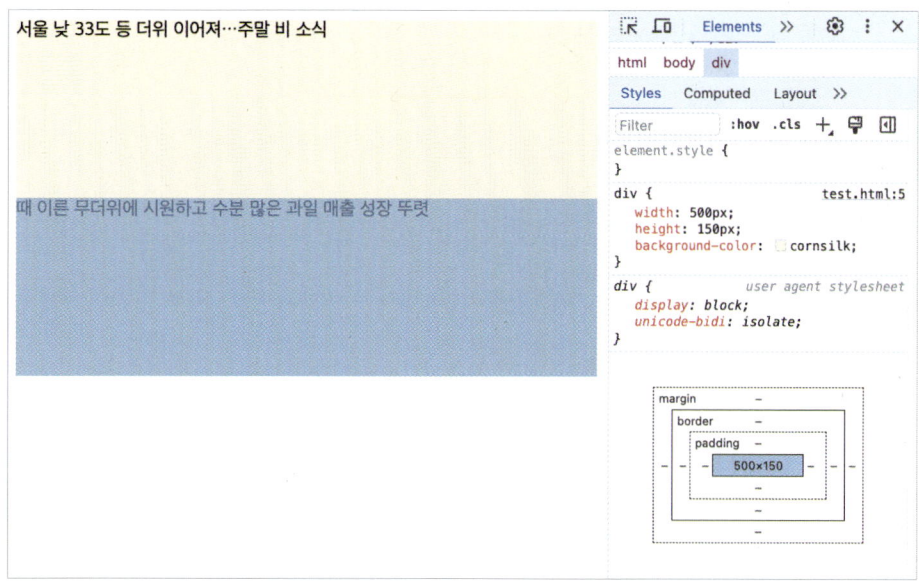

그림 6.38 width, height 속성이 적용된 모습

margin과 padding으로 여백 만들기

요소의 크기를 정했다면 이제 여백을 만들어 볼까요? `margin`과 `padding` 속성 모두 width, height와 동일하게 크기 단위로 여백을 설정할 수 있습니다.

```
margin: auto | px | 백분율(%) | em | rem 등
```

```
padding: px | 백분율(%) | em | rem 등
```

예를 들어, 바깥 여백을 10px, 안쪽 여백을 20px로 적용하고 싶다면 다음과 같이 작성합니다.

예제 6.22 margin, padding 속성을 사용해 카드에 여백 추가하기　　ch06/6.4/box-model.html

```
... 생략 ...
  <style>
    div {
      width: 500px;
      height: 150px;
      background-color: cornsilk;
      margin: 10px;
      padding: 20px;
    }
  </style>
... 생략 ...
```

브라우저에서 확인해 보면 다음 그림과 같이 박스 내부 여백과 박스 외부 여백이 적용된 것을 확인할 수 있습니다.

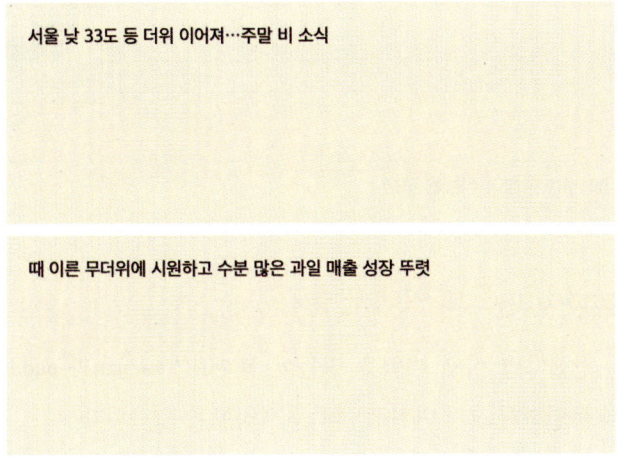

그림 6.39 margin, padding 속성이 적용된 모습

그런데 이상한 점이 하나 있습니다. 예제에서는 각 요소에 `margin`을 10px씩 추가했기 때문에 두 요소 사이의 여백이 이를 합친 20px일 거라고 예상했는데, 실제 브라우저에서 보면 `margin`이 10px밖에 적용되지 않았다는 점입니다. 왜 이런 현상이 발생한 걸까요?

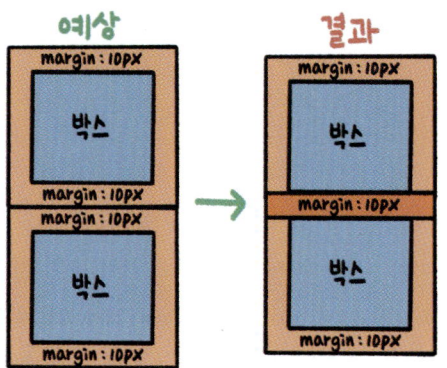

그림 6.40 인접한 마진이 겹쳐진 모습

이것은 **마진 겹침 현상**(margin collapsing)으로, 인접한 요소 또는 부모와 자식 요소 사이에 상하 마진이 함께 있는 경우 그중 크기가 큰 값으로 겹쳐지는 상황입니다.

그 이유는 브라우저에서 CSS 스타일을 표현할 때 각 요소의 마진이 따로 적용되면 예상치 못한 여백이 발생할 수 있기 때문입니다. 참고로 이런 현상은 상단 마진과 하단 마진이 서로 만나는 경우에만 발생하므로 우리가 예상한 것처럼 블록 사이의 여백을 20px로 적용하고 싶다면 마진의 상단 또는 하단만 값을 20px으로 변경하는 방식으로 해결할 수 있습니다.

그렇다면 우리가 말한 것처럼 상단 마진만 20px로 바꾼다거나 모든 여백을 각각 다른 값으로 적용하고 싶으면 어떻게 해야 할까요? 이때는 다음과 같이 `-left`, `-top`, `-right`, `-bottom` 속성을 사용해 각 면에 여백을 개별적으로 적용합니다. 가령 상단 여백만 20px로 추가하고자 한다면 `margin-top: 20px`이 되는 것입니다.

예제 6.23 특정 면에 여백을 적용하는 margin, padding의 개별 속성

```
div {
    /* margin */
    margin-top: 10px;
    margin-right: 20px;
    margin-bottom: 30px;
    margin-left: 40px;

    /* padding */
    padding-top: 0;
```

```
    padding-right: 20px;
    padding-bottom: 0;
    padding-left: 20px;
}
```

그런데 이렇게 모든 속성을 하나씩 추가하다 보면 여백과 관련한 코드가 너무 많아질 위험이 있습니다. 그래서 margin과 padding은 한 줄로 여러 면의 여백을 조절할 수 있는 단축 속성을 제공합니다. 사용법은 기본형처럼 margin, padding 속성을 사용하되, 속성값을 여러 개 입력하는 것입니다. 축약형에서 값을 2개만 입력했다면 수직 → 수평 여백 순서로, 4개를 입력했다면 상 → 우 → 하 → 좌 순서로 적용됩니다.

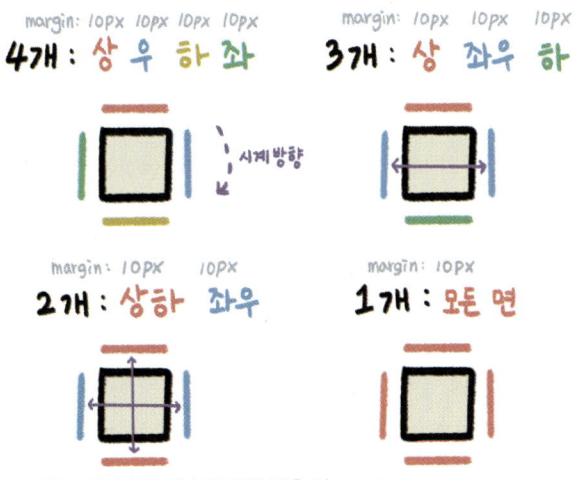

그림 6.41 margin, padding의 속성값 개수에 따른 적용 면

설명만 들었을 때는 어려워 보일 수 있는데, 이러한 축약형 또한 실제 코드를 작성해 보면서 익숙해지는 것이 중요합니다. 앞의 예제 6.23을 한 줄로 표현하면 다음과 같이 작성할 수 있습니다.

예제 6.24 margin, padding 단축 속성을 사용해 간결해진 코드

```
div {
    margin: 10px 20px 30px 40px; /* 상: 10px, 우: 20px, 하: 30px, 좌: 40px */
    padding: 0 20px; /* 상하: 없음, 좌우: 20px */
}
```

이처럼 단축 속성을 활용해 원하는 여백을 자유롭게 추가할 수 있습니다.

border로 테두리 만들기

border 속성은 요소에 테두리를 추가할 때 사용합니다. 주로 두께, 스타일, 색상을 설정할 수 있으며, 각 속성에 대해 하나씩 살펴보겠습니다.

```
border-width: 크기 단위(px, em 등) | thin | medium | thick

border-style: none | solid | dashed | dotted | double

border-color: 색상 이름 | HEX 코드 | RGB | RGBA 등
```

먼저 **border-width**는 테두리의 두께를 지정하는 속성입니다. 다음과 같이 1px처럼 크기 단위를 입력할 수도 있고, thin이나 medium처럼 지정된 키워드를 사용할 수도 있습니다.

표 6.11 border-width 속성값

속성값	설명
thin	얇은 테두리 두께를 의미합니다.
medium(기본값)	중간 두께의 테두리를 의미합니다.
thick	두꺼운 테두리 두께를 의미합니다.
크기 단위(px, em, rem 등)	1px, 0.5em 등의 단위로 구체적인 두께를 지정할 수 있습니다.

border-style 속성은 테두리의 스타일을 지정합니다. 주로 사용하는 속성값은 다음과 같습니다.

표 6.12 border-style 속성값

속성값	설명
none	테두리가 없습니다.
solid	실선으로 표시합니다.
dashed	점선으로 표시합니다.
dotted	dashed보다 작은 점으로 이뤄진 점선으로 표시합니다.
double	이중선으로 표시합니다.

그림 6.42 border-style 속성값에 따른 선 스타일의 차이

마지막 **border-color**는 테두리의 색상을 지정합니다. 색상은 color, background-color 속성과 동일하게 색상 이름, HEX 코드 등 다양한 단위를 사용해 설정할 수 있습니다.

이러한 속성들을 활용하면 다음과 같이 멋진 테두리를 추가할 수 있습니다.

예제 6.25 border 속성을 사용해 카드에 테두리 추가하기　　　　ch06/6.4/box-model.html

```
... 생략 ...
    <style>
      div {
        width: 500px;
        height: 150px;
        background-color: cornsilk;
        margin: 10px;
        padding: 20px;
        border-width: 3px;
        border-style: solid;
        border-color: orange;
      }
    </style>
... 생략 ...
```

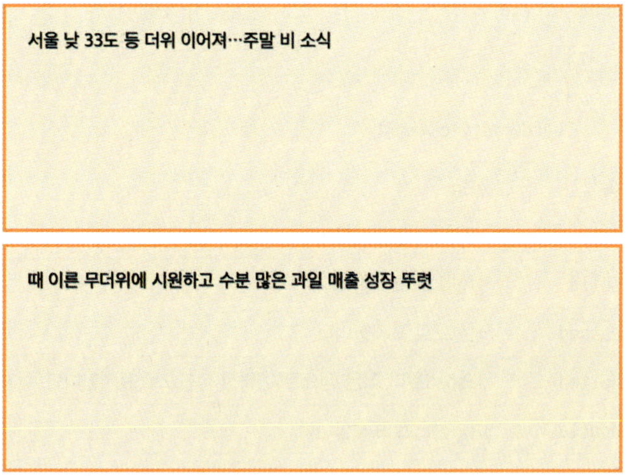

그림 6.43 border 속성이 적용된 모습

테두리 속성 또한 앞에서 배운 여러 개별 속성을 모아 하나의 단축 속성으로 사용할 수 있습니다. 순서는 크게 중요하지 않지만, 일반적으로 다음과 같이 두께, 스타일, 색상 순서로 작성합니다.

border: 두께 스타일 색상

앞에서 만든 예제 6.25의 테두리 속성들을 단축 속성으로 만들면 다음과 같이 표현할 수 있습니다.

예제 6.26 단축 속성을 사용해 간결해진 border 속성

```
div {
  border: 3px solid orange;
}
```

추가로 테두리 또한 margin, padding과 같이 박스의 한쪽 면에만 적용하고 싶을 수 있습니다. 그 때문에 border에도 -left, -top, -right, -bottom 속성을 사용해 각 면에 테두리를 개별적으로 적용할 수 있습니다. 이때 단축 속성뿐만 아니라 개별 속성 또한 border 뒤에 -left, -top 등의 키워드만 추가하면 해당 면에만 개별 속성을 적용할 수 있습니다.

예제 6.27 개별 속성에 border 적용하기

```
div {
  /* 단축 속성 */
  border-left: thin dashed blue;

  /* 개별 속성 */
  border-left-width: thin;
  border-left-style: dashed;
  border-left-color: blue;
}
```

border-radius로 테두리 둥글게 만들기

border-radius는 테두리 중에서도 모서리를 둥글게 만드는 데 사용되는 속성입니다. 박스 모델에 해당하는 속성은 아니지만 border-radius 속성을 사용하면 모서리를 둥글게 만들어 시각적으로 더 매력적인 디자인을 만들 수 있으므로 실제 웹 페이지를 구현할 때 border와 함께 많이 사용되는 속성입니다.

`border-radius: px | 백분율(%) 등`

border-radius 속성을 사용할 때는 다음 예제와 같이 둥글게 만들 반경을 픽셀 또는 백분율의 크기 단위로 입력합니다.

예제 6.28 border-radius 속성을 사용해 둥근 테두리 적용하기   ch06/6.4/box-model.html

```
... 생략 ...
    <style>
      div {
        width: 500px;
        height: 150px;
        background-color: cornsilk;
        margin: 10px;
        padding: 20px;
        border: 3px solid orange;
        border-radius: 10px;
      }
    </style>
... 생략 ...
```

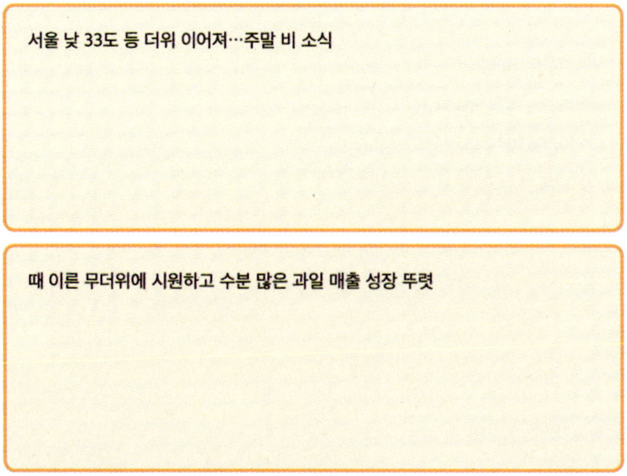

그림 6.44 border-radius 속성이 적용된 모습

border-radius 또한 각 모서리의 스타일을 개별적으로 적용할 수 있습니다. 속성에서 border-와 -radius 사이에 원하는 모서리의 위치를 추가합니다.

예제 6.29 border-radius로 모서리별 스타일 적용하기

```
div {
  border-top-left-radius: 10px; /* 왼쪽 상단 모서리 */
  border-top-right-radius: 20px; /* 오른쪽 상단 모서리 */
  border-bottom-right-radius: 30px; /* 오른쪽 하단 모서리 */
  border-bottom-left-radius: 40px; /* 왼쪽 하단 모서리 */
}
```

아울러 margin과 padding처럼 단축 속성 상태일 때 값을 여러 개 나열할 수 있습니다. 값이 2개라면 왼쪽 상단/오른쪽 하단과 오른쪽 상단/왼쪽 하단 순서로, 값이 4개라면 왼쪽 상단 → 오른쪽 상단 → 오른쪽 하단 → 왼쪽 하단 순서로 적용됩니다.

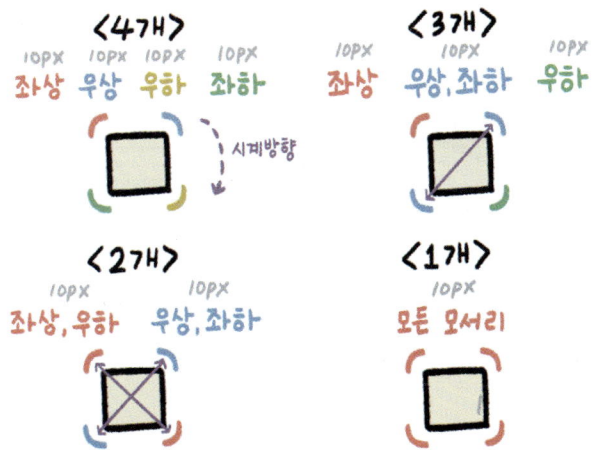

그림 6.45 border-radius의 속성값 개수에 따른 적용 모서리

따라서 앞에서 본 예제 6.29를 단축 속성으로 표현하면 다음과 같이 작성할 수 있습니다.

예제 6.30 border-radius 단축 속성을 사용해 간결해진 코드

```
div {
  border-radius: 10px 20px 30px 40px; /* 왼쪽 상단: 10px, 오른쪽 상단: 20px, 오른쪽 하단: 30px, 왼쪽 하단: 40px */
}
```

박스 모델 범위를 정하는 box-sizing

앞서 박스 모델에서 살펴봤듯이 기본적으로 width, height로 설정한 값은 콘텐츠의 크기에 해당하므로 패딩과 테두리, 마진은 적용되지 않습니다. 그러나 실제 웹 페이지를 구현하다 보면 패딩과 테두리를 포함해 너비와 높이를 계산해야 하는 경우가 많습니다. 이때 box-sizing 속성을 사용하면 우리가 정한 너비와 높이에 패딩과 테두리를 포함할 수 있습니다.

```
box-sizing: content-box | border-box
```

기본값은 content-box로 너비와 높이에 패딩과 테두리를 포함하지 않습니다. 그러나 border-box 속성값으로 설정하면 너비와 높이에 패딩과 테두리를 포함합니다.

따라서 width를 500px로 지정한 경우, box-sizing이 content-box라면 콘텐츠의 크기가 500px이지만 border-box라면 테두리와 패딩까지 포함한 너비가 500px로 바뀝니다.

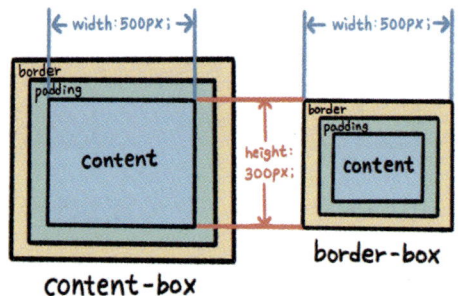

그림 6.46 content-box와 border-box의 차이

그림 앞에서 만든 박스에 box-sizing을 적용해 볼까요? 보통 웹 페이지를 구현하다 보면 카드 요소나 버튼 크기 등 내부 여백까지 고려해 크기를 구현해야 하는 경우가 많기 때문에 다음과 같이 별표(*)를 사용해 box-sizing 설정을 모든 요소에 적용합니다.

예제 6.31 box-sizing 속성 추가하기   ch06/6.4/box-model.html

```
... 생략 ...
    <style>
      * { box-sizing: border-box; }
... 생략 ...
```

```
        </style>
    ... 생략 ...
```

예제와 같이 작성한 뒤에 웹 브라우저의 박스 모델을 살펴보면 다음과 같이 콘텐츠의 크기가 너비 500px, 높이 150px이 아닌 패딩과 테두리의 크기를 제외한 값으로 자동 조정된 것을 확인할 수 있습니다.

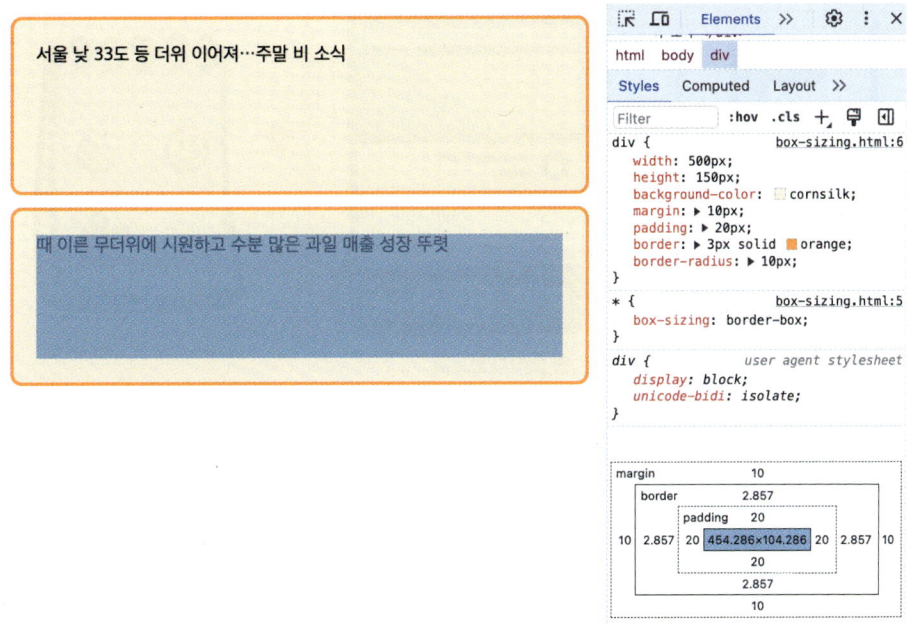

그림 6.47 너비와 높이 크기에 패딩과 테두리가 포함된 모습

6.5 기본 레이아웃 속성

지금까지 요소 하나하나가 어떻게 구성돼 있는지, 그리고 어떻게 꾸며야 하는지를 살펴봤습니다. 그런데 우리가 알고 있는 웹 페이지들은 전부 하나의 `<div>` 또는 `<p>` 요소만 있는 게 아니라 여러 요소들이 서로 어우러진 모습입니다. 이처럼 여러 요소들을 조화롭게 배치할 수 있도록 돕는 것이 바로 **레이아웃 속성**입니다.

웹 페이지에서 어떤 요소를 배치하는 방법은 다양합니다. 마치 테트리스 게임처럼 각 요소를 차곡차곡 배치할 수도 있고, 스티커를 붙이는 것처럼 기존에 있던 요소 위에 다른 요소를 얹을 수도 있습니다. 따라서 어떤 화면을 구현하고자 하는가에 따라 가장 적절한 배치 방법을 찾는 것이 중요합니다.

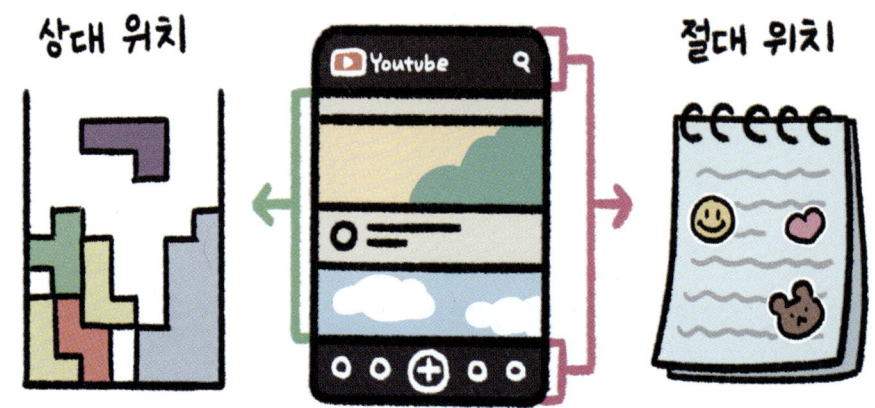

그림 6.48 성격에 따라 다르게 배치하는 웹 페이지 요소들

이번 절에서는 이처럼 요소를 배치할 때 사용하는 레이아웃 속성들을 살펴보겠습니다.

요소를 어떻게 보여줄지 정하는 display

`display`는 HTML 요소의 기본 배치 방식을 정의하는 속성입니다. 이때 기본 배치 방식이란 요소가 화면에 어떻게 보이기를 원하는지를 의미합니다. 예를 들어, 어떤 요소는 보이지 않기를 원하거나, 어떤 요소는 너비가 웹 브라우저를 꽉 채우기를 원하는 식입니다.

```
display: block | inline | inline-block | none | flex | grid
```

앞에서 HTML 태그를 배울 때 태그마다 블록 요소 또는 인라인 요소의 속성을 가지고 있다고 설명했습니다. `display` 속성을 사용하면 기본 속성이 아닌 원하는 속성으로 요소를 변경할 수 있습니다. 가령 블록 요소로 알고 있는 `<div>` 태그도 `display` 속성을 `inline`으로 적용하면 인라인 요소로 바뀝니다. `display` 속성값에 대한 자세한 내용은 다음 표와 그림에서 확인할 수 있습니다.

표 6.13 display 속성값

속성값	설명
block	요소를 블록 요소로 표시합니다.
inline	요소를 인라인 요소로 표시합니다.
inline-block	인라인 요소처럼 같은 줄에 표시되지만, 블록 요소처럼 너비와 높이를 지정할 수 있습니다.
none	요소를 화면에 표시하지 않습니다.
flex	요소를 플렉스 컨테이너로 설정해 자식 요소를 플렉스 아이템으로 배치합니다.
grid	요소를 그리드 컨테이너로 설정해 자식 요소를 그리드 아이템으로 배치합니다.

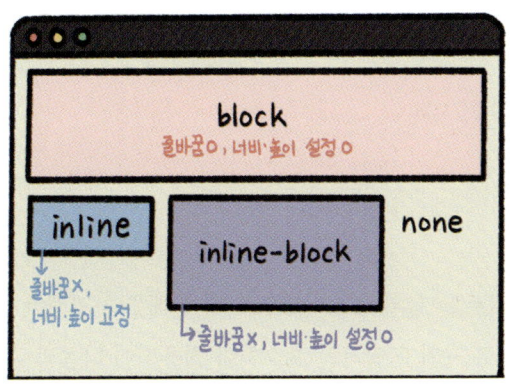

그림 6.49 display 속성값에 따른 차이

flex와 grid는 복잡한 레이아웃을 적용하기 위한 속성인데, 이는 다음 절에서 다룰 내용이므로 이번 절에서는 이런 식으로 다양하게 요소의 속성을 설정할 수 있다는 것까지만 이해해도 됩니다.

이번에는 요소의 배치 방식을 바꿔볼까요? 다음 예제의 <h2> 요소를 inline-block 요소로 변경해 아래의 <span> 요소가 옆으로 이동할 수 있게 만들어 봅시다.

예제 6.32 display 속성을 사용해 요소의 배치 방식 바꾸기   ch06/6.5/index.html

```
<!DOCTYPE html>
<html lang="ko">
  <head>
    <meta charset="UTF-8">
    <title>6.5. 기본 레이아웃 속성</title>
```

```
    <style>
      header {
        width: 100%;
        height: 70px;
        background-color: lightblue;
        padding: 0 10px;
      }
      h2 {
        display: inline-block;
      }
    </style>
  </head>
  <body>
    <header>
      <h2>H마트</h2>
      <span>오늘의 할인</span>
    </header>
  </body>
</html>
```

원래 `<h2>` 태그인 'H마트'는 블록 요소이므로 너비 전체를 차지해야 하지만 inline-block 속성값을 적용했으므로 크기가 인라인 요소처럼 적용되어 다음과 같이 '오늘의 할인' 텍스트와 나란히 표시되는 것을 확인할 수 있습니다.

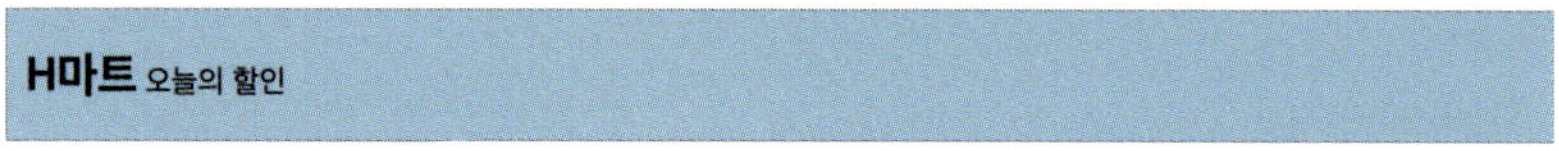

그림 6.50 display 속성을 적용한 결과

요소의 배치 방식을 정하는 position

position은 요소를 어떤 방법으로 배치할지 정의하는 속성입니다. 예를 들어, 어떤 웹 페이지의 상단 메뉴는 스크롤을 내려도 항상 상단에 고정된 모습을 볼 수 있습니다. 이는 모든 요소가 위에서 아래로, 왼쪽에서 오른쪽으로 배치되는 일반적인 흐름과는 맞지 않습니다. 이처럼 특수한 방식으로 요소를 배치하고자 할 때 사용하는 속성이 바로 **position**입니다.

```
position: static | relative | absolute | fixed | sticky
```

이러한 position 속성은 대표적으로 5가지 속성값을 가지고 있습니다.

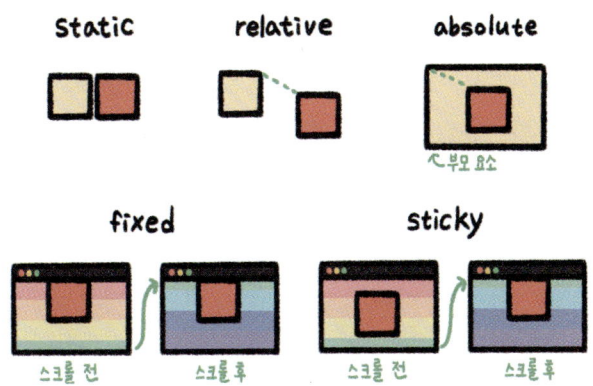

그림 6.51 position의 속성값

먼저 **static**은 기본값으로, 앞에서 설명한 것처럼 요소가 일반적인 흐름에 맞게 배치됩니다.

relative는 배치 성격은 static과 동일하게 일반적인 흐름에 맞게 배치되나, top, right, bottom, left 속성을 사용해 요소를 이동시킬 수 있습니다.

absolute는 요소를 절대 위치로 배치합니다. 이때 절대 위치란 일반적인 흐름에서 벗어나 떠 있는 형태로 보이는 것을 의미합니다. 이 개념을 이해하기 위해서는 햄버거를 떠올려보면 좋습니다.

그림 6.52 햄버거에 비유하는 웹 레이아웃

우리가 보는 웹 브라우저는 평면의 그림처럼 보이지만 사실 그 안에는 여러 겹의 요소들이 배치돼 있습니다. 마치 위에서 본 햄버거는 그냥 한 덩어리처럼 보이지만 옆에서 본

햄버거는 토마토나 패티 등이 겹겹이 쌓여 있는 것과 같습니다. 이 각각의 요소를 어느 위치에 어떤 순서로 배치하느냐가 바로 기본적인 웹 레이아웃의 개념이고, absolute 속성이 이렇게 각 요소를 별개로 분리해 배치할 수 있게 하는 속성값입니다.

그리고 absolute 또한 relative와 마찬가지로 top, right, bottom, left 속성을 사용해 위치를 지정할 수 있습니다. 이때 요소의 위치는 상위 요소 중 static을 제외한 나머지 position 속성이 적용된 요소를 기준으로 합니다.

예를 들어, 접시 왼쪽 끝에 쿠키를 놓는다고 생각해 봅시다. 이때 접시가 겹겹이 쌓여 있다면 어느 접시를 기준으로 하느냐에 따라 쿠키의 위치가 바뀔 것입니다. 이처럼 어떤 상위 요소를 기준으로 하느냐에 따라 요소의 위치가 바뀌는 것이 absolute 속성값의 특징입니다.

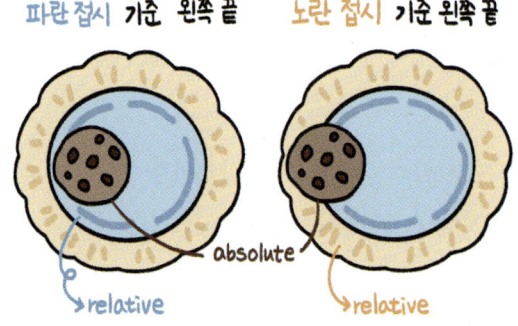

그림 6.53 접시와 쿠키에 비유한 relative와 absolute 속성값

fixed는 요소를 브라우저 창을 기준으로 고정합니다. fixed를 사용하면 화면이 스크롤돼도 요소의 위치는 변하지 않습니다. 앞서 이야기한 홈페이지의 상단 메뉴가 바로 fixed 속성값을 사용한 결과입니다. fixed 또한 top, right, bottom, left로 위치를 지정할 수 있습니다.

마지막 sticky는 사용자가 스크롤을 내릴 때 특정 위치 전까지는 relative처럼 움직이다가 특정 위치가 되면 fixed처럼 요소를 고정합니다.

position 속성은 앞에서 설명했듯이 주로 서비스의 상단바, 팝업 우측 상단의 닫기 버튼처럼 다른 요소의 흐름에 관계없이 고정돼야 하는 요소에 사용합니다. 다음은 fixed 속성값을 사용해 상단에 고정된 메뉴 바를 만드는 예제입니다.

예제 6.33 position 속성을 사용해 고정 메뉴 바 만들기   📄 ch06/6.5/index.html

```html
... 생략 ...
    <style>
      header {
        width: 100%;
        height: 70px;
        padding: 0 10px;
        background-color: lightblue;
        position: fixed;
        top: 0;
        left: 0;
      }
      h2 {
        display: inline-block;
      }
      .item {
        width: 250px;
        height: 250px;
        margin: 10px;
        background-color: cornsilk;
      }
    </style>
... 생략 ...
  <header>
    <h2>H마트</h2>
    <span>장바구니</span>
  </header>
  <main>
    <div class="item grape">달콤한 포도</div>
    <div class="item orange">상큼한 오렌지</div>
    <div class="item watermelon">시원한 수박</div>
    <div class="item tomato">멋쟁이 토마토</div>
  </main>
</body>
</html>
```

브라우저에서 확인하면 첫 화면은 이전과 동일해 보이지만 스크롤을 내려보면 상단바의 위치가 고정된 것을 확인할 수 있습니다.

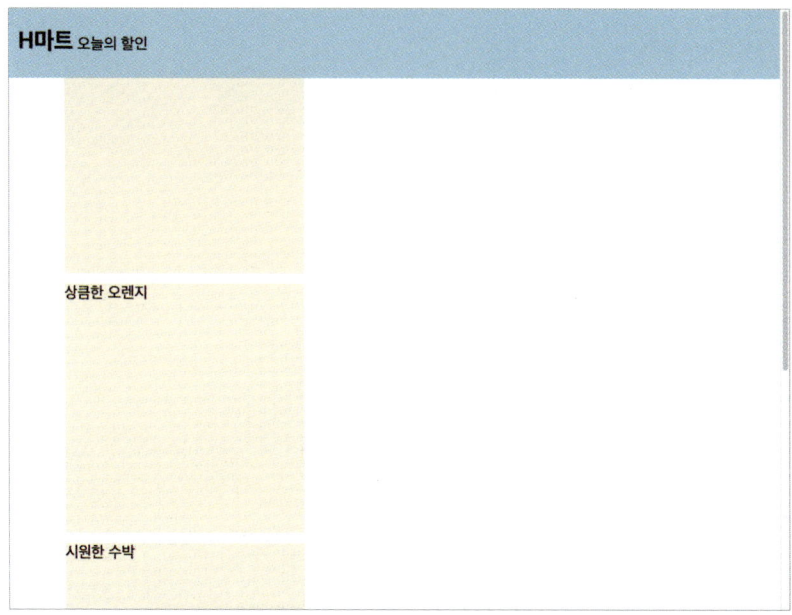

그림 6.54 position 속성을 사용해 메뉴바가 상단에 고정된 모습

그런데 그림을 보면 우리가 작성한 '달콤한 포도' 텍스트가 보이지 않는 것을 확인할 수 있습니다. 그 이유는 `absolute`, `fixed` 등으로 요소를 고정할 경우 뒤편에 있는 요소가 가려지기 때문입니다. 마치 스티커를 붙이면 뒤쪽에 있는 내용은 보이지 않는 것과 같습니다. 따라서 본문의 내용을 전부 보여주려면 가려지는 부분에 임의의 여백을 추가해야 합니다. 다음과 같이 본문에 해당하는 `<main>` 요소의 상단 여백을 상단 메뉴 바의 높이만큼 추가하면 '달콤한 포도' 텍스트까지 전부 보이는 것을 확인할 수 있습니다.

예제 6.34 margin-top을 사용해 본문이 전부 보이게 만들기　　　ch06/6.5/index.html

```
... 생략 ...
    main {
        margin-top: 70px;
    }
... 생략 ...
```

그림 6.55 상단바에 가려진 본문이 화면에 보이는 모습

z-index로 순서 정하기

앞서 position 속성을 사용해 특정 요소를 고정하거나 띄우는 방법을 살펴봤습니다. 그럼 여러 개의 요소가 서로 겹쳐서 떠있을 때 특정 요소를 더 앞에 띄우고 싶다면 어떻게 해야 할까요? 이런 경우에 사용하는 속성이 바로 z-index입니다.

```
z-index: 숫자 | auto
```

z-index의 z는 우리가 3차원 위치를 말할 때 사용하는 x축, y축, z축의 z축을 의미하며, 요소가 쌓이는 순서를 정의하는 속성입니다. 값이 auto인 경우에는 기본값으로, 숫자는 그 값이 클수록 앞쪽에 표시됩니다. 이때 앞쪽이란 화면을 보고 있는 사용자에게 더 가까운 쪽을 의미합니다.

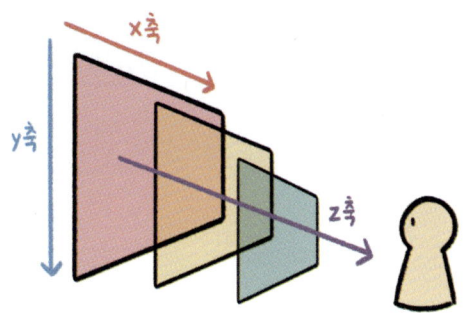

그림 6.56 x축, y축, z축의 차이

그럼 z-index를 사용해 요소의 순서를 지정해 봅시다. z-index 속성은 요소가 떠 있는 경우에만 사용할 수 있으므로 먼저 position: absolute 속성을 사용해 카드의 모든 요소를 띄우고 각 박스에 다른 z-index 값을 추가했습니다.

예제 6.35 z-index를 사용해 보여지는 순서 정하기   ch06/6.5/index.html

```css
... 생략 ...
    main {
      margin-top: 70px;
      position: relative; /* main 요소를 기준으로 .item 요소를 배치 */
    }
    .item {
      width: 250px;
      height: 250px;
      margin: 10px;
      text-align: right; /* 텍스트를 확인하기 위해 추가 */
      position: absolute; /* z-index를 사용하기 위해 absolute 속성을 추가 */
      top: 0;
      left: 0;
    }
    .grape {
      background-color: plum;
      width: 50px;
      z-index: 4;
    }
    .orange {
      background-color: orange;
      width: 100px;
```

```
        z-index: 3;
      }
      .watermelon {
        background-color: lightgreen;
        width: 150px;
        z-index: 2;
      }
      .tomato {
        background-color: lightcoral;
        width: 200px;
        z-index: 1;
      }
    </style>
... 생략 ...
  <main>
    <div class="item grape">달콤한 포도</div>
    <div class="item orange">상큼한 오렌지</div>
    <div class="item watermelon">시원한 수박</div>
    <div class="item tomato">멋쟁이 토마토</div>
  </main>
  </body>
</html>
```

결과물을 확인해 볼까요? z-index 속성을 적용하기 전에는 가장 마지막에 추가된 '멋쟁이 토마토'만 화면에 보이는데, z-index 속성을 적용하면 숫자가 높은 순서대로 상단에 보이는 것을 확인할 수 있습니다.

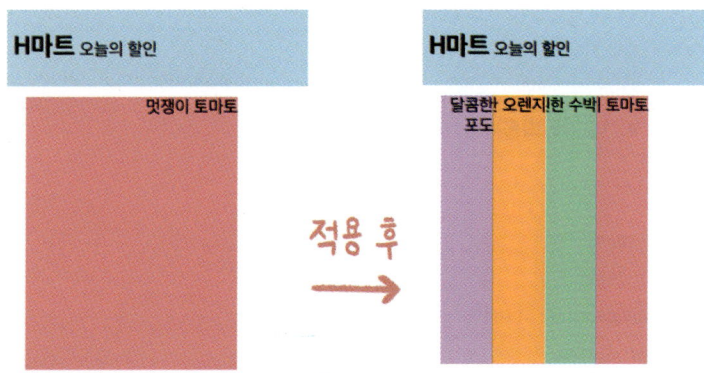

그림 6.57 z-index 순서에 따라 요소가 표시되는 모습

어디에 띄울까? float

마지막 **float**는 요소를 페이지 내의 특정 위치로 떠오르게(floating) 하는 속성입니다.

```
float: left | right | none
```

position 속성의 **absolute** 속성값이 본문에서 벗어나 별도의 위치를 갖는 것과 달리, **float** 속성은 본문 내에서 위치만 바꾼다는 점에서 차이가 있습니다. 더불어 float 속성은 왼쪽 또는 오른쪽이라는 두 가지 선택지만 제공하므로 요소들을 한 방향으로 나열하는 데 사용할 수 있습니다.

그림 6.58 float 속성값의 종류

그럼 이번에는 장바구니 페이지를 만들어 보겠습니다. 다음 예제와 같이 상단 텍스트를 '장바구니'로 바꾸고, 장바구니 영역을 눈으로 확인하기 위해 <main> 요소에 테두리를 추가한 뒤, float 속성을 사용해 '달콤한 포도' 박스는 왼쪽에, '상큼한 오렌지' 박스는 오른쪽에 위치하도록 코드를 추가합니다.

예제 6.36 float 속성을 사용해 박스의 위치 바꾸기   ch06/6.5/float.html

```html
<!DOCTYPE html>
<html lang="ko">
  <head>
    <meta charset="UTF-8">
    <title>6.5.4. 어디에 띄울까? float</title>
    <style>
      header {
        width: 100%;
        height: 70px;
        background-color: lightblue;
        padding: 0 10px;
```

```
        position: fixed;
        top: 0;
        left: 0;
      }
      h2 {
        display: inline-block;
      }
      main {
        margin-top: 80px;
        border: 1px solid gray;
      }
      .item {
        width: 250px;
        height: 250px;
        margin: 10px;
      }
      .grape {
        background-color: plum;
        float: left;
      }
      .orange {
        background-color: orange;
        float: right;
      }
    </style>
  </head>
  <body>
    <header>
      <h2>H마트</h2>
      <span>장바구니</span>
    </header>
    <main>
      <div class="item grape">달콤한 포도</div>
      <div class="item orange">상큼한 오렌지</div>
    </main>
  </body>
</html>
```

브라우저에서 확인해보면 다음과 같이 float 속성이 추가된 박스가 각각 브라우저의 왼쪽, 오른쪽에 배치된 것을 확인할 수 있습니다.

그림 6.59 float 속성이 적용된 모습

그런데 부모 요소인 `<main>` 요소에 테두리를 적용했지만, 내부의 `<div>` 요소들을 제대로 감싸지 못하고 있습니다. 그 이유는 자식 요소에 float 속성이 적용되면 부모 요소가 자식의 높이를 제대로 인식하지 못하기 때문입니다. 따라서 부모 요소가 자식 요소의 높잇값을 인식할 수 있도록 다음과 같이 clear 속성을 사용할 수 있습니다.

예제 6.37 clear 속성을 사용해 자식 요소의 높잇값 인식하기　　　　ch06/6.5/float.html

```
... 생략 ...
    main::after {
        content: "";
        display: block;
        clear: both;
    }
... 생략 ...
```

after라는 가상 요소를 사용해 부모 요소 내부에 보이지 않는 요소를 추가한 다음, content 속성을 사용해 빈 문자열을 추가하고 display 속성을 사용해 내부 공간을 차지하도록 만듭니다. 그리고 clear: both를 추가해 부모 요소가 정상적으로 자식 요소의 높이를 감쌀 수 있도록 합니다.

그럼 다음과 같이 박스들의 크기에 맞게 테두리가 정상적으로 감싸지는 것을 확인할 수 있습니다.

그림 6.60 clear 속성이 적용된 모습

가상 요소와 가상 클래스 선택자의 차이는?

가상 요소(:pseudo-element)는 가상 클래스 선택자와 생김새는 비슷해 보여도 역할이 다릅니다. 가상 클래스 선택자가 :hover처럼 요소의 특정 상태에 스타일을 적용한다면, 가상 요소는 실제로 존재하지 않는 새로운 요소를 만들어냅니다. 예를 들어, 예제 6.37의 ::after를 사용하면 요소의 앞에, ::before를 사용하면 요소의 뒤에 가상의 박스나 텍스트를 추가할 수 있습니다.

핵심 용어 정리

- **font-family**: 텍스트에 사용할 폰트를 지정하는 속성으로, 여러 폰트를 콤마(,)로 나열해 사용자 환경에 따라 순서대로 적용함
- **font-size**: 텍스트의 크기를 지정하는 속성으로, 절대 단위(px, pt 등)나 상대 단위(em, rem, % 등)를 사용해 크기를 설정함
- **background-image**: 요소의 배경에 이미지를 적용하는 속성으로, URL 함수를 사용해 이미지 경로를 지정함
- **line-height**: 텍스트의 줄 간격을 설정하는 속성으로, 숫자(배수), 백분율, 크기 단위(px, em 등)를 사용해 간격을 조절함
- **박스 모델(box model)**: 모든 HTML 요소를 네모난 박스 형태로 구성하는 개념으로, 콘텐츠(content), 패딩(padding), 테두리(border), 마진(margin)으로 구성됨
- **margin**: 요소의 바깥쪽 여백을 지정하는 속성으로, 다른 요소와의 간격을 조절함
- **padding**: 요소의 안쪽 여백을 지정하는 속성으로, 콘텐츠와 테두리 사이의 간격을 조절함
- **border**: 요소의 테두리를 지정하는 속성으로, 두께(border-width), 스타일(border-style), 색상(border-color)을 설정할 수 있음
- **border-radius**: 요소의 모서리를 둥글게 만드는 속성으로, 값이 클수록 더 둥근 모서리를 만듦
- **box-sizing**: 요소의 너비와 높이가 어떻게 계산될지 결정하는 속성으로, content-box는 콘텐츠 영역만, border-box는 패딩과 테두리를 포함해 크기를 계산함

【연습 문제】

1. 다음 중 텍스트 레이아웃과 관련된 CSS 속성이 아닌 것은?
   ① line-height
   ② text-align
   ③ letter-spacing
   ④ font-family

2. position 속성의 값 중 브라우저 창을 기준으로 요소를 고정시키는 값은?

    ① static

    ② relative

    ③ absolute

    ④ fixed

3. 박스 모델의 구성 요소를 바깥쪽부터 안쪽 순서로 올바르게 나열한 것은?

    ① margin, border, padding, content

    ② padding, border, margin, content

    ③ content, padding, border, margin

    ④ border, margin, padding, content

4. CSS에서 그러데이션 효과를 만들기 위해 사용하는 함수로 올바르게 짝지어진 것은?

    ① gradient(), radient-gradient()

    ② linear-gradient(), circle-gradient()

    ③ linear-gradient(), radial-gradient()

    ④ line-gradient(), circle-gradient()

5. 다음 중 float 속성의 특징으로 올바른 것은?

    ① 요소를 본문에서 완전히 분리해 배치한다.

    ② 요소가 화면에 어떻게 보일지를 정의한다.

    ③ 요소를 페이지 내 왼쪽이나 오른쪽으로 띄운다.

    ④ 요소의 크기를 계산하는 방식을 정의한다.

연습문제 해답

1. ④ – font-family는 글꼴을 지정하는 텍스트 스타일 속성이며, 다른 선택지들은 모두 텍스트 레이아웃과 관련된 속성이다.
2. ④ – fixed는 브라우저 창을 기준으로 요소를 고정시켜 스크롤해도 위치가 변하지 않는다.
3. ① – 박스 모델은 바깥쪽부터 margin(바깥 여백), border(테두리), padding(안쪽 여백), content(내용) 순으로 구성된다.
4. ③ – CSS에서 그러데이션 효과를 만들기 위해 linear-gradient()(선형 그러데이션)와 radial-gradient()(원형 그러데이션) 함수를 사용한다.
5. ③ – float 속성은 요소를 페이지 내에서 왼쪽(left) 또는 오른쪽(right)으로 띄워 배치하는 데 사용된다.

07

웹 페이지의 완성도를 높이는 CSS 고급 속성

6장에서 CSS의 기본 구조를 익혔다면, 7장에서는 한 걸음 더 나아가 유연하고 생동감 넘치는 웹 페이지를 만들기 위한 고급 CSS 기법들을 알아봅니다.

7.1 복잡한 레이아웃 간단히 구현하기

유튜브 홈페이지 화면을 종이와 펜으로 따라 그린다고 생각해 볼까요?

아마 완벽하진 않겠지만 대략적인 콘텐츠의 위치는 찾아 그려볼 수 있을 것입니다. 예를 들면, 상단에는 로고와 검색바가 있고, 좌측에는 메뉴들이 세로로 나란히 정렬돼 있을 것입니다. 또 유튜브 영상들은 중앙에서 디바이스의 크기에 따라 일정 개수만큼 바둑판처럼 나열돼 있을 것입니다.

그림 7.1 손으로 따라 그린 유튜브 홈페이지

그런데 우리가 손으로 쉽게 따라 그리는 것과 달리, 웹 페이지에서 요소들을 이처럼 자유자재로 배치하는 일은 생각보다 쉽지 않습니다.

앞서 다른 CSS 요소들을 배우며 느꼈을 수 있겠지만 기본적으로 모든 요소는 위에서 아래로, 왼쪽에서 오른쪽으로 이어지기 때문에 갑자기 어떤 요소들만 오른쪽으로 붙인다거나, 여러 개의 요소를 일정 간격만큼 떨어트린다거나 하는 식의 자유로운 배치가 자연스럽게 제공되지 않습니다. 앞에서 배운 position과 float 속성 등으로 어찌어찌 구현할 수는 있겠지만 아마 생각보다 많은 양의 스타일링이 필요할 것입니다.

이러한 상황에서 유용하게 사용할 수 있는 것이 바로 이번 절에서 이야기할 플렉스박스(flexbox)와 그리드 레이아웃(Grid Layout)입니다. 플렉스박스와 그리드 레이아웃 모두 CSS에서 제공하는 레이아웃 시스템으로, 특히 반응형 웹처럼 다양한 화면 크기에 유연하게 대응해야 하는 레이아웃을 쉽게 구현할 수 있다는 장점이 있어 많은 사람들이 사용하고 있습니다. 그럼 하나씩 살펴볼까요?

플렉스박스로 질서 있게 정렬하기

플렉스박스는 현재 가장 잘 알려진 레이아웃 스타일링 시스템입니다. 플렉스박스 시스템을 이해하기 위해서 가장 먼저 알아야 할 개념은 바로 컨테이너와 아이템입니다.

HTML 태그에서 플렉스박스의 정렬이 적용될 각 요소를 **아이템**(item), 그리고 그 아이템을 감싸는 부모 요소를 **컨테이너**(container)라고 부릅니다.

컨테이너와 아이템의 관계는 마치 컴퓨터에서 폴더와 파일의 관계와 같습니다. 하나의 폴더 안에 여러 파일이 함께 들어 있는 것처럼 각 요소에 해당하는 아이템을 컨테이너가 감싸는 구조입니다.

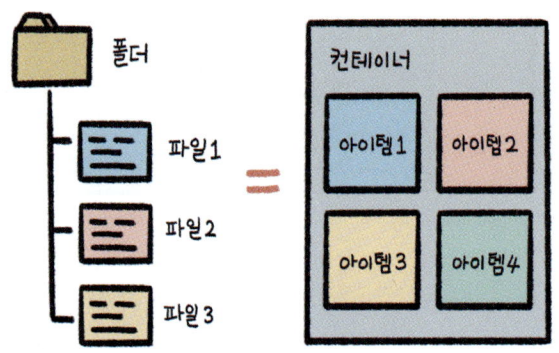

그림 7.2 폴더와 파일로 비유하는 컨테이너와 아이템

특정 파일들을 모두 일렬로 정렬하고 싶다고 생각해 봅시다. 그냥 모든 파일을 일일이 끌어다가 자리에 놓는 방식도 있겠지만, 그보다는 파일들을 한 폴더에 모아놓고 [정렬하기] 버튼을 누르는 방식이 더 효율적입니다. 이처럼 플렉스박스 레이아웃을 적용하기 위해서도 아이템을 제어하는 방식과 컨테이너를 제어하는 방식의 두 가지 방법이 있는데, 앞에서 이야기했듯이 아이템 하나하나를 제어하는 것보다 컨테이너에서 일괄적으로 정렬 방향이나 순서를 정하는 방식이 더 효율적이므로 플렉스박스 또한 일반적으로 컨테이너에 대부분의 속성을 지정하는 편입니다.

플렉스박스 컨테이너의 속성

컨테이너와 아이템의 관계도 살펴봤으니 본격적으로 코드를 살펴보겠습니다.

display: flex

플렉스박스 레이아웃을 만들기 위해서는 가장 먼저 특정 영역을 플렉스박스 컨테이너로 지정하는 작업이 필요합니다. 이때 필요한 스타일이 `display: flex`입니다.

예를 들어, container라는 클래스를 가진 태그를 컨테이너로 지정하고 싶다면 다음과 같이 스타일을 추가합니다. 이때 클래스명이 container인 것은 편의를 위한 것으로, 다른 클래스명을 사용해도 무방합니다.

예제 7.1 display: flex 속성을 사용해 컨테이너 정의하기   ch07/7.1/flex.html

```html
<!DOCTYPE html>
<html lang="ko">
  <head>
    <meta charset="UTF-8">
    <title>7.1. 복잡한 레이아웃 간단히 구현하기</title>
    <style>
      .container {
        display: flex;
      }
      .item {
        width: 250px;
        height: 250px;
        margin: 10px;
      }
      .grape {
        background-color: plum;
      }
      .orange {
        background-color: orange;
      }
      .watermelon {
        background-color: lightgreen;
      }
```

```
      .tomato {
        background-color: lightcoral;
      }
    </style>
  </head>
  <body>
    <main class="container">
      <div class="item grape">달콤한 포도</div>
      <div class="item orange">상큼한 오렌지</div>
      <div class="item watermelon">시원한 수박</div>
      <div class="item tomato">멋쟁이 토마토</div>
    </main>
  </body>
</html>
```

이렇게 정의하고 나면 CSS는 컨테이너의 바로 하위에 있는 모든 자식 요소를 플렉스박스 컨테이너의 아이템이라 인지하고, 앞으로의 모든 플렉스박스 스타일링을 아이템 요소에 적용합니다.

그림 7.3 display: flex가 적용된 모습

이때 중요한 점은 아이템은 자신과 인접한 '자식 요소'에 한정한다는 점입니다. 즉, 자손 요소나 형제 요소에는 플렉스박스 스타일링이 적용되지 않습니다.

따라서 만약 컨테이너 안에 다음과 같이 자식/자손 요소들이 있다면 아이템 1, 2, 3은 앞으로 적용할 플렉스박스 속성에 영향을 받겠지만 아이템 1-1은 인접한 요소가 아니므로 영향을 받지 않습니다.

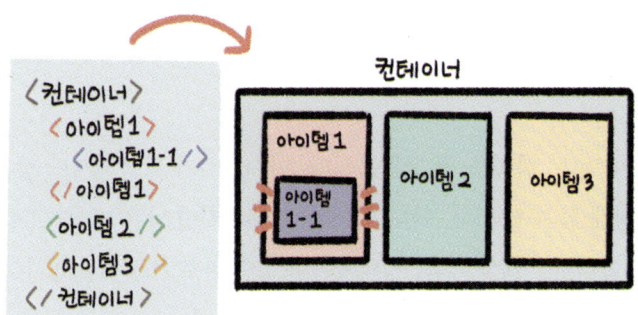

그림 7.4 컨테이너의 자식 요소에만 적용되는 flex 속성

참고로 `display: flex`는 여러 번 선언해도 상관없기 때문에 아이템 1-1에도 플렉스박스 레이아웃을 적용하고 싶다면 아이템 1에 `display: flex`를 추가하는 식으로 중첩해서 사용할 수 있습니다.

flex-direction

앞에서 살펴본 것처럼 일반적으로 `display: flex` 속성만 부여해도 자동으로 아이템이 유연하게 정렬됩니다.

그런데 가로 정렬이 아닌 세로 정렬을 하고 싶으면 어떻게 해야 할까요? 그런 상황에서 사용하는 속성이 **flex-direction**입니다.

```
flex-direction: row | column | row-reverse | column-reverse
```

`flex-direction` 속성은 flex가 진행될 방향을 설정하는 속성입니다. 아이템을 행(row) 방향으로 진행할 것인지, 또는 열(column) 방향으로 진행할 것인지를 정할 수 있습니다. 또 같은 방향이더라도 아이템의 순서를 거꾸로 배치하는 `row-reverse`, `column-reverse` 속성값도 있습니다.

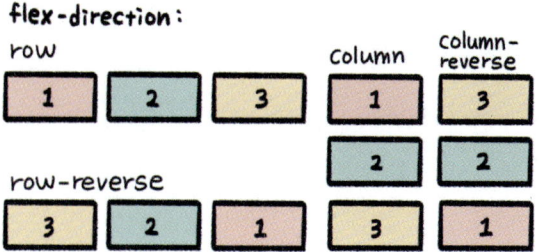

그림 7.5 flex-direction 속성값에 따른 진행 순서

flex-wrap

마시멜로를 통에 넣는 상황을 생각해 봅시다. 마시멜로가 납작해져도 상관없으니 꾹꾹 눌러 한 통에 넣게 할 수도 있고, 아니면 통이 다 채워지면 남은 마시멜로를 새로운 통에 담는 방법도 있습니다. 이런 방식을 정의하는 속성이 바로 `flex-wrap`입니다.

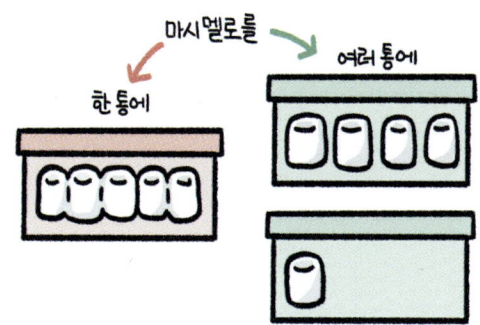

그림 7.6 마시멜로에 비유한 `flex-wrap`

`flex-wrap`은 부모 요소의 공간이 자식 요소의 너비를 더 이상 포함할 수 없을 때 한 줄로 유지할 것인지, 여러 줄로 분리할 것인지 정하는 속성입니다. 다음과 같이 `nowrap`으로 지정하면 아이템의 크기를 줄이며 한 줄로 유지하고, `wrap`으로 지정하면 아이템의 크기가 유지된 채로 자동으로 여러 줄로 분리됩니다.

```
flex-wrap: nowrap | wrap
```

가령 앞에서 살펴본 유튜브 홈페이지에 있던 영상 목록의 경우 영상이 많아지면 자동으로 여러 줄로 분리되는 것을 보아 `flex-wrap`이 `wrap`이라는 것을 알 수 있습니다.

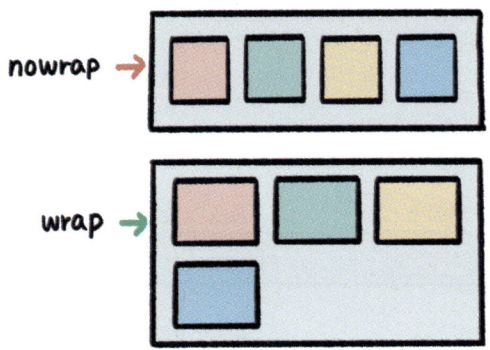

그림 7.7 flex-wrap 속성값에 따른 정렬 모습

justify-content

플렉스박스 구현을 위한 기본적인 개념은 이해했으니, 이제 본격적으로 아이템들을 정렬해 볼까요? 우선 **justify-content**는 **기본 축**을 정렬하기 위해 사용하는 속성입니다.

이때 기본 축은 flex-direction 속성에 따라 정해집니다. 예를 들어, flex-direction이 row로 설정돼 있다면 아이템들이 왼쪽에서 오른쪽으로 나열되므로 기본 축은 가로 방향입니다. 반대로 flex-direction이 column이면 위에서 아래로 나열되기 때문에 기본 축은 세로 방향이 됩니다.

flex-direction을 따로 설정하지 않으면 기본값은 row이기 때문에 기본 축은 가로 방향이라고 생각하면 됩니다. 이후에 나올 예제들도 모두 기본 축이 가로 방향이라는 전제로 설명할 예정입니다.

justify-content의 속성값은 정말 다양한데, 크게 다음과 같이 구분할 수 있습니다.

표 7.1 justify-content 속성값

속성값	설명
flex-start(기본값)	시작점으로 정렬
flex-end	끝점으로 정렬
center	중앙 정렬
space-between	자식 요소의 첫 번째 요소와 마지막 요소는 양 끝에 배치하고, 사이에 있는 여백을 균등하게 분배

속성값	설명
space-around	모든 요소의 좌우 여백을 균등하게 분배
space-evenly	모든 여백을 균등하게 분배

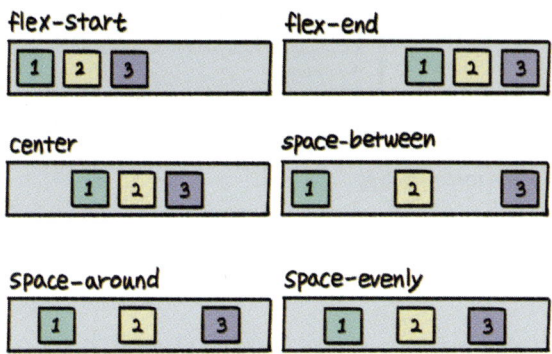

그림 7.8 justify-content 속성값에 따른 기본 축 정렬 모습

똑같은 속성인데 justify-content가 바뀐 것만으로도 레이아웃이 크게 달라지는 것을 확인할 수 있습니다. 이처럼 플렉스박스에 있어서 중요한 개념 중 하나가 바로 justify-content입니다.

참고로 space-around와 space-evenly의 경우 그림으로만 봤을 때는 비슷해 보이는데, space-around의 경우 요소의 좌우 여백을 균등하게 나누지만, space-evenly는 모든 여백을 똑같이 분배한다는 점에서 차이가 있습니다. 다음 그림을 보면 좀 더 쉽게 이해할 수 있습니다.

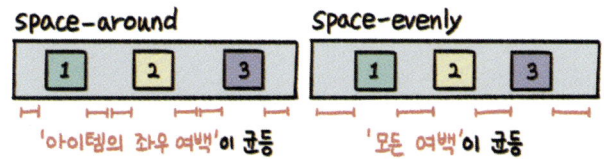

그림 7.9 space-around와 space-evenly의 차이

align-items

앞에서 기본 축이라는 개념을 설명했는데, 이에 대응되는 개념으로 **반대 축**도 있습니다. 반대 축은 기본 축과 직각(90도)을 이루는 방향을 의미합니다. 예를 들어, 기본 축이 가

로 방향이면, 반대 축은 자동으로 세로 방향이 됩니다. 그렇다면 반대 축으로 요소를 정리하고 싶으면 어떻게 해야 할까요? 이럴 때 사용하는 속성이 바로 **align-items**입니다.

이는 주로 버튼 안의 아이콘과 텍스트를 중앙으로 정렬하고 싶을 때와 같은 상황에서 사용하는데, 주요 속성값은 justify-contents와 비슷합니다.

표 7.2 align-items 속성값

속성값	설명
flex-start	시작점으로 정렬
flex-end	끝점으로 정렬
center	중앙 정렬
stretch(기본값)	부모 요소의 높이에 맞춰 늘어남(단, 자식 요소의 높이 값이 지정되지 않은 경우)
baseline	폰트의 기준선에 맞춰 정렬

그림을 보면 다음과 같이 align-items의 속성값에 따라 반대 축 정렬이 달라지는 모습을 확인할 수 있습니다.

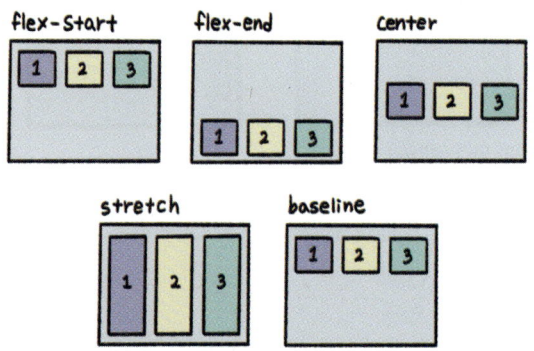

그림 7.10 align-items 속성값에 따른 반대 축 정렬 모습

여기서도 flex-start와 baseline이라는 두 속성값의 결과가 비슷해 보입니다. baseline은 아이템의 '폰트의 기준선'에 맞춰 정렬되므로 모든 아이템의 스타일이 같을 경우에는 flex-start와 동일하게 보이지만 아이템마다 폰트 크기가 다른 경우 다음과 같이 flex-start와는 다른 모습으로 보입니다.

그림 7.11 baseline 속성값의 특징

그런데 여기서 주의해야 할 점은 앞에서 설명했듯이 flex-direction에 따라 기본 축이 결정된다고 했으므로 justify-content와 align-items는 flex-direction의 속성값에 따라 적용되는 축이 달라진다는 점입니다.

그래서 가령 justify-content가 center인데, flex-direction이 row이면 기본 축이 행일 때 가로 정렬이 중앙이 되고, flex-direction이 column이면 반대로 세로 정렬이 중앙으로 바뀌는 모습을 확인할 수 있습니다.

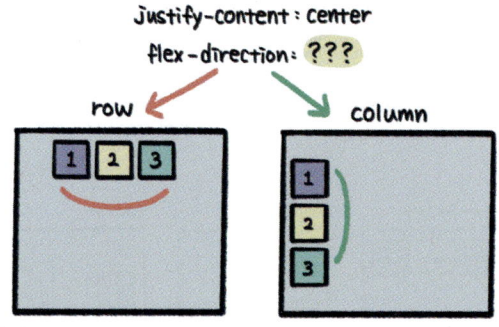

그림 7.12 기준이 되는 축에 따라 달라지는 정렬

따라서 justify-content와 align-items를 설정할 때는 flex-direction을 고려하며 작성해야 합니다.

그럼 지금까지 배운 내용을 토대로 박스들의 레이아웃을 바꿔볼까요? 다음은 다양한 플렉스박스 컨테이너 속성을 사용해 아이템을 정렬하는 예제입니다.

예제 7.2 플렉스박스 컨테이너 속성을 사용해 레이아웃 바꾸기   ch07/7.1/flex.html

```
... 생략 ...
    <style>
        .container {
            display: flex;
```

```
        flex-direction: row;
        flex-wrap: wrap;
        justify-content: center;
        align-items: center;
        height: 100vh; /* 반대 축 정렬을 확인하기 위해 추가 */
    }
    .item {
        width: 250px;
        height: 250px;
        margin: 10px;
    }
    ... 생략 ...
```

코드를 작성한 다음, 브라우저에서 확인해 보면 다음과 같이 가로와 세로 정렬도 중앙으로 바뀌고, 화면이 줄어들어도 아이템의 비율은 그대로 유지되는 것을 확인할 수 있습니다.

그림 7.13 플렉스박스 컨테이너 속성이 적용된 모습

gap

플렉스박스의 속성은 아니지만 레이아웃을 정의하기 위해 flexbox에서 자주 사용하는 속성이 있는데, 바로 **gap**입니다. gap은 행 또는 열 사이의 간격을 설정하는 속성입니다.

일반적으로 값을 하나만 설정하면 행과 열 모두에 적용되며, 행과 열을 따로 지정하고 싶다면 행과 열의 간격을 순서대로 입력합니다.

gap: 크기 단위(px, em, % 등)

예제를 보면 아이템 요소에 margin 속성을 사용해 아이템 간의 간격을 띄워 놓았는데, 이처럼 margin으로 간격을 줄 수도 있지만, gap을 사용하면 다음과 같이 컨테이너와 인접한 아이템들의 여백은 신경 쓰지 않고 오로지 아이템 사이의 여백만 고려할 수 있다는 장점이 있습니다.

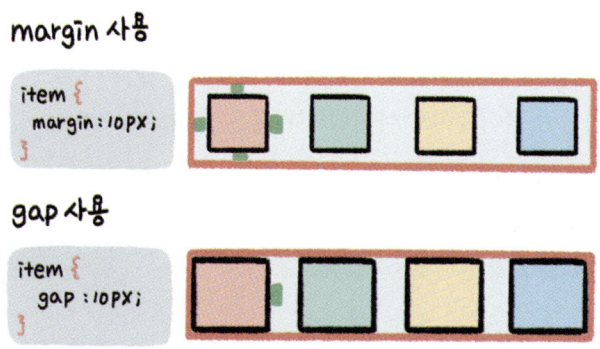

그림 7.14 margin을 사용하는 경우와 gap을 사용하는 경우

앞선 예제의 margin 값을 바꿔볼까요? 참고로 좌우 여백이 모두 추가되는 margin과 달리 gap은 한 번만 적용되므로 이전과 동일한 간격을 주기 위해서는 기존에 지정했던 margin 값의 2배를 입력해야 합니다.

예제 7.3 margin 속성을 gap 속성으로 바꾸기   ch07/7.1/flex.html

```
... 생략 ...
<style>
  .container {
    display: flex;
    flex-direction: row;
    flex-wrap: wrap;
    justify-content: center;
    align-items: center;
    height: 100vh;
```

```
        gap: 20px;
    }
    .item {
        width: 250px;
        height: 250px;
        /* margin: 10px; */ /* 주석 처리 */
        list-style: none;
    }
... 생략 ...
```

그림 7.15 gap 속성이 적용된 모습

플렉스박스 아이템의 속성

지금까지 부모 요소인 컨테이너의 속성에 대해 살펴봤습니다. 그러면 각 자식 요소인 아이템의 속성에는 어떤 것이 있을까요?

order

가장 먼저 아이템 간 순서를 정의하는 **order** 속성이 있습니다. order 속성을 사용해 컨테이너 내에서 각 아이템의 순서를 자유롭게 정할 수 있습니다. 기본값은 0이고, 값이 작아질수록 앞 순서를 유지합니다.

`order: 숫자`

다음은 order 속성에 따른 아이템 순서의 변화를 보여줍니다.

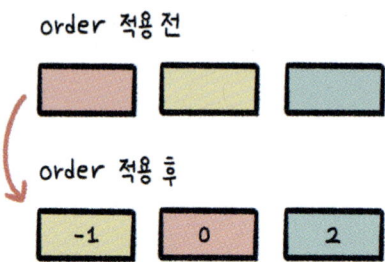

그림 7.16 order 속성에 따른 아이템 순서의 변화

다음은 각 아이템에 order 속성을 적용한 예제입니다. order의 숫자만 보고 순서를 예상해 보세요.

예제 7.4 order 속성을 사용해 아이템의 순서 정하기　　　　　ch07/7.1/flex.html

```
... 생략 ...
    .grape {
      background-color: plum;
      order: 0;
    }
    .orange {
      background-color: orange;
      order: -1;
    }
    .watermelon {
      background-color: lightgreen;
      order: 2;
    }
    .tomato {
      background-color: lightcoral;
      order: -999;
    }
  </style>
... 생략 ...
```

브라우저를 열어보면 값이 작은 순서대로 토마토, 오렌지, 포도, 수박 아이템이 차례로 나열된 것을 확인할 수 있습니다.

그림 7.17 order 속성이 적용된 모습

flex

추가 속성 없이 display: flex로만 플렉스박스 레이아웃을 만들면 그 안에 있는 아이템들은 컨테이너가 줄어들거나 늘어날 때 자동으로 크기가 변경됩니다. 그래서 다음과 같이 컨테이너의 크기가 줄어들면 자연스레 아이템의 크기도 줄어들고, 반대로 컨테이너의 크기가 늘어나면 아이템의 크기도 적절하게 늘어납니다.

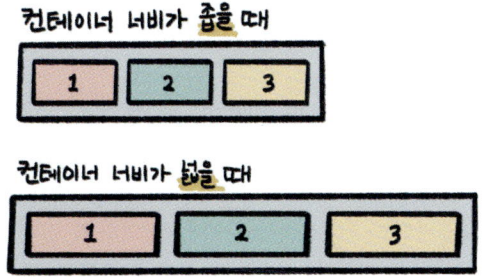

그림 7.18 크기에 따라 일정하게 조절되는 아이템의 크기

그런데 이렇게 일관된 스타일을 적용하는 것이 아니라 특정 아이템만 크기를 고정하거나 일정한 비율로 늘어나게끔 설정해야 하는 경우도 있습니다. 이럴 때 사용하는 것이 flex-grow, flex-shrink, flex-basis입니다.

먼저 **flex-grow**를 살펴볼까요? flex-grow는 컨테이너 요소에 여분의 공간이 있을 때 아이템의 크기를 확장할 것인지 정의하는 속성입니다. 기본값은 0이며 큰 숫자를 입력할수록 크기가 커집니다.

```
flex-grow: 숫자
```

따라서 만약 아래 그림의 아이템 숫자만큼 flex-grow를 작성한다면 평소에는 모두 너비가 같지만 컨테이너의 크기가 늘어나면 가장 flex-grow 값이 큰 빨간색 아이템이 노란색 아이템의 3배가량 커지게 됩니다.

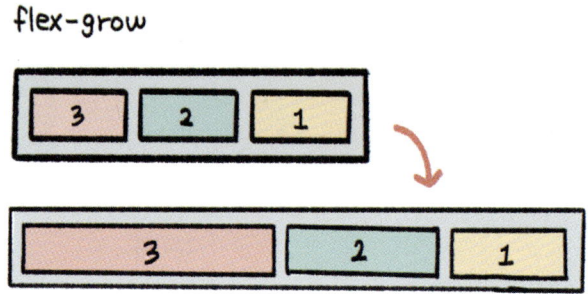

그림 7.19 flex-grow를 적용한 모습

아이템을 늘리는 속성이 있다면 반대로 축소하는 속성도 있을 것입니다. **flex-shrink** 속성의 shrink라는 단어는 '축소시키다'라는 뜻으로, 말 그대로 컨테이너 크기보다 아이템들의 크기가 커졌을 때 아이템을 얼마나 줄일지 지정하는 속성입니다.

`flex-shrink: 숫자`

기본값은 1이고, 만약 0이라고 지정하면 원래 아이템의 크기 그대로 사용할 것이라는 뜻이며, 1보다 큰 숫자를 작성하면 그 비율만큼 아이템의 크기가 축소됩니다.

다음 그림처럼 아이템 숫자만큼 flex-shrink 값을 정의하면 컨테이너의 너비가 줄어들었을 때 flex-shrink의 값이 큰 빨간색 아이템의 너비가 다른 아이템보다 많이 줄어든 모습을 확인할 수 있습니다.

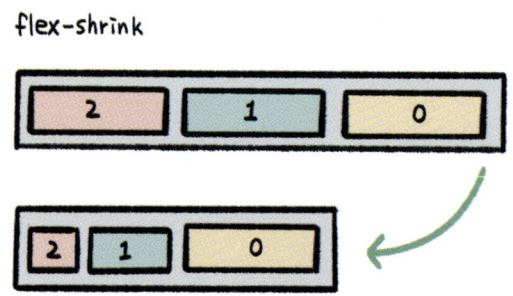

그림 7.20 flex-shrink를 적용한 모습

마지막으로 축소하거나 확장하는 것이 아닌 아이템의 기본 크기를 정하는 **flex-basis**가 있습니다. flex-basis는 기본적으로는 부모 요소의 크기에 따라 자동으로 변경되는 auto로 지정돼 있습니다. 100px, 50% 등 임의의 값을 지정해 놓으면 해당 값만큼 요소들의 크기가 정해집니다.

```
flex-basis: 크기 단위(px, em, % 등) | auto
```

그림 7.21 flex-basis 속성을 적용해 기본 크기를 적용한 모습

그런데 이렇게 일일이 속성을 정하는 것도 좋지만 한 번에 정의한다면 더 편리할 것입니다. flex 속성은 앞서 설명한 flex-grow, flex-shrink, flex-basis의 축약형으로 순서대로 값을 선언해 아이템의 속성을 한 번에 정의할 수 있습니다.

```
flex: flex-grow flex-shrink fiex-basis
```

그럼 이러한 flex 속성을 실제 예제에 적용해 보겠습니다. 다음은 아이템 중 '달콤한 포도' 박스의 개별 속성을 flex 속성을 사용해 정의한 코드입니다.

예제 7.5 단일 자식 요소에 flex 속성 적용하기 　　　　　　　　　　ch07/7.1/flex.html

```
... 생략 ...
    .grape {
      background-color: plum;
      order: 0;
      flex: 3 2 100px; /* flex-grow, flex-shrink, flex-basis 순서 */
    }
... 생략 ...
```

브라우저에서 열어보면 '달콤한 포도' 아이템의 크기가 브라우저의 크기에 따라 달라집니다. 브라우저의 너비가 커지면 함께 늘어나다가, 브라우저의 너비가 작아지면 함께 줄어드는 모습을 확인할 수 있습니다.

그림 7.22 아이템에 flex 속성이 적용된 모습

flex-grow, flex-shrink의 비율만큼 정확히 늘어나거나 축소하지 않는 이유는 다른 아이템에 flex 속성이 없기 때문입니다. 보통 이렇게 혼자만 flex 값이 있다면 해당 아이템은 컨테이너의 남은 공간을 모두 차지합니다.

align-self

아이템 속성의 마지막 순서로 컨테이너의 align-items 속성과 무관하게 아이템의 개별 정렬을 정의하는 **align-self** 속성이 있습니다. 아이템에 align-self를 정의하게 되면 다음과 같이 컨테이너의 align-items 속성과 관계없이 아이템을 정렬할 수 있습니다.

표 7.3 align-self 속성값

속성값	설명
auto(기본값)	컨테이너의 align-items 속성값을 상속
flex-start	시작점으로 정렬
flex-end	끝점으로 정렬
center	중앙 정렬
space-between	자식 요소 첫 번째 요소와 마지막 요소는 양 끝에 배치하고, 사이에 있는 여백을 균등하게 분배
space-around	모든 요소의 좌우 여백을 균등하게 분배
space-evenly	모든 여백을 균등하게 분배

속성값은 컨테이너의 align-items와 거의 동일하지만 단 한 가지가 다른데, 바로 auto입니다. auto로 지정하게 되면 부모 컨테이너의 align-items 값을 상속받습니다.

이러한 align-self 속성을 사용하면 다음과 같이 각 아이템에 대해 별도의 정렬 방식을 설정할 수 있습니다.

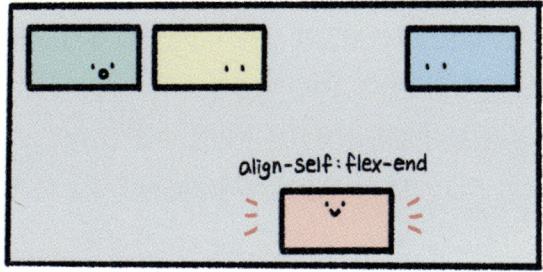

그림 7.23 컨테이너 정렬과 관계없이 아이템을 정렬하는 align-self

앞서 본 예제에서 '시원한 수박' 아이템만 브라우저 하단에 정렬하고 싶다면 다음과 같이 작성할 수 있습니다.

예제 7.6 align-self 속성을 사용해 개별 아이템 정렬하기　　　　　ch07/7.1/flex.html

```
... 생략 ...
    .watermelon {
      background-color: lightgreen;
      order: 2;
      align-self: flex-end;
    }
... 생략 ...
```

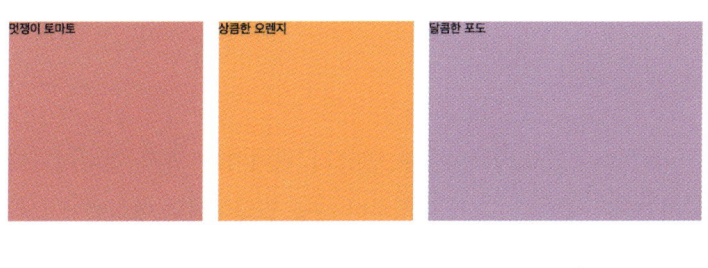

그림 7.24 align-self 속성이 적용된 모습

가로세로 그리드

지금까지 플렉스박스에 대해 살펴봤습니다. 그런데 플렉스박스의 가장 큰 특징은 수평과 수직 중 하나의 축에 대한 레이아웃만 관여한다는 점입니다.

그러면 수평과 수직 둘 다 한 번에 정하는 방법은 없을까요? 그런 궁금증에서 생겨난 것이 바로 **그리드 레이아웃**입니다.

테트리스 게임을 보면 화면 안에서 다양한 크기의 블록들이 쌓이는 모습을 확인할 수 있습니다. 그리드 또한 이와 비슷하게 2차원의 공간 안에서 다양하게 레이아웃을 구현할 수 있습니다. 행과 열 중 한 방향만 선택해서 관리할 수 있던 플렉스박스와는 달리 행과 열을 동시에 관리할 수 있으므로 더 복잡한 형태의 레이아웃을 더 쉽고 간결하게 만들 수 있게 됩니다.

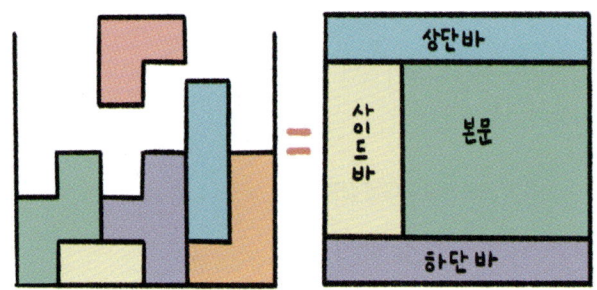

그림 7.25 테트리스로 비유한 그리드

이러한 그리드는 플렉스박스와 마찬가지로 그리드 영역의 전체 속성을 관리하는 컨테이너와 각 그리드 아이템의 속성으로 구분할 수 있습니다. 그러면 본격적으로 그리드의 속성을 하나씩 살펴볼까요?

그리드 컨테이너의 속성

플렉스박스와 마찬가지로 그리드로 레이아웃을 만들기 위해서는 먼저 컨테이너에 `display: grid` 속성을 선언해야 합니다. 그럼 이제부터 해당 컨테이너와 아이템에 그리드 레이아웃을 적용할 수 있게 됩니다.

앞에서 이야기했듯이 플렉스박스에서는 행과 열 중 한 방향만 선택해서 레이아웃을 만들 수 있었습니다. 그리드에서는 **grid-template-rows**와 **grid-template-columns**를 사용해 행과 열을 함께 정의할 수 있습니다.

grid-template-rows: 크기 단위(px, em, % 등) | repeat()

grid-template-columns: 크기 단위(px, em, % 등) | repeat()

grid-template-rows 속성과 grid-template-columns 모두 크기 단위를 사용해 행과 열에 대해 각각 원하는 아이템의 개수와 크기를 정의할 수 있습니다. 9개의 아이템을 각각 다른 크기로 정의하고 싶다면 다음과 같이 작성할 수 있습니다.

예제 7.7 grid-template으로 레이아웃 정렬하기　　　　　　　　　　ch07/7.1/grid.html

```html
<!DOCTYPE html>
<html lang="ko">
  <head>
    <meta charset="UTF-8">
    <title>7.1.4. 가로세로 그리드</title>
    <style>
      .container {
        display: grid;
        grid-template-rows: 50px 150px 100px;
        grid-template-columns: 200px 400px 200px;
      }
      .item {
        font-size: 24px;
        text-align: center;
        padding: 10px;
        border: 1px solid black;
        background-color: cornsilk;
      }
    </style>
  </head>
  <body>
    <main class="container">
      <div class="item">1</div>
      <div class="item">2</div>
```

```html
        <div class="item">3</div>
        <div class="item">4</div>
        <div class="item">5</div>
        <div class="item">6</div>
        <div class="item">7</div>
        <div class="item">8</div>
        <div class="item">9</div>
    </main>
</body>
</html>
```

위와 같이 스타일을 적용하면 다음과 같이 9개의 아이템이 3행 3열로 정해진 크기로 나열된 모습을 확인할 수 있습니다.

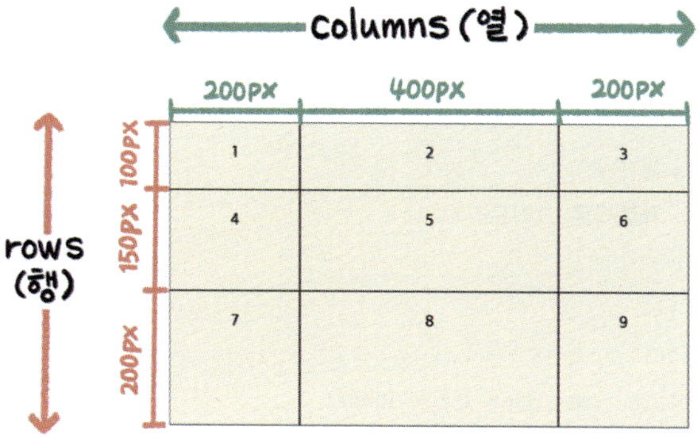

그림 7.26 grid-template-rows, grid-template-columns 속성이 적용된 모습

그런데 각 아이템을 정확히 몇 픽셀씩 정하는 게 아니라 1:1, 1:2:3처럼 유연하게 크기를 정하고 싶으면 어떻게 할까요? 그럴 때 사용하는 것이 바로 fr입니다.

fr은 faction의 약자로, 행 또는 열의 크기를 비율로 나눠 설정하는 단위입니다.

다음과 같이 행의 크기를 '1fr 1fr 1fr'로 선언하면 그림처럼 1:1:1 비율로 아이템이 정렬된 모습을 확인할 수 있습니다.

예제 7.8 fr을 사용해 비율 단위로 크기를 지정하기　　　　　　　　　　ch07/7.1/grid.html

```
... 생략 ...
    .container {
```

```
        display: grid;
        /* grid-template-rows: 100px 150px 200px; */
        grid-template-rows: 1fr 1fr 1fr;
        grid-template-columns: 200px 400px 200px;
    }
... 생략 ...
```

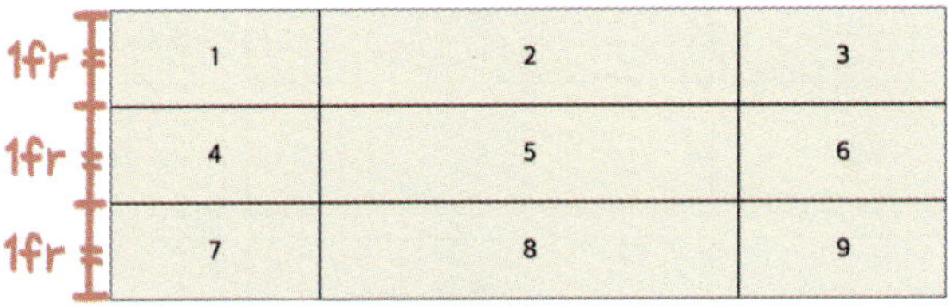

그림 7.27 fr을 적용해 행의 크기를 동일한 비율로 적용한 모습

또한 '1fr 1fr 1fr'처럼 선언이 반복되는 것을 줄이기 위해 **repeat()** 함수를 사용할 수 있습니다. 앞에서 작성한 속성을 repeat() 함수로 변환하면 다음과 같습니다.

예제 7.9 repeat() 함수를 사용해 중복되는 값을 줄여서 표현하기　　　　ch07/7.1/grid.html

```
... 생략 ...
    .container {
        display: grid;
        /* grid-template-rows: 100px 150px 200px; */
        /* grid-template-rows: 1fr 1fr 1fr; */
        grid-template-rows: repeat(3, 1fr);
        grid-template-columns: 200px 400px 200px;
    }
... 생략 ...
```

또한 앞서 플렉스박스에서 사용한 것처럼 gap 속성을 사용해 행과 열 사이의 간격을 조정할 수 있습니다.

예제 7.10 gap으로 그리드 레이아웃의 여백 지정하기　　　　ch07/7.1/grid.html

```
... 생략 ...
    .container {
        display: grid;
        /* grid-template-rows: 100px 150px 200px; */
        /* grid-template-rows: 1fr 1fr 1fr; */
```

```
        grid-template-rows: repeat(3, 1fr);
        grid-template-columns: 200px 400px 200px;
        gap: 20px;
    }
... 생략 ...
```

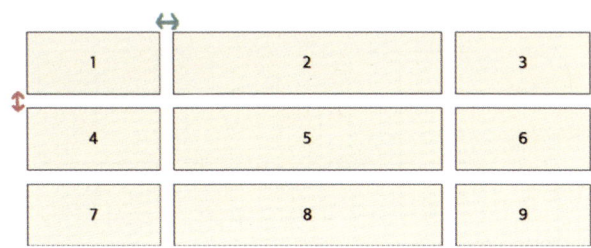

그림 7.28 gap 속성을 적용한 모습

그리드 아이템의 속성

플렉스박스의 아이템 속성처럼, 그리드에서도 아이템 속성을 이용해 각 아이템의 영역을 자유롭게 지정할 수 있습니다. 다만 그리드는 2차원 구조로 돼 있어 선언하는 방법이 조금 더 복잡합니다. 그래서 영역을 정하기에 앞서 그리드의 레이아웃 순번 개념에 대해 간단히 살펴보겠습니다.

그리드의 경우 사용자가 쉽게 영역을 선언할 수 있도록 자동으로 각 영역에 번호를 매깁니다. 가령 학생들이 교실에 차례로 앉아 있을 때 특정 학생을 찾거나 부르기 위해 '2행 3열에 앉아 있는 학생'이라고 말하는 것처럼 그리드 또한 행과 열처럼 그리드에 번호를 매기고 위치를 지정하는 데 사용합니다. 한번 살펴볼까요?

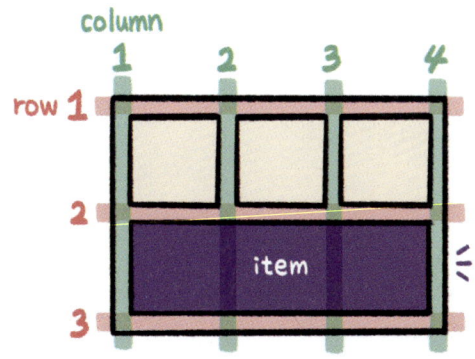

그림 7.29 그리드의 라인 번호 구조

그리드는 특이하게 레이아웃의 라인을 숫자로 구분해 사용합니다. 위 그림과 같이 2행 3열의 그리드 레이아웃이 있다면 최상단 라인이 row 1번이 되고 가장 아래에 있는 라인이 row 3번이 됩니다. 또한 가장 왼쪽 라인이 column 1번이 되고 가장 오른쪽에 있는 라인이 column 4번이 됩니다.

그럼, 이 개념을 가지고 아이템의 속성을 살펴보겠습니다.

아이템은 `grid-row-start`와 `grid-row-end`로 행의 시작과 끝을, `grid-column-start`와 `grid-column-end`로 열의 시작과 끝을 정의할 수 있습니다.

그래서 위 그림의 보라색 item 영역의 크기를 다음과 같이 표현할 수 있습니다.

예제 7.11 그리드의 라인을 사용해 아이템 배치하기   ch07/7.1/grid.html

```
.purple-item {
  grid-row-start: 2;
  grid-row-end: 3;
  grid-column-start: 1;
  grid-column-end: 4;
}
```

그리고 grid-row, grid-column이라는 축약형으로 다음과 같이 간결하게 정리할 수 있습니다.

예제 7.12 예제 의 축약형   ch07/7.1/grid.html

```
.purple-item {
  grid-column: 1 / 4;
  grid-row: 2 / 3;
}
```

또한 그리드에서는 자식 요소에 span이라는 특수한 값을 사용할 수 있습니다. span은 특정 위치로부터 n번째 값을 의미하는 것으로, 이를 활용해 아이템을 다시 정의한다면 다음과 같이 쓸 수 있습니다.

예제 7.13 span을 사용해 아이템 배치하기　　　　　　　　　ch07/7.1/grid.html

```
.purple-item {
  grid-row: 2 / span 1; /* row 2번 라인부터 1칸 떨어진 3번 라인까지 */
  grid-column: 1 / span 3; /* column 1번 라인부터 3칸 떨어진 4번 라인까지 */
}
```

템플릿으로 그리드 쉽게 사용하기

지금까지 그리드의 기본적인 사용법을 살펴봤습니다. 그런데 숫자를 일일이 입력하는 방식이 생각보다 복잡해서 코드를 작성하는 사람도 힘들뿐더러 코드를 읽는 사람 또한 난해하게 느껴집니다. 그래서 그리드에서는 템플릿 속성을 제공해 더 쉽게 그리드 레이아웃을 만들 수 있도록 지원합니다.

앞서 한 반에서 누군가를 부를 때 '2행 3열에 앉아 있는 학생'이라고 부르는 방식이 기본 그리드 속성 방식이었다면 이제는 '고리드'와 같은 이름으로 쉽게 부를 수 있게 되는 것입니다.

그럼 템플릿으로 간단하게 레이아웃을 만들어 볼까요?

어떤 사람을 '고리드'라고 부르기 위해서는 그 사람이 '고리드'라는 이름을 가지고 있어야 합니다. 그렇지 않으면 엉뚱한 사람을 부를 수 있습니다. 그래서 우선 아이템에 **grid-area** 속성을 이용해 해당 아이템을 부를 고유한 이름을 지정합니다.

예제 7.14 템플릿에 사용하기 위한 이름을 지정　　　　　　ch07/7.1/grid-template.html

```
<!DOCTYPE html>
<html lang="ko">
<head>
  <meta charset="UTF-8">
  <title>7.1.7. 템플릿으로 그리드 쉽게 사용하기</title>
  <style>
    .top {
      grid-area: header;
      background-color: lightblue;
    }
    .side {
```

```
            grid-area: sidebar;
            background-color: yellow;
        }
        .content {
            grid-area: main;
            background-color: lightgreen;
        }
        .bottom {
            grid-area: footer;
            background-color: plum;
        }
    </style>
</head>
<body>
    <div class="container">
        <div class="top">header</div>
        <div class="side">sidebar</div>
        <div class="content">main</div>
        <div class="bottom">footer</div>
    </div>
</body>
</html>
```

그럼 이 아이템들을 가지고 레이아웃을 만들어볼까요? 컨테이너 요소에 **grid-template-areas** 속성을 추가해 각 아이템이 차지할 영역을 지정합니다. 이때 앞에서 grid-area로 정의한 이름을 입력합니다.

예제 7.15 그리드 템플릿을 이용한 간단한 홈페이지 구조 만들기　　　📄 ch07/7.1/grid-template.html

```
... 생략 ...
    <style>
      .container {
        display: grid;
        grid-template-rows: repeat(4, 100px);
        grid-template-columns: repeat(4, 100px);
        grid-template-areas:
          "header header header header"
          "sidebar . main main"
```

```
        "sidebar . main main"
        "footer footer footer footer";
    }
... 생략 ...
```

이름을 입력할 때 한 행은 따옴표(", ")로 묶고, 다음 행으로 넘어가는 경우 한 줄을 띄어 씁니다. 그리고 비어 있는 영역이 필요한 경우 온점(.)으로 분리합니다. 이렇게 작성하면 다음과 같이 홈페이지 구조에 필요한 레이아웃을 간단히 만들 수 있습니다.

그림 7.30 그리드 템플릿을 사용해 구현한 홈페이지의 기본 레이아웃

이처럼 템플릿을 이용해 더욱 쉽게 그리드 레이아웃을 작성할 수 있습니다.

7.2 반응형 디자인 구현하기

여러분은 유튜브를 주로 어느 기기로 이용하나요? 컴퓨터 화면으로 볼 수도 있고, 스마트폰에 있는 유튜브 앱을 사용해서 볼 수도 있습니다. 또 요즘에는 스마트 TV를 통해 TV 화면에서도 볼 수 있습니다.

그런데 이러한 유튜브 홈페이지는 내가 보는 기기의 크기에 따라 화면이 약간씩 다르게 구성됩니다. 예를 들어, 메인 화면의 경우 컴퓨터나 TV에서는 다음과 같이 영상이 한 줄에 4개씩 나오고, 태블릿 PC에서는 한 줄에 2개씩, 스마트폰에서는 한 줄에 1개의 영상만 보여줍니다.

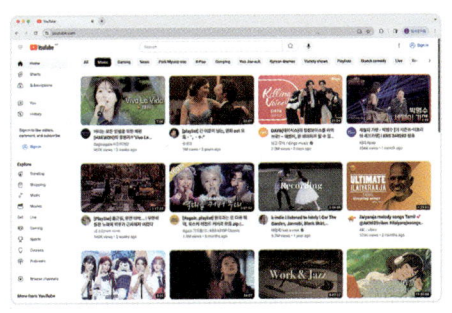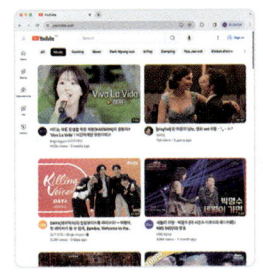

그림 7.31 기기의 크기에 따라 다른 레이아웃을 보여주는 유튜브 홈페이지

같은 유튜브 홈페이지인데 어떻게 이렇게 다른 화면이 나오는 걸까요?

그 이유는 바로 **반응형 웹**(responsive web) 때문입니다. 디바이스의 크기와 모양에 따라 다른 디자인을 적용하는 것을 **반응형 디자인**이라고 합니다. 이러한 반응형 디자인을 웹 사이트에 적용한 것을 반응형 웹이라고 부릅니다. 앞서 설명한 유튜브 사이트가 대표적인 반응형 웹입니다.

그럼 반응형 웹은 어떻게 구현할 수 있을까요? 이번 절에서 그 방법을 알아보겠습니다.

뷰포트로 다양한 기기에서 표시하기

뷰포트(viewport)는 웹 페이지를 볼 수 있는 브라우저 창의 영역을 의미합니다. 기기마다 뷰포트의 크기가 다르므로 반응형 웹을 구현하려면 먼저 뷰포트에 대한 설정을 추가해야 합니다. 다음과 같이 `<head>` 태그 안에 뷰포트 관련 `<meta>` 태그를 추가합니다.

예제 7.16 뷰포트 설정   ch07/7.2/responsive.html

```
<!DOCTYPE html>
<html lang="ko">
```

```
<head>
    <meta charset="UTF-8">
    <meta name="viewport" content="width=device-width, initial-scale=1.0">
    <title>7.2. 반응형 디자인 구현하기</title>
</head>
<body>
</body>
</html>
```

태그 안에는 **name**과 **content** 속성이 있는데, 먼저 name 속성값이 'viewport'라면 이 메타 태그가 뷰포트 설정과 관련된 것임을 나타냅니다. 그리고 content는 뷰포트와 관련한 설정을 지정합니다. 여러 설정이 추가될 수 있는데, 그중 'width=device-width'는 뷰포트 너비가 기기의 물리적 너비와 동일하도록 설정하라는 의미이며, 'initial-scale=1.0'은 페이지를 처음 불러올 때 확대/축소 비율을 1로 정의한다는 의미입니다. 이를 당장 이해하기는 어려울 수 있으므로 지금은 반응형 웹을 위해서는 뷰포트 설정을 추가해야 한다는 것만 이해해도 좋습니다.

크기에 따라 스타일이 달라지는 미디어 쿼리

미디어 쿼리(media query)는 다양한 디바이스와 화면 크기에 따라 스타일을 조정할 수 있도록 하는 CSS의 기능으로, 반응형 웹을 구현하기 위한 필수 요소입니다.

미디어 쿼리는 앞에서 배운 다른 속성과는 작성 방식이 약간 다릅니다. 다음과 같이 맨 앞에 @media라고 작성하고, 미디어 타입과 원하는 조건을 추가한 뒤 중괄호 내부에 조건을 만족할 경우 적용할 CSS 스타일 코드를 작성합니다.

```
@media 미디어_타입 and (조건) {
    조건을 만족할 때 적용할 CSS 코드
}
```

가장 먼저 **미디어 타입**은 스타일을 적용할 매체의 종류입니다. 일반적으로 우리가 알고 있는 컴퓨터, 태블릿, 스마트폰 등의 화면을 의미하는 screen 또는 모든 매체를 포함하는 all을 사용합니다. 이외에도 다음과 같은 미디어 타입이 있습니다.

표 7.4 미디어 타입의 종류

속성값	설명
all	모든 타입을 포함
screen	컴퓨터, 태블릿, 스마트폰 등의 화면을 포함
print	인쇄 미디어인 경우를 포함
speech	시각 장애인이 사용하는 스크린 리더를 포함

조건은 @media 내부 스타일을 적용할 너비의 범위입니다. 주로 사용되는 키워드는 화면의 최소 너비를 의미하는 min-width와 화면의 최대 너비를 의미하는 max-width입니다. 예를 들어, 디바이스 크기가 600px 이하일 때는 배경을 분홍색으로 바꾸고, 1200px 이상이면 배경을 연두색으로 바꾸고 싶다면 다음과 같이 작성할 수 있습니다.

예제 7.17 미디어 쿼리를 사용해 배경색 바꾸기   ch07/7.2/responsive.html

```html
<!DOCTYPE html>
<html lang="ko">
  <head>
    <meta charset="UTF-8">
    <meta name="viewport" content="width=device-width, initial-scale=1.0">
    <title>7.2. 반응형 디자인 구현하기</title>
    <style>
      body {
        font-size: 30px;
        background-color: lightblue;
      }

      @media screen and (max-width: 600px) {
        body {
          background-color: lightpink;
        }
      }

      @media screen and (min-width: 1200px) {
        body {
          background-color: lightgreen;
        }
      }
    </style>
  </head>
```

```
<body>
    기본값: 하늘색<br>
    600px 이하: 분홍색<br>
    1200px 이상: 연두색<br>
</body>
</html>
```

코드를 작성했다면 이제 브라우저에서 확인해보겠습니다. 이때 직접 브라우저 크기를 조절하면서 어떻게 변화하는지 확인하는 방법도 있지만 개발자 도구를 이용하면 정확히 원하는 크기에 맞게 화면을 테스트할 수 있습니다. 한번 같이 해볼까요?

먼저 브라우저에서 키보드의 F12 키[1]를 누르거나 마우스 오른쪽 버튼을 클릭하고 [검사] 버튼을 눌러 개발자 도구를 엽니다. 그런 다음, 개발자 도구 왼쪽 상단의 [Toggle device toolbar] 아이콘을 클릭합니다. 그럼 다음과 같이 브라우저의 화면이 디바이스 모드로 바뀌는 것을 확인할 수 있습니다.

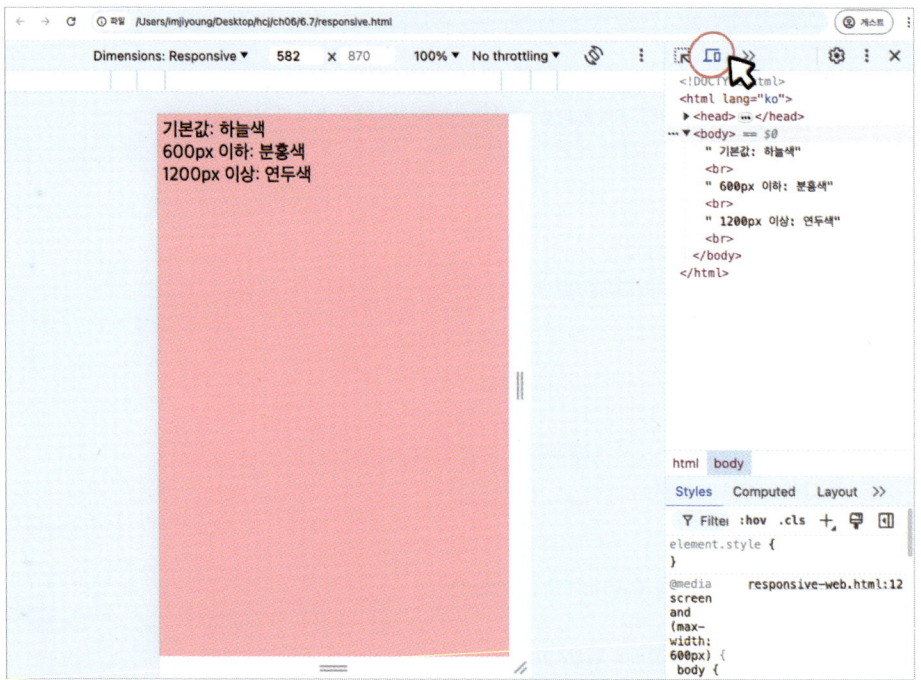

그림 7.32 디바이스 모드로 바뀐 모습

1 macOS 환경에서는 command + option + I

이 상태에서 상단의 [Dimensions] 선택 상자를 클릭해 iPhone 14 Pro Max, Samsung Galaxy S20 Ultra 등 원하는 기기를 선택하거나(아래 그림의 1번), [Dimensions] 선택 상자에서 Responsive 항목을 선택하고 중앙의 입력 상자를 사용해 너비와 높이를 직접 입력할 수도 있습니다(아래 그림의 2번).

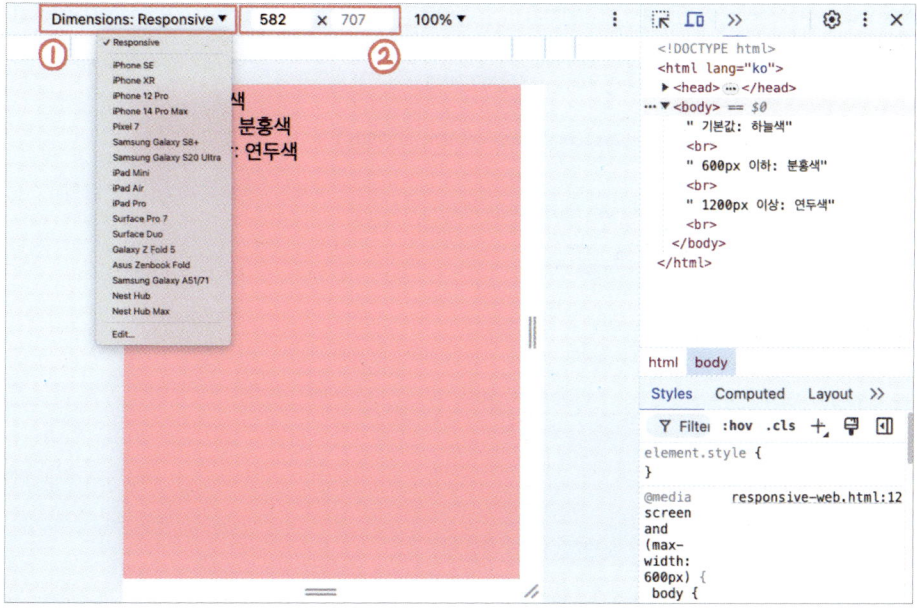

그림 7.33 디바이스 모드에서 화면 크기를 지정하는 방법

그럼 본격적으로 테스트를 해볼까요? 너비를 1200px로 입력한다면 다음과 같이 배경이 연두색으로 바뀌지만 601px이 되면 하늘색으로 바뀌고, 600px로 설정하면 분홍색으로 바뀌는 것을 확인할 수 있습니다.

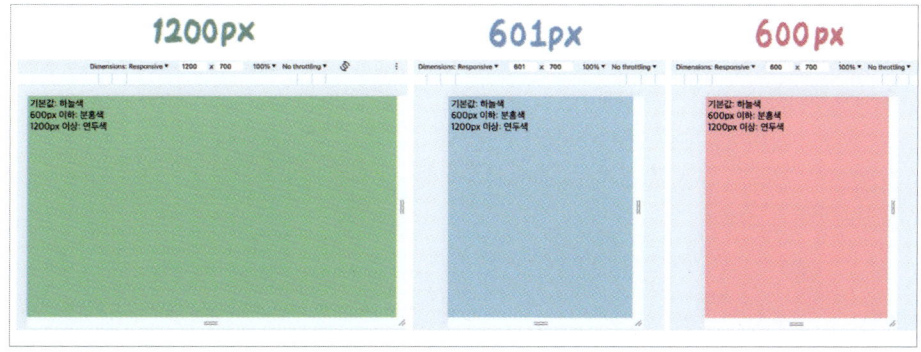

그림 7.34 미디어 쿼리가 적용된 모습

추가로 min-width와 max-width를 함께 사용할 수도 있습니다. 예제 7.17의 결과를 보면 601px 이상 1199px 이하까지는 별도로 조건을 추가하지 않았으므로 배경이 기본값인 하늘색으로 적용되는데, min-width와 max-width를 함께 사용해 해당 범위에도 배경색을 적용해 보겠습니다.

예제 7.18 미디어 쿼리에 조건을 여러 개 추가하기 　　　　　　　 ch07/7.2/responsive.html

```
... 생략 ...

      @media (min-width: 601px) and (max-width: 1199px) {
        body {
          background-color: yellow;
        }
      }
... 생략 ...
    </style>
  </head>
  <body>
    기본값: 하늘색<br>
    600px 이하: 분홍색<br>
    601px 이상 1199px 이하: 노란색<br>
    1200px 이상: 연두색
  </body>
</html>
```

이렇게 작성한 뒤 브라우저에서 너비가 601px일 때를 확인해 보면 다음과 같이 배경색이 노란색으로 바뀐 것을 확인할 수 있습니다.

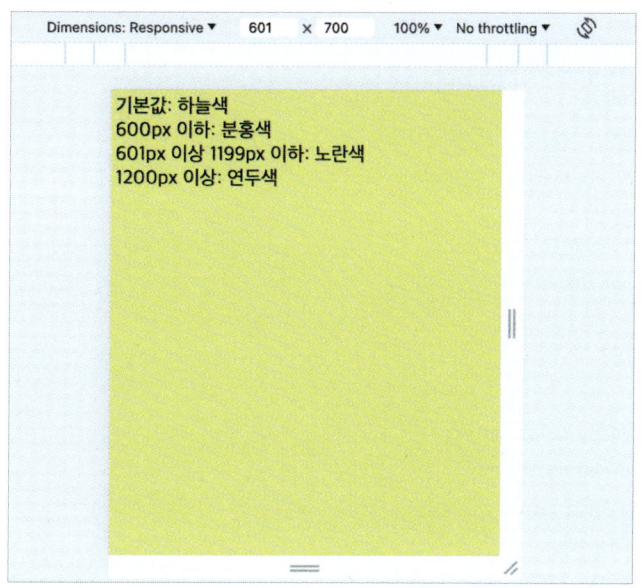

그림 7.35 미디어 쿼리에 여러 조건이 적용된 모습

유튜브 카드 레이아웃 따라 하기

그럼 실전으로 넘어가 볼까요? 이전에 배웠던 CSS 속성들을 사용해 유튜브처럼 모바일 크기일 때는 한 줄에 영상 카드가 1개, 태블릿 크기일 때는 2개, 컴퓨터일 때는 4개를 보여주는 코드를 작성해 보겠습니다.

이때 모바일, 태블릿 등 기기의 최소/최대 크기를 정하는 기준은 서비스마다 약간씩 다릅니다. 예제에서는 600px 이하를 모바일, 768px 이하를 태블릿 크기로 설정했습니다.

예제 7.19 화면 크기에 따라 다른 카드 레이아웃 보여주기　　　　ch07/7.2/youtube.html

```
<!DOCTYPE html>
<html lang="ko">
<head>
  <meta charset="UTF-8">
    <meta name="viewport" content="width=device-width, initial-scale=1.0">
    <title>7.2.3. 유튜브 카드 레이아웃 따라 하기</title>
    <style>
      * {
        box-sizing: border-box;
```

```css
      }

      .container {
        display: flex;
        flex-wrap: wrap;
        gap: 10px;
        justify-content: center;
        padding: 20px;
      }

      .item {
        background-color: pink;
        border-radius: 4px;
        text-align: center;
        padding: 20px;
        font-size: 18px;
        flex: 1 1 calc(100% - 10px); /* 모바일 크기 */
      }

      /* 태블릿 크기 (601px 이상 768px 이하) */
      @media (min-width: 601px) and (max-width: 768px) {
        .item {
          flex: 1 1 calc(50% - 10px);
        }
      }

      /* PC 크기 (769px 이상) */
      @media (min-width: 769px) {
        .item {
          flex: 1 1 calc(25% - 10px);
        }
      }
    </style>
  </head>
  <body>
    <main class="container">
      <div class="item">영상 1</div>
      <div class="item">영상 2</div>
      <div class="item">영상 3</div>
```

```html
            <div class="item">영상 4</div>
            <div class="item">영상 5</div>
            <div class="item">영상 6</div>
            <div class="item">영상 7</div>
            <div class="item">영상 8</div>
        </main>
    </body>
</html>
```

카드의 너비에서 카드 사이의 여백을 제외해야 하므로 calc()를 추가했습니다.

이렇게 작성한 후 브라우저에서 확인해 보면 다음과 같이 기기의 크기에 따라 한 행의 영상 카드 개수가 달라지는 것을 확인할 수 있습니다.

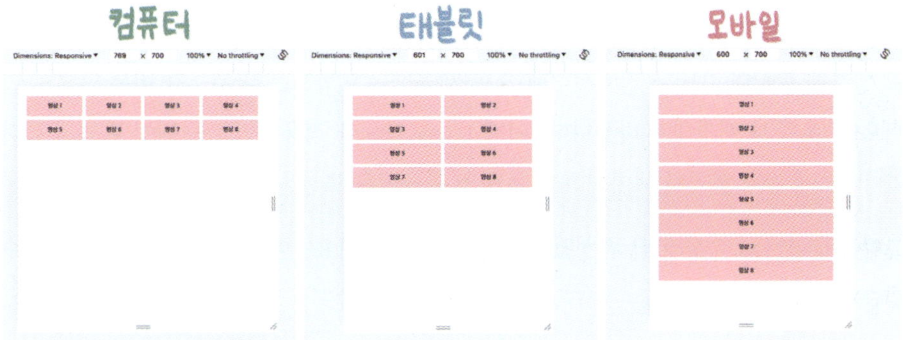

그림 7.36 미디어 쿼리를 사용해 유튜브식 레이아웃을 구현한 모습

이처럼 미디어 쿼리를 이용하면 사용자가 어떤 디바이스를 사용하더라도 웹 페이지가 최적화된 형태로 표시되어 사용자 경험을 향상할 수 있습니다.

7.3 다양한 효과와 애니메이션 적용하기

효과와 애니메이션은 웹 화면을 더욱 생동감 있게 만들어 사용자 경험을 한층 향상하는 중요한 요소입니다. transition 속성은 한 상태에서 다른 상태로 부드럽게 변환하도록 도와주고, animation은 복잡한 움직임을 키 프레임으로 만들어낼 수 있습니다. 또한 transform 속성으로 요소를 회전, 확대, 축소, 이동시킬 수 있으며, box-shadow와 opacity

로 시각적 효과를 더할 수 있습니다. 마지막으로 filter를 이용해 이미지나 배경에 다양한 효과를 적용할 수 있습니다.

이러한 속성들을 활용하면 웹 페이지를 더 매력적이고 흥미롭게 꾸밀 수 있습니다. 그럼, 하나씩 살펴볼까요?

요소의 스타일 변화를 부드럽게 만드는 transition

transition 속성은 요소의 스타일이 변화할 때 즉시 적용되지 않고, 이를 애니메이션으로 부드럽게 만드는 데 사용하는 속성입니다.

transition: 속성 지속시간 타이밍_함수 지연시간

예를 들어, 사용자가 버튼에 마우스를 갖다 댔을 때 버튼의 배경색을 하늘색으로 바꾼다고 생각해 봅시다. 브라우저에서 기본으로 제공하는 이벤트는 마우스가 버튼 안으로 들어오면 그 즉시 배경색이 바뀝니다. 이때 transition을 적용하면 1초 뒤에 바뀌게 한다거나 3초에 걸쳐 천천히 색이 변화하는 등의 부드러운 모션을 제공할 수 있습니다.

그럼 transition 속성의 각 속성값은 어떤 역할을 할까요? 이는 다음 표에서 확인할 수 있습니다.

표 7.5 transition 속성값

속성값	설명
속성	적용하고자 하는 CSS 속성입니다. 적용하려는 대상이 배경색이라면 background-color 속성을 추가합니다. all을 입력하면 해당 요소에 적용된 모든 속성을 대상으로 전환 효과를 적용합니다.
지속시간	전환 효과가 적용되는 시간입니다. 보통 초 단위로 작성하며, 0.5초라면 0.5s와 같은 식으로 숫자 뒤에 s를 붙여 표현합니다.
타이밍 함수	전환 효과의 스타일을 지정합니다.
지연시간	전환 효과가 시작되기 전에 지연되는 시간입니다. 만약 지연 시간이 1s라면 1초 뒤에 전환이 시작됩니다.

설명만 봤을 때는 타이밍 함수에 대해 감이 잡히지 않을 수 있는데, 이해를 돕기 위해 공을 위로 던졌다 받는 과정을 떠올려 보겠습니다. 공을 던졌을 때는 처음에 속도가 빠르다가 점점 느려질 테고, 공이 위에서 아래로 내려올 때는 반대로 처음에는 속도가 느렸다가 점점 빨라질 것입니다. 이처럼 변화에도 스타일이 있는데, 이를 지정하는 것이 바로 타이밍 함수입니다.

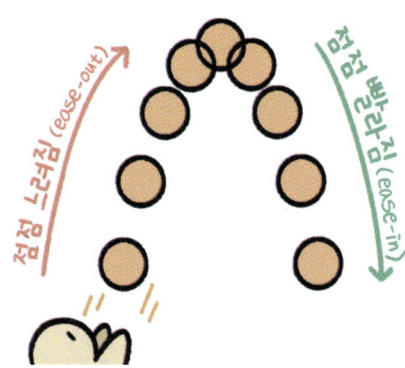

그림 7.37 공에 비유하는 전환 효과의 타이밍

원하는 변화 스타일에 따라 다음과 같이 다양한 타이밍 함수를 사용할 수 있습니다.

표 7.6 타이밍 함수의 종류

속성값	설명
linear	전환 효과가 처음부터 끝까지 일정한 속도로 진행됩니다.
ease(기본값)	전환 효과가 느리게 시작해서 빠르게 진행되다가 다시 느리게 끝납니다.
ease-in	전환 효과가 느리게 시작해서 점점 빨라집니다.
ease-out	전환 효과가 빠르게 시작해서 점점 느려집니다.
ease-in-out	전환 효과가 느리게 시작해서 빨라졌다가 다시 느리게 끝납니다.
cubic-bezier(n,n,n,n)	전환 효과의 속도 변화를 세밀하게 조절합니다. n은 0~1 범위의 값으로 설정할 수 있습니다.

지금까지 배운 내용을 바탕으로 앞에서 이야기한 버튼을 직접 구현해 볼까요? 다음과 같이 transition을 작성한 뒤 브라우저를 열어 버튼에 마우스를 가져다 대면 1초 뒤에 약 3초간 배경색이 서서히 하늘색으로 바뀌는 것을 확인할 수 있습니다.

예제 7.20 transition 속성을 사용해 배경색이 천천히 바뀌는 버튼 만들기　　ch07/7.3/transition.html

```html
<!DOCTYPE html>
<html lang="ko">
  <head>
    <meta charset="UTF-8">
    <title>7.3.1. 요소의 스타일 변화를 부드럽게 만드는 transition</title>
    <style>
      button {
        background-color: lightyellow;
        transition: background-color 1s ease-in 0.5s;
      }
      button:hover {
        background-color: skyblue;
      }
    </style>
  </head>
  <body>
    <button>서서히 배경색이 바뀌는 버튼</button>
  </body>
</html>
```

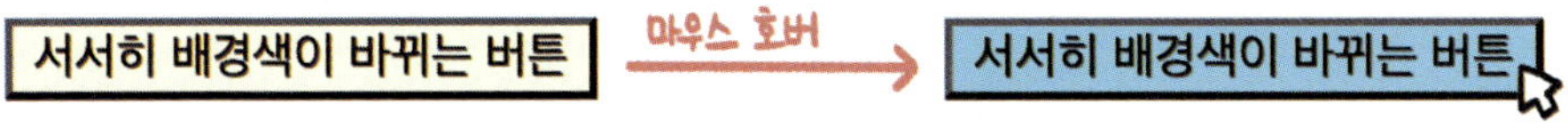

그림 7.38 transition 속성이 적용된 모습

animation 속성으로 애니메이션 효과 적용하기

transition이 호버나 포커스 등 변화에 따른 애니메이션을 주는 거라면 **animation**은 우리가 익히 알고 있는 다양한 애니메이션 효과를 줄 수 있는 속성입니다. 로딩 중일 때 아이콘이 뱅글뱅글 돌아간다거나 실시간 검색어에서 검색어가 차례로 올라간다거나 하는 등의 애니메이션을 모두 animation 속성으로 만들 수 있습니다. 그럼 이러한 애니메이션은 어떻게 만들 수 있을까요?

플립 북 애니메이션을 알고 있나요? 여러 종이에 그림을 하나씩 그리고 이를 빠르게 휘리릭 넘겨보면 실제 그림이 움직이는 것 같은 착각을 주는 애니메이션을 의미합니다. 우리가 보는 대부분의 2D 애니메이션 또한 이와 유사하게 장면마다 그림을 그리고, 그 그림들을 연결해서 마치 그림이 움직이는 것처럼 보이게 합니다.

그림 7.39 여러 장면을 빠르게 넘겨 움직이는 것처럼 보이게 하는 플립 북 애니메이션

CSS의 애니메이션 또한 이와 비슷합니다. @keyframes라는 키워드를 사용해 애니메이션을 정의하는데, 이때 처음 시작할 때는 어떤 상태이고, 그다음은 어떤 상태인지 하나씩 정의합니다.

```
@keyframes 애니메이션_이름 {
    from { 시작_상태 }
    to { 끝_상태 }
    또는
    0% { 시작_상태 }
    100% { 끝_상태 }
}
```

만약 처음과 끝만 정의한다면 from, to만 사용하면 되지만 세세하게 상태를 정의한다면 퍼센트를 사용해 위치를 지정합니다. 예를 들어, 처음에는 왼쪽 끝에 있다가, 중간까지는 100px 이동하고, 마지막에는 다시 왼쪽 끝으로 돌아오는 슬라이드 애니메이션을 만든다면 다음과 같이 작성할 수 있습니다.

예제 7.21 백분율을 사용한 @keyframes

```
@keyframes slide {
  0% { left: 0; }
  50% { left: 100px; }
  100% { left: 0; }
}
```

그러면 이렇게 정의한 애니메이션은 어떻게 사용할 수 있을까요? 다음과 같이 animation 속성을 사용해 원하는 요소에 애니메이션을 추가할 수 있습니다.

animation: 이름 지속시간 타이밍_함수 지연시간 반복_횟수

이름에는 앞서 @keyframes에서 정의했던 애니메이션의 이름을 입력하며, 지속시간과 타이밍 함수, 지연시간은 transition과 동일합니다. 마지막 반복 횟수는 애니메이션이 반복될 횟수를 의미하는데, 이때 infinite을 입력하면 종료 없이 무한히 반복됩니다.

다음은 이러한 animation 속성을 사용해 위아래로 움직이는 공을 만드는 예제입니다.

예제 7.22 animation 속성으로 움직이는 공 만들기   ch07/7.3/animation.html

```html
<!DOCTYPE html>
<html lang="ko">
<head>
    <style>
        body {
            display: flex;
            justify-content: center;
            align-items: center;
            height: 100vh;
        }
        .ball {
            width: 50px;
            height: 50px;
            background-color: orange;
            border-radius: 50%;
            position: relative;
            animation: bounce 2s ease-in-out infinite;
        }
        @keyframes bounce {
            0%, 100% {
                top: 0;
                opacity: 1;
            }
            50% {
                top: -200px;
```

```
            opacity: 50%;
        }
    }
    </style>
</head>
<body>
    <div class="ball"></div>
</body>
</html>
```

이렇게 작성한 뒤 웹 페이지에서 확인하면 공이 위아래로 움직이는 애니메이션을 무한히 반복하는 것을 확인할 수 있습니다.

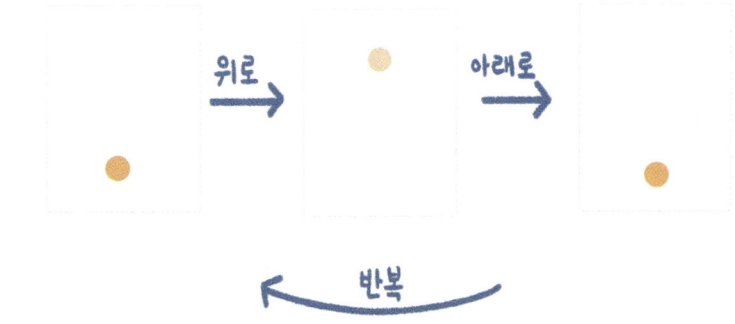

그림 7.40 animation 속성이 적용된 모습

이처럼 애니메이션을 이용하면 웹 페이지를 더욱 다채롭게 꾸밀 수 있습니다.

자유자재로 변형하는 transform

영화 《트랜스포머》를 보면 로봇들이 평소에는 자동차 형태였다가 위기 상황에 처했을 때 멋진 로봇으로 바뀝니다. transform 속성 또한 요소를 움직이거나 회전시키거나 기울이는 등 다양하게 바꿀 수 있습니다.

transform의 주요 속성값은 크게 다음과 같습니다. 이때 표의 x축과 y축 값은 픽셀, 백분율 등의 크기 단위 또는 숫자를 의미하며, 각도는 deg로 표현합니다.

표 7.7 transform 속성값

속성값	설명
translate(x 축, y 축)	요소를 x축과 y축을 기준으로 이동시킵니다. 만약 translate(50px, 10px)라면 요소를 오른쪽으로 50px, 아래쪽으로 10px만큼 이동시킵니다.
rotate(각도)	요소를 지정한 각도만큼 회전시킵니다. rotate(45deg)라면 요소를 45도만큼 회전시킵니다.
scale(x 축, y 축)	요소의 크기를 x축과 y축을 기준으로 확대하거나 축소합니다. scale(2, 1.5)라면 요소의 너비는 2배, 높이는 1.5배로 늘어납니다. 값이 하나일 경우 너비와 높이를 동일한 비율로 조정합니다.
skew(x 축 각도, y 축 각도)	요소를 x축과 y축을 기준으로 기울입니다. skew(20deg, 10deg)라면 요소를 x축 방향으로 20도, y축 방향으로 10도만큼 기울입니다.

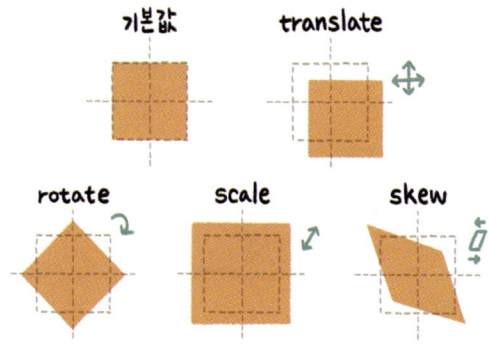

그림 7.41 transform 속성값을 적용한 모습

다음은 각 박스에 앞에서 설명한 transform의 여러 속성값을 각각 적용한 예제입니다. 마지막 mixed 클래스는 translate 속성과 rotate 속성이 함께 지정돼 있는데, 이처럼 띄어쓰기를 사용해 여러 속성값을 한 번에 적용할 수 있습니다.

예제 7.23 다양한 transform 속성값 적용하기　　　　　　　　ch07/7.3/transform.html

```
<!DOCTYPE html>
<html lang="ko">
  <head>
    <meta charset="UTF-8">
    <title>7.3.3. 자유자재로 변형하는 transform</title>
    <style>
```

```css
            div {
                display: inline-block;
                width: 100px;
                height: 100px;
                background-color: lightblue;
                margin: 50px;
            }
            .translate { transform: translate(50px, 10px); }
            .rotate { transform: rotate(45deg); }
            .scale { transform: scale(2, 1.5); }
            .skew { transform: skew(20deg, 10deg); }
            .mixed { transform: translate(50px, 10px) rotate(45deg); }
        </style>
    </head>
    <body>
        <div>기본값</div>
        <div class="translate">translate</div>
        <div class="rotate">rotate</div>
        <div class="scale">scale</div>
        <div class="skew">skew</div>
        <div class="mixed">translate + rotate</div>
    </body>
</html>
```

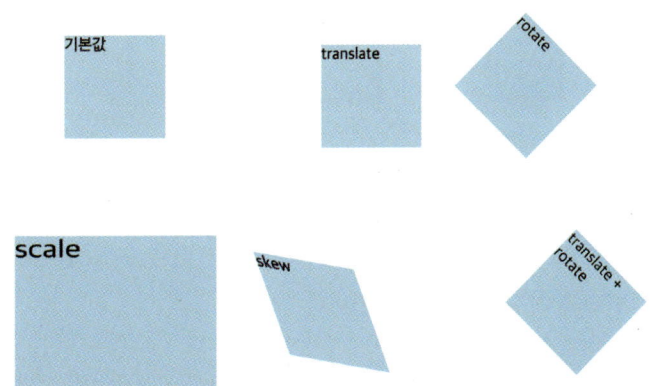

그림 7.42 transform 속성이 적용된 모습

그림자를 추가하는 box-shadow

box-shadow는 요소에 그림자 효과를 적용하는 속성입니다. box-shadow 속성을 사용하면 요소를 더욱 입체적으로 표현할 수 있습니다.

box-shadow: 수평_거리 수직_거리 흐림_반경 확산_반경 색상

표 7.8 box-shadow의 속성값

속성값	설명
수평 거리	그림자의 수평 위치를 설정합니다. 음수 값은 왼쪽, 양수 값은 오른쪽으로 그림자를 이동시킵니다.
수직 거리	그림자의 수직 위치를 설정합니다. 음수 값은 위, 양수 값은 아래로 그림자를 이동시킵니다.
흐림 반경	그림자의 흐림 정도를 설정합니다. 값이 클수록 그림자가 더 흐려집니다.
확산 반경	그림자의 크기를 설정합니다. 양수 값은 그림자를 확대하고, 음수 값은 축소합니다.
색상	그림자의 색상을 설정합니다.

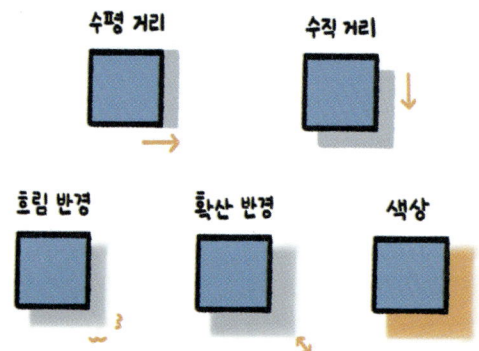

그림 7.43 box-shadow 속성값에 따른 그림자의 변화

box-shadow는 각 속성값에 따라 다양한 형태의 그림자를 만들 수 있습니다. 다음은 다양한 크기, 색상, 반경을 가진 그림자 예제입니다.

예제 7.24 box-shadow 속성을 사용해 다양한 그림자 만들기   ch07/7.3/box-shadow.html

```
<!DOCTYPE html>
<html lang="ko">
  <head>
```

```html
<meta charset="UTF-8">
<title>7.3.4. 그림자를 추가하는 box-shadow</title>
<style>
  body {
    display: flex;
    flex-wrap: wrap;
    gap: 20px;
    justify-content: center;
    align-items: center;
  }
  div {
    width: 150px;
    height: 150px;
    background-color: lightblue;
    display: flex;
    justify-content: center;
    align-items: center;
    font-size: 1.2em;
    color: white;
  }
  .shadow-none {
      box-shadow: none;
  }
  .shadow-small {
      box-shadow: 2px 2px 5px rgba(0, 0, 0, 0.3);
  }
  .shadow-medium {
      box-shadow: 4px 4px 10px rgba(0, 0, 0, 0.5);
  }
  .shadow-large {
      box-shadow: 6px 6px 15px rgba(0, 0, 0, 0.7);
  }
  .shadow-spread {
      box-shadow: 4px 4px 10px 5px rgba(0, 0, 0, 0.5);
  }
</style>
</head>
<body>
```

```
            <div class="shadow-none">그림자 없음</div>
            <div class="shadow-small">작은 그림자</div>
            <div class="shadow-medium">중간 그림자</div>
            <div class="shadow-large">큰 그림자</div>
            <div class="shadow-spread">확장된 그림자</div>
    </body>
</html>
```

그림 7.44 box-shadow 속성값에 따라 다르게 적용된 그림자

불투명도를 설정하는 opacity

opacity는 요소의 불투명도를 설정하는 속성입니다. 0은 불투명도가 0%라는 의미이므로 요소가 아예 보이지 않고, 1은 불투명도가 100%라는 의미이므로 요소가 그대로 보입니다.

> `opacity: 0~1 사이의 숫자`

그럼 바로 예제를 통해 불투명도를 알아볼까요? 다음과 같이 동일한 형태의 박스에 각기 다른 opacity 속성을 적용해 불투명도를 조절할 수 있습니다.

예제 7.25 opacity 속성을 이용해 불투명도 설정하기   ch07/7.3/opacity.html

```html
<!DOCTYPE html>
<html lang="ko">
    <head>
        <meta charset="UTF-8">
        <title>7.3.5. 불투명도를 설정하는 opacity</title>
        <style>
            body {
                display: flex;
                flex-wrap: wrap;
```

```
      gap: 20px;
      justify-content: center;
      align-items: center;
    }
    div {
      width: 150px;
      height: 150px;
      background-color: salmon;
      display: flex;
      justify-content: center;
      align-items: center;
      font-size: 1.2em;
      color: white;
    }
    .opacity-100 { opacity: 1; }
    .opacity-75 { opacity: 0.75; }
    .opacity-50 { opacity: 0.5; }
    .opacity-25 { opacity: 0.25; }
  </style>
</head>
<body>
  <div class="opacity-100">100%</div>
  <div class="opacity-75">75%</div>
  <div class="opacity-50">50%</div>
  <div class="opacity-25">25%</div>
</body>
</html>
```

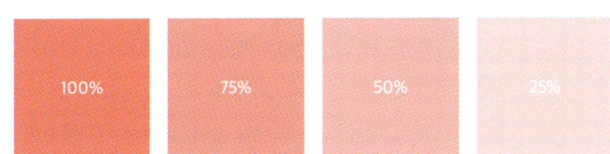

그림 7.45 opacity 속성이 적용된 모습

다양한 그래픽 효과를 적용하는 filter 속성

이번에는 인스타그램이나 카카오톡에 사진을 업로드할 때를 떠올려 볼까요? 보통 이미지를 올리기 전에 밝기, 채도 등을 보정하는 간단한 필터 기능을 이용할 수 있습니다. CSS에서도 이와 유사한 필터 기능을 제공하는 `filter` 속성을 사용해 이미지에 다양한 효과를 적용할 수 있습니다.

`filter: 속성값`

다음 표는 필터의 속성값을 정리한 것이며, `transform`과 마찬가지로 한 번에 여러 속성값을 정의할 수 있습니다.

표 7.9 filter 속성값

속성값	설명
blur(픽셀)	요소를 흐리게 합니다.
brightness(백분율)	요소의 밝기를 조절합니다. 백분율 값이 100%에 가까울수록 밝아지고, 0에 가까울수록 어두워집니다.
contrast(백분율)	요소의 대비를 조절합니다. 백분율 값이 100%에 가까울수록 색상 대비가 커지고, 0에 가까울수록 대비가 작아 회색에 가까워집니다.
grayscale(백분율)	요소의 밝기를 조절합니다. 백분율 값이 100%에 가까울수록 흑백으로 바뀝니다.
hue-rotate(각도)	요소의 색상을 회전시킵니다. 최댓값은 360deg로 대상이 무채색인 경우 적용되지 않습니다.
invert(백분율)	요소의 색상을 반전시킵니다. 백분율 값이 100%에 가까울수록 색 반전 차이가 커집니다.
opacity(백분율)	요소의 불투명도를 조절합니다. 백분율 값이 100%에 가까울수록 요소가 그대로 보여집니다.
saturate(백분율)	요소의 채도를 조절합니다. 백분율 값이 100%에 가까울수록 채도가 강해지고, 0에 가까울수록 흑백으로 변합니다.
sepia(백분율)	요소에 세피아 톤을 적용합니다. 백분율 값이 100%에 가까울수록 세피아 톤으로 바뀝니다.

그럼 실제로 이미지에 필터를 적용해 볼까요? 다음은 거북이 이미지에 다양한 필터를 적용한 예제입니다.

예제 7.26 filter 속성을 사용해 이미지에 다양한 필터 효과 적용하기　　　ch07/7.3/filter.html

```html
<!DOCTYPE html>
<html lang="ko">
  <head>
    <meta charset="UTF-8">
    <title>7.3.6. 다양한 그래픽 효과를 적용하는 filter 속성</title>
    <style>
      body {
        display: flex;
          flex-wrap: wrap;
          gap: 20px;
      }
      div {
        width: 150px;
        height: 150px;
        display: flex;
        justify-content: center;
        align-items: center;
        font-size: 1.2em;
        color: white;
        background: url('./background.jpg') no-repeat center/cover;
      }
      .blur { filter: blur(2px); }
      .brightness { filter: brightness(150%); }
      .contrast { filter: contrast(200%); }
      .grayscale { filter: grayscale(100%); }
      .hue-rotate { filter: hue-rotate(90deg); }
      .invert { filter: invert(100%); }
      .opacity { filter: opacity(50%); }
      .saturate { filter: saturate(200%); }
      .sepia { filter: sepia(100%); }
    </style>
  </head>
  <body>
    <div>기본</div>
    <div class="blur">blur</div>
    <div class="brightness">brightness</div>
    <div class="contrast">contrast</div>
```

```html
            <div class="grayscale">grayscale</div>
            <div class="hue-rotate">hue-rotate</div>
            <div class="invert">invert</div>
            <div class="opacity">opacity</div>
            <div class="saturate">saturate</div>
            <div class="sepia">sepia</div>
    </body>
</html>
```

그림 7.46 filter의 각 효과가 적용된 모습

같은 이미지임에도 어떤 필터를 사용했느냐에 따라 전혀 다른 분위기를 연출합니다. 이러한 `filter` 효과는 이미지를 추가한 뒤에 별도의 후보정이 필요한 경우나 `animation`과 `transition` 속성과 함께 사용해 시간에 따른 이미지 색상에 변화를 주고 싶은 경우에 유용하게 활용할 수 있습니다.

7.4 웹 폰트 사용하기

앞에서 텍스트 스타일을 배울 때 `font-family` 속성을 배웠던 것을 기억하나요? 일반적으로는 `font-family`를 적용해도 사용자의 디바이스에 폰트가 설치돼 있지 않은 이상 적용된 폰트를 확인할 수 없었습니다. 이번 절에 설명할 웹 폰트(web font)를 이용하면 사용자가 설치하지 않는 폰트여도 웹 페이지에서 사용할 수 있으므로 일관된 스타일을 제공할 수 있습니다.

웹 폰트는 웹 페이지에서 사용할 수 있는 폰트를 의미합니다. 웹 폰트를 사용하는 방법은 크게 두 가지가 있습니다. 먼저 구글 폰트(Google Fonts) 사이트처럼 외부 서비스에서 폰트를 불러와 사용하는 **외부 웹 폰트** 방식과 프로젝트의 폴더 안에 실제 폰트 파일을 넣어서 사용하는 **내부 웹 폰트** 방식입니다. 각 방식마다 장단점이 있으므로 실제 나의 환경과 상황에 맞게 적절히 선택해 사용할 수 있습니다.

간편하게 사용하는 외부 웹 폰트

외부 웹 폰트는 폰트 사이트에서 원하는 폰트의 URL을 찾아 문서에 추가하는 방식입니다. 외부 웹 폰트 사이트는 여러 가지가 있는데, 이 책에서는 가장 많이 사용하고 구글에서 운영하는 Google Fonts를 이용해 외부 웹 폰트를 적용해 보겠습니다.

먼저 구글 폰트 웹사이트(https://fonts.google.com)에 접속합니다. 그럼 다음과 같이 다양한 종류의 폰트를 살펴볼 수 있습니다.

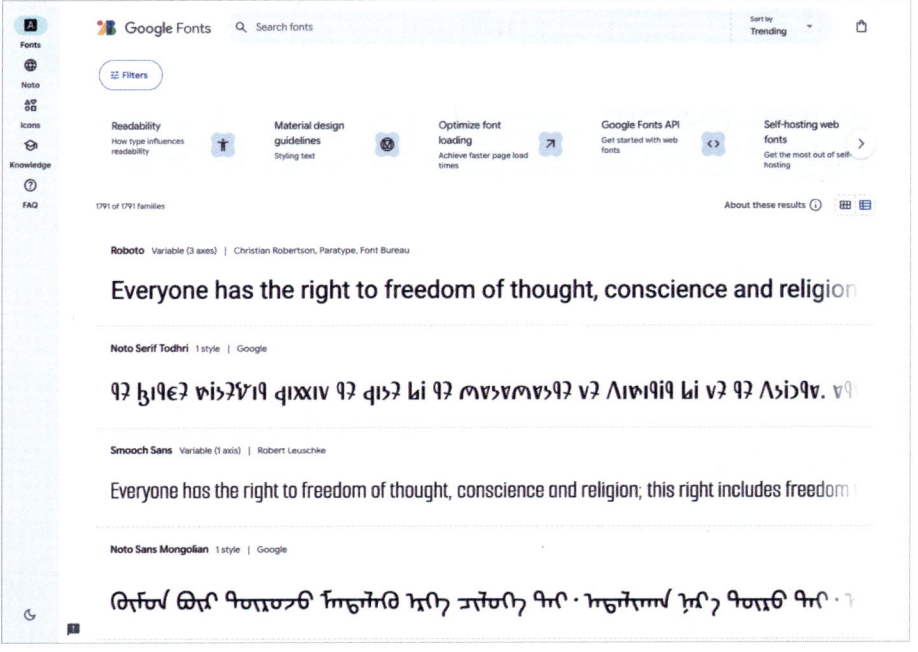

그림 7.47 구글 폰트 웹사이트에서 지원 가능 폰트 살펴보기

나눔고딕 폰트를 적용해 볼까요? 상단 검색바에 'Nanum Gothic'을 입력하면 손쉽게 나눔고딕 폰트를 찾을 수 있습니다.

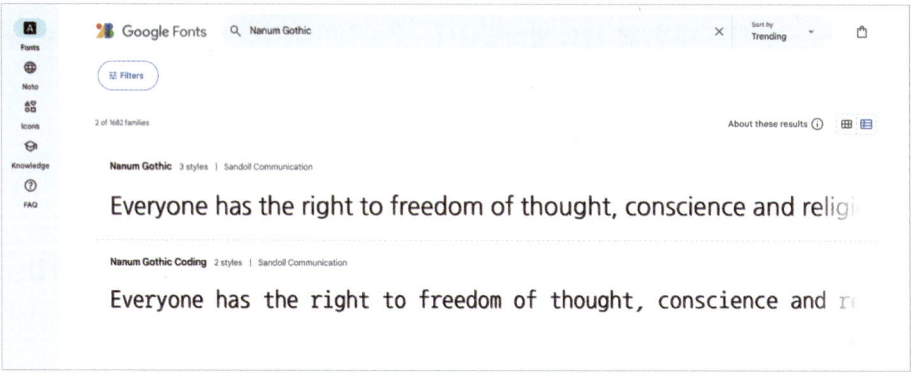

그림 7.48 'Nanum Gothic' 검색 결과

결과 목록에서 'Nanum Gothic'을 클릭하면 다음과 같이 상세 페이지로 이동합니다.

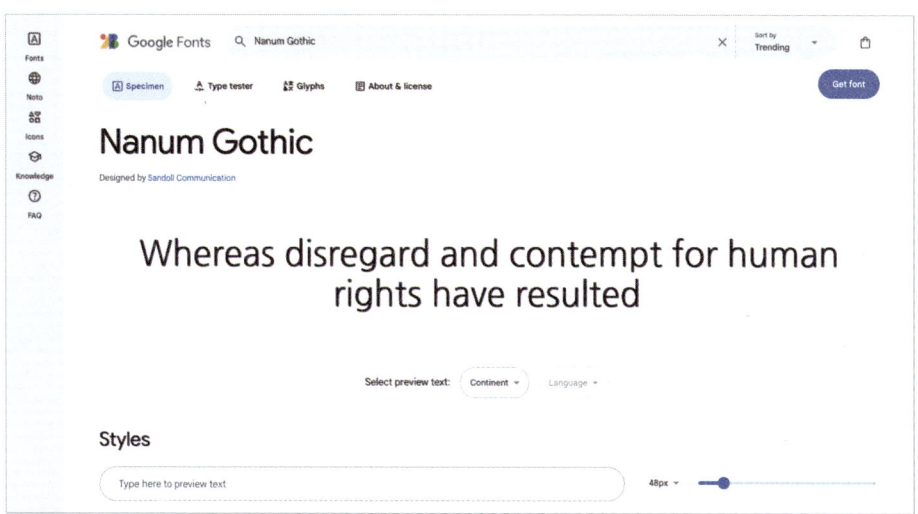

그림 7.49 나눔고딕 폰트의 상세 페이지

상세 페이지에서는 실제 텍스트를 입력해 보며 어떻게 폰트가 적용될지 확인하거나 제공하는 폰트 두께 등을 확인할 수 있습니다. 여기서는 바로 나눔고딕을 사용할 예정이므로 오른쪽 상단의 [Get font] 버튼을 클릭합니다. 그럼 이동한 페이지에서 다음과 같이 두 가지 버튼을 확인할 수 있습니다.

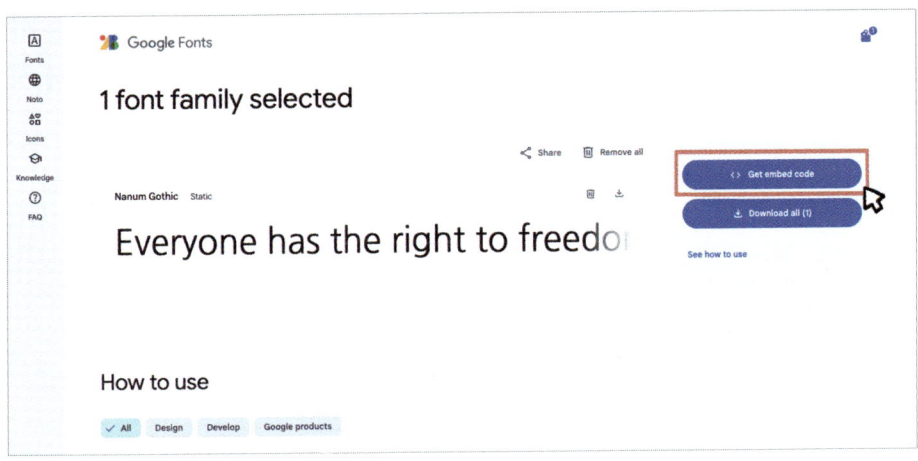

그림 7.50 나눔고딕 폰트의 상세 페이지

상단의 [Get embed code]는 외부 웹 폰트처럼 다운로드 없이 URL 등만 사용하려는 경우를, [Download all]은 내부 웹 폰트처럼 실제 폰트를 다운로드하는 경우를 의미합니다. 여기서는 [Get embed code]를 클릭해 보겠습니다. 그림 다음과 같이 웹 폰트를 사용하기 위해 웹 페이지에 추가해야 하는 코드와 실제 `font-family` 적용 예시까지 확인할 수 있습니다.

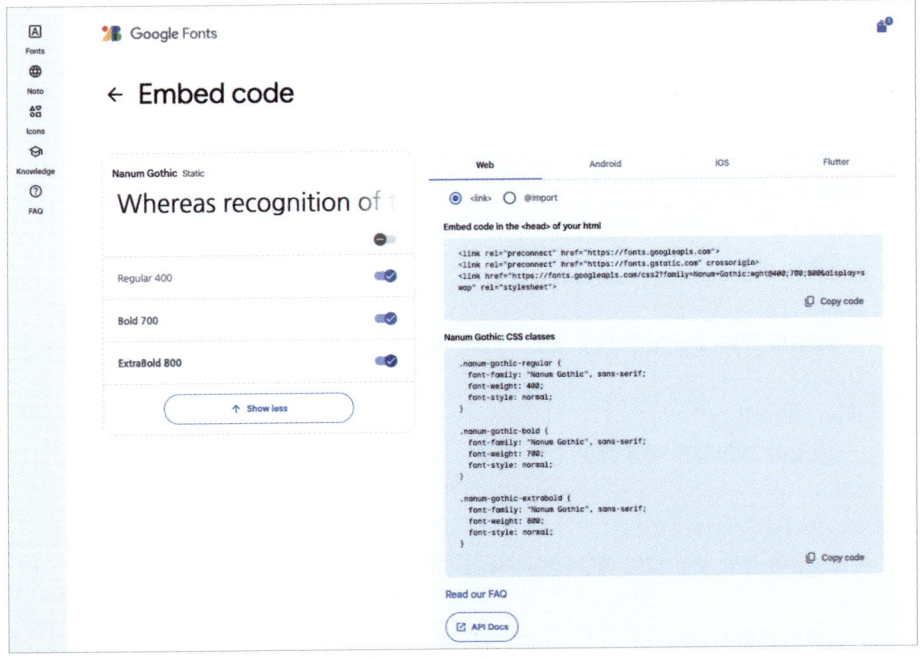

그림 7.51 웹 폰트 적용 예제가 포함된 'Embed code' 페이지

그럼 폰트를 실제로 적용해 볼까요? 화면 왼쪽의 굵기 선택 목록에서 Bold, ExtraBold
까지 선택하고, 오른쪽의 `<link>` 태그를 복사해 다음과 같이 예제의 `<head>` 태그 안에 추
가합니다.

예제 7.27 웹 폰트 적용   ch07/7.4/web-fonts.html

```html
<!DOCTYPE html>
<html lang="ko">
  <head>
    <meta charset="UTF-8">
    <title>7.4. 웹 폰트 사용하기</title>
    <link rel="preconnect" href="<https://fonts.googleapis.com>">
    <link rel="preconnect" href="<https://fonts.gstatic.com>" crossorigin>
    <link href="<https://fonts.googleapis.com/css2?family=Nanum+Gothic:wght@400;700;800&display=swap>" rel="stylesheet">
    <style>
      .font-nanum {
        font-family: 'Nanum Gothic';
      }
      .bold {
        font-weight: 700;
      }
      .extra-bold {
        font-weight: 800;
      }
    </style>
  </head>
  <body>
    <h3>폰트 적용 X</h3>
    <div>
      오늘같이 햇볕 좋은 날엔 매일 걷던 거리도 지겹지 않아
    </div>
    <div class="bold">
      오늘같이 햇볕 좋은 날엔 매일 걷던 거리도 지겹지 않아
    </div>
    <div class="extra-bold">
      오늘같이 햇볕 좋은 날엔 매일 걷던 거리도 지겹지 않아
    </div>
    <h3>폰트 적용 O</h3>
```

```
        <div class="font-nanum">
            오늘같이 햇볕 좋은 날엔 매일 걷던 거리도 지겹지 않아
        </div>
        <div class="font-nanum bold">
            오늘같이 햇볕 좋은 날엔 매일 걷던 거리도 지겹지 않아
        </div>
        <div class="font-nanum extra-bold">
            오늘같이 햇볕 좋은 날엔 매일 걷던 거리도 지겹지 않아
        </div>
    </body>
</html>
```

그다음 폰트를 적용하고자 하는 요소에 구글 폰트 웹사이트에서 본 것처럼 `font-family`를 적용하면 나눔고딕 폰트가 잘 적용되는 것을 확인할 수 있습니다.

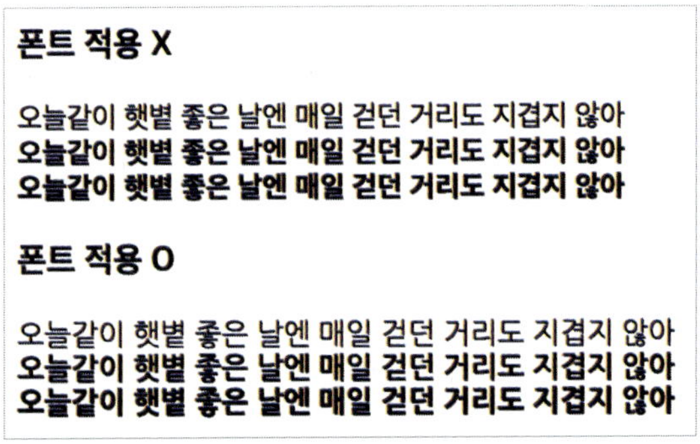

폰트 적용 X

오늘같이 햇볕 좋은 날엔 매일 걷던 거리도 지겹지 않아
오늘같이 햇볕 좋은 날엔 매일 걷던 거리도 지겹지 않아
오늘같이 햇볕 좋은 날엔 매일 걷던 거리도 지겹지 않아

폰트 적용 O

오늘같이 햇볕 좋은 날엔 매일 걷던 거리도 지겹지 않아
오늘같이 햇볕 좋은 날엔 매일 걷던 거리도 지겹지 않아
오늘같이 햇볕 좋은 날엔 매일 걷던 거리도 지겹지 않아

그림 7.52 웹 폰트가 적용된 모습

이처럼 외부 웹 폰트를 이용하면 쉽고 간편하게 원하는 폰트를 적용할 수 있다는 장점이 있습니다.

그렇다면 이러한 외부 웹 폰트는 장점만 있을까요? 그건 아닙니다. 빵을 굽는데, 구울 때마다 옆 가게의 빵틀을 빌려와서 사용한다고 생각해 봅시다. 아무리 옆집이 가까워도 오가는 데 걸리는 시간도 있을 테고, 빵틀이 엄청나게 크거나 무거우면 그것도 쉽지 않은 일입니다.

그림 7.53 빵틀로 비유하는 외부 웹 폰트의 단점

이처럼 외부 웹 폰트는 많은 폰트를 쉽고 간편하게 사용할 수 있다는 장점이 있지만 결국 외부 파일을 불러오는 것이기 때문에 페이지 로딩 속도에 영향을 줄 수 있다는 단점이 있습니다.

내부 웹 폰트로 빠르게 폰트 불러오기

내부 웹 폰트는 정확히 외부 웹 폰트와 상반되는 장단점을 가진 방식입니다. 앞에서 빵을 굽는 상황에 비유했는데, 이번에는 빵틀을 집에 하나 두고 사용한다고 생각해 봅시다. 내부 웹 폰트는 프로젝트 폴더 안에 웹 폰트 파일을 추가하고, 이를 불러와서 사용하는 방식입니다.

그럼 이번에는 내부 웹 폰트를 적용해 보겠습니다. 앞에서 방문했던 구글 폰트 페이지에서 이번에는 하단의 [Download all] 버튼을 클릭해 폰트 파일을 다운로드합니다.

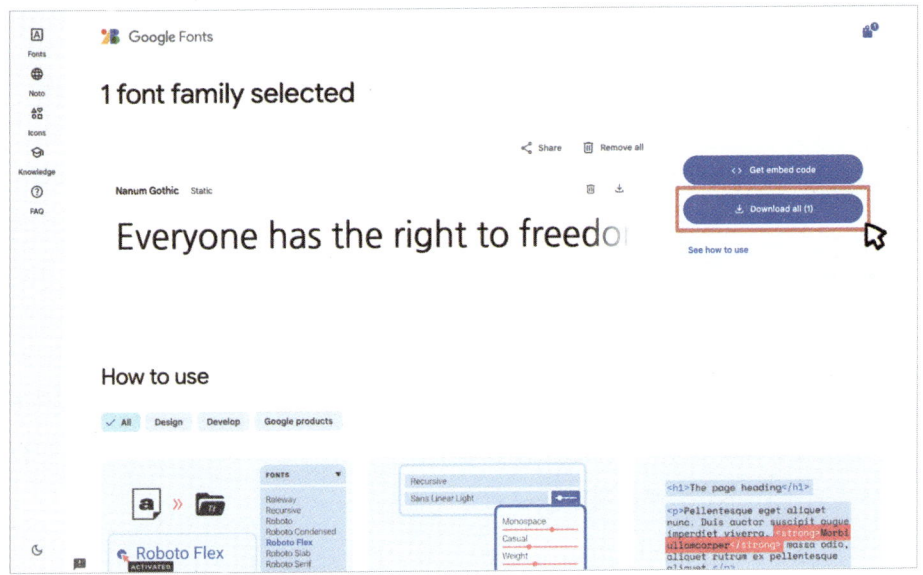

그림 7.54 구글 폰트 페이지에서 폰트 파일 내려받기

받은 파일의 압축을 풀어보면 다음과 같이 다른 굵기의 폰트 파일이 들어 있는 것을 확인할 수 있습니다.

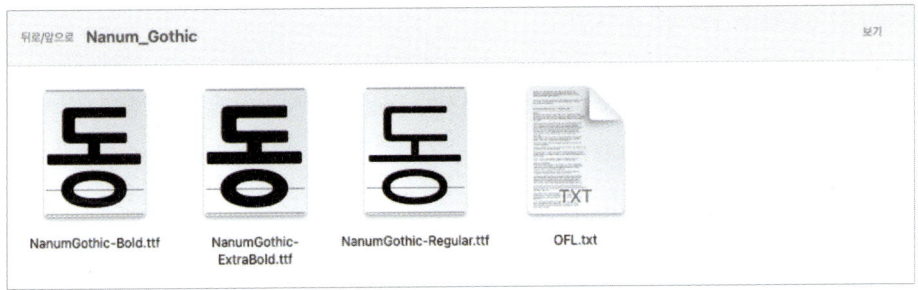

그림 7.55 서로 다른 폰트 파일이 포함된 모습

여기서 다운로드한 폰트 파일은 확장자가 .ttf로 TTF 웹 폰트인데, TTF 이외에도 다음과 같이 다양한 종류의 폰트 파일이 있습니다.

표 7.10 폰트 파일의 종류

종류	설명
TTF(TrueType Fonts)	가장 널리 사용되는 폰트 형식 중 하나로, 대부분의 브라우저에서 지원하는 표준 폰트 형식. 확장자: .ttf, 포맷 타입: truetype

종류	설명
OTF(OpenType Fonts)	TTF를 기반으로 하며, 디자이너가 폰트를 더 멋지게 꾸밀 수 있는 기능을 제공. 확장자: .otf, 포맷 타입: opentype
WOFF(Web Open Font Format)	웹 폰트를 위해 최적화된 형식으로, 대부분의 최신 브라우저에서 지원. 확장자: .woff, 포맷 타입: woff
WOFF2(Web Open Font Format 2)	WOFF의 개선된 버전으로, 더 높은 압축률을 지원. 최신 브라우저에서만 지원. 확장자: .woff2, 포맷 타입: woff2

앞에서 다운로드한 폰트는 HTML 파일이 있는 위치로 옮깁니다. 참고로 예제 프로젝트의 ch07/7.4 폴더를 열어보면 다음과 같이 앞에서 다운로드한 것과 동일한 폰트 파일이 /fonts 폴더에 들어 있는 것을 확인할 수 있습니다.

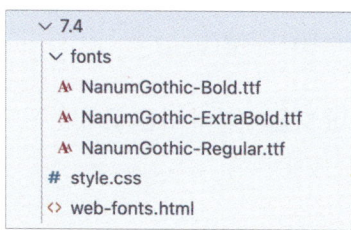

그림 7.56 프로젝트에 폰트 파일 추가하기

그럼 이렇게 추가한 파일들을 실제 웹 페이지에 적용하려면 어떻게 해야 할까요? 이때 사용하는 것이 @font-face입니다.

```
@font-face {
    font-family: 폰트_이름;
    src: url(폰트_경로) format(폰트_포맷);
    font-weight: 폰트_두께;
    font-style: 폰트_스타일;
}
```

@font-face는 웹 폰트를 프로젝트 내부에서 사용할 수 있도록 필요한 속성을 정의하는 일종의 규칙입니다. 한번 하나씩 살펴볼까요?

먼저 font-family는 사용할 폰트의 별명입니다. 우리가 font-family를 'Candy'라고 선언한다면 실제 요소에 폰트를 적용할 때도 'Candy'라고 입력해야 합니다.

`src`는 적용할 폰트의 경로입니다. 앞에서 배경 속성을 설명할 때 배경 이미지를 url() 함수를 사용해 불러오는 방법을 함께 알아봤습니다. 이처럼 `src` 또한 url() 함수로 폰트 경로를 추가하고, `format`으로 해당 폰트 파일의 타입을 입력합니다.

`font-weight`는 적용할 폰트의 두께를 추가하고, 마지막 `font-style`은 적용할 폰트의 스타일을 추가합니다. 만약 `font-family`가 'Candy'이고 `font-weight`를 500, `font-style`을 italic으로 정의했다면 이 폰트는 두께가 500이고 이탤릭 스타일인 'Candy' 폰트에만 적용됩니다.

이처럼 `@font-face`를 이용하면 원하는 폰트를 간편하게 사용할 수 있습니다.

그럼 다시 예제로 돌아가, `@font-face`를 사용해 규칙을 추가하고 폰트를 적용해 보겠습니다. 이번에는 코드가 많기 때문에 HTML 문서와 같은 위치에 `style.css` 파일을 추가하고 `@font-face`를 추가합니다. 이때 앞서 나눔고딕에는 총 3가지 폰트 파일이 있었으므로 `@font-face` 또한 다음과 같이 3개를 만들고 각 폰트 파일의 속성을 정의합니다.

예제 7.28 style.css 파일에 @font-face 추가하기   ch07/7.4/style.css

```css
/* 일반 폰트(400) */
@font-face {
  font-family: 'Nanum Gothic';
  src: url('fonts/NanumGothic-Regular.ttf') format('truetype');
  font-weight: 400;
  font-style: normal;
}

/* 굵은 폰트(700) */
@font-face {
  font-family: 'Nanum Gothic';
  src: url('fonts/NanumGothic-Bold.ttf') format('truetype');
  font-weight: 700;
  font-style: normal;
}

/* 더 굵은 폰트(800) */
@font-face {
  font-family: 'Nanum Gothic';
```

```
    src: url('fonts/NanumGothic-ExtraBold.ttf') format('truetype');
    font-weight: 800;
    font-style: normal;
}

/* HTML에 폰트를 적용하기 위한 클래스 정의 */
.font-nanum {
    font-family: 'Nanum Gothic';
}

.bold {
    font-weight: 700;
}

.extra-bold {
    font-weight: 800;
}
```

다음으로 HTML 문서에서 이전 폰트 관련 코드를 주석 처리한 뒤, 다음과 같이 `<link>` 태그를 추가해 스타일을 연결하고 브라우저에서 확인하면 나눔고딕 폰트가 잘 적용되는 것을 확인할 수 있습니다.

예제 7.29 내부 웹 폰트를 사용해 폰트 적용하기 ch07/7.4/web-fonts.html

```
... 생략 ...
<head>
    <meta charset="UTF-8">
    <title>7.4. 웹 폰트 사용하기</title>
    <!-- 외부 웹 폰트 -->
    <!-- <link rel="preconnect" href="<https://fonts.googleapis.com>"> -->
    <link rel="preconnect" href="<https://fonts.gstatic.com>" crossorigin>
    <link href="<https://fonts.googleapis.com/css2?family=Nanum+Gothic:wght@400;700;800&display=swap>" rel="stylesheet">
    <style>
        .font-nanum {
            font-family: 'Nanum Gothic';
        }
        .bold {
```

```
      font-weight: 700;
    }
    .extra-bold {
      font-weight: 800;
    }
  </style> -->

  <!-- 내부 웹 폰트 -->
  <link rel="stylesheet" href="style.css">
</head>
... 생략 ...
```

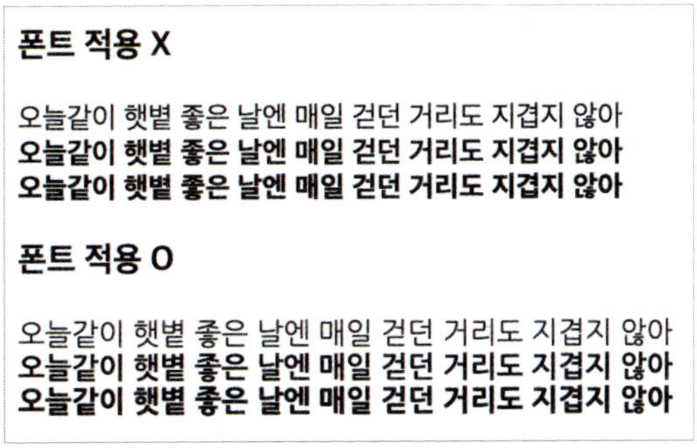

폰트 적용 X

오늘같이 햇볕 좋은 날엔 매일 걷던 거리도 지겹지 않아
오늘같이 햇볕 좋은 날엔 매일 걷던 거리도 지겹지 않아
오늘같이 햇볕 좋은 날엔 매일 걷던 거리도 지겹지 않아

폰트 적용 O

오늘같이 햇볕 좋은 날엔 매일 걷던 거리도 지겹지 않아
오늘같이 햇볕 좋은 날엔 매일 걷던 거리도 지겹지 않아
오늘같이 햇볕 좋은 날엔 매일 걷던 거리도 지겹지 않아

그림 7.57 내부 웹 폰트를 사용해 폰트를 적용한 모습

보다시피 외부 웹 폰트를 사용했을 때보다는 조금 더 복잡합니다. 이러한 내부 웹 폰트 사용 방식은 속도도 빠르고 외부 폰트 서비스에 문제가 생겨도 안정적으로 폰트를 적용할 수 있다는 점이 장점이지만 이 또한 주의해야 할 점이 있습니다. 예제에 적용한 나눔고딕은 TTF로 대부분의 브라우저에서 지원하는 폰트이기 때문에 큰 문제가 되지 않지만 WOFF 등 최신 브라우저 환경에서만 지원되는 종류는 다른 브라우저 환경도 고려해야 합니다.

이런 경우를 대비해 @font-face는 다음과 같이 src 속성 안에 여러 url()을 추가할 수 있습니다. 이 경우 첫 번째 포맷인 woff2를 지원하지 않는 경우는 두 번째 포맷인 woff를, woff도 지원하지 않는 경우에는 세 번째 포맷인 ttf를 사용합니다.

예제 7.30 폰트 호환성 보장하기　　　　　　　　　　　ch07/7.4/style.cse

```css
@font-face {
  font-family: 'Nanum Gothic';
  src: url('fonts/NanumGothic-Regular.woff2') format('woff2'), /* 최신 브라우저 */
       url('fonts/NanumGothic-Regular.woff') format('woff'),    /* 대부분의 최신 브라우저 */
       url('fonts/NanumGothic-Regular.ttf') format('truetype'); /* 대부분의 브라우저 */
  font-weight: normal;
  font-style: normal;
}
```

이처럼 웹 폰트를 사용할 때는 폰트의 종류에 따라 지원하는 브라우저가 다를 수도 있기 때문에 모든 사용자에게 동일한 폰트를 제공하려면 다양한 웹 폰트 타입을 고려할 필요가 있습니다.

핵심 용어 정리

- **플렉스박스(Flexbox)**: 요소들을 행이나 열 방향으로 유연하게 배치하는 CSS 레이아웃 모델로, 컨테이너와 아이템으로 구성되며 정렬과 순서 조정이 쉽고 반응형 디자인에 적합함

- **그리드 레이아웃(Grid Layout)**: 2차원 구조(행과 열)를 동시에 제어할 수 있는 CSS 레이아웃 시스템으로, 복잡한 페이지 구조를 쉽게 배치할 수 있게 함

- **반응형 웹(Responsive Web)**: 디바이스의 크기와 화면 해상도에 따라 자동으로 레이아웃이 변경되어 다양한 기기에서 최적화된 화면을 제공하는 웹 디자인 방식

- **미디어 쿼리(Media Query)**: 화면 크기, 해상도 등 사용자 환경에 따라 다른 CSS 스타일을 적용할 수 있는 CSS 기능으로, @media 규칙을 사용해 정의함

- **transition**: 요소의 스타일이 변화할 때 일정 시간에 걸쳐 부드럽게 변화되도록 하는 CSS 속성으로, 지속시간, 타이밍 함수 등을 지정할 수 있음

- **animation**: @keyframes 규칙과 함께 사용해 요소에 복잡한 애니메이션 효과를 적용하는 CSS 속성으로, 지속시간, 타이밍 함수, 반복 횟수 등을 지정할 수 있음

- **transform**: 요소를 회전(rotate), 크기 변경(scale), 이동(translate), 기울임(skew) 등으로 변형할 수 있는 CSS 속성

- **box-shadow**: 요소에 그림자 효과를 적용하는 CSS 속성으로, 수평/수직 거리, 흐림 정도, 확산 정도, 색상 등을 지정할 수 있음

- **filter**: 이미지나 요소에 흐림(blur), 밝기(brightness), 대비(contrast) 등의 그래픽 효과를 적용하는 CSS 속성

- **웹 폰트(Web Font)**: 사용자의 컴퓨터에 설치되지 않은 폰트를 웹 페이지에서 사용할 수 있게 해주는 기술로, 외부 웹 폰트와 내부 웹 폰트 방식이 있음

【연습 문제】

1. 플렉스박스에서 아이템 사이의 간격을 지정하는 속성은 무엇인가?

   ① space-between
   ② align-items
   ③ gap
   ④ padding

2. 그리드 레이아웃에서 행과 열의 크기를 비율로 지정할 때 사용하는 단위로 올바른 것은?

   ① px

   ② %

   ③ em

   ④ fr

3. 미디어 쿼리에서 화면 너비가 768px 이하일 때만 스타일을 적용하려면 어떤 구문을 사용해야 하는가?

   ① @media (min-width: 768px)

   ② @media (width: 768px)

   ③ @media (max-width: 768px)

   ④ @media (min-height: 768px)

4. CSS 애니메이션을 정의할 때 사용하는 키워드로 올바른 것은?

   ① @animation

   ② @keyframes

   ③ @transition

   ④ @transform

5. 다음 중 내부 웹 폰트를 사용하기 위해 필요한 CSS 규칙은?

   ① @import

   ② @font-face

   ③ @font-family

   ④ @web-font

연습문제 해답

1. ③ – gap은 플렉스박스나 그리드에서 아이템 사이의 간격을 지정하는 속성이다.
2. ④ – fr(fraction)은 그리드 레이아웃에서 행과 열의 크기를 비율로 지정할 때 사용하는 단위다.
3. ③ – @media (max-width: 768px)는 화면 너비가 768px 이하일 때만 스타일을 적용하는 미디어 쿼리다.
4. ② – @keyframes는 CSS 애니메이션을 정의할 때 사용하는 키워드로, 애니메이션의 각 단계별 스타일을 설정한다.
5. ② – @font-face는 내부 웹 폰트를 사용하기 위해 폰트의 경로, 이름, 두께, 스타일 등을 정의하는 CSS 규칙이다.

08

웹 페이지에 생동감을 불어넣는 자바스크립트

HTML과 CSS가 웹 페이지의 겉모습을 담당했다면 자바스크립트는 웹 페이지의 기능적인 측면을 담당하는 핵심 요소입니다. 8장에서는 이러한 자바스크립트가 무엇이고, 본격적인 자바스크립트 학습에 앞서 알아둬야 할 기초 문법을 소개합니다.

8.1 웹 페이지에 생명을 불어넣는 자바스크립트

지금까지 웹 페이지를 구성하는 두 가지 요소인 HTML과 CSS를 배웠습니다. 웹 페이지를 만드는 과정을 집을 짓는 과정에 비유하면 HTML은 튼튼한 뼈대를 만드는 역할이고, CSS는 외벽을 아름답게 꾸미는 역할을 한다고 이야기했습니다. 그러나 잘 꾸며진 집에 물이나 전기가 들어오지 않으면 어떨까요? 보기에는 좋겠지만 실제로 들어가 살지는 못할 것입니다. 이 물과 전기처럼 실질적으로 웹 페이지에 생명을 불어넣는 역할을 하는 것이 바로 자바스크립트입니다.

그럼 이러한 자바스크립트는 정확히 어떤 역할을 하며, 앞서 배운 HTML과 CSS와는 어떤 차이가 있는 것일까요? 지금부터 그 해답을 하나씩 찾아보겠습니다.

자바스크립트로 웹 페이지를 동적으로 바꾸기

자바스크립트(JavaScript)는 웹 페이지를 동적으로 만들어주는 프로그래밍 언어입니다. 자바스크립트와 HTML, CSS를 구분 짓는 가장 큰 차이가 바로 이 '동적'이라는 키워드입니다.

지금까지 배운 HTML과 CSS의 내용을 돌이켜보면 CSS의 애니메이션 속성 정도를 제외하고는 대부분 처음 정한 내용이나 스타일이 변하지 않고 그대로 유지되는 '정적'인 속성이었습니다. 스크롤을 내리면 갑자기 <p> 태그의 내용이 바뀐다거나 텍스트의 크기가 커지지는 않습니다. 따라서 이러한 정적 요소로만 구성된 웹 페이지는 회사나 제품 소개 페이지처럼 단순히 있는 그대로의 콘텐츠를 보여주는 데 그칠 수밖에 없습니다.

그림 8.1 보여주기에 특화된 HTML과 CSS로 구성된 웹 페이지

웹이 막 탄생하고 HTML과 CSS만 사용되던 시기에도 이 한계를 인지하고 있었고, 더 많은 정보를 제공할 뿐만 아니라 사용자와 상호작용할 수 있는 기능의 필요성이 대두됐습니다. 특히 1994년에 넷스케이프 내비게이터(Netscape Navigator)라는 웹 브라우저를 출시하면서 웹 시장의 선두를 달리던 넷스케이프 사에서도 웹 페이지가 사용자의 행동에 동적으로 반응할 수 있도록 하는 새로운 프로그래밍 언어가 필요하다고 생각했습니다.

이러한 이유로 1995년에 넷스케이프 직원인 브렌던 아이크(Brendan Eich)가 만든 새로운 언어가 바로 자바스크립트입니다. 자바스크립트가 생겨난 이후로 웹 페이지는 정적 콘텐츠뿐만 아니라 동적 콘텐츠도 추가하고, 사용자와 상호작용도 할 수 있게 됐습니다. 예를 들어, 이미지 슬라이드 기능이나 팝업 요소처럼 요소들을 움직이게 할 수도 있고, [구매하기] 버튼을 누르면 신용카드로 결제할 수 있는 페이지가 열리는 것처럼 사용자의 행동에 따른 실시간 처리까지 가능해졌습니다.

그림 8.2 자바스크립트를 통해 동적 요소가 추가된 웹 페이지

자바스크립트는 자바인가요?

자바스크립트를 프로그래밍 언어 중 하나인 자바(Java)와 헷갈려 하는 경우가 종종 있습니다. 이 둘의 이름이 비슷한 이유는 자바스크립트를 개발할 당시 인기 있던 자바 언어의 유명세에 편승하고자 한 결과로, 실제로 이 둘은 엄연히 다른 언어입니다. 마치 키위와 키위새가 전혀 다른 것과 같습니다.

또 앞에서 설명했듯이 처음에는 웹 페이지에 동적 콘텐츠를 추가하기 위해 자바스크립트를 만들었지만 웹의 발전과 함께 자바스크립트 또한 다양한 기능과 문법이 추가되며 고도화됐습니다. 리액트(React)처럼 웹 페이지를 더 효율적으로 구현하기 위한 프런트엔드 라이브러리/프레임워크부터 웹 서버에 사용하는 노드JS(Node.js), 모바일 앱 개발에 사용하는 리액트 네이티브(React Native)와 머신러닝에 사용되는 텐서플로 (TensorFlow)까지 다양한 분야에서 활발히 사용되고 있습니다.

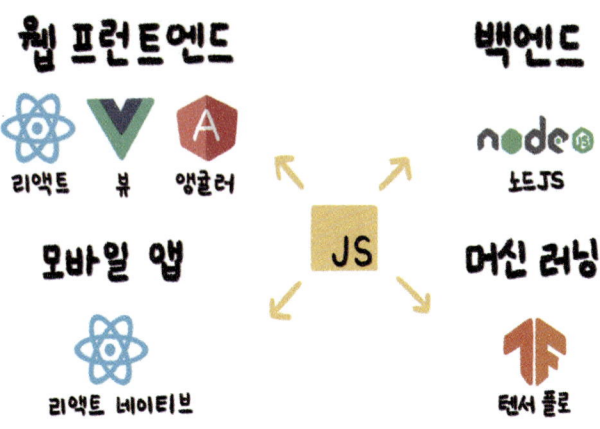

그림 8.3 다양한 개발 분야에서 사용되는 자바스크립트

그러므로 자바스크립트를 배운다는 것은 단순히 웹 페이지를 구현하는 것을 넘어 복잡한 웹 애플리케이션을 만들 수 있는 기본기를 다지는 것이나 마찬가지입니다.

프로그래밍 언어란?

앞에서 자바스크립트를 소개할 때 '스크립트 언어' 또는 '프로그래밍 언어'라고 설명했습니다. 그리고 책에서 HTML과 CSS를 처음 소개했던 단원을 살펴보면 HTML과 CSS를 각각 마크업 언어, 스타일시트 언어라고 언급한 것을 확인할 수 있습니다. 단순히 소개하는 문구 중 하나라고 생각할 수도 있지만 이러한 용어들은 자바스크립트가 HTML, CSS와 다른 결정적인 차이점을 표현하는 것이기도 합니다. 그럼 자바스크립트가 속한 스크립트 언어와 프로그래밍 언어란 무엇일까요?

우선 **프로그래밍 언어(programming language)**는 이름에서 알 수 있듯이 컴퓨터 프로그램을 작성하기 위해 사용하는 언어입니다. 컴퓨터는 0과 1로 이뤄진 기계어로만 동작하는데, 사람이 이러한 기계어를 직접 작성할 수 없으므로 중간에 프로그래밍 언어라는 단계를 둬서 사람과 컴퓨터 사이의 의사소통을 가능하게 한 것입니다. 구글이나 네이버 같은 웹 페이지부터 카카오톡이나 인스타그램 같은 모바일 앱, 그리고 엑셀이나 포토샵 등의 응용 프로그램까지 컴퓨터로 만드는 모든 프로그램은 이러한 프로그래밍 언어로 만들어집니다. 대표적인 프로그래밍 언어로는 C, 자바, 파이썬 등이 있습니다.

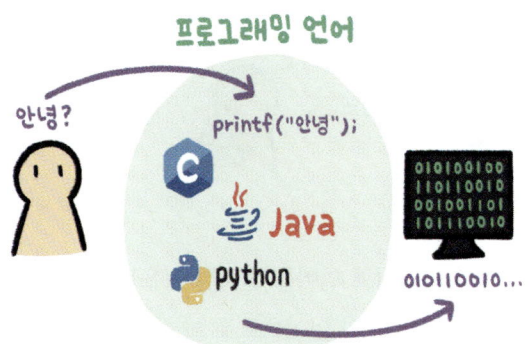

그림 8.4 컴퓨터와 사람 사이의 소통을 담당하는 프로그래밍 언어

HTML과 CSS도 웹 페이지를 만드는 언어인데, 왜 프로그래밍 언어가 아닐까요? 그 이유는 프로그래밍 언어와 다른 언어를 구분 짓는 요소가 몇 가지 있기 때문입니다. 대표적으로 특정 조건을 만족할 때 실행하거나 예외 처리를 하는 등의 제어 구조가 있는지, 알고리즘 등으로 복잡한 연산 및 로직을 구현할 수 있는지, 그리고 변수를 선언하고 값을 할당할 수 있는지 등의 기준이 있습니다. 구체적인 내용은 이후 본격적으로 자바스크립트 문법을 다룰 때 자세히 살펴볼 예정이므로 지금은 프로그래밍 언어가 되기 위해서는 이런 요건을 만족해야 한다는 정도만 이해해도 좋습니다.

또 자바스크립트를 종종 **스크립트 언어**(script language)라고 소개하기도 합니다. 스크립트 언어 또한 프로그래밍 언어의 일부로, 간단한 프로그램을 빠르게 작성하는 데 특화된 언어를 의미합니다. 가령 대표적인 프로그래밍 언어 중 하나인 C 언어는 바로 코드를 실행하지 않고 중간에 컴파일러(compiler)가 코드를 기계어로 번역하면, 윈도우와 리눅스 같은 운영체제에서 번역된 기계어 코드를 실행합니다. 그러나 자바스크립트는 컴파일러 대신 인터프리터(interpreter)를 사용하는데, 인터프리터는 컴파일러의 번역과 운영체제의 코드 실행을 하나로 합친 역할로, 코드를 한 줄씩 읽고 바로 실행하기 때문에 코드를 빠르게 처리할 수 있다는 장점이 있습니다.

그림 8.5 컴파일 언어와 인터프리터 언어

이처럼 프로그래밍 언어와 스크립트 언어를 설명한 이유는 자바스크립트가 앞에서 배운 HTML, CSS와 완전히 다른 스타일의 언어이므로 이 차이를 미리 이해해야 앞으로의 여정에 도움이 되기 때문입니다. 특히 프로그래밍 언어를 처음 배우는 분들은 자바스크립트를 배울 때 어려움을 많이 겪습니다. 이 책에서는 처음 프로그래밍 언어를 배우는 분들도 쉽게 이해할 수 있도록 여러 예제와 비유를 곁들였으니 하나씩 천천히 살펴보면 부담 없이 익힐 수 있을 겁니다. 그럼 본격적으로 자바스크립트를 배워볼까요?

8.2 자바스크립트 코드는 어디에 작성해야 할까?

자바스크립트 코드를 웹 페이지에 적용하려면 CSS와 마찬가지로 HTML 문서 어딘가에 코드를 작성해야 합니다. 다만 CSS와 달리 자바스크립트 코드는 어느 위치에 두는가에 따라 결과가 조금씩 달라지므로 이에 유의해서 코드를 위치시켜야 합니다. 이번 절에서는 이러한 자바스크립트 코드 적용 방법에 대해 살펴보겠습니다.

HTML 문서 내부에 자바스크립트 코드 추가하기

CSS와 마찬가지로 자바스크립트도 HTML 문서 내부에 직접 코드를 작성하는 방법과 외부에 작성해 두고 그 파일을 불러오는 방법이 있습니다.

먼저 문서 내부에 코드를 작성할 때는 `<script>`라는 태그를 사용합니다. HTML 문서의 `<body>` 태그 내부의 맨 밑에 `<script>`라는 태그를 만들고, 그 안에 코드를 입력하면 됩니다. 예제를 통해 살펴보겠습니다.

다음은 버튼을 클릭하면 오늘의 점심 메뉴가 알림창으로 표시되는 코드입니다.

예제 8.1 점심 메뉴를 보여주는 알림창 만들기 📄 ch08/8.2/js-import.html

```html
<!DOCTYPE html>
<html lang="ko">
<head>
  <meta charset="UTF-8">
</head>
<body>
  <h1>오늘의 점심 메뉴는?</h1>
  <button onclick="alertMenu()">확인하기</button>
  <script>
    function alertMenu() {
      alert("오늘 점심 메뉴는 오므라이스!");
    }
  </script>
</body>
</html>
```

이렇게 작성하고 웹 브라우저에서 확인해 보면 다음과 같이 버튼을 클릭했을 때 알림창이 표시됩니다.

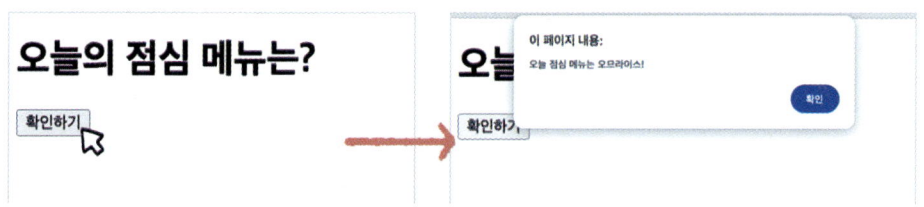

그림 8.6 코드 실행 결과

이때 `<body>`의 맨 아래에 `<script>` 태그를 추가하는 이유는 웹 브라우저의 동작 과정과 관련이 있습니다. 앞서 8.1절 '웹 페이지에 생명을 불어넣는 자바스크립트'에서 자바스크립트는 코드를 인터프리터라는 변환기에서 한 줄씩 읽고 실행한다고 이야기했습니다. 그런데 웹 브라우저는 기본적으로 한 번에 하나의 일밖에 수행할 수 없습니다. HTML 문서를 열심히 읽고 있는데 중간에 갑자기 자바스크립트 코드가 나오면 브라우저는 하던 일을 잠깐 멈추고 자바스크립트 코드를 변환합니다. 따라서 웹 페이지를 보는 사용자 입장에서는 화면 전체가 보이기까지의 시간이 더 오래 걸리므로 화면이 느리다고 생각할 수 있습니다.

이러한 맥락에서 자바스크립트 코드는 처음에 화면을 빠르게 보여주기 위해 HTML, CSS 코드가 전부 실행된 뒤에 실행되도록 맨 아래에 넣게 된 것입니다.

HTML 문서와 외부 자바스크립트 파일 연결하기

이처럼 자바스크립트 코드가 HTML 파일 안에 위치하게 되면 한 파일 안에 HTML 코드와 자바스크립트 코드를 함께 관리할 수 있다는 장점이 있습니다. 하지만 그만큼 단점도 명확합니다. 코드가 길어지면 HTML 문서가 복잡해질 수 있고, 여러 HTML 파일에서 함께 사용하는 자바스크립트 코드가 있어도 여러 번 작성해야 한다는 불편함이 있습니다. 따라서 파일이 커지고 복잡해지면 외부에 .js 확장자를 가진 파일을 만들고 이를 불러오는 방식을 사용할 수 있습니다.

앞에서 작성한 자바스크립트 코드를 .js 파일로 만들어 보겠습니다. script.js라는 이름의 파일을 HTML 문서와 동일한 위치에 생성하고 다음과 같은 코드를 추가합니다.

예제 8.2 script.js 파일 생성　　　　　　　　　　　　　　 ch08/8.2/js/script.js

```
function alertMenu() {
  alert("오늘 점심 메뉴는 오므라이스!");
}
```

그리고 HTML 문서로 돌아와 다음과 같이 src 속성을 사용해 파일을 불러옵니다.

예제 8.3 `<script>` 태그를 사용해 .js 파일 불러오기　　　　　 ch08/8.2/js-import.html

```
<!DOCTYPE html>
<html lang="ko">
<head>
  <meta charset="UTF-8">
</head>
<body>
  <h1>오늘의 점심 메뉴는?</h1>
  <button onclick="alertMenu()">확인하기</button>
```

```
    <script src="script.js"></script>
  </body>
</html>
```

그다음 브라우저에서 실행하면 이전 예제와 동일하게 자바스크립트 코드가 동작하는 것을 확인할 수 있습니다.

그런데 CSS 파일은 `<head>` 태그 안에 작성하는데, 자바스크립트 파일은 `<body>` 태그 맨 아래에 작성하다 보니 코드의 양이 많아지면 관리하기가 어려울 수 있습니다. 그렇다면 자바스크립트 파일도 `<head>` 태그 안에 입력할 수는 없을까요?

`defer` 속성을 사용하면 이러한 불편함을 말끔히 해결할 수 있습니다. `defer` 속성은 HTML 태그를 읽는 동안에 자바스크립트 파일을 다운로드했다가 HTML 파일을 읽고 난 뒤에 스크립트를 실행하는 속성으로, `defer` 속성을 추가하면 `<script>` 태그를 HTML 문서 상단에 위치시켜도 웹 페이지를 완전히 읽은 뒤에 자바스크립트 코드를 실행합니다. 따라서 위의 예제에서 `defer` 속성을 추가해 다음과 같이 작성해도 동일한 결과를 확인할 수 있습니다. 보다시피 코드가 훨씬 더 간결해졌습니다.

예제 8.4 defer를 사용해 `<script>` 태그를 `<head>` 안에 추가하기　　　ch08/8.2/js-import.html

```html
<!DOCTYPE html>
<html lang="ko">
  <head>
    <meta charset="UTF-8">
    <script src="script.js" defer></script>
  </head>
  <body>
    <h1>오늘의 점심 메뉴는?</h1>
    <button onclick="alertMenu()">확인하기</button>
  </body>
</html>
```

이처럼 필요에 따라 내부 또는 외부로 HTML 문서에 자바스크립트 코드를 적용할 수 있습니다.

8.3 미리 알아두면 좋은 자바스크립트 개념

자바스크립트는 HTML, CSS와 달리 프로그래밍 언어이므로 문법도 더 복잡하고, 또 결과물을 HTML, CSS처럼 명확하게 확인하기 어렵다 보니 문제의 원인을 찾는 과정도 조금 더 까다롭습니다.

따라서 코드의 가독성을 높여 쉽게 내용을 확인하고, 코드의 중간중간 결과를 출력하며 원인을 빠르게 찾아 해결하는 것이 중요합니다. 이처럼 이번 절에서는 자바스크립트를 본격적으로 공부하기 전에 미리 알아두면 좋은 몇 가지 개념들을 소개합니다.

자바스크립트 코드는 결과를 어떻게 확인할까?

앞에서 자바스크립트 코드는 결과물을 명확하게 확인하기 어렵다고 이야기했습니다. 자바스크립트 또한 웹 페이지를 구성하는 중요한 요소인데, 왜 결과를 바로 보기 어려운 걸까요?

그 이유는 웹 페이지에서 자바스크립트의 역할을 이해하면 쉽게 알 수 있습니다. 예를 들어, HTML에서는 특정 태그가 화면에 보이지 않는 경우에 단순히 해당 태그의 선언이 잘못된 것이므로 특정 태그 하나만 확인하면 문제를 해결할 수 있습니다.

그러나 자바스크립트는 여러 코드가 모여 하나의 기능을 수행하기 때문에 가령 슬라이드 기능이 제대로 작동하지 않으면 어느 코드가 잘못된 것인지 하나씩 확인해야 합니다. 마치 사과가 상했을 때는 다른 사과를 사면 되지만 음식 맛이 이상할 때는 어느 재료에 문제가 있는지 파악하기 어려운 것과 비슷합니다.

그림 8.7 사과와 음식으로 비유하는 자바스크립트

따라서 자바스크립트 코드를 작성할 때는 모든 코드가 완성되지 않았더라도 중간중간 결과를 출력해 확인하는 과정이 중요합니다. 그 과정에서 몇 가지 내장 함수를 사용할 수 있습니다. 여기서 말하는 함수(function)란 어떤 작업을 미리 정해둔 코드 묶음으로, 필요할 때마다 불러 쓸 수 있는 일종의 도구입니다. 함수에 대한 자세한 내용은 9장에서 본격적으로 다루니, 지금은 '자바스크립트가 제공하는 기본 기능' 정도로 이해하고 넘어가셔도 괜찮습니다.

먼저 **alert()**는 웹 페이지에서 간단한 알림창을 띄울 때 사용하는 함수입니다. 이는 자바스크립트 예제를 작성할 때 종종 봤던 함수이기도 합니다. 사용법은 다음과 같이 alert()를 작성하고, 괄호 안에 출력하고 싶은 내용을 추가하면 됩니다.

예제 8.5 alert() 함수의 기본형

```
alert(메시지);
```

alert() 함수는 다양한 용도로 사용할 수 있습니다. 가령 특정 버튼을 클릭했을 때 알림창이 나오게 하는 등의 이벤트 결과를 확인하는 데 활용할 수 있습니다. 다음은 클릭한 버튼에 따라 알림창에 '오므라이스' 또는 '짬뽕'을 출력하는 예제입니다.

예제 8.6 alert() 함수를 사용해 이벤트 결과 확인하기　　　　　ch08/8.3/alert-console.html

```
<!DOCTYPE html>
<html lang="ko">
<head>
  <meta charset="UTF-8">
</head>
<body>
  <h1>오늘의 메뉴는?</h1>
  <button onclick="alertMenu('오므라이스')">점심 메뉴 확인하기</button>
  <button onclick="alertMenu('짬뽕')">저녁 메뉴 확인하기</button>
  <script>
    function alertMenu(menu) {
      alert(`오늘 메뉴는 ${menu}!`);
    }
  </script>
</body>
</html>
```

이렇게 작성한 뒤 브라우저에서 각 버튼을 클릭하면 버튼마다 각기 다른 메뉴가 표시되는 것을 확인할 수 있습니다.

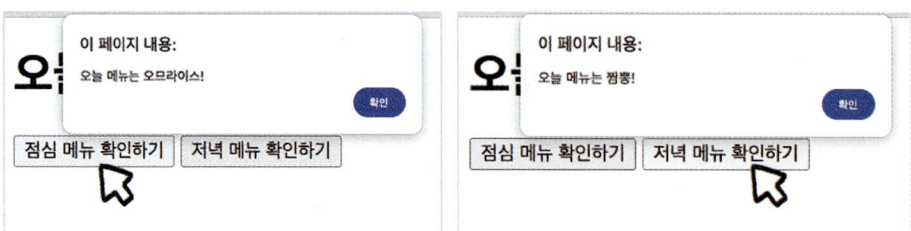

그림 8.8 버튼에 따라 다른 메뉴가 출력되는 모습

다음으로 `console.log()`는 브라우저의 콘솔에 메시지를 출력하는 함수입니다. 사용법은 `alert()`와 마찬가지로 코드에 `console.log()`를 추가하고 괄호 안에 원하는 메시지를 추가하는 것입니다.

예제 8.7 console.log() 함수의 기본형

```
console.log(메시지);
```

이러한 `console.log()`의 실행 결과는 이제는 익숙한 개발자 도구에서 확인할 수 있습니다. 이해를 돕기 위해 예제 8.6에서 `alert()`를 주석 처리하고, `console.log()`로 바꿔서 확인해 보겠습니다. 자바스크립트의 주석은 다음과 같이 코드 앞에 `//`를 붙이며, 구체적인 내용은 이후에 자세히 설명하겠습니다.

예제 8.8 console.log()로 결과 출력하기   ch08/8.3/alert-console.html

```
... 생략 ...
    function alertMenu(menu) {
        // alert(`오늘 메뉴는 ${menu}!`);
        console.log(`오늘 메뉴는 ${menu}!`);
    }
... 생략 ...
```

예제와 같이 코드를 수정한 뒤 키보드 F12 키[1]를 누르거나, 마우스 오른쪽 버튼을 클릭하고 [검사] 버튼을 클릭해 개발자 도구를 엽니다. 그런 다음, [Console] 탭을 클릭하면 콘솔이 나타납니다. 이 상태에서 메뉴 확인 버튼을 각각 클릭하면 다음과 같이 콘솔에 console.log()의 결과가 출력되는 것을 확인할 수 있습니다.

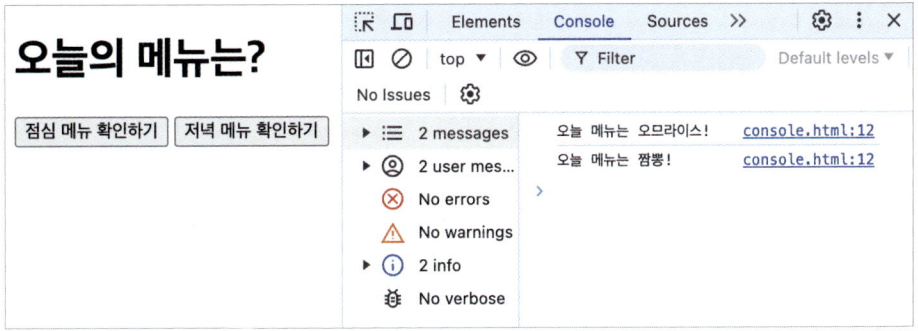

그림 8.9 콘솔에서 메뉴가 출력되는 모습

이러한 alert()와 console.log()는 앞으로 다양한 자바스크립트 문법을 배우며 자주 사용할 예정이기도 하고, 실제로 프로젝트를 진행할 때도 자주 사용하므로 미리 익혀두면 좋습니다.

콘솔로 빠르게 오류 해결하기

console.log()를 설명하면서 콘솔을 한번 사용해 봤습니다. 콘솔은 코드의 실행 결과를 확인할 뿐만 아니라 자바스크립트에서 오류가 발생했을 때 에러 메시지가 출력되는 곳이기도 합니다. 프로그래밍에서는 개발할 때 발생하는 오류를 **버그(bug)**라고 하고, 오류를 찾아 수정하는 일을 **디버깅(debugging)**이라고 합니다. 앞에서 설명했듯이 자바스크립트는 여러 코드가 하나의 기능을 수행하기 때문에 문제가 발생했을 때 빠르게 콘솔을 보고 어디에서 문제가 발생했는지를 확인하는 디버깅 과정이 무엇보다 중요합니다. 그럼 함께 디버깅을 해볼까요?

---

1 macOS 환경에서는 command + option + I

예제 8.9 오류가 발생하는 자바스크립트 코드　　　　　　　　　　ch08/8.3/error.html

```html
<!DOCTYPE html>
<html lang="ko">
  <head>
    <meta charset="UTF-8">
    <title>8.3.2. 콘솔로 빠르게 오류 해결하기</title>
  </head>
  <body>
    <h1>오늘의 메뉴는?</h1>
    <script>
      alert(`오늘 점심 메뉴는 ${menu}!`);
    </script>
  </body>
</html>
```

HTML 문서에 위와 같이 코드를 추가하고 브라우저를 열어보면 코드에 alert() 함수를 추가했는데도 알림창이 표시되지 않는 것을 확인할 수 있습니다.

콘솔을 확인해 보겠습니다. 콘솔에서는 다음과 같이 빨간색으로 에러 메시지가 나오는 것을 확인할 수 있습니다.

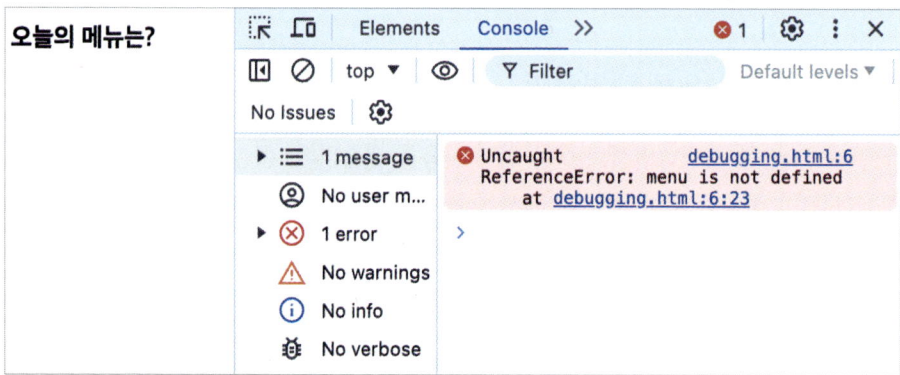

그림 8.10 콘솔에서 에러 메시지 확인하기

'menu is not defined'라는 에러 메시지를 보니 알림창에서 출력하고자 하는 menu라는 값이 선언되지 않아 발생한 문제 같습니다. 추가로 어느 위치에서 오류가 발생했는지도 확인하고 싶다면 에러 메시지 오른쪽 상단의 debugging.html이라고 표시된 파일 링크를 클릭해 확인할 수 있습니다.

그림 8.11 오류가 발생한 코드 위치 확인하기

그럼 오류를 해결해 볼까요? 다시 코드로 돌아와 alert() 함수 위에 다음과 같이 menu를 추가하고 다시 브라우저를 확인해 봅시다. 그럼 정상적으로 알림창이 표시되고 콘솔에서도 에러 메시지가 사라진 것을 확인할 수 있습니다.

예제 8.10 오류 코드 수정   ch08/8.3/error.html

```
... 생략 ...
  <script>
    const menu = "오므라이스"; // 추가
    alert(`오늘 점심 메뉴는 ${menu}!`);
  </script>
... 생략 ...
```

이처럼 콘솔은 console.log()로 코드 중간에 결과를 출력하거나 디버깅하는 등 목적에 따라 다양한 용도로 활용할 수 있습니다.

컨벤션과 주석으로 깔끔하게 코딩하기

지금까지 살펴본 것처럼 코드를 한두 줄 작성하는 경우에는 변수의 이름이나 띄어쓰기 등에 크게 신경 쓰지 않아도 됩니다. 그러나 코드가 100줄 또는 1,000줄이 되면 어떨까요? 그때도 이름이 제각각이고 설명조차 없다면 아마 코드를 이해하는 데만 며칠이 걸릴 것입니다. 그 코드가 내가 작성한 코드가 아니라면 더 골치가 아플 테고요.

이처럼 코드의 양이 많아지고 기능이 복잡해지면 읽기 쉬운 코드를 작성하는 것이 무엇보다 중요합니다. 마치 도서관에서 책이 제목별, 장르별로 잘 정리돼 있을 때 처음 온 사람도 쉽게 책을 찾을 수 있는 것과 같습니다.

그럼 어떻게 해야 읽기 쉬운 코드를 작성할 수 있을까요? 여러 가지 방법이 있지만 그 중 가장 중요한 것은 일관성 있게 코드를 작성하는 것입니다. 학교에는 학칙, 회사에는 사규가 있듯이 여러 사람들이 함께 코드를 작성할 때도 따라야 할 규칙이나 기준이 있는데, 이를 **컨벤션(convention)**이라고 합니다.

그림 8.12 코드를 작성할 때 지키는 규칙인 컨벤션

이러한 컨벤션은 회사나 팀에서 자유롭게 정하는 경우도 있지만 구글[2]이나 에어비앤비[3]처럼 대기업에서 정한 컨벤션을 따르기도 하고, 프로그래밍 언어마다 암묵적으로 정해진 규칙을 따르기도 합니다. 이번에는 간단히 자바스크립트 언어를 배우는 사람들이라면 누구나 알고 있는 기본적인 컨벤션 몇 가지를 살펴보겠습니다.

먼저 변수 이름과 함수 이름은 다음과 같이 소문자로 시작하고, 이후로 나오는 단어의 첫 글자는 대문자로 작성합니다. 이러한 스타일을 마치 올록볼록 혹이 달린 낙타와 비슷하다고 해서 **캐멀 케이스(camelCase)**라고 합니다. 또 이름은 해당 변수와 함수를 잘 표현하도록 짓는 것이 중요합니다. getNickName이라는 함수가 있는데, 알고 보니 나이를 출력하는 함수였다면 사용할 때 헷갈릴 수 있습니다.

예제 8.11 변수 이름과 함수 이름에 캐멀 케이스 사용하기

```
let nickName = "오렌지";
function getNickName() {
  return nickName;
}
```

[2] https://google.github.io/styleguide/jsguide.html
[3] https://github.com/airbnb/javascript

이름으로도 변수나 함수를 설명할 수 없다면 주석을 활용하는 것 또한 좋은 방법입니다. HTML과 CSS와 마찬가지로 자바스크립트에서도 주석을 사용할 수 있는데, 주석이 한 줄인 경우에는 빗금 2개(//), 여러 줄일 때는 CSS처럼 빗금과 별표를 함께 쓰면 됩니다.

예제 8.12 주석을 적절히 사용하기

```
// 주석이 한 줄일 때
/*
  주석이 여러 줄일 때
  function getNickName() {
    return nickName;
  }
*/
```

주석을 사용하면 당장 사용하지 않는 코드를 숨김 처리하거나 코드에 설명을 덧붙일 수 있습니다. 특히 자바스크립트의 경우에는 코드가 길어지면 변수와 함수의 이름만으로 역할을 파악하기 힘든 경우가 종종 생기므로 주석을 적절히 추가해 변수와 함수가 어떤 역할을 수행하는지 설명하는 것이 중요합니다.

그리고 함수와 같이 중괄호({, })가 있는 경우를 제외하면 모든 문장이 끝날 때마다 세미콜론(;)을 추가합니다. 세미콜론이 없어도 코드는 잘 실행되지만 이는 해당 문장이 끝났다는 것을 명확히 하는 것이므로 가독성을 향상하는 데 도움을 줍니다.

예제 8.13 문장이 끝날 때마다 세미콜론 추가하기

```
let nickName = "오렌지";
console.log(nickName);
```

마지막으로 적절한 공백을 두는 것 또한 코드의 일관성을 유지하는 데 중요한 규칙입니다. 예제를 보면 중괄호가 중첩될 때마다 왼쪽에 들여쓰기가 추가되는데, 이러한 들여쓰기는 각 코드의 깊이를 한눈에 파악하게 해주는 중요한 역할을 합니다. 보통 한 번 들여서 쓸 때마다 스페이스 2칸 또는 4칸을 사용합니다. 이 책에서는 2칸으로 사용할 예정입니다.

예제 8.14 코드가 중첩될 때마다 들여쓰기 적용하기

```javascript
function isAdult(age) {
  if (age >= 20) {
    return true;
  } else {
    return false;
  }
}
```

이처럼 컨벤션을 잘 지키고 주석을 잘 활용하면서 일관성 있는 코드를 작성하면 복잡하고 낯선 코드라도 쉽게 내용을 파악하고 개발 속도를 높일 수 있습니다. 그럼 필요한 내용을 살펴봤으니 본격적으로 자바스크립트를 배워볼까요?

핵심 용어 정리

- **자바스크립트(JavaScript)**: 웹 페이지를 동적으로 만들어주는 프로그래밍 언어로, HTML과 CSS가 정적 요소라면 자바스크립트는 동적 요소를 담당함
- **프로그래밍 언어(Programming Language)**: 컴퓨터 프로그램을 작성하기 위해 사용하는 언어로, 사람과 컴퓨터 사이의 의사소통을 가능하게 함
- **스크립트 언어(Script Language)**: 프로그래밍 언어의 일종으로, 간단한 프로그램을 빠르게 작성하는 데 특화된 언어
- **인터프리터(Interpreter)**: 자바스크립트와 같은 스크립트 언어에서 코드를 한 줄씩 읽고 바로 실행하는 변환기
- **컴파일러(Compiler)**: C 언어와 같은 컴파일 언어에서 코드를 한꺼번에 기계어로 번역하는 변환기
- **`<script>` 태그**: HTML 문서에 자바스크립트 코드를 추가할 때 사용하는 태그
- **외부 스크립트 파일**: `.js` 확장자를 가진 자바스크립트 코드가 작성된 별도의 파일
- **`defer` 속성**: 자바스크립트 파일을 HTML 문서 상단에 위치시켜도 웹 페이지를 완전히 읽은 뒤에 스크립트를 실행하게 하는 속성
- **`alert()`**: 웹 페이지에서 간단한 알림창을 띄울 때 사용하는 자바스크립트 내장 함수
- **`console.log()`**: 브라우저의 콘솔에 메시지를 출력하는 함수로, 코드의 실행 결과를 확인하거나 디버깅하는 데 사용됨
- **버그(Bug)**: 프로그래밍에서 발생하는 오류나 문제
- **디버깅(Debugging)**: 코드의 오류를 찾아 수정하는 과정
- **컨벤션(Convention)**: 코드 작성 시 일관성을 유지하기 위한 규칙이나 기준
- **캐멀 케이스(camelCase)**: 변수나 함수 이름을 작성할 때 첫 단어는 소문자로 시작하고, 이후 단어의 첫 글자는 대문자로 작성하는 명명 규칙

【연습 문제】

1. 자바스크립트가 웹 페이지에서 담당하는 주요 역할은 무엇인가?

   ① 웹 페이지의 구조를 정의한다.
   ② 웹 페이지의 스타일과 디자인을 담당한다.
   ③ 웹 페이지를 동적으로 만들고 사용자와 상호작용하는 기능을 담당한다.
   ④ 서버의 데이터베이스에 직접 접근해서 정보를 저장한다.

2. 자바스크립트와 같은 스크립트 언어의 특징으로 올바른 것은?

   ① 코드가 한 줄씩 실행되는 인터프리터 방식으로 동작한다.
   ② 항상 HTML 파일 내에서만 작성할 수 있다.
   ③ 웹 브라우저에서는 실행될 수 없다.
   ④ 항상 컴파일러를 통해 기계어로 먼저 변환된 후 실행된다.

3. 자바스크립트 코드를 HTML 문서에 적용하는의 방법에 대한 설명으로 올바른 것은?

   ① <script> 태그는 반드시 <body> 태그의 맨 위에 위치해야 한다.
   ② 외부 .js 파일은 HTML 문서와 같은 서버에 있어야만 사용할 수 있다.
   ③ <script> 태그를 <head> 태그 안에 넣을 때 defer 속성을 사용하면 HTML 문서를 모두 읽은 후에 스크립트가 실행된다.
   ④ 자바스크립트 코드는 CSS와 달리 외부 파일로 분리할 수 없다.

4. 자바스크립트에서 결과를 확인하거나 디버깅하는 방법으로 올바른 것은?

   ① console.log()는 브라우저 화면에 알림창을 표시하고, alert()는 콘솔에 결과를 출력한다.
   ② 자바스크립트 코드의 오류를 확인하려면 항상 별도의 디버거 프로그램을 실행해야 한다.
   ③ alert()는 알림창을 띄우고, console.log()는 브라우저의 콘솔에 메시지를 출력한다.
   ④ 디버깅은 코드를 작성한 후 실행하기 전에만 가능하다.

5. 자바스크립트 코드 작성 시 컨벤션에 대한 설명으로 올바른 것은?

   ① 컨벤션은 무조건 따라야 하는 문법 규칙으로, 지키지 않으면 코드가 실행되지 않는다.
   ② 변수와 함수 이름은 캐멀 케이스(camelCase)를 사용하고, 주석과 들여쓰기로 가독성을 높이는 것이 일반적인 컨벤션이다.
   ③ 자바스크립트에서는 세미콜론(;)을 반드시 사용해야만 코드가 실행된다.
   ④ 주석은 항상 영어로만 작성해야 한다.

연습문제 해답

1. ③ – 웹 페이지를 동적으로 만들고 사용자와 상호작용하는 기능을 담당한다.
2. ① – 코드가 한 줄씩 실행되는 인터프리터 방식으로 동작한다.
3. ③ – `<script>` 태그를 `<head>` 태그 안에 넣을 때 `defer` 속성을 사용하면 HTML 문서를 모두 읽은 후에 스크립트가 실행된다.
4. ③ – `alert()`는 알림창을 띄우고, `console.log()`는 브라우저의 콘솔에 메시지를 출력한다.
5. ② – 변수와 함수 이름은 캐멀 케이스(camelCase)를 사용하고, 주석과 들여쓰기로 가독성을 높이는 것이 일반적인 컨벤션이다.

09

자바스크립트의
기본 문법 익히기

자바스크립트는 웹 페이지에 동적 요소를 추가하는 역할을 하며, 버튼을 클릭하거나 데이터를 처리하는 등 다양한 기능을 구현하기 위해서는 자바스크립트의 기초 문법을 이해하는 것이 중요합니다. 9장에서는 앞으로 웹 페이지를 구현하기 위해 꼭 필요한 자바스크립트의 핵심 문법을 살펴봅니다.

9.1 무엇이든 담을 수 있는 변수

모든 프로그래밍 언어에는 공통점이 있습니다. 변수로 값을 저장할 수 있고, 조건문과 반복문을 사용해 프로그램의 흐름을 제어할 수 있고, 함수로 코드를 구조화할 수 있다는 점이 그 예입니다.

그중 가장 중요한 요소인 변수는 컴퓨터가 데이터를 저장하고 활용하기 위해 꼭 필요합니다. 그렇다면 변수란 정확히 무엇이고, 어떤 특징을 가지고 있을까요? 지금부터 하나씩 자세히 살펴보겠습니다.

변수란?

변수(variable)는 데이터를 저장하는 공간입니다. 작은 야구공부터 거대한 코끼리까지 무엇이든 담을 수 있는 박스를 떠올려 보세요. 이런 박스처럼 변수 안에는 10과 같은 숫자를 넣을 수도 있고, '안녕하세요'와 같은 문자도 넣을 수 있고, 앞으로 배울 배열이나 객체를 넣을 수도 있습니다.

그림 9.1 무엇이든 담을 수 있는 변수

박스에 물건을 담아두면 쉽게 전달할 수 있고, 박스에 이름표를 붙여두면 안에 무엇이 있는지 알아보기도 편리합니다. 이처럼 변수를 이용하면 값의 의미를 바로 파악할 수 있고, 변수에 값을 저장해두면 나중에 재사용하거나 변경할 때도 용이하므로 변수는 코드 작성에 없어서는 안 될 요소입니다.

변수 만들기

변수를 한번 만들어 볼까요? 자바스크립트에서 변수는 다음과 같이 let, const, var라는 키워드 중 하나를 추가하고 변수의 이름이 될 텍스트를 입력해 생성할 수 있습니다. 이처럼 변수를 생성하는 행위를 **변수를 선언한다**고 이야기합니다.

```
let menu;
var price;
```

변수의 이름은 원하는 대로 정할 수 있지만 다음과 같은 규칙을 지켜야 합니다.

1. 변수 이름은 문자, 밑줄(_), 또는 달러 기호로 시작해야 합니다.
2. 자바스크립트 예약어는 변수 이름으로 사용할 수 없습니다. 예약어란 앞서 변수 선언에 사용한 let, var, const와 같이 자바스크립트에서 사용하는 키워드를 의미합니다.
3. 변수 이름은 대소문자를 구분합니다. 따라서 다음 그림의 totalPrize와 totalprize는 다른 변수로 인식됩니다.

그림 9.2 변수 이름 규칙

변수를 만들었다면 이번에는 변수에 값을 넣어보겠습니다. 변수에 값을 담을 때는 '=' 기호를 사용하고 뒤에 값을 입력합니다.

```
let menu;
menu = "아메리카노";
```

이처럼 변수에 값을 넣는 행위를 **값을 할당한다**고 말합니다. 따라서 위 예제는 menu라는 변수를 선언하고, '아메리카노'라는 값을 할당하는 코드라고 설명할 수 있습니다.

마지막으로 변수를 선언하면서 동시에 값을 할당하고 싶다면 다음과 같이 한 줄로 작성할 수 있습니다.

```
let menu = "아메리카노";
```

let, const, var?

앞에서 변수를 선언하는 키워드로 let, const, var라는 세 가지를 이야기했습니다. 이 키워드는 넓게 보면 같은 역할을 하지만 각각 중요한 특성이 있습니다. 따라서 그에 따른 차이점을 잘 이해해야 앞으로 변수를 사용할 때 의도치 않은 오류를 방지할 수 있습니다.

먼저 let과 const는 변수를 재할당할 수 있는지 여부에서 차이가 있습니다. 재할당은 변수에 이미 할당된 값을 다른 값으로 대체하는 것을 의미합니다. let으로 선언된 변수는 입구가 활짝 열린 박스처럼 기존에 할당된 값을 빼고 다시 넣는 것이 자유롭지만 const로 선언된 변수는 마치 입구가 테이프로 꽉 닫힌 박스처럼 한 번 값을 할당하면 변경할 수 없습니다.

콘솔 창에서 다음과 같이 코드를 작성하고 확인해 보면 const로 선언된 변수의 값을 바꾸려고 했을 때 보다시피 오류가 발생합니다. 이러한 특성 때문에 const는 주로 바뀌지 않을 예정인 값을 할당할 때 사용합니다.

```
> let menu = "아메리카노";
  menu = "카페라떼";
< '카페라떼'
> const prize = 5000;
  prize = 6000;
⊗ ▶Uncaught TypeError: Assignment to constant   VM25:2
  variable.
      at <anonymous>:2:7
```

그림 9.3 let과 const의 차이

> **콘솔 창에서 여러 줄을 입력하려면?**
>
> 콘솔 탭에서는 기본적으로 코드를 입력하고 Enter 키를 누르면 그 줄이 바로 실행됩니다. 하지만 이번 예제처럼 여러 줄의 코드를 한번에 입력하고 싶을 때는 Shift 키를 누른 채 Enter를 입력하면 다음 줄로 넘어가며 코드를 계속 작성할 수 있습니다. 모든 코드를 다 작성한 뒤 마지막에 Enter만 누르면 전체 코드가 실행됩니다.

그럼 var는 무슨 용도일까요? var는 자바스크립트 초창기에 만들어진 변수 선언 방식으로, let처럼 값을 재할당할 수 있습니다. 다만 var는 처음 만들어진 키워드이기 때문에 몇 가지 예측하기 어려운 동작을 합니다. 그중 하나는 변수가 선언되기 전에 사용할 수 있다는 점입니다.

이는 다음과 같이 console.log()로 먼저 변수를 호출한 다음에 변수를 선언해 보면 쉽게 확인할 수 있습니다.

그림 9.4 let과 var의 차이

정상적인 동작이라면 선언되지 않은 변수를 사용할 때 menu 변수처럼 오류가 발생해야 합니다. 마치 카페에 가서 없는 메뉴를 주문하는 것과 같습니다. 그러나 var로 선언된 price 변수는 마치 변수가 이미 선언된 것처럼 오류가 발생하지 않고, 대신 값이 없다는 의미인 undefined가 출력됩니다. 이는 변수를 선언한 코드, 즉 var price까지만 코드의 맨 위로 이동한 것처럼 자바스크립트에서 인식하기 때문입니다. 이러한 현상을 자바스크립트에서는 **호이스팅**(hoisting)이라고 부릅니다.

이처럼 var는 의도하지 않은 오류를 발생시킬 수 있기 때문에 지금은 잘 사용하지 않으며, 이 책에서도 let과 const를 사용하는 것을 권장합니다.

9.2 변수의 자료형

변수에 담을 수 있는 값의 종류를 **자료형**(data type)이라고 합니다. 자바스크립트에는 숫자, 문자열, 불리언, `null`, `undefined`, 객체, 배열의 7가지 자료형이 있습니다. 데이터를 어떤 자료형으로 저장하느냐에 따라 계산 방식이나 처리 방법이 달라지므로 각 자료형의 특징을 이해하는 것이 중요합니다. 그럼 하나씩 살펴볼까요?

숫자

가장 먼저 **숫자형**(number)은 우리가 익히 알고 있는 123과 같은 정수나 123.456과 같이 소수점이 있는 실수를 말합니다. 숫자형 변수를 직접 선언해 볼까요?

다음은 정수와 실수를 변수에 할당하고, 그 값의 자료형을 확인하는 코드입니다. 참고로 예제에서 사용된 `typeof`는 변수의 자료형을 반환하는 특수 연산자입니다.

예제 9.1 숫자형 변수의 타입 확인하기   ch09/9.2/types.md

```
let age = 25;
console.log(typeof age);
// number

let height = 168.5;
console.log(typeof height);
// number
```

콘솔 창 또는 VS Code에서 코드를 입력하고 결과를 보면 `age`와 `height` 변수 모두 동일하게 `number`, 즉 숫자형으로 출력되는 것을 확인할 수 있습니다.

이러한 숫자형은 더하고 빼는 등의 수학적 계산에 주로 사용됩니다. 자바스크립트의 연산자를 활용해 계산하는 방법은 다음 절에서 자세히 살펴보겠습니다.

문자열

문자열(string)은 텍스트를 표현할 때 사용하는 자료형입니다. 문자열은 큰따옴표("), 작은따옴표('), 또는 백틱(`)으로 감싸서 선언합니다.

```
let product = "사과";
let price = '2000';
let color = `red`;
```

위 예시에는 2000이라는 숫자도 포함돼 있습니다. 그런데 값이 숫자처럼 보여도 따옴표나 백틱으로 감싸면 자바스크립트는 이를 문자열로 인식합니다. 따라서 문자열을 선언할 때는 이 점에 주의해야 합니다.

그리고 앞에서 숫자형을 설명하면서 계산식에 주로 사용된다고 했는데, 문자열 또한 더하기(+) 연산자를 사용해 서로 합칠 수 있습니다. 따라서 더하기 연산자를 이용하면 다음과 같이 문자열과 변수를 편리하게 합칠 수 있습니다.

예제 9.2 더하기 연산자를 사용해 문자열과 변수 합치기   ch09/9.2/types.md

```
let product = "사과";
let price = '2000';

console.log("오늘 " + product + " 값은 " + price + "원입니다!");
```

```
> let product = "사과";
  let price = '2000';
  console.log("오늘 " + product + " 값은 " + price + "원입니다!");
  오늘 사과 값은 2000원입니다!                                    VM509:4
```

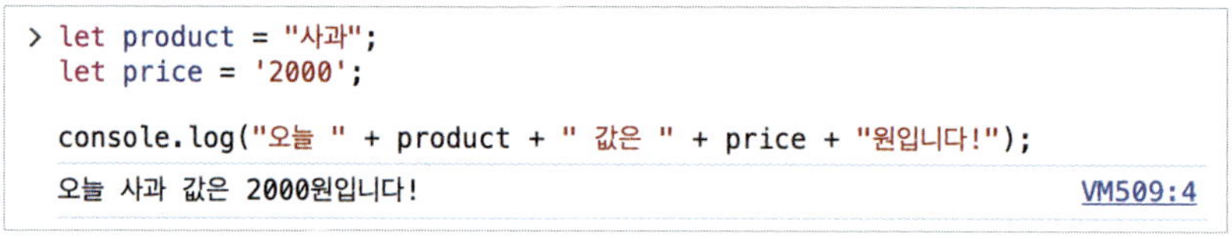

그림 9.5 코드 실행 결과

그런데 연산자와 띄어쓰기가 여러 번 나열돼 작성하기가 복잡해 보입니다. 이런 불편함을 백틱을 활용해 해결할 수 있습니다.

사실 백틱은 문자열을 선언할 때보다는 문자열 안에 변수의 값을 넣을 때 주로 사용합니다. 다음과 같이 백틱으로 문자열을 만든 뒤, 변수의 값을 넣고 싶은 위치에서 ${}로 변수를 감싸면 변수의 값이 문자열에 포함됩니다. 이를 **템플릿 리터럴**(template literal)이라고 부릅니다.

```
console.log(`오늘 ${product} 값은 ${price}원입니다!`);
// 오늘 사과 값은 2000원입니다!
```

이처럼 문자열 사이에 변수를 넣는 방법은 자바스크립트를 활용해 실제 화면을 구현할 때 자주 사용할 예정이므로 잘 기억해 두면 좋습니다.

불리언

불리언(boolean)은 참(true) 또는 거짓(false)이라는 두 가지 값만 가지는 자료형입니다.

```
let isAdult = true;
let isStudent = false;
```

두 개의 값만 있는 자료형이 필요한 이유는 프로그래밍 언어에서는 특정 조건을 만족하는지 여부를 판별하는 경우가 많기 때문입니다. 예를 들어, 사용자가 로그인한 상태인지, 이미 구매한 물건인지 등 조건에 따라 화면을 다르게 보여줘야 할 때가 많습니다. 이때 불리언을 사용해 조건에 따라 코드를 실행할 수 있습니다.

따라서 불리언은 이후에 설명할 조건문이나 비교문처럼 참 또는 거짓 여부에 따라 다른 코드를 실행하는 구문과 함께 많이 사용합니다.

null과 undefined

`null`과 `undefined` 모두 값이 없을 때 사용하는 자료형입니다. 다만 `null`은 변수에 값이 없다는 것을 명시적으로 알릴 때 사용하며, `undefined`는 변수가 선언됐지만 아직 아무런 값이 할당되지 않았을 때 자바스크립트에서 자동으로 할당하는 값이라는 차이가 있습니다.

```
let none = null; // null

let nothing;
console.log(nothing); // undefined
```

분명 설명을 들었지만 어딘가 비슷해 보일 수 있습니다. 비유를 통해 설명하자면 `null`은 물건이 없어 가판대 위에 매진이라고 붙여놓은 것이지만, `undefined`는 아직 물건이 있는지 없는지조차 몰라 그냥 비어 있는 상태의 가판대라고 볼 수 있습니다.

그림 9.6 가판대로 비유하는 null과 undefined의 차이

아직은 이 차이가 분명히 느껴지지 않을 수 있는데, 지금은 값이 없음을 표현하는 두 가지 방법이 있다는 것만 알고 넘어가도 좋습니다.

객체

객체(object) 는 여러 관련된 정보를 하나로 묶어 저장할 때 사용하는 자료형입니다. 마트에서 파는 사과의 데이터를 저장한다고 생각해 볼까요? 아마 사과의 색상, 무게, 가격 등을 적을 수 있을 겁니다. 이처럼 우리 주변의 모든 사물은 여러 속성을 가지고 있는데 객체를 사용하면 이러한 다양한 속성을 하나의 변수로 묶어서 저장할 수 있습니다.

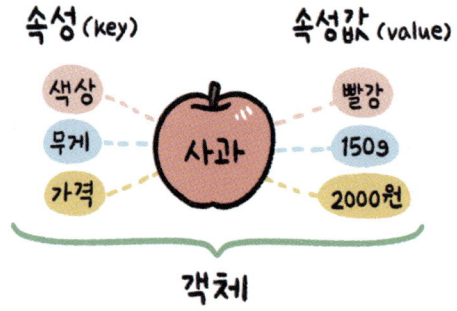

그림 9.7 여러 관련 정보를 하나로 묶는 객체

그럼 앞에서 이야기한 사과를 객체로 만들어볼까요? 먼저 변수 뒤에 중괄호({, })를 추가하고, 그 안에 객체의 각 속성을 '키: 값'의 쌍으로 입력합니다. 여기서 키는 '사과의 색상'과 같은 속성을 의미하고, 값은 그 속성에 해당하는 실제 데이터인 '빨강'을 말합니다. 그리고 각 속성은 쉼표(,)로 구분해 여러 속성을 한 객체 안에 저장할 수 있습니다.

```
let apple = {
  color: "red",
  weight: 150,
  price: 2000
};
```

앞의 예제에서는 객체의 값에 문자열과 숫자만 넣었지만 자바스크립트 객체의 값으로는 불리언이나 객체, 배열까지 모든 자료형을 넣을 수 있습니다. 또한 객체는 앞에서 살펴본 자료형과 달리 여러 데이터를 한곳에 모아놓기 때문에 각 요소에 쉽게 접근하고 조작할 수 있는 다양한 방법을 제공합니다.

우선 객체의 특정 값에 접근하기 위해서는 점 표기법(dot notation) 또는 대괄호 표기법(bracket notation)을 사용할 수 있습니다. 점 표기법은 객체의 이름 뒤에 점(.)을 붙이고 가져오고자 하는 속성의 이름을 입력하는 것이고, 대괄호 표기법은 점 대신 대괄호 안에 키를 문자열로 넣어 속성값을 가져오는 방식입니다.

예제 9.3 객체의 값 가져오기　　　　　　　　　　　　　　　　　　📄 ch09/9.2/types.md

```
console.log(apple.color);       // 점 표기법, "red" 출력
console.log(apple["weight"]);   // 대괄호 표기법, 150 출력
```

그럼 객체 안에 새로운 키를 추가하려면 어떻게 해야 할까요? 다음과 같이 객체 뒤에 점을 붙이고 생성하고자 하는 키와 값을 작성합니다. 값을 수정할 때도 동일하게 점을 붙이고 수정하고자 하는 값을 입력합니다.

다음은 예제 9.3의 사과 객체에 `origin`이라는 키와 값을 새롭게 추가하고, `price` 키의 값을 수정하는 예제입니다.

예제 9.4 객체의 값을 추가, 수정하기　　　　　　　　　　　　　　📄 ch09/9.2/types.md

```
apple.origin = "충주"; // 값 추가
apple.price = 2800; // 값 수정

console.log(apple);
// {color: "red", weight: 150, price: 2800, origin: "충주"}
```

키를 생성하고 수정도 해봤으니 이제는 삭제해 볼까요? 키를 삭제할 때는 다음과 같이 delete 키워드를 추가한 뒤 삭제하고자 하는 키를 입력합니다.

예제 9.5 delete 키워드를 사용해 객체의 키 삭제하기 　　　　　　　　ch09/9.2/types.md

```
delete apple.origin;

console.log(apple);
// {color: "red", weight: 150, price: 2800}
```

이처럼 다양한 방법을 사용해 상황에 맞게 객체에 접근하고 조작할 수 있습니다.

배열

배열(array)은 여러 값을 나열해 저장할 수 있는 자료형입니다. 배열을 만드는 방법은 객체와 달리 대괄호([,])를 추가하고 그 안에 여러 값을 쉼표(,)로 구분해 나열합니다. 예를 들어, 오늘 마트에서 파는 물건들을 배열로 저장한다면 다음과 같이 작성합니다.

```
let products = ["사과", "고등어", "배추"];
```

이때 '사과', '고등어', '배추'처럼 배열을 구성하는 각 항목을 '요소'라고 부르며, 배열 또한 객체와 마찬가지로 각 요소에 모든 자료형을 넣을 수 있습니다.

그럼 배열의 각 요소에는 어떻게 접근할 수 있을까요? 배열은 모든 값이 나란히 놓인 형태이기 때문에 '몇 번째 항목'처럼 각 요소의 위치, 즉 인덱스(index) 번호로 접근할 수 있습니다. 마치 기차를 탈 때 첫 번째 칸, 두 번째 칸으로 구분하는 것과 같습니다.

예제 9.6 인덱스를 사용해 배열의 값에 접근하기 　　　　　　　　ch09/9.2/types.md

```
let products = ["사과", "고등어", "배추"];

console.log(products[0]); // "사과"
console.log(products[2]); // "배추"
```

이때 한 가지 꼭 알아야 할 점이 있는데, 바로 배열의 인덱스 번호는 1번이 아닌 0번부터 시작한다는 것입니다. 예를 들어, products라는 배열의 첫 번째 항목을 조회하고 싶다면 products[1]이 아닌 products[0]으로 입력해야 합니다.

순서가 0부터 시작한다니 생소한 규칙일 수 있습니다. 그런데 컴퓨터 세상에서는 이 같은 규칙이 일반적입니다. 수학의 좌표를 떠올려보면 (1, 1)이 아닌 (0, 0)으로 시작하는 것을 알 수 있습니다. 이와 비슷하게, 컴퓨터에서도 순서가 0으로 시작하는 게 복잡한 연산을 빠르게 처리하는 데 좀 더 효율적이었기 때문에 이 같은 규칙이 정착된 것입니다.

이처럼 0부터 시작하는 규칙은 자바스크립트뿐만 아니라 대부분의 프로그래밍 언어에서 통용되는 규칙이므로 알아두면 유용합니다.

그림 9.8 0부터 시작하는 컴퓨터 프로그램의 인덱스

그럼 배열의 요소는 어떻게 조작할 수 있을까요? 앞서 객체에서는 값을 추가하고 수정하는 방법이 동일했습니다. 하지만 배열은 값을 추가하는 방법과 수정하는 방법이 다릅니다.

먼저 배열을 수정하는 방법은 다음과 같이 인덱스 번호를 사용해 특정 값에 접근하고, 수정하고자 하는 값을 입력합니다.

예제 9.7 배열 수정하기　　　　　　　　　　　　　　　　　ch09/9.2/types.md

```
products[1] = "연어";   // "고등어"를 "연어"로 변경
```

그리고 값을 추가하고 삭제할 때는 **메서드(method)**를 사용합니다. 메서드는 객체에 연결된 함수로, 특정 객체에서 할 수 있는 여러 동작을 모아 놓은 일종의 도구입니다. 비유하자면 게임의 전사라는 캐릭터(객체)는 찌르기, 베기 등의 스킬(메서드)이 있고 마법사라는 인물은 파이어볼, 텔레포트 같은 스킬이 있는 것과 같습니다.

배열 또한 값을 추가하거나 삭제하고, 각 항목을 순서대로 조회하는 등 배열을 쉽게 조작할 수 있는 다양한 메서드가 있습니다. 이때 배열에서 메서드를 사용할 수 있는 이유는 자바스크립트에서 배열을 특별한 종류의 객체로 취급하기 때문입니다.

그림 9.9 캐릭터와 스킬에 비유한 객체와 메서드

그럼 본격적으로 배열의 메서드에 대해 알아볼까요? 먼저 push()는 배열에 값을 추가하는 메서드입니다. 사용법은 배열 이름 뒤에 점(.)을 붙이고 push() 메서드를 입력한 뒤, 괄호 안에 추가하고자 하는 값을 입력하는 것입니다. 그러면 입력한 값이 배열의 마지막 요소로 추가됩니다.

반대로 값을 삭제하고 싶다면 pop() 메서드를 사용합니다. pop() 메서드는 push() 메서드와 달리 괄호 안에 값을 넣지 않는데, pop() 메서드를 실행하면 자동으로 배열의 맨 마지막 요소가 제거됩니다.

예제 9.8 push(), pop() 메서드 사용하기   ch09/9.2/types.md

```
products.push("딸기");
console.log(products); // ["사과", "연어", "배추", "딸기"]

products.pop();
console.log(products); // ["사과", "연어", "배추"]
```

이처럼 push()와 pop()은 추가하거나 삭제하는 대상이 배열의 맨 마지막 요소임을 확인할 수 있습니다.

만약 배열의 맨 앞 요소를 추가하거나 삭제하고 싶다면 각각 unshift()와 shift() 메서드를 사용할 수 있습니다.

예제 9.9 unshift(), shift() 메서드 사용하기　　　　　　　　📄 ch09/9.2/types.md
```
products.unshift("고구마");
console.log(products); // ["고구마", "사과", "연어", "배추"]

products.shift();
console.log(products); // ["사과", "연어", "배추"]
```

마지막으로 배열에 요소가 몇 개 있는지 개수를 확인할 때는 length라는 속성을 사용해 배열에 담긴 요소의 개수를 확인할 수 있습니다.

예제 9.10 length 속성을 사용해 요소 개수 확인하기　　　　　　📄 ch09/9.2/types.md
```
console.log(products.length);  // 3
```

> **length에는 괄호를 붙이지 않아도 될까요?**
>
> length는 앞에서 본 push()나 unshift()처럼 동작하는 메서드가 아니라 배열에 기본으로 포함된 속성(property)입니다. 따라서 products.length()처럼 괄호를 붙이지 않고 products.length 처럼 그대로 사용해야 합니다.

9.3 더하고 빼고 연산자

실제로 웹 페이지를 만들다 보면 숫자와 데이터를 다룰 일이 생각보다 많습니다. 예를 들면, 쇼핑몰 홈페이지에서 10% 할인된 가격을 보여줘야 하거나 커피 쿠폰을 일정 개수 모았는지 확인해야 하는 경우가 그렇습니다.

이러한 일들을 쉽게 처리할 수 있도록 자바스크립트에서는 값을 계산하거나 비교하기 위한 다양한 **연산자**(operator)를 제공합니다. 이번 절에서는 꼭 알아둬야 할 기본 연산자들을 살펴보겠습니다.

산술 연산자

산술 연산자는 숫자 계산을 할 때 사용하는 연산자입니다. 다음 표는 자주 사용하는 기본 산술 연산자입니다. 더하기, 빼기와 같은 사칙연산에 대한 내용이므로 아마 학교의 수학 시간을 떠올려 보면 쉽게 이해할 수 있을 것입니다.

표 9.1 산술 연산자의 종류

연산자	설명	예시	결과
+	더하기 또는 문자열 결합	5 + 3	8
-	빼기	10 - 4	6
*	곱하기	2 * 3	6
/	나누기	9 / 3	3
%	나머지	7 % 3	1(7을 3으로 나눈 나머지)

수학과 다른 점이 있다면 곱하기(×)는 별표(*)로 바뀌었고, 나누기 기호(÷)는 빗금(/)으로 바뀌었다는 점입니다. 여기에 나머지 값을 구할 수 있는 퍼센트 기호(%)가 추가됐습니다.

또한 앞서 9.2절 '변수의 자료형'에서 문자열과 변수를 합칠 때 더하기 기호를 사용했는데, 이처럼 더하기 기호는 문자열을 결합할 때도 사용할 수 있습니다.

그럼 특징도 이해했으니 연산자를 사용해 실제로 계산을 해볼까요? 다음은 price라는 변수에 tax라는 수수료 값을 더하는 예제입니다.

예제 9.11 산술 연산자를 사용해 변수 계산하기   ch09/9.3/operator.md

```
let price = 1000;
let tax = 100;

price += tax
console.log(price); // 1100
```

그런데 여기서 +=라는 처음 보는 식이 나옵니다.

+=는 덧셈과 할당을 동시에 수행하는 **복합 대입 연산자**입니다. 원래라면 price = price + tax처럼 변수에 값을 더하고, 그 결과를 다시 변수에 할당하는 과정을 거쳐야 하는데, 이를 작성하기 편하게 축약한 형태입니다.

+=와 동일하게 앞에서 배운 모든 연산자 뒤에 =을 붙여 연산 결과를 바로 할당할 수 있습니다.

표 9.2 복합 대입 연산자의 종류

연산자	설명	예시 (x = 10)	결과
+=	더하기 후 할당	x += 3	13
-=	빼기 후 할당	x -= 4	6
*=	곱하기 후 할당	x *= 3	30
/=	나누기 후 할당	x /= 3	3
%=	나머지 후 할당	x %= 3	1(10을 3으로 나눈 나머지)

지금은 외워야 할 게 하나 더 생겨서 복잡하게 느껴질 수 있지만 나중에 여러 줄의 코드를 작성하다 보면 이러한 연산자가 유용할 것입니다.

마지막으로 수학에서처럼 자바스크립트 연산자 또한 **우선순위**를 가집니다. 수학과 마찬가지로 곱하기(*), 나누기(/), 나머지(%) 기호가 더하기(+), 빼기(-)보다 높은 우선순위를 가집니다. 먼저 계산되기를 원한다면 괄호((,))를 추가하면 됩니다.

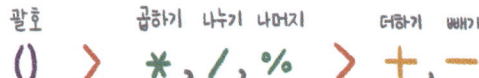

그림 9.10 자바스크립트 연산자의 우선순위

다음 예제의 결과가 어떻게 나오는지 예상해 보세요.

예제 9.12 우선순위를 활용해 계산하기   ch09/9.3/operator.md

```
let result = 4 + (8 - 2) * 5;
console.log(result);
```

결과는 괄호 부분이 먼저 계산되고, 곱하기와 더하기가 순서대로 연산되어 34가 나오는 것을 확인할 수 있습니다.

```
> let result = 4 + (8 - 2) * 5;
  console.log(result);
  34
```

그림 9.11 우선순위에 따라 계산된 결과

이처럼 우선순위를 활용해 원하는 연산 결과를 도출할 수 있습니다.

비교 연산자

비교 연산자는 두 개의 값을 비교해 참(true) 또는 거짓(false)을 반환합니다. 앞서 자료형을 배울 때 살펴본 불리언 자료형이 이때 사용됩니다.

이러한 비교 연산자는 주로 숫자나 문자열이 서로 같거나 다른지, 또는 크거나 작은지 확인할 때 사용합니다.

표 9.3 비교 연산자의 종류

연산자	설명	예시	결과
==	값이 같으면 참	5 == "5"	true
===	값과 자료형이 모두 같으면 참	5 === "5"	false
!=	값이 다르면 참	5 != "5"	false
!==	값과 자료형 중 하나라도 다르면 참	5 !== "5"	true
>	왼쪽 값이 크면 참	7 > 5	true
>=	왼쪽 값이 크거나 같으면 참	7 >= 5	true
<	왼쪽 값이 작으면 참	4 < 9	true
<=	왼쪽 값이 작거나 같으면 참	4 <= 9	true

표에서 위쪽 4개 연산자가 서로 비슷하게 생겨 헷갈릴 수 있는데, ==과 ===, 그리고 !=과 !==의 차이는 값의 자료형까지 비교하느냐에 따라 달라집니다. ==와 !=는 비교할 때 자료형이 다르면 자동으로 자료형을 바꾼 뒤에 비교합니다. 표에 나온 것처럼 숫자형 5와 문자형 '5'를 비교한다면 숫자형 5를 문자형 '5'로 변환한 다음에 비교합니다.

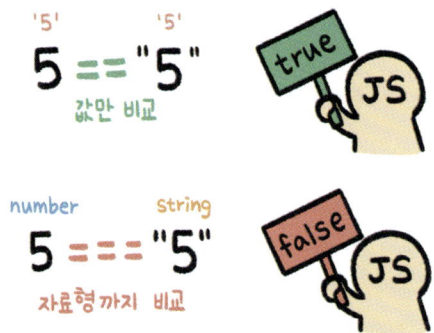

그림 9.12 == 과 ===의 차이

그렇다면 여러 비교 연산자 중 어떤 것을 사용하는 게 좋을까요? 자료형이 다른데도 서로 같은 값이라고 결과가 나오면 의도치 않은 오류가 발생할 수 있으므로 자바스크립트에서는 ===와 !==를 사용하는 것을 권장합니다.

논리 연산자

비교하고자 하는 대상이 여러 개면 어떨까요? 예를 들어 사과의 값이 1,000원보다 크고 2,000원보다는 작은 경우를 확인하고 싶다고 합시다. 이렇게 여러 조건을 한 번에 판단할 때 사용하는 것이 바로 **논리 연산자**입니다.

논리 연산자는 두 조건이 모두 참인 경우(AND), 둘 중 하나만 참인 경우(OR), 그리고 참을 거짓으로, 거짓을 참으로 바꾸는 부정(NOT) 연산자가 있습니다.

표 9.4 논리 연산자의 종류

연산자	설명	예시	결과
&&	그리고(둘 다 참이어야 참, AND에 해당)	true && false	false
||	또는(하나만 참이어도 참, OR에 해당)	true || false	true
!	부정(반대 값, NOT에 해당)	!true	false

앞에서 설명한 사과의 값을 비교하는 식을 논리 연산자를 사용해 다음과 같이 작성할 수 있습니다.

예제 9.13 논리 연산자를 사용해 여러 값을 함께 비교하기　　　　📄 ch09/9.3/operator.md

```
let apple = 1500;
console.log(apple > 1000 && apple < 2000); // true
```

이처럼 연산자는 값을 계산하거나 조건을 확인하거나 논리적인 판단을 하는 등 다양한 용도로 활용할 수 있습니다.

9.4 제어 흐름(조건문, 반복문)

지금까지 살펴본 코드를 돌이켜보면 전부 위에서 아래로 한 줄씩 코드를 실행시키는 순차적인 형태를 띠는 것을 알 수 있습니다. 이를테면, 변수를 선언하고, 거기에 값을 할당하고, 그 값을 출력하는 식입니다.

그러나 이러한 구조에서 벗어나 조건에 맞는 코드만 실행하고, 원하는 횟수만큼 코드를 반복하는 경우도 있습니다. 이들을 묶어 순차적인 흐름을 제어한다고 해서 **제어 흐름**(control flow)이라고 합니다. 코드를 사용하면 왜 효율적인지에 대한 해답도 이 제어 흐름에 있습니다. 그럼 이런 제어 흐름을 사용하면 어떤 점이 좋은지 이번 절에서 그 답을 찾아보겠습니다.

만약 이랬다면? 조건문

맨 처음 자바스크립트를 소개할 때를 떠올려 볼까요? 자바스크립트는 HTML, CSS와 달리 웹 페이지를 동적으로 만들어주는 역할을 한다고 얘기했습니다. 로그인한 사용자에게만 마이페이지 화면을 보여주거나, 결제하면 버튼이 결제 완료로 바뀌는 것이 그 예입니다. 그럼 사용자가 로그인을 했는지, 결제를 했는지 등을 판단할 수 있어야 하는데, 이때 사용하는 것이 **조건문**(conditional statement)입니다.

그림 9.13 조건에 따라 다른 코드를 실행하는 조건문

이처럼 조건문은 조건에 따라 코드를 실행하거나 건너뛰는 역할을 수행합니다. 조건문은 여러 종류가 있으며 대표적으로 if 문, 삼항 연산자, 그리고 switch 문을 가장 많이 사용합니다.

if, else if, else 문

영어 if는 '만약 ~라면'을 의미합니다. 이름에서 알 수 있듯이 **if** 문은 특정 조건을 만족한다면, 즉 참(true)이면 코드를 실행하는 대표적인 조건문입니다. 다음과 같이 if 문을 작성하고 괄호 안에 조건을 입력한 뒤, 중괄호({, }) 안에 조건이 참일 때 실행할 코드를 작성합니다.

```
if (조건) {
  // 조건이 참일 때 실행할 코드
}
```

다음은 온도가 25도 이상일 때 반팔 옷을 입어야 한다고 메시지를 출력하는 코드입니다.

예제 9.14 if 문을 사용해 날씨에 따른 옷 추천하기   📄 ch09/9.4/conditional.md

```
let temperature = 28;

if (temperature >= 25) {
  console.log("반팔 옷을 추천해요.");
}
```

출력 결과

반팔 옷을 추천해요.

그런데 우리나라는 다양한 계절이 있으므로 반팔만 입지는 않습니다. 그래서 다른 온도일 때는 다른 옷을 추천하도록 코드를 바꿔보겠습니다. 이때 사용할 수 있는 것이 else if와 else입니다. 앞의 조건을 만족하지 않을 때 else if를 사용하고, 앞의 조건들이 모두 거짓(false)이라면 else 구문이 실행됩니다. 참고로 else if는 조건이 다르기만 하면 여러 번 추가할 수 있습니다.

```
if (조건) {
  // 조건이 참일 때 실행할 코드
} else if (다른 조건) {
  // 다른 조건이 참일 때 실행할 코드
} else {
  // 조건이 모두 거짓일 때 실행할 코드
}
```

그럼 else if와 else를 함께 사용해 온도에 따라 옷을 추천하는 조건문을 만들어 보겠습니다. temperature 값을 12로 바꾸어 실행해 보면 바뀐 값에 따라 이번에는 반팔이 아닌 다른 옷이 추천되는 것을 확인할 수 있습니다.

예제 9.15 else if와 else를 사용해 날씨에 따른 옷 추천하기 　　ch09/9.4/conditional.md

```
let temperature = 12;

if (temperature >= 25) {
  console.log("반팔 옷을 추천해요.");
} else if (temperature >= 15 && temperature < 25) {
  console.log("가벼운 긴팔이나 얇은 옷을 추천해요.");
} else if (temperature >= 5 && temperature < 15) {
  console.log("자켓이나 가디건을 추천해요.");
} else {
  console.log("두꺼운 코트나 패딩을 추천해요.");
}
```

출력 결과

자켓이나 가디건을 추천해요.

이처럼 else if와 else를 사용하면 여러 조건에 맞게 다른 코드를 실행할 수 있습니다.

삼항 연산자

삼항 연산자(conditional operator 또는 ternary operator)는 앞에서 작성한 if-else 구문을 한 줄로 간단하게 표현하는 방법입니다.

> 조건 ? 조건이 참일 때 실행할 코드 : 조건이 거짓일 때 실행할 코드;

다음 예제는 시간에 따라 오전 또는 오후를 출력하는 코드입니다. hours 변수의 값을 바꿔가며 예상한 대로 오전과 오후가 출력되는지 확인할 수 있습니다.

예제 9.16 삼항 연산자로 오전과 오후 구분하기   ch09/9.4/conditional.md

```
let hours = 14;
let period = hours < 12 ? '오전' : '오후';

console.log(`지금은 ${period}`);
```

출력 결과

```
지금은 오후
```

그런데 그냥 if-else 구문을 쓰면 되는데 왜 굳이 삼항 연산자를 사용하는 걸까요? 코드가 짧다면 큰 문제가 되지 않지만 코드의 양이 방대해지면 불필요하게 긴 코드는 간결하게 줄이면서 가독성을 높여야 하는 경우가 생깁니다. 따라서 위 예제처럼 간단한 조건식의 경우에는 삼항 연산자를 자주 사용합니다.

switch 문

switch 문 또한 조건문 중 하나로, 여러 개의 조건을 처리할 때 사용합니다. 그런데 if 문과 다른 점이 있다면 if 문은 다양한 조건을 줄 수 있지만 switch는 하나의 변수 값을 기준으로 조건을 판단한다는 점입니다. 이는 기본 문법을 보면 좀 더 명확하게 이해할 수 있습니다.

```
switch (값) {
  case 조건 1:
    // 값이 조건 1일 때 실행할 코드
    break;
  case 조건 2:
    // 값이 조건 2일 때 실행할 코드
    break;
  default:
    // 그 외의 값일 때 실행할 코드
}
```

먼저 switch 키워드를 작성하고 괄호 안에 조건의 기준이 되는 변수를 입력합니다. 그리고 case 키워드 뒤에 해당 변수의 조건이 될 값을 입력하고, 다음 줄에 조건이 만족할 경우 실행될 코드를 입력합니다. 특이한 점은 코드 아래에 break 구문을 붙여야 한다는 것입니다. 이는 앞의 조건을 만족했을 때 뒤의 조건은 건너뛰게 하는 일종의 방어막 역할을 합니다.

마지막 default는 if 문의 else와 같은 역할로, 앞의 조건이 모두 만족하지 않는 경우에 실행될 코드를 작성합니다.

다음은 switch 문을 활용해 신호등 색을 구분하는 예제입니다.

예제 9.17 switch 문을 사용해 신호등 만들기   ch09/9.4/conditional.md

```
let light = "초록";

switch (light) {
  case "빨강":
    console.log("멈추세요.");
    break;
  case "초록":
    console.log("건너도 됩니다.");
    break;
  default:
    console.log("신호 대기 중입니다.");
}
```

출력 결과

건너도 됩니다.

이처럼 switch 문은 특정 변수의 값에 따라 다른 코드를 실행하고자 할 때 유용하게 사용할 수 있습니다.

반복문으로 원하는 만큼 반복하기

학교에 통근하거나 회사에 출근할 때 우리는 스마트폰 알람을 자주 사용합니다. 보통 학교나 회사를 한 번만 가지는 않기 때문에 알람을 원하는 요일에 맞춰 반복 재생하는 경우가 많습니다. 이처럼 자바스크립트에서 같은 코드를 반복할 수 있게 하는 것이 바로 **반복문**입니다.

그림 9.14 같은 동작을 반복하는 반복문

반복문을 사용하는 이유는 사실 단순합니다. 반복되는 작업을 간단하고 확실하게 하고 싶기 때문입니다. 시계 알람을 매일 전날 밤에만 설정할 수 있다면 어떨까요? 아마 중간에 깜빡해서 지각하는 일도 생기고, 매번 설정하는 것도 귀찮을 것입니다. 코드에서 반복문을 사용하면 간편하게 원하는 코드를 반복해 실행할 수 있습니다.

자바스크립트는 어떤 용도로 코드를 반복하느냐에 따라 다양한 반복문을 제공합니다. 책에서는 대표적인 반복문인 for 문, for...of 문, while 문, 그리고 do...while 문까지 4종류의 반복문을 살펴보겠습니다.

for 문

for 문은 특정 조건을 만족할 때까지 코드를 반복해서 실행하는 가장 기본적인 반복문입니다.

```
for (초깃값; 조건; 증감식) {
  // 조건을 만족할 때 실행할 코드
}
```

기본 문법을 보면 낯선 개념들이 보입니다. 실제로 for 문을 사용해 0부터 4까지의 숫자를 출력하는 예제를 만들어보며 하나씩 살펴보겠습니다.

초깃값은 반복을 시작할 때 사용할 변수나 값을 설정합니다. 보통은 변수 이름은 i, 초깃값은 0으로 설정합니다. 그리고 조건에는 반복을 계속할 조건을 정의합니다. 여기서는 변수가 5가 되기 전까지만 반복하면 되니 i < 5라는 조건을 붙이면 됩니다.

마지막으로 증감식은 한 번 반복할 때마다 값을 얼마나 증가시킬지 정하는 식입니다. 여기서는 값을 1만큼씩 증가시킬 예정이므로 i = i + 1이라는 증감식을 추가하면 됩니다. 앞서 연산자를 배울 때 +=이라는 축약형을 배운 것처럼 i의 값을 1만큼씩 증가시키는 식 또한 짧게 줄이면 i++로 표현할 수 있습니다.

이렇게 코드를 작성하면 0부터 1까지 순차적으로 코드가 실행되고, 조건이 만족되지 않으면 반복문을 빠져나옵니다.

예제 9.18 for 문을 사용해 숫자 하나씩 출력하기   ch09/9.4/conditional.md

```
for (let i = 0; i < 5; i++) {
  console.log(i + "번째");
}
console.log("끝!");
```

출력 결과

```
0번째
1번째
2번째
3번째
4번째
끝!
```

또한 for 문은 배열에 있는 값을 하나씩 꺼내서 사용할 때도 유용하게 사용할 수 있습니다.

다음은 값이 1부터 5까지 들어 있는 배열의 각 요소를 2씩 곱한 결과를 다시 배열에 담는 코드입니다. 이때 for 문의 조건을 i < num_list.length라고 작성했는데, num_list의 길이를 구하면 5인데 배열은 num_list[4]까지밖에 없으므로 5가 되기 전까지만 반복문을 수행하기 위해 미만(<) 부호를 사용한 것입니다.

예제 9.19 length를 사용해 배열의 각 요소 조회하기   ch09/9.4/conditional.md

```
let num_list = [1, 2, 3, 4, 5];
for (let i = 0; i < num_list.length; i++) {
  num_list[i] *= 2 // num_list[i] = num_list[i] * 2와 동일
}
console.log(num_list);
```

출력 결과

[2, 4, 6, 8, 10]

이처럼 for 문을 사용하면 반복적으로 수행해야 하는 작업을 자동으로 실행할 수 있습니다.

for...of

for...of 문은 배열이나 문자열 같은 '반복 가능한 객체'에서 값을 하나씩 꺼내서 반복하는 구문입니다. for 문의 마지막 예제에서 num_list.length, num_list[i]처럼 배열의 길이나 값을 조회하기 위한 코드를 사용했는데, for...of 문을 사용하면 이런 부분을 선언하지 않고도 간단하게 처리할 수 있습니다.

이때 문자열이 반복 가능한 객체라는 이야기에 의아할 수 있는데, 컴퓨터상에서는 문자열 또한 마치 낱말 맞추기 퍼즐의 한 칸 한 칸처럼 각 항목이 구분돼 있고 하나씩 조회할 수 있는 개념으로 이해합니다. '고등어'라는 문자열이 있다면 '고', '등', '어'가 나열된 것으로 인식되는 것입니다.

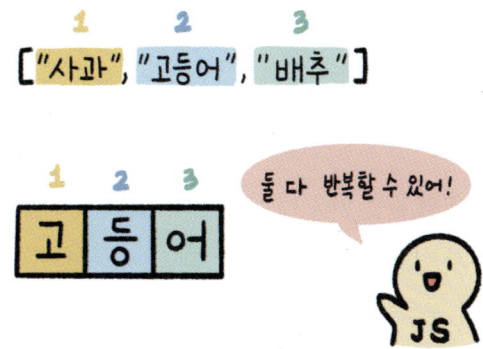

그림 9.15 반복 가능한 객체에 특화된 for...of 문

for...of 문은 다음과 같이 for 키워드를 입력하고, 괄호 안에 반복하고자 하는 객체와 그 객체의 요소를 하나씩 부를 변수명을 선언하는 방식으로 사용합니다.

```
for (let 변수 of 반복 가능한 객체) {
  // 실행할 코드
}
```

따라서 앞의 예제처럼 각 요소에 2를 곱한 결과를 출력하고 싶다면 for...of 문을 사용해 다음과 같이 작성할 수 있습니다.

예제 9.20 for...of 문을 사용해 배열 내 요소 출력하기 　　ch09/9.4/conditional.md

```
let num_list = [1, 2, 3, 4, 5];
for (let num of num_list) {
  num = num * 2;
  console.log(num);
}
console.log(num_list);
```

출력 결과

```
2
4
6
8
10
[1, 2, 3, 4, 5]
```

그런데 num_list의 출력 결과를 보면 배열의 기존 요소가 그대로인 것을 확인할 수 있습니다. 그 이유는 for...of 문에서 사용한 num이 배열 요소의 복사본이기 때문입니다. 따라서 num = num * 2로 값을 바꿔도 원래 배열 num_list에는 아무런 영향을 주지 않습니다.

이처럼 for...of 문은 배열의 값을 읽을 때는 편리하지만 배열 자체를 수정해야 하는 경우에는 적합하지 않으므로 상황에 따라 for 문과 for...of 문을 적절히 선택해 사용하는 것이 좋습니다.

while 문

while 문은 조건이 참(true)인 동안 코드를 계속 반복하는 반복문입니다.

앞에서 살펴본 for 문이 특정 조건을 만족하기 전까지 정해진 횟수를 반복하는 것이라면 while 문은 특정 조건을 만족하는 동안 계속 코드를 실행하므로 반복 횟수를 명확하게 알기 어렵거나 조건을 언제 만족할지 모르는 경우에 사용할 수 있습니다.

기본 문법은 다음과 같이 while 키워드를 추가하고, 괄호 안에 while 문 내의 코드를 실행할 조건을 입력합니다. 그리고 중괄호 안에 조건이 참(true)인 경우 실행할 코드를 입력합니다.

```
while (조건) {
  // 조건을 만족할 때 실행할 코드
}
```

while 문은 조건을 언제 만족할지 모르는 경우에 사용할 수 있다고 이야기했습니다. 예를 들어, 사용자의 입력에 따라 반복하는 경우에 while 문을 활용할 수 있습니다.

다음은 사용자가 비밀번호를 맞추기 전까지 계속해서 입력을 받는 예제입니다. 이때 사용한 prompt()는 사용자 입력을 받아 이를 문자열로 반환하는 함수입니다.

예제 9.21 while 문을 사용해 비밀번호 맞추기 　　　　　　　ch09/9.4/conditional.md

```
const correctPassword = '1234';
let inputPassword = '5678';

while (inputPassword !== correctPassword) {
    inputPassword = prompt('비밀번호를 입력하세요');
}

alert('로그인 성공!');
```

코드를 실행해 보면 다음과 같이 비밀번호를 입력하라는 창이 나타나고, 정답인 '1234'를 입력하기 전까지는 계속해서 입력창이 표시되는 것을 확인할 수 있습니다.

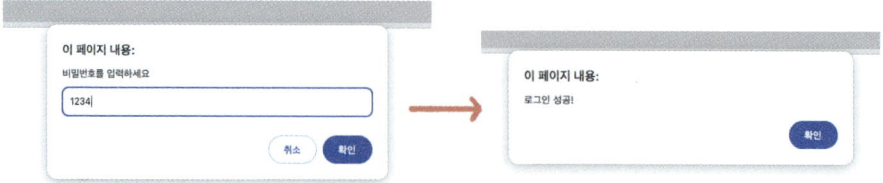

그림 9.16 코드 실행 결과

do...while 문

do...while 문은 while 문과 동일하지만 먼저 코드를 한 번 실행한 후에 조건을 검사하는 반복문입니다.

do...while 문을 작성할 때는 가장 먼저 do 키워드를 작성한 뒤, 원래라면 조건 뒤에 추가해야 하는 반복 실행할 코드를 while 키워드 앞으로 위치시킵니다. 그럼 먼저 코드가 한 번 실행된 뒤에 조건에 따라 코드를 반복 실행하게 됩니다.

```
do {
  // 반복할 코드
} while (조건);
```

앞서 while 문을 사용해 비밀번호를 맞추는 코드를 작성할 때는 while 문의 조건에 부합해야 반복을 시작할 수 있으므로 inputPassword 변수에 미리 틀린 값을 할당해 뒀습니다. do...while 문을 사용하면 비밀번호를 입력하는 코드가 먼저 실행되므로 일부러 엉뚱한 값을 넣어두지 않아도 반복문이 정상적으로 실행됩니다.

따라서 do...while 구문을 이용하면 앞의 예제를 다음과 같이 작성할 수 있습니다.

예제 9.22 do...while 문을 사용해 예제 9.21 수정하기   ch09/9.4/conditional.md

```javascript
const correctPassword = '1234';
let inputPassword;

do {
    inputPassword = prompt('비밀번호를 입력하세요');
} while (inputPassword !== correctPassword);

alert('로그인 성공!');
```

이처럼 do...while 문은 최소한 한 번은 코드를 실행해야 하는 경우에 유용하게 사용할 수 있습니다.

9.5 함수

지금까지 변수를 할당하고, 조건에 따라 코드를 제어하고 반복하는 방법을 살펴봤습니다. 이번 절에서는 함수라는 개념을 활용해 앞에서 배운 내용을 더 간편하고 유용하게 활용하는 방법을 알아보겠습니다.

함수란?

함수(function)는 특정 작업을 수행하는 코드 묶음입니다. 배달 앱을 한번 떠올려 볼까요? 배달이라는 개념이 없었더라면 직접 가게로 가서 원하는 음식을 주문한 뒤에, 음식이 나오면 계산을 하고, 이를 받아서 집까지 다시 걸어가야 했을 것입니다. 그러나 지금은 '배달 주문'이라는 버튼 하나만 누르면 이 모든 과정을 한 번에 해결해 줍니다. 다른 매장의 음식이 먹고 싶으면 해당 매장 페이지로 이동해서 버튼을 누르면 됩니다. 이처럼 연관된 코드를 하나로 묶고, 필요할 때마다 호출해 같은 작업을 여러 번 반복할 때 유용하게 사용할 수 있는 것이 바로 함수입니다.

그림 9.17 배달 주문 버튼으로 비유한 함수

그럼 함수는 어떻게 만들 수 있을까요? 다음과 같이 함수를 뜻하는 function 키워드를 맨 앞에 붙이고 그 뒤에 함수 이름을 입력합니다. 그리고 괄호를 추가하고 중괄호 안에 실행할 코드를 작성합니다.

```
function 함수이름() {
  // 실행할 코드
};
```

이렇게 함수를 만들어 놓기만 하면 아무런 동작도 하지 않습니다. 다음과 같이 코드를 실행하고자 하는 위치에서 함수 이름과 괄호를 붙여 작성해야만 함수가 실행되어 함수 안의 코드가 동작합니다. 이를 가리켜 '함수를 호출한다'라고 합니다.

```
함수이름();
```

예를 들어, 떡볶이 배달을 주문하는 함수를 만들어 호출한다고 하면 다음과 같이 작성할 수 있습니다.

예제 9.23 배달 주문 함수 호출하기　　　　　　　　　　　📄 ch09/9.5/function.md

```
function deliver() {
  console.log("떡볶이 배달 주문이 접수되었습니다!");
}
deliver();
deliver();
```

출력 결과

```
떡볶이 배달 주문이 접수되었습니다!
떡볶이 배달 주문이 접수되었습니다!
```

매개변수 사용하기

앞의 예제에서 간단히 배달하는 함수를 만들어 봤습니다. 그런데 떡볶이 대신 다른 음식도 배달받고 싶다면 어떻게 해야 할까요? 이럴 때 사용하는 것이 바로 매개변수입니다.

매개변수(parameter)는 함수에 값을 전달하기 위한 이름표 같은 개념입니다. 함수를 만들 때 다음과 같이 괄호 안에 매개변수를 적어두면 함수 안에서 그 이름을 사용해 코드를 작성할 수 있습니다. 그리고 함수를 실행할 때 괄호 안에 실제 값을 넣어주면 해당 값이 매개변수 자리에 들어가 코드가 동작합니다. 이때 추가한 실제 값을 **인수 (argument)**라고 부릅니다.

```
function 함수이름(매개변수) {
  // console.log(매개변수);
}

함수이름(인수);
// 인수로 전달한 값이 결과로 출력
```

비유하자면, 매개변수는 경기장에서 친구들을 위해 미리 자리를 맡아두는 것이고, 인수는 실제로 그 자리에 앉는 친구를 의미합니다.

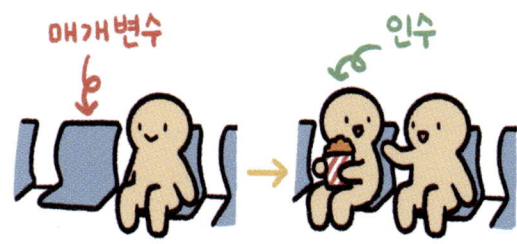

그림 9.18 경기장 좌석에 비유하는 매개변수와 인수

매개변수를 사용하면 함수를 여러 번 실행할 때마다 다른 값을 넣어줄 수 있다는 장점이 있습니다. 예제 9.23의 배달 주문 코드에 매개변수를 추가해 볼까요? 괄호에 다음과 같이 menu라는 매개변수를 추가하고, '떡볶이'라는 문구 대신 menu 매개변수를 출력하도록 수정합니다. 그리고 함수를 호출할 때 원하는 메뉴 이름을 인수로 전달하면 다음과 같이 인수로 입력한 메뉴가 출력되는 것을 확인할 수 있습니다.

예제 9.24 매개변수 활용하기 ch09/9.5/function.md

```
function deliver(menu) {
  console.log(`${menu} 배달 주문이 접수되었습니다!`);
}
deliver("피자");
deliver("족발");
```

출력 결과

```
피자 배달 주문이 접수되었습니다!
족발 배달 주문이 접수되었습니다!
```

또한 매개변수는 콤마(,)를 이용해 여러 개를 지정할 수 있습니다. 다음은 두 개의 숫자를 매개변수로 받아 이를 더한 결과를 출력하는 더하기 함수입니다.

예제 9.25 여러 매개변수 사용하기　　　　　　　　　　　　　　　ch09/9.5/function.md

```
function add(a, b) {
  console.log(a + b);
}
add(3, 5);
add(7, 9);
```

출력 결과

```
8
16
```

반환값 활용하기

지금까지 살펴본 함수는 함수 내부에서 모든 코드가 실행되는 구조입니다. 그런데 코드를 작성하다 보면 함수의 값을 외부에서 사용해야 할 때가 있습니다. 예를 들어, 앞서 예제 9.25에서 만든 add() 함수의 결괏값을 다시 더해 새로운 값을 만들고 싶을 수 있습니다.

그림 9.19 함수의 결과를 다시 활용하고 싶을 때

이처럼 함수의 결과를 다른 코드에서 활용하고 싶을 때 함수의 반환값을 사용할 수 있습니다.

반환값(return value)은 함수가 실행된 후에 외부로 돌려주는 값을 말합니다. 다음과 같이 return 키워드 뒤에 반환하고자 하는 값을 작성하면 함수를 실행하고 나서 반환된 값을 변수에 저장할 수 있습니다.

```
function 함수이름(매개변수) {
  return 반환할_값;
}
```

그럼 앞의 예제 9.25에서 만든 더하기 함수에 반환값을 추가해 결과를 다른 값과 함께 더해보겠습니다.

예제 9.26 반환값을 활용한 더하기 함수　　　　　　　　　　ch09/9.5/function.md

```
function add(a, b) {
  return a + b;
}
const result = add(add(3, 5), add(7, 9));
console.log(result);
```

출력 결과

```
24
```

함수가 중첩돼 있는 모습이 다소 복잡하게 느껴질 수 있지만 하나씩 살펴보면 이해하기 어렵지 않습니다. 먼저 안쪽 괄호의 add(3, 5)와 add(7, 9)가 먼저 실행되어 각각 8과 16이 됩니다. 그리고 이 값들이 바깥쪽 add 함수의 인자로 들어가 add(8, 16)이 되고, 최종적으로 24가 result에 저장됩니다.

이처럼 함수는 크게 선언부, 매개변수, 반환값이라는 요소로 구성됩니다. 이러한 구성 요소를 적절히 활용하면 반복적으로 사용할 코드를 함수로 만들어 효율적으로 관리하고, 필요할 때마다 간단하게 호출해서 사용할 수 있습니다.

화살표 함수로 더 쉽게 표현하기

마지막으로, **화살표 함수**(arrow function)는 2015년에 발표된 자바스크립트의 표준 사양인 ES6(ECMAScript 2015)에서 처음 도입된 함수 문법으로, 코드를 더 짧고 간결하게 작성할 수 있게 해줍니다. 다음은 화살표 함수의 문법으로, 앞에서 보던 함수 문법과는 다른 것을 확인할 수 있습니다.

```
const 함수이름 = (매개변수1, 매개변수2) => {
  // 실행할 코드
  return 반환값;
};
```

화살표 함수를 정의할 때는 function이라는 키워드 대신 변수를 선언하듯이 const 키워드를 맨 앞에 작성합니다. 그리고 = 기호 뒤에 매개변수를 작성한 후, 화살표(=>) 키워드를 추가합니다.

앞에서 작성했던 배달 주문 함수를 화살표 함수로 바꾸면 다음과 같습니다.

예제 9.27 화살표 함수를 사용해 예제 9.24의 함수 수정하기   ch09/9.5/function.md

```
const deliver = (menu) => {
  return `${menu} 배달 주문이 접수되었습니다!`;
}
```

그런데 앞에서 분명 화살표 함수를 사용하면 더 간결하게 코드를 작성할 수 있다고 했는데, 일반 함수를 사용한 것과 별 차이가 없어 보입니다. 오히려 더 복잡해 보이기까지 합니다.

화살표 함수는 일반적으로 사용했을 때는 시각적으로 큰 차이가 없지만 함수를 축약할 때 더 큰 효과를 발휘합니다. 매개변수가 하나일 때는 괄호를 생략할 수 있고, 함수의 본문이 한 줄이라면 중괄호({, })와 return 키워드까지 생략할 수 있습니다.

```
const 함수이름 = (매개변수1, 매개변수2) => 반환값;

// 매개변수가 1개라면
const 함수이름 = 매개변수1 => 반환값;
```

그럼 이 내용을 토대로 앞의 배달 주문 함수를 축약해 볼까요?

예제 9.28 화살표 함수를 축약형으로 수정하기　　　　　　　　　📄 ch09/9.5/function.md

```
const deliver = menu => `${menu} 배달 주문이 접수되었습니다!`;
```

어떤가요? 보다시피 훨씬 더 간결해졌습니다. 앞서 9.4절 '제어 흐름(조건문, 반복문)'에서 배운 삼항 연산자가 조건문을 간단하게 만들었던 것처럼, 화살표 함수는 복잡한 함수도 간결하게 표현할 수 있어 코드가 길어질 때 가독성을 높이고 더 쉽게 관리할 수 있게 도와줍니다.

핵심 용어 정리

- **변수(Variable)**: 데이터를 저장하는 공간으로, let, const, var 키워드를 사용해 선언함
- **자료형(Data Type)**: 변수에 담을 수 있는 값의 종류로, 숫자형, 문자열, 불리언, null, undefined, 객체, 배열 등이 있음
- **숫자형(Number)**: 정수와 실수를 포함하는 숫자를 표현하는 자료형
- **문자열(String)**: 텍스트를 표현하는 자료형으로, 큰따옴표("), 작은따옴표('), 또는 백틱(`)으로 감싸 표현함
- **템플릿 리터럴(Template Literal)**: 백틱(`)으로 감싼 문자열에서 ${} 안에 변수를 넣어 문자열과 변수를 쉽게 결합하는 방법
- **불리언(Boolean)**: 참(true) 또는 거짓(false)의 두 가지 값만 가지는 자료형
- **null**: 변수에 값이 없다는 것을 명시적으로 알리기 위한 자료형
- **undefined**: 변수가 선언됐지만 아직 값이 할당되지 않았을 때 자동으로 할당되는 자료형
- **객체(Object)**: 여러 관련된 정보를 키(key)와 값(value)의 쌍으로 하나로 묶어 저장하는 자료형
- **배열(Array)**: 여러 값을 순서대로 나열해 저장할 수 있는 자료형
- **연산자(Operator)**: 값을 계산하거나 비교하기 위한 기호로, 산술 연산자, 비교 연산자, 논리 연산자 등이 있음
- **조건문(Conditional Statement)**: 특정 조건에 따라 다른 코드를 실행하는 구문으로, if 문, switch 문, 삼항 연산자 등이 있음
- **반복문(Loop)**: 코드를 여러 번 반복해서 실행하는 구문으로, for 문, while 문, do...while 문 등이 있음
- **함수(Function)**: 특정 작업을 수행하는 코드 묶음으로, 필요할 때마다 호출해 사용할 수 있음
- **매개변수(Parameter)**: 함수에 값을 전달하기 위한 변수
- **인수(Argument)**: 함수를 호출할 때 매개변수에 실제로 전달하는 값
- **반환값(Return Value)**: 함수가 실행된 후 외부로 돌려주는 값
- **화살표 함수(Arrow Function)**: ES6에서 도입된 함수 표현 방식으로, 기존 함수보다 더 간결하게 작성할 수 있음

【연습 문제】

1. 자바스크립트에서 변수를 선언하는 키워드 중 한 번 값을 할당하면 다시 변경할 수 없는 것은?

   ① let
   ② const
   ③ var
   ④ function

2. 다음 중 자바스크립트 자료형에 대한 설명으로 올바르지 않은 것은?

   ① 숫자형은 정수와 실수를 모두 같은 타입으로 취급한다.
   ② 불리언은 true와 false의 두 가지 값만 가진다.
   ③ null과 undefined는 모두 값이 없음을 나타내지만, undefined는 자동으로 할당되고 null은 명시적으로 할당한다.
   ④ 객체는 여러 값을 순서대로 저장하는 자료형이다.

3. 자바스크립트에서 배열의 첫 번째 요소에 접근하기 위한 올바른 방법은?

   ① array[1]
   ② array[0]
   ③ array.first
   ④ array(0)

4. 다음 코드의 실행 결과로 올바른 것은?

   ```
   let x = 5;

   if (x > 10) {
     console.log("크다");
   } else if (x < 3) {
     console.log("작다");
   } else {
     console.log("적당하다");
   }
   ```

   ① "크다"
   ② "작다"

③ "적당하다"

④ 아무것도 출력되지 않는다

5. **자바스크립트에서 함수를 정의하는 방법에 대한 설명으로 올바른 것은?**

   ① 함수는 한 번 정의하면 자동으로 실행된다.

   ② 함수에서 return 키워드는 반드시 사용해야 한다.

   ③ 화살표 함수는 매개변수가 하나일 때 괄호를 생략할 수 있다.

   ④ 모든 함수는 반드시 매개변수를 가져야 한다.

연습문제 해답

1. ② – const
2. ④ – '객체는 여러 값을 순서대로 저장하는 자료형이다.'는 배열에 대한 설명이다.
3. ② – array[0]
4. ③ – "적당하다"
5. ③ – 화살표 함수는 매개변수가 하나일 때 괄호를 생략할 수 있다.

10

자바스크립트로
동적인 웹 페이지 만들기

자바스크립트를 웹 화면에서 사용하기 위해서는 DOM을 조작하고 이벤트를 감지하는 등 이전에 배운 개념에서 더 나아가 동적 기능을 위한 작업이 필요합니다. 이번 장에서는 이러한 동적 기능을 구현하기 위해 자바스크립트를 사용해 웹 화면의 요소를 조작하는 다양한 방법을 소개합니다.

10.1 DOM으로 요소에 접근하기

지금까지 변수를 선언하고, 값을 계산하고, 함수를 호출하는 등 자바스크립트의 기본 문법을 살펴봤습니다.

그런데 분명 자바스크립트를 웹 화면에서 사용하기 위해 배웠는데, 지금까지 한 실습을 되짚어보면 모두 콘솔 창에서 결과를 확인했습니다. 그 이유는 DOM을 사용하는 방법을 아직 배우지 않았기 때문입니다. 그럼 DOM이란 무엇이고, 이를 이용해 어떻게 웹 페이지의 요소에 접근할 수 있을까요? 이번 절에서 그 방법을 알아보겠습니다.

웹 페이지의 구조, DOM

DOM(Document Object Model)은 HTML 문서를 계층 구조로 표현한 객체를 의미합니다. '계층 구조'나 '객체'라는 단어가 어려울 수 있는데, HTML 문서를 떠올리면 쉽게 이를 이해할 수 있습니다.

```
<!DOCTYPE html>
<html lang="ko">
  <head>
    <meta charset="UTF-8">
    <title>10.1. DOM으로 요소에 접근하기</title>
  </head>
  <body>
    <div>
      <h1>신상품</h1>
      <p>빈티지 데님 셔츠</p>
    </div>
  </body>
</html>
```

일반적인 HTML 문서는 가장 바깥에 <html> 태그가 있고, 그 안에 <head>와 <body> 태그가 있습니다. 또 <body> 안에는 <div>나 <h1> 같은 태그들이 포함될 수 있습니다. 이런 HTML 태그들의 관계를 계층 구조로 나타내면 다음과 같습니다.

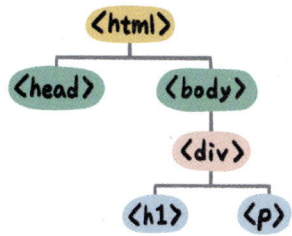

그림 10.1 계층 구조로 표현한 HTML 문서

그림을 보면 맨 위에 <html> 태그가 있고, 자식 요소와 자손 요소들이 관계에 따라 순서대로 나열된 것을 확인할 수 있습니다. 이처럼 각 요소의 관계를 나타낸 것을 **계층 구조**, 그중에서도 **트리(tree) 구조**라고 부릅니다. 계층 구조의 형태가 마치 하나의 뿌리에서 뻗어나가는 나무와 같다고 해서 붙여진 이름입니다.

웹 브라우저는 HTML 문서를 읽고 각 요소의 관계를 이러한 트리 구조로 표현하고, 각 HTML 태그는 각 계층 구조에 속하는 하나의 단위인 노드(node) 객체로 변환합니다. 이렇게 변환된 결과가 바로 DOM입니다.

그림 10.2 HTML 계층 구조를 객체로 표현하는 DOM

다시 말해, DOM은 HTML 문서를 자바스크립트가 읽을 수 있는 객체의 형태로 구조화한 것이며, 이를 통해 자바스크립트는 HTML 문서의 계층 구조에 접근하고 조작할 수 있습니다.

HTML 요소에 접근하는 다양한 방법

DOM의 개념을 배웠으니, 본격적으로 자바스크립트로 DOM에 접근하는 방법을 알아보겠습니다. 그에 앞서 먼저 아래 조직도에서 빨간색으로 표시된 사람을 설명하는 방법을 생각해 봅시다.

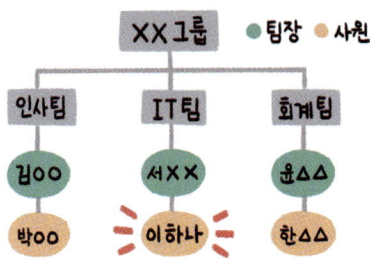

그림 10.3 조직도의 구성원

아마 여러 방법이 있을 텐데, '이하나'라는 이름이나 '사원'이라는 직급을 얘기할 수도 있고, 'IT 팀의 팀원'으로 조직도의 관계를 토대로 설명할 수도 있습니다. 이처럼 자바스크립트에서도 각 노드에 접근할 수 있는 다양한 방법을 제공합니다.

ID로 요소 접근하기

자바스크립트에서 각 노드에 접근하는 첫 번째 방법은 `getElementById()`라는 메서드를 이용해 `id`로 요소에 접근하는 것입니다. `getElementById()`는 이름에서 알 수 있듯이 HTML 요소의 `id` 속성을 기준으로 요소를 찾는 DOM 메서드입니다. 다음과 같이 `document` 객체 뒤에 점(.)을 붙인 뒤 `getElementById` 메서드명을 추가하고, 괄호 안에 검색할 `id` 값을 전달합니다.

```
document.getElementById("요소의 ID");
```

이때 사용한 `document`는 HTML 문서를 나타내는 DOM 객체입니다. 앞서 그림 10.1에서 HTML 태그들의 계층 구조를 확인할 수 있었습니다. 이러한 DOM의 전체 구조를 관리하는 시작점이 바로 `document`입니다. 앞으로 이 책에서도 `document` 객체가 제공하는 다양한 메서드와 속성을 활용해 HTML 요소에 접근하거나 조작할 예정입니다.

그럼, getElementById()를 사용해 HTML 요소에 접근해 볼까요?

예제 10.1 getElementById() 메서드를 사용해 요소 찾기   📄 ch10/10.1/dom.html

```html
<!DOCTYPE html>
<html lang="ko">
  <head>
    <meta charset="UTF-8">
    <title>10.1. DOM으로 요소에 접근하기</title>
  </head>
  <body>
    <div>
      <h1>신상품</h1>
      <p>빈티지 데님 셔츠</p>
      <ul>
        <li id="shirt">빈티지 데님 셔츠</li>
      </ul>
    </div>
    <script>
      const shirt = document.getElementById("shirt");
      console.log(shirt);
    </script>
  </body>
</html>
```

브라우저에서 확인해 보면 다음과 같이 `<li>` 요소가 그대로 콘솔에 출력된 것을 확인할 수 있습니다.

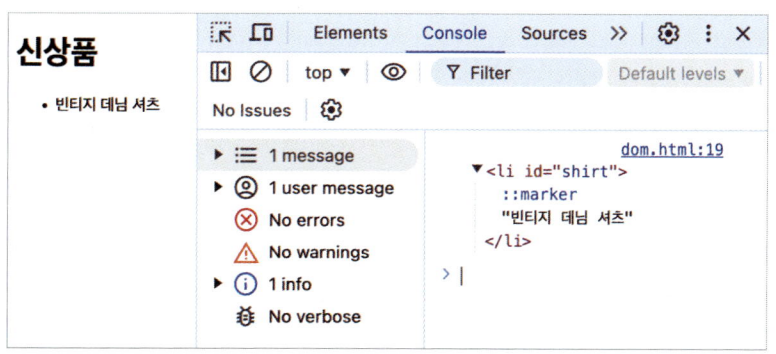

그림 10.4 코드 실행 결과

클래스와 태그로 요소 접근하기

그런데 이전에 HTML 속성 중 id는 class와 달리 값이 유일해야 한다고 설명했던 것을 기억하시나요? 따라서 getElementById()를 호출하면 자동으로 하나의 요소만 반환됩니다. 따라서 여러 요소를 함께 선택하고 싶을 때는 다른 메서드를 사용해야 합니다. 대표적으로 getElementsByClassName()과 getElementsByTagName()이 있는데, getElementsByClassName은 클래스명으로, getElementsByTagName은 태그 이름으로 요소를 찾는 메서드입니다.

```
document.getElementsByClassName("요소의 클래스명");
document.getElementsByTagName("요소의 태그명");
```

메서드의 이름을 보면 Element 뒤에 복수형을 의미하는 s가 추가된 것을 확인할 수 있습니다. 이처럼 둘 다 여러 개의 요소를 조회하는 속성으로, 예제를 실행해 보면 다음과 같이 여러 요소를 배열 형태로 반환하는 것을 확인할 수 있습니다.

예제 10.2 getElementsByClassName()과 getElementsByTagName()을 사용해 요소 목록 조회하기

ch10/10.1/dom.html

```
... 생략 ...
    <ul>
        <li id="shirt">빈티지 데님 셔츠</li>
        <li class="winter">기능성 롱 패딩</li>
        <li class="winter">울 캐시미어 니트</li>
        <li>트레이닝 바지</li>
    </ul>
... 생략 ...
    const winter = document.getElementsByClassName("winter");
    console.log(winter);
    const items = document.getElementsByTagName("li");
    console.log(items);
</script>
... 생략 ...
```

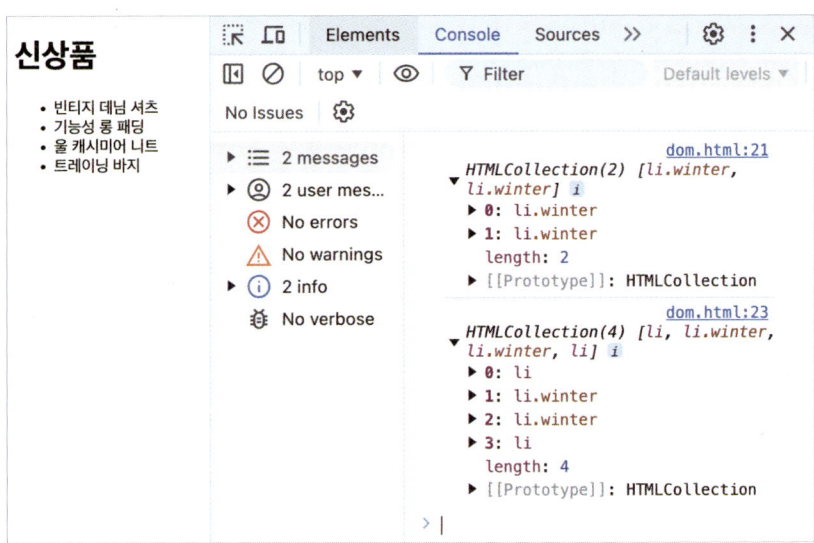

그림 10.5 코드 실행 결과

CSS 선택자로 요소 선택하기

마지막으로 앞서 그림 10.3의 조직도에서 특정 구성원을 'IT팀의 팀원'과 같이 관계를 기준으로도 설명할 수 있다고 했는데, 자바스크립트에서도 이처럼 관계와 구조를 기반으로 요소를 선택할 수 있습니다. 바로 CSS 선택자를 사용하는 것입니다.

querySelector()와 querySelectorAll()은 CSS 선택자를 사용해 요소를 선택하는 메서드입니다. 사용법은 다음과 같이 괄호 안에 CSS 선택자를 입력하는 것입니다. querySelector()는 선택자와 일치하는 요소 중 첫 번째 요소를 반환하며, querySelectorAll()은 일치하는 모든 요소를 배열 형태로 반환한다는 차이가 있습니다.

```
document.querySelector("선택자");
document.querySelectorAll("선택자");
```

다음은 예제 10.1과 예제 10.2의 메서드를 각각 querySelector()와 querySelectorAll()로 변경한 코드입니다.

예제 10.3 CSS 선택자를 사용해 요소 선택하기   ch10/10.1/dom.html

```
<!DOCTYPE html>
<html lang="ko">
```

```html
<head>
  <meta charset="UTF-8">
  <title>10.1. DOM으로 요소에 접근하기</title>
</head>
<body>
  <div>
    <h1>신상품</h1>
    <ul>
      <li id="shirt">빈티지 데님 셔츠</li>
      <li class="winter">기능성 롱 패딩</li>
      <li class="winter">울 캐시미어 니트</li>
      <li>트레이닝 바지</li>
    </ul>
  </div>
  <script>
    const firstChild = document.querySelector("ul > li:first-child");
    console.log(firstChild);
    const querySelector = document.querySelectorAll(".winter");
    console.log(querySelector);
  </script>
</body>
</html>
```

코드를 작성한 후 웹 페이지를 확인해 보면 다른 메서드를 사용했으나 동일한 결과가 나오는 것을 확인할 수 있습니다.

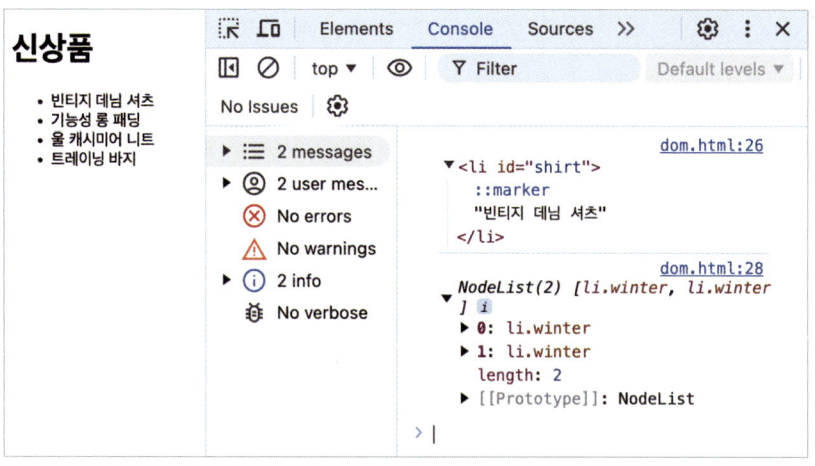

그림 10.6 코드 실행 결과

그럼 querySelector()와 querySelectorAll()은 어떤 상황에서 사용할 수 있을까요? CSS 선택자를 사용할 수 있으므로 ID나 클래스뿐만 아니라 복잡한 선택자를 활용해야 하는 경우나 특정 조건에 정확히 일치하는 요소를 선택해야 할 때 유용하게 사용할 수 있습니다.

이처럼 상황에 따라 다양한 메서드를 활용해 DOM에 접근할 수 있습니다.

10.2 HTML 콘텐츠 조작하기

앞에서 DOM을 통해 자바스크립트로 HTML 요소에 접근하는 방법을 배웠으니 이어지는 절에서는 특정 요소의 내용을 추가하고 수정하는 다양한 방법을 살펴보겠습니다.

그중 이번 절에서는 HTML 태그의 텍스트와 속성을 포함해 주요 구성 요소를 조작하는 방법을 살펴보겠습니다.

텍스트를 조작하는 textContent

textContent는 요소의 전체 텍스트를 가져오거나 설정하는 속성으로, 다음과 같이 선택한 요소의 뒤에 점(.)을 붙이고 textContent를 입력해 사용할 수 있습니다.

```
element.textContent;
```

이러한 textContent 속성은 사용법에 따라 두 가지 기능을 할 수 있습니다. textContent 속성 자체는 요소 안의 텍스트를 조회하는 기능으로 사용할 수 있고, = 기호를 사용하면 해당 요소에 텍스트를 추가하거나 수정할 수 있습니다.

이를 예제를 통해 확인해 볼까요?

예제 10.4 textContent를 사용해 텍스트 조작하기   ch10/10.2/html-contents.html

```html
<!DOCTYPE html>
<html lang="ko">
  <head>
    <meta charset="UTF-8">
    <title>10.2. HTML 콘텐츠 조작하기</title>
  </head>
```

```html
<body>
  <div>
    <h1 id="title">빈티지 데님 셔츠</h1>
    <p>39,800원</p>
  </div>
  <script>
    const title = document.getElementById("title");
    console.log(title.textContent); // 현재 텍스트 조회
    title.textContent = "화이트 반팔 셔츠"; // 새 텍스트로 수정
  </script>
</body>
</html>
```

브라우저에서 확인해 보면, 콘솔에는 초기 텍스트였던 '빈티지 데님 셔츠'가 출력되고, 웹 화면에서는 변경된 텍스트인 '화이트 반팔 셔츠'가 출력된 것을 확인할 수 있습니다.

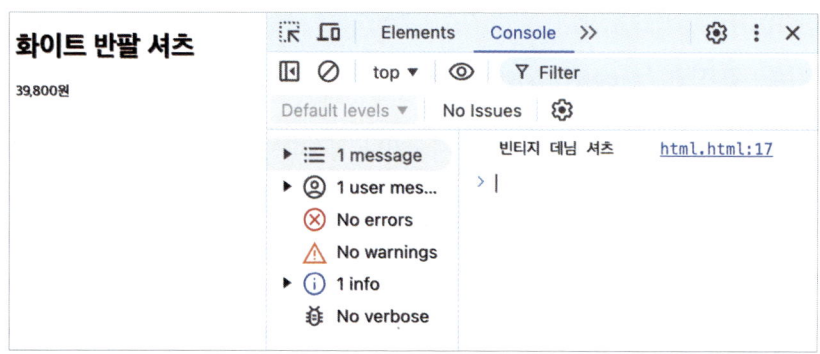

그림 10.7 코드 실행 결과

innerHTML로 콘텐츠 수정하기

textContent가 요소의 텍스트만 조작할 수 있다면 innerHTML은 텍스트뿐만 아니라 요소 안의 HTML 콘텐츠를 가져오거나 설정할 수 있는 속성입니다. 가령 어떤 <div> 태그 안에는 텍스트만 있을 수도 있지만 <span>이나 <h1>처럼 자식 요소가 있을 수도 있습니다. 이러한 하위 요소들을 전부 조작할 수 있는 것이 innerHTML의 특징입니다.

```
element.innerHTML;
```

그럼 innerHTML은 어떻게 사용할 수 있을까요? innerHTML 또한 textContent처럼 조회와 수정의 두 가지 용도로 사용할 수 있습니다.

다음은 innerHTML을 사용해 가격의 숫자 범위에만 <strong> 태그를 추가하는 예제입니다.

예제 10.5 innerHTML을 사용해 콘텐츠 조작하기 ch10/10.2/html-contents.html

```
... 생략 ...
    <h1 id="title">빈티지 데님 셔츠</h1>
    <p id="price">39,800원</p>
</div>
<script>
... 생략 ...
    const price = document.getElementById("price");
    price.innerHTML = "<strong>39,800</strong>원"; // 새 콘텐츠로 수정
    console.log(price.innerHTML);
</script>
... 생략 ...
```

브라우저를 확인하면 다음과 같이 숫자 텍스트가 굵게 표시되고, 콘솔에서도 <strong> 태그가 함께 출력되는 것을 확인할 수 있습니다.

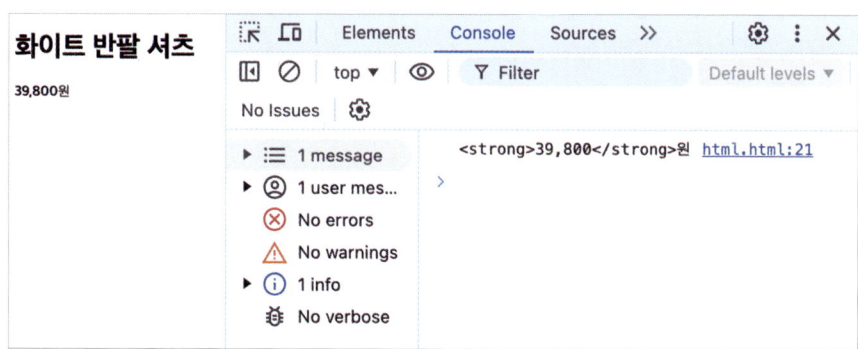

그림 10.8 코드 실행 결과

이처럼 텍스트만 수정할 때는 textContent, 태그를 포함한 하위 요소 전체를 수정할 때는 innerHTML을 사용해 요소의 내부 콘텐츠를 자유롭게 조작할 수 있습니다.

HTML 요소의 속성 변경하기

HTML 태그에서 내부 콘텐츠 못지않게 중요한 것이 바로 속성입니다. 특히 <a> 태그나 <img> 태그처럼 속성으로 필요한 값을 받는 경우 이러한 속성의 값을 조회하고, 변경하는 일이 중요합니다.

자바스크립트에서도 HTML 요소의 속성을 조회하고, 수정하고, 삭제하는 방법을 제공합니다.

속성을 조회하는 getAttribute()

먼저 **getAttribute()**는 특정 속성의 값을 반환하는 메서드로, 다음과 같이 괄호 안에 조회하고자 하는 속성의 이름을 입력합니다.

```
element.getAttribute("속성 이름");
```

예를 들어, <img> 태그의 src 속성의 값을 확인하고 싶다면 다음과 같이 작성할 수 있습니다.

예제 10.6 getAttribute()를 사용해 속성 확인하기　　　　　　ch10/10.2/html-contents.html

```
... 생략 ...
    <h1 id="title">빈티지 데님 셔츠</h1>
    <p id="price">39,800원</p>
    <img id="thumbnail" src="./img-shirt.jpg" width="500px" alt="썸네일" />
  </div>
  <script>
... 생략 ...
    const thumbnail = document.getElementById("thumbnail");
    console.log(thumbnail.getAttribute("src")); // src 값 조회
  </script>
... 생략 ...
```

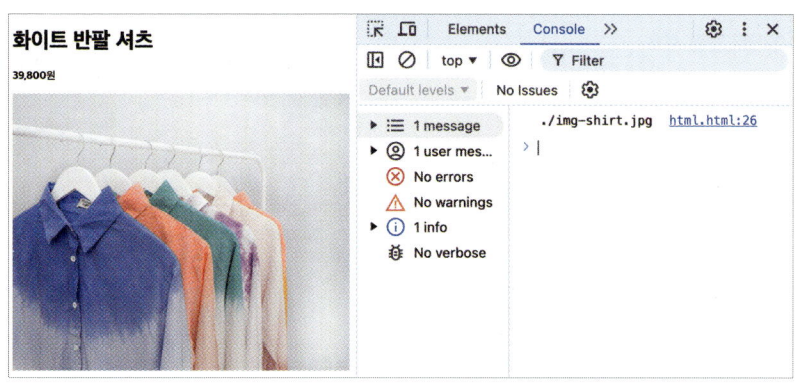

그림 10.9 코드 실행 결과

속성을 수정하는 setAttribute()

그럼 이번에는 속성의 내용을 바꿔 볼까요? **setAttribute()**는 요소의 특정 속성이 이미 있다면 수정하고, 없다면 새로 추가하는 메서드입니다.

```
element.setAttribute("속성 이름", "새로운 속성값");
```

setAttribute()를 사용해 앞에서 확인했던 `<img>` 태그의 src 값을 다른 경로로 수정해 보겠습니다.

예제 10.7 setAttribute()를 사용해 속성 수정하기　　　　　　　ch10/10.2/html-contents.html

```
... 생략 ...
    const thumbnail = document.getElementById("thumbnail");
    console.log(thumbnail.getAttribute("src"));

    thumbnail.setAttribute("src", "./img-shirt2.jpg"); // 속성값 변경
    console.log(thumbnail.getAttribute("src"));
</script>
... 생략 ...
```

그리고 나서 웹 브라우저에서 확인해 보면 `<img>` 태그의 경로가 수정되어 썸네일 이미지가 바뀐 것을 확인할 수 있습니다.

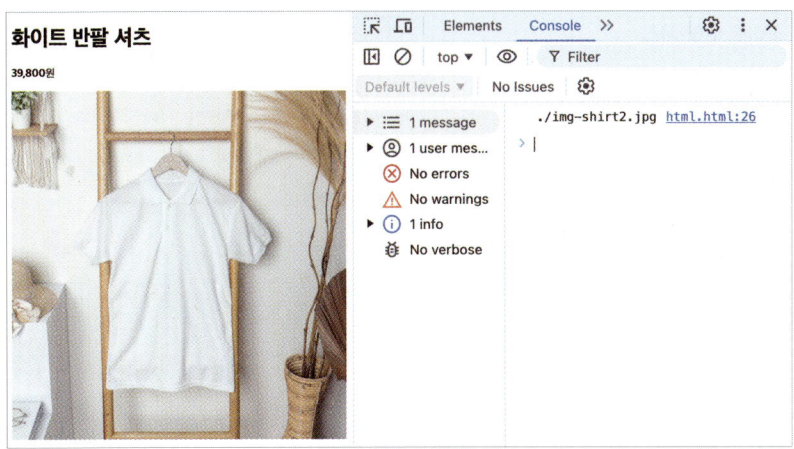

그림 10.10 코드 실행 결과

setAttribute()를 사용하면 수정뿐만 아니라 없는 속성을 추가할 수도 있습니다. 예를 들어, 재고가 모두 소진되어 [주문하기] 버튼을 비활성화해야 한다면 다음과 같이 disabled 속성을 추가할 수 있습니다.

예제 10.8 setAttribute()를 사용해 새로운 속성 추가하기 ch10/10.2/html-contents.html

```
... 생략 ...
    <div>
      <h1 id="title">빈티지 데님 셔츠</h1>
      <p id="price">39,800원</p>
      <img id="thumbnail" src="./img-shirt.jpg" width="500px" alt="썸네일" />
      <br> <!-- 인라인 요소 간의 분리를 위해 사용 -->
      <button id="orderButton" style="font-size: 20px;">주문하기</button>
    </div>
    <script>
... 생략 ...
      const orderButton = document.getElementById("orderButton");
      orderButton.setAttribute("disabled", true);
    </script>
... 생략 ...
```

브라우저에서 확인하면 버튼이 비활성화되어 색이 옅어지고, 마우스로 클릭했을 때 아무런 변화가 없는 것을 확인할 수 있습니다.

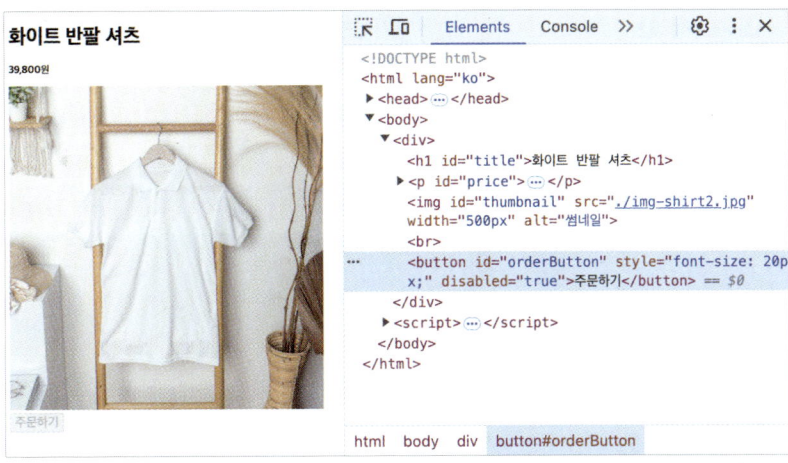

그림 10.11 코드 실행 결과

속성을 제거하는 removeAttribute()

그럼 이번에는 재고가 다시 생겨 버튼을 활성화해야 한다면 어떻게 해야 할까요? 이때 **removeAttribute()** 메서드를 사용할 수 있습니다.

removeAttribute()는 요소의 속성을 삭제하는 메서드로, 다음과 같이 괄호 안에 getAttribute()와 동일하게 삭제하고자 하는 속성의 이름을 입력합니다.

```
element.removeAttribute("속성 이름");
```

따라서 앞의 예제에서 맨 아래에 removeAttribute()를 추가하고 브라우저를 열어보면 다음과 같이 버튼의 비활성화가 해제된 것을 확인할 수 있습니다.

예제 10.9 removeAttribute()로 속성 삭제하기   📄 ch10/10.2/html-contents.html

```
... 생략 ...
    const orderButton = document.getElementById("orderButton");
    orderButton.setAttribute("disabled", true);
    orderButton.removeAttribute("disabled");
... 생략 ...
```

그림 10.12 코드 실행 결과

이처럼 getAttribute(), setAttribute(), removeAttribute() 메서드를 사용해 HTML 요소의 속성을 동적으로 조작할 수 있습니다.

10.3 CSS 스타일 수정하기

지금까지 DOM에 접근해 HTML 요소의 텍스트와 내부 요소를 수정하는 방법을 살펴봤습니다. 하지만 웹 페이지를 구성하는 요소에는 HTML뿐만 아니라 CSS도 있습니다. DOM을 사용하면 HTML뿐만 아니라 CSS 스타일에도 접근하고 이를 조작할 수 있습니다.

인라인 스타일 추가하기

style은 HTML 태그에 직접 적용된 인라인 스타일에 접근할 수 있는 객체로, 다음과 같이 style 뒤에 접근할 CSS 속성 이름을 점(.) 뒤에 입력합니다. 그리고 = 뒤에 바꾸고자 하는 속성값을 입력합니다.

```
element.style.속성이름 = 속성값;
```

예를 들어, 할 일 목록 중 완료한 항목은 스타일을 다르게 적용하고 싶다면 다음과 같이 작성할 수 있습니다.

예제 10.10 style 객체로 인라인 스타일 추가하기 📄 ch10/10.3/css-style.html

```html
<!DOCTYPE html>
<html lang="ko">
  <head>
    <meta charset="UTF-8">
    <title>10.3. CSS 스타일 수정하기</title>
  </head>
  <body>
    <h4>오늘의 할 일</h4>
    <ul>
      <li id="item1">아침 조깅하기</li>
    </ul>
    <script>
      const addStyle = document.getElementById("item1");
      addStyle.style.textDecoration = "line-through";
      addStyle.style.color = "gray";
    </script>
  </body>
</html>
```

브라우저에서 확인하면 다음과 같이 '아침 조깅하기' 항목의 스타일이 변경된 것을 확인할 수 있습니다.

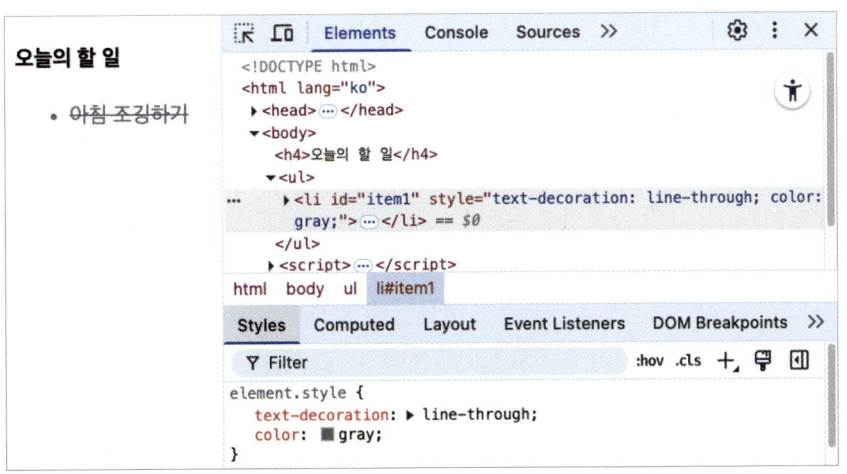

그림 10.13 항목에 스타일이 적용된 모습

그런데 한 가지 이상한 점이 있습니다. 분명 CSS 단원에서 배운 텍스트 장식에 사용하는 속성의 이름은 text-decoration이었는데, 예제 코드에서는 textDecoration으로 사용했다는 점입니다.

그 이유는 자바스크립트에서는 변수나 속성 이름에 하이픈(-)을 사용할 수 없기 때문입니다. 이는 자바스크립트의 규칙으로, style 객체를 사용해 CSS 속성을 입력할 때 하이픈이 있는 경우, 하이픈 뒤의 알파벳을 대문자로 표기하는 캐멀 케이스로 작성해야 한다는 점에 주의해야 합니다.

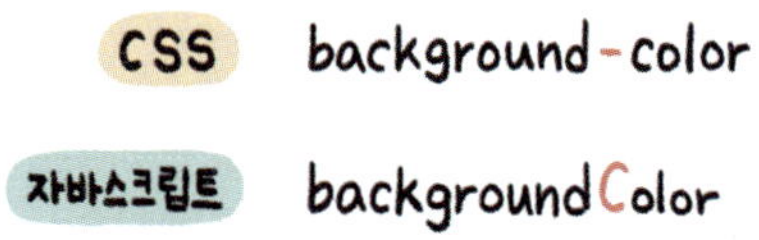

CSS   background-color

자바스크립트   backgroundColor

그림 10.14 CSS와 자바스크립트에서 사용하는 스타일 속성의 이름

클래스 목록 조작하기

앞에서 style을 사용해 인라인 스타일을 적용했다면 classList는 HTML 요소의 클래스 목록을 조작할 수 있는 속성입니다. classList를 사용하면 클래스를 쉽게 추가하거나 삭제하는 등, 효율적으로 클래스를 다룰 수 있습니다. 대표적으로 다음과 같이 add(), remove(), toggle()이라는 메서드를 제공합니다.

클래스를 추가하는 add()

add()는 이름에서 알 수 있듯이 새로운 클래스를 추가하는 메서드입니다.

```
element.classList.add("클래스 이름");
```

앞에서 만든 인라인 스타일을 클래스로 만들어서 적용해 볼까요?

예제 10.11 add()로 클래스 추가하기   ch10/10.3/css-style.html

```
... 생략 ...
<style>
  .done {
    text-decoration: line-through;
```

```
            color: gray;
        }
    </style>
    ... 생략 ...
    <script>
        const addStyle = document.getElementById("item1");
        // addStyle.style.textDecoration = "line-through";
        // addStyle.style.color = "gray";
        addStyle.classList.add("done");
    </script>
    ... 생략 ...
```

예제와 같이 done이라는 클래스를 만들고, add() 메서드로 클래스를 적용해 보면 앞에서 인라인 스타일로 변경했던 것과 동일한 결과를 얻을 수 있습니다.

클래스를 제거하는 remove()

추가가 있다면 삭제도 있을 것입니다. **remove()**는 지정한 클래스를 제거하는 메서드입니다.

```
element.classList.remove("클래스 이름");
```

이번에는 항목에 이미 done 클래스가 추가된 상태에서 remove() 메서드를 실행해 클래스를 제거해 보겠습니다.

예제 10.12 remove()로 클래스 삭제하기 　　　　　　　　　　　　　ch10/10.3/css-style.html

```
    ... 생략 ...
    <ul>
        <li id="item1">아침 조깅하기</li>
        <li id="item2" class="done">영어 공부하기</li>
    </ul>
    <script>
    ... 생략 ...
        const removeStyle = document.getElementById("item2");
        removeStyle.classList.remove("done");
    ... 생략 ...
```

브라우저에서 확인해 보면 두 번째 항목에 적용한 스타일이 사라진 것을 확인할 수 있습니다.

그림 10.15 코드 실행 결과

클래스를 변경하는 toggle()

마지막 **toggle()**은 add()와 remove()를 결합한 개념으로, 지정한 클래스가 있다면 제거하고, 없다면 추가하는 기능을 제공합니다. 마치 누를 때마다 꺼졌다 켜지는 스위치 같은 기능이라고 보면 됩니다.

그럼 이번에는 toggle()을 사용해 스타일을 제어해 볼까요?

예제 10.13 toggle()로 클래스 변경하기　　　　　　　　　　　　　ch10/10.3/css-style.html

```
... 생략 ...
<ul>
    <li id="item1">아침 조깅하기</li>
    <li id="item2" class="done">영어 공부하기</li>
    <li id="item3">친구랑 저녁먹기</li>
</ul>
<script>
... 생략 ...
    const toggleStyle = document.getElementById("item3");
    toggleStyle.classList.toggle("done");
... 생략 ...
```

결과를 확인해보면 HTML 요소에 클래스가 없으므로 규칙에 따라 다음과 같이 done 클래스가 추가된 것을 확인할 수 있습니다.

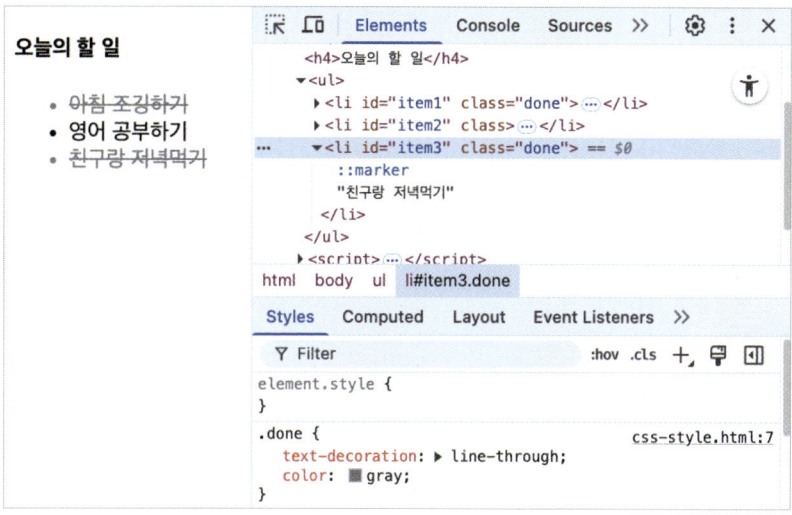

그림 10.16 코드 실행 결과

그럼 이러한 toggle() 메서드는 어떤 상황에서 사용할 수 있을까요? 예를 들어, 클릭할 때마다 내부 요소가 접히고 펼쳐지는 아코디언 박스나 클릭할 때마다 켜짐/꺼짐(on/off) 기능이 적용되는 스위치 버튼 등 두 가지 상태가 반복되는 다양한 상황에서 사용할 수 있습니다.

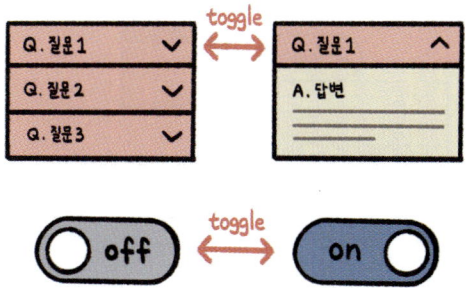

그림 10.17 toggle() 메서드의 활용 사례

10.3 이벤트와 이벤트 리스너

지금까지 자바스크립트를 이용해 HTML 요소의 다양한 콘텐츠를 조작하는 방법을 살펴 봤습니다. 그런데 사실 이러한 작업은 HTML이나 CSS만으로도 충분히 가능하지 않을까요? 그럼에도 불구하고 자바스크립트를 사용하는 이유는 바로 이벤트에 있습니다.

정적인 웹 페이지를 동적으로 만드는 데 가장 중요한 개념이 바로 이벤트입니다. 이번 절에서는 자바스크립트의 이벤트란 무엇이며, 어떻게 사용하는지 하나씩 알아보겠습니다.

이벤트란?

일상에서 '이벤트'란 특정한 사건을 의미합니다. 예를 들어, 누군가의 생일, 좋아하는 밴드의 공연일, 중요한 시험 등이 모두 이벤트에 해당합니다. 자바스크립트의 이벤트도 이와 유사합니다.

자바스크립트에서 **이벤트**(event)란 웹 브라우저에서 발생하는 특정 사건을 말합니다. 마우스를 클릭하거나 키보드를 누르는 것처럼 사용자의 행동에 의해 발생할 수도 있고, 웹 페이지가 처음 로드되거나 데이터가 로딩되는 등 시스템에 의해 발생할 수도 있습니다. 이러한 모든 변화와 상호작용을 '이벤트'라고 부릅니다.

그림 10.18 자바스크립트의 이벤트

자바스크립트에서 대표적인 이벤트는 다음과 같습니다. 표를 보면서 내가 웹 페이지에서 어떤 행동을 했을 때 어떤 이벤트가 발생할지 추측해 볼까요?

표 10.1 자바스크립트의 이벤트 종류

이벤트 유형	이벤트 이름	설명
마우스 이벤트	click	요소가 클릭될 때 발생
	dblclick	요소를 더블클릭했을 때 발생
	mouseover	마우스가 요소 위로 올라올 때 발생
	mouseout	마우스가 요소를 벗어날 때 발생
키보드 이벤트	keydown	키를 누를 때 발생
	keyup	키를 뗄 때 발생
폼 이벤트	submit	폼이 제출될 때 발생
	change	입력 요소의 값이 변경될 때 발생
	input	사용자가 입력하는 동안 실시간으로 발생
윈도우 이벤트	load	페이지나 리소스가 완전히 로드된 후 발생
	resize	브라우저 창 크기가 변경될 때 발생
	scroll	사용자가 스크롤할 때 발생

이벤트 종류에서 알 수 있듯이 메시지 전송, 팝업 열기, 검색 기능 구현 등 우리가 사용하는 다양한 기능들은 모두 이벤트를 기반으로 동작하기 때문에 이벤트가 무엇이며 어떻게 다루는지 이해하면 자바스크립트를 활용해 더 다양한 기능의 웹을 구현할 수 있습니다.

이벤트를 감지하는 이벤트 리스너

하지만 이벤트 자체는 아무런 동작을 수행하지 않습니다. 마치 달력에 '축구 경기'라고 적어둔 날짜가 있어도 해당 날짜에 아무것도 하지 않는다면 무의미한 것처럼 말입니다. 당일에 일어나서 오늘이 축구 경기일이라는 것을 인지하는 과정이 필요합니다. 그리고 자바스크립트에서 이러한 동작을 수행하기 위해 필요한 것이 바로 **이벤트 리스너**(event listener)입니다.

이벤트 리스너는 특정 이벤트가 발생하는지 감지하고, 발생하면 미리 정의된 코드를 실행하는 역할을 합니다. 예를 들어, 스마트폰에 손을 가져다 대면 화면이 켜지는 동작처럼, 이벤트 리스너는 이벤트를 감지하고 이에 반응하는 코드를 실행합니다.

그림 10.19 센서에 비유하는 이벤트 리스너

그럼 이러한 이벤트 리스너는 어떻게 적용할 수 있을까요? `addEventListener()`라는 메서드를 사용하면 됩니다.

`addEventListener()`는 이름에서 알 수 있듯이 특정 요소에 이벤트 리스너를 추가하는 함수입니다. 사용법은 다음과 같이 괄호 안에 감지하고자 하는 이벤트 이름과 이벤트가 발생했을 때 실행할 함수의 이름을 입력합니다. 그러면 이벤트가 발생했을 때 이를 감지하고, 미리 함수에 작성해둔 코드를 실행합니다. 이때 해당 함수는 `addEventListener` 함수 안에서 다시 호출되어 실행된다는 의미에서 '다시 불러진다'는 의미로 **콜백 함수(callback function)**라고 부릅니다.

```
element.addEventListener("이벤트 종류", 콜백_함수);
```

그럼 이벤트 리스너를 추가해 보겠습니다. 다음은 사용자가 [주문하기] 버튼을 클릭했을 때 "주문이 완료되었습니다!"라는 알림창을 표시하는 예제입니다.

예제 10.14 버튼 클릭 시 알림창 띄우기　　　　　　　　　　ch10/10.4/event.html

```
<!DOCTYPE html>
<html lang="ko">
  <head>
    <meta charset="UTF-8">
    <title>10.4. 이벤트와 이벤트 리스너</title>
  </head>
  <body>
    <div>
      <button id="orderButton">주문하기</button>
```

```
    </div>
    <script>
      function alertOrder(){
        alert("주문이 완료되었습니다!");
      };
      const orderButton = document.getElementById("orderButton");
      orderButton.addEventListener("click", alertOrder);
    </script>
  </body>
</html>
```

코드를 실행하면 다음과 같이 버튼을 클릭했을 때 알림창이 나타나는 것을 확인할 수 있습니다.

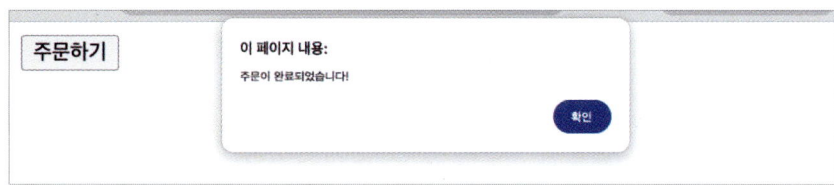

그림 10.20 코드 실행 결과

여기서 좀 더 나아가면, 예제에서는 `alertOrder`라는 별도의 함수를 만든 다음에 함수 이름을 콜백 함수로 지정한 것을 확인할 수 있습니다. 이처럼 `addEventListener()`에 사용되는 콜백 함수의 경우 보통 해당 이벤트가 실행됐을 때만 사용되므로 함수의 특징인 재사용성이 없는 경우가 많습니다.

따라서 콜백 함수의 경우 주로 다음과 같이 `addEventListener` 안에 곧바로 함수를 정의해서 사용하기도 합니다.

```
orderButton.addEventListener("click", function() {
  alert("주문이 완료되었습니다!");
});
```

코드를 보면 function 키워드 뒤에 함수 이름이 없는 것을 확인할 수 있는데, 이처럼 재사용할 필요가 없어 이름 없이 실행되는 함수를 **익명 함수**(anonymous function)라고 합니다.

그리고 앞에서 함수를 배울 때 살펴본 화살표 함수도 익명 함수에 사용할 수 있습니다.

```
orderButton.addEventListener("click", () => {
  alert("주문이 완료되었습니다!");
});
```

이처럼 익명 함수는 재사용성이 없는 함수를 간결하게 표현해 코드의 가독성을 높일 수 있다는 장점이 있습니다. 이 책의 예제에서도 오늘날 많이 사용하는 방식인 화살표 익명 함수를 사용할 예정입니다.

이벤트 객체로 더 다양하게 처리하기

지금까지 클릭이나 키보드 입력 등 이벤트 종류에 따른 처리 방식을 배웠습니다. 그런데 키보드 이벤트에서 엔터 키가 눌렸을 때와 스페이스 키가 눌렸을 때 각각 다른 작업을 수행해야 하는 경우에는 어떻게 해야 할까요? 해답은 바로 이벤트 객체 안에 있습니다.

앞서 특정 이벤트가 실행됐을 때 이벤트 리스너가 이를 감지하고 콜백 함수를 호출한다고 했습니다. 그런데 사실 이벤트 리스너가 하는 역할이 하나 더 있습니다. 바로 감지된 이벤트에 대한 상세 정보, 즉 이벤트 객체를 전달하는 일입니다.

이벤트 객체는 특정 이벤트가 발생했을 때 브라우저에서 자동으로 생성하는 객체로, 이벤트와 관련한 다양한 속성을 담고 있습니다. 이벤트 리스너는 이벤트가 발생하면 브라우저에서 전달한 이벤트 객체를 가지고 있다가 콜백 함수의 매개변수로 이벤트 객체를 전달해 함수에서 필요한 이벤트 정보를 사용할 수 있도록 돕습니다.

그림 10.21 이벤트 객체의 이동 과정

그럼 실제로 이벤트 객체는 어떻게 생겼을까요? 예제와 같이 이벤트 리스너를 하나 더 추가하고 이번에는 이벤트 객체를 매개변수로 받아 콘솔에 출력해 봅니다. 그러면 다음과 같이 다양한 정보가 담겨 있는 것을 확인할 수 있습니다.

예제 10.15 이벤트 객체 확인하기　　　　　　　　　　　　　　　ch10/10.4/event.html

```
... 생략 ...
    orderButton.addEventListener("click", (event) => {
      console.log(event);
    });
... 생략 ...
```

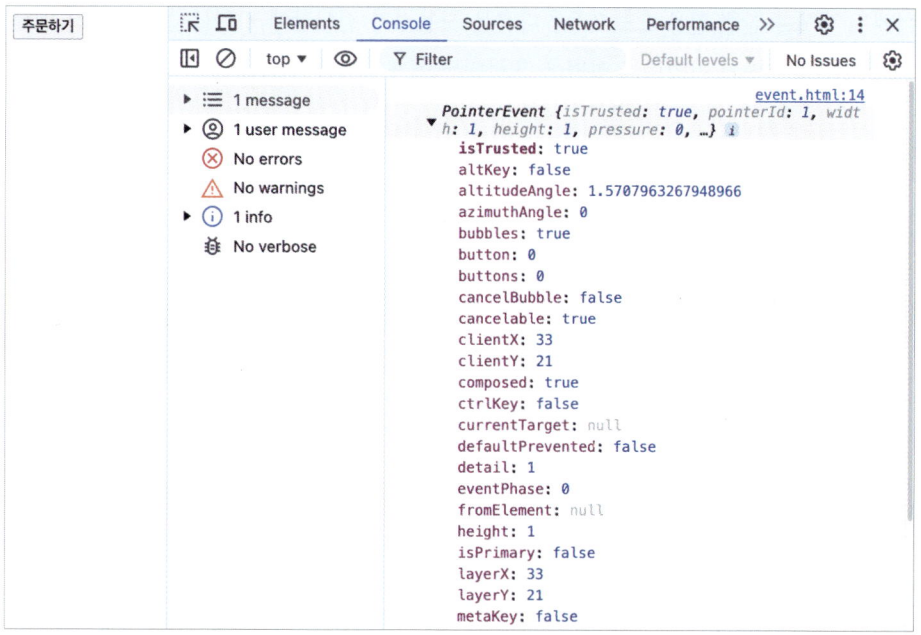

그림 10.22 코드 실행 결과

일부만 본 것인데도 내용이 정말 많은데요, 그중 가장 많이 사용하는 이벤트 속성은 다음과 같습니다.

표 10.2 이벤트 속성의 종류

속성/메서드	설명
type	이벤트의 유형(예: "click", "keydown")
target	이벤트가 발생한 요소
preventDefault()	기본 동작(예: 폼 제출, 링크 이동)을 취소
key	눌린 키의 값(예: "Enter")
clientX, clientY	뷰포트 기준으로 마우스의 X, Y 좌표
pageX, pageY	문서 기준으로 마우스의 X, Y 좌표

이벤트 객체를 한번 활용해 볼까요? 다음은 사용자가 검색창에 키워드를 입력하고 엔터 키를 누르면 입력된 키워드가 화면에 표시되는 예제입니다.

예제 10.16 검색창에서 엔터 키 입력 감지하기　　　　　　　ch10/10.4/event-object.html

```html
<!DOCTYPE html>
<html lang="ko">
  <head>
    <meta charset="UTF-8">
    <title>10.4.3. 이벤트 객체로 더 다양하게 처리하기</title>
  </head>
  <body>
    <div>
      <input id="searchBar" type="text" placeholder="검색 키워드" />
      <p id="searchText"></p>
    </div>
    <script>
      const searchButton = document.getElementById("searchBar");
      const searchText = document.getElementById("searchText");
      searchBar.addEventListener("keydown", (e) => {
        if (e.key === "Enter") {
          searchText.textContent = e.target.value;
        }
      });
    </script>
  </body>
</html>
```

그림 10.23 코드 실행 결과

이처럼 이벤트 객체를 활용하면 이벤트의 세부 정보를 활용해 더 다양한 작업을 수행할 수 있습니다.

10.5 폼 요소 조작하기

지금까지 다양한 형태의 동적 이벤트를 처리하는 방법을 살펴봤습니다. 그런데 사실 여러 이벤트 중에서 사용자의 행동이 가장 많은 상황이 있는데, 바로 폼을 사용할 때입니다.

폼이라고 하면 보통 회원가입이나 로그인 같은 형태를 떠올리기 쉽습니다. 물론 그런 종류의 폼도 있지만 일상생활에서도 다양한 형태의 폼을 사용합니다.

예를 들어, 인터넷 쇼핑을 할 때 구매 수량이나 색상을 선택하는 것도 폼에 해당합니다. 또 영화나 공연 티켓을 예매할 때도 폼을 사용합니다. 심지어 카카오톡의 메시지 입력 창이나 네이버의 검색 창도 폼의 일종입니다.

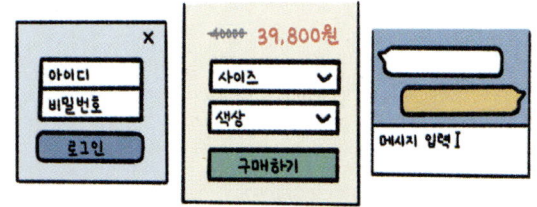

그림 10.24 다양한 폼의 예시

이처럼 폼은 다양한 상황에서 사용되며, 그만큼 다양한 유형의 사용자 입력을 처리하므로 폼 요소를 조작하는 방법을 이해하는 것은 동적 웹 개발에서 매우 중요합니다. 그럼 하나씩 살펴볼까요?

폼 항목 데이터 가져오기

HTML에서 자주 사용하는 폼 요소들을 떠올려 보세요. <input>이나 <textarea>처럼 텍스트를 입력할 수 있는 요소도 있고, <select>처럼 항목을 선택하는 요소도 있습니다.

차이는 있지만 사용자가 입력하거나 선택한 값을 가져오는 방법은 모든 요소가 동일합니다. 바로 value 속성을 사용하는 것입니다.

value 속성은 요소의 값을 반환하는 속성으로, 다음과 같이 DOM 요소 뒤에 value 키워드를 지정하면 사용자가 입력한 데이터를 가져올 수 있습니다.

```
document.getElementById("userName").value;
```

그럼 코드를 작성해 볼까요? 다음은 사용자가 입력한 상품명과 사이즈를 출력하는 예제입니다. 이때 상품명에 아무것도 입력되지 않았다면 알림창을 띄우도록 조건문을 추가합니다.

예제 10.17 상품명과 사이즈 출력하기   ch10/10.5/form.html

```html
<!DOCTYPE html>
<html lang="ko">
  <head>
    <meta charset="UTF-8">
    <title>10.5. 폼 요소 조작하기</title>
  </head>
  <body>
    <div>
      <select id="size">
        <option value="small">small</option>
        <option value="medium">medium</option>
        <option value="large">large</option>
      </select>
      <input type="text" id="product" placeholder="상품명을 입력해 주세요">
      <button id="orderButton">주문하기</button>
    </div>
    <script>
      const product = document.getElementById("product");
      const size = document.getElementById("size");
```

```
    orderButton.addEventListener("
      // 상품명을 입력하지 않았을 경우
      if (product.value === "") {
        alert("상품명을 입력해 주세요!");
        return; // 이후 코드 실행을 중단하
      }
      alert(`주문 내역: [${size.value}] ${pr
    });
  </script>
  </body>
</html>
```

웹 페이지에서 상품명과 크기를 입력한 뒤 [주문하기] ㅂ
내역이 알림으로 출력되고, 상품명을 입력하지 않은 채로
나는 것을 확인할 수 있습니다.

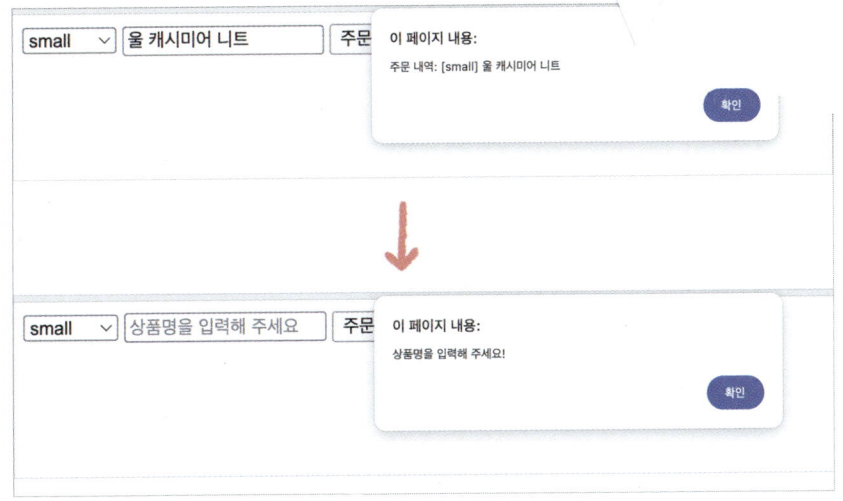

그림 10.25 코드 실행 결과

value 속성 외에도 폼 요소의 특성에 따라 다른 속성도 제공합니다. 예를 들어, `<input type="checkbox">` 요소에는 해당 체크박스가 선택됐는지 확인할 수 있는 checked 속성이 있습니다. 이를 이용하면 다음과 같이 사용자의 체크 여부에 따라 다른 메시지를 표시할 수 있습니다.

ch10/10.5/form.html

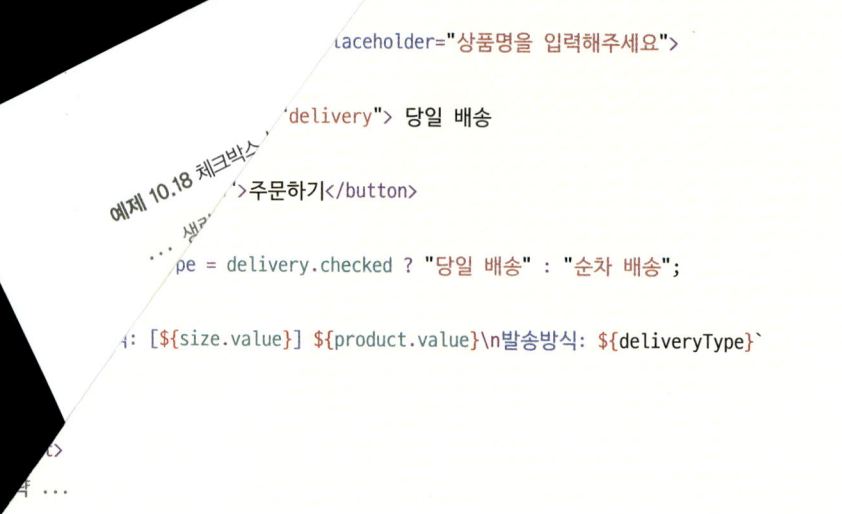

예제 10.18 체크박스...

```
...laceholder="상품명을 입력해주세요">
...delivery"> 당일 배송
...>주문하기</button>
...pe = delivery.checked ? "당일 배송" : "순차 배송";
...: [${size.value}] ${product.value}\n발송방식: ${deliveryType}`
```

코드를 실행하면 체크박스의 선택 여부에 따라 발송 방식이 '당일 배송' 또는 '순차 배송'으로 출력되는 것을 확인할 수 있습니다.

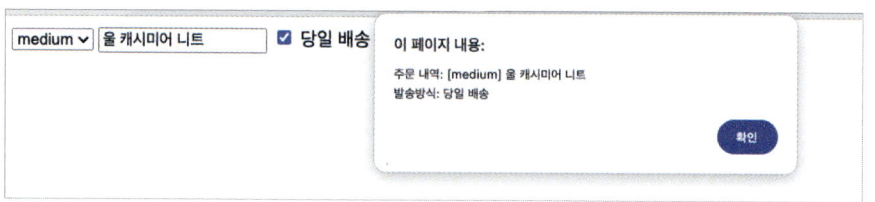

그림 10.26 코드 실행 결과

이 외에도 다음과 같이 다양한 속성을 사용해 폼 요소를 조작할 수 있습니다.

표 10.3 폼 요소의 속성

속성명	설명	속성값 예시
type	입력 요소의 타입을 지정	"text", "checkbox", "email"
value	입력 필드나 버튼의 현재 값을 가져오거나 설정	"홍길동", "12345"
placeholder	입력 필드에 표시될 힌트를 설정	"이름을 입력하세요"
checked	체크박스나 라디오 버튼이 선택됐는지 여부	true, false

속성명	설명	속성값 예시
disabled	요소를 비활성화해서 사용자 입력을 막음	true, false
required	필수 입력 필드 여부를 지정	true, false
maxlength	입력 필드의 최대 문자 길이를 지정	10, 255
readonly	입력 필드를 읽기 전용으로 설정	true, false
selected	<option> 요소가 기본 선택됐는지 여부를 지정	true, false

폼 이벤트 관리하기

앞서 폼에서 사용하는 속성에 대해 살펴봤다면, 마지막으로 폼에서만 사용하는 이벤트를 알아보겠습니다.

submit은 <form> 태그에서 사용할 수 있는 이벤트로, 폼이 제출됐을 때 발생합니다. 앞서 HTML을 배울 때 <form> 태그에 대해서는 간단히 언급만 하고 넘어갔는데, <form> 요소는 여러 입력 요소를 한 번에 관리할 수 있다는 장점이 있어 복잡한 폼을 만들 때 유용합니다.

특히 elements 속성을 사용하면 폼 내부의 모든 입력 요소에 쉽게 접근할 수 있습니다.

```
form.addEventListener("submit", () => {
  form.elements["입력 요소의 name 값"]
});
```

그럼 앞서 만든 예제 10.18에 <form> 요소와 submit 이벤트를 적용해 보겠습니다.

먼저 HTML 코드에서는 다음과 같이 가장 상위에 있던 <div> 요소를 <form> 태그로 교체하고, id 속성을 추가합니다. 그리고 <select>와 <input> 요소에 각각 name 속성을 적용합니다.

마지막으로 <button> 요소에 type="submit" 속성을 추가합니다. 이렇게 submit 타입을 추가하면 버튼을 클릭하거나 엔터 키를 눌렀을 때 자동으로 submit 이벤트가 감지됩니다.

예제 10.19 HTML 요소에 폼 추가하기　　　　　　　　　　　ch10/10.5/form.html

```html
<form id="orderForm">
  <select id="size" name="size">
    <option value="small">small</option>
    <option value="medium">medium</option>
    <option value="large">large</option>
  </select>
  <input type="text" id="product" name="product" placeholder="상품명을 입력해주세요">
  <label>
    <input type="checkbox" id="delivery" name="delivery"> 당일 배송
  </label>
  <button id="orderButton" type="submit">주문하기</button>
</form>
```

자바스크립트 코드에서는 getElementById()를 사용해 폼 요소를 불러오고, 하위 요소는 elements 속성을 사용해 불러옵니다.

예제 10.20 자바스크립트 코드에 elements 속성 사용하기

```html
<script>
    const orderForm = document.getElementById("orderForm");
    orderForm.addEventListener("submit", (event) => {
      const deliveryType = orderForm.elements["delivery"].checked ? "당일 배송" : "순차 배송";
      const size = orderForm.elements["size"];
      const product = orderForm.elements["product"];

      if (product.value === "") {
        alert("상품명을 입력해 주세요!");
        return;
      }
      alert(
        `주문 내역: [${size.value}] ${product.value}\n발송방식: ${deliveryType}`
      );
    })
</script>
```

그런데 이렇게 작성한 뒤에 [주문하기] 버튼을 클릭해보면 알림창이 표시되고 난 뒤에 앞서 입력한 상품명이나 옵션이 초기화되는 것을 확인할 수 있습니다. 혹시 코드가 잘못 작성된 것일까요?

그 이유는 submit 이벤트는 이벤트가 발생했을 때 웹 페이지 새로고침을 실행하는 고유한 동작을 수행하기 때문입니다. 그에 따라 페이지가 새로 업데이트됐으므로 알림창이 실행되지 않고 작성한 내용 또한 초기화된 것입니다.

따라서 이러한 기본 이벤트가 실행되지 않게 해야 하는데, 그 기능을 하는 것이 바로 이벤트 객체의 `preventDefault()` 메서드입니다. `preventDefault()` 메서드는 브라우저의 기본 동작을 막는 이벤트로, 해당 메서드가 실행되면 기본 동작 대신 개발자가 작성한 코드를 실행하게 됩니다.

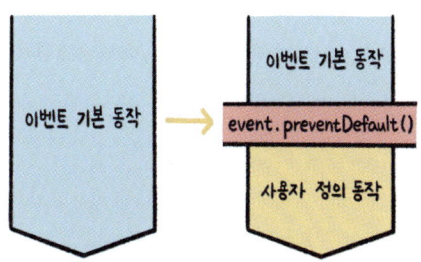

그림 10.27 이벤트 기본 동작을 막는 `preventDefault()`

addEventListener의 콜백 함수 맨 위에 event.preventDefault() 코드를 추가하고 다시 웹 페이지를 실행해 보면 다음과 같이 정상적으로 주문 내역과 발송 방식이 출력되는 것을 확인할 수 있습니다.

예제 10.21 submit으로 폼 이벤트 관리하기 ch10/10.5/form.html

```
<!DOCTYPE html>
<html lang="ko">
  <head>
    <meta charset="UTF-8">
    <title>10.5. 폼 요소 조작하기</title>
  </head>
  <body>
    <form id="orderForm">
```

```html
      <select id="size" name="size">
        <option value="small">small</option>
        <option value="medium">medium</option>
        <option value="large">large</option>
      </select>
      <input type="text" id="product" name="product" placeholder="상품명을 입력해 주세요">
      <label>
        <input type="checkbox" id="delivery" name="delivery"> 당일 배송
      </label>
      <button id="orderButton" type="submit">주문하기</button>
    </form>
    <script>
      const orderForm = document.getElementById("orderForm");
      orderForm.addEventListener("submit", (event) => {
        event.preventDefault();
        const deliveryType = orderForm.elements["delivery"].checked ? "당일 배송" : "순차 배송";
        const size = orderForm.elements["size"];
        const product = orderForm.elements["product"];

        if (product.value === "") {
          alert("상품명을 입력해 주세요!");
          return;
        }
        alert(
          `주문 내역: [${size.value}] ${product.value}\n발송방식: ${deliveryType}`
        );
      })
    </script>
  </body>
</html>
```

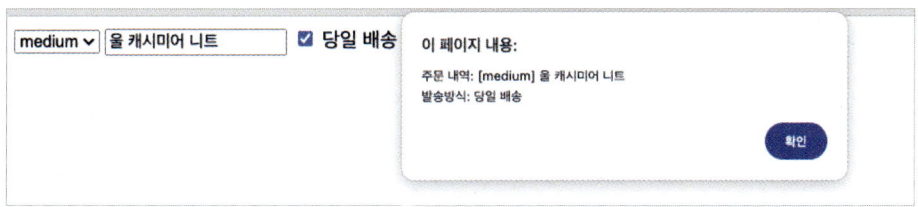

그림 10.28 코드 실행 결과

폼이 단순할 때는 각 요소를 제어해 사용하는 것이 유용할 수 있으나, 폼 요소가 늘어나거나 복잡해지면 이처럼 <form> 태그와 submit 이벤트를 사용해 함께 관리하는 것이 편리하므로 이러한 사용법을 익히는 것 또한 중요합니다.

핵심 용어 정리

- **DOM(Document Object Model)**: HTML 문서를 계층 구조로 표현한 객체로, 자바스크립트를 통해 HTML 요소에 접근하고 조작할 수 있게 해주는 인터페이스
- **document 객체**: DOM의 시작점으로, HTML 문서 전체를 나타내며 모든 DOM 조작의 기준이 되는 객체
- **getElementById()**: HTML 요소의 id 속성을 기준으로 요소를 찾는 DOM 메서드
- **getElementsByClassName()**: 클래스명으로 HTML 요소들을 찾는 DOM 메서드로, 여러 요소를 배열 형태로 반환함
- **getElementsByTagName()**: 태그 이름으로 HTML 요소들을 찾는 DOM 메서드로, 여러 요소를 배열 형태로 반환함
- **querySelector()**: CSS 선택자를 사용해 조건에 맞는 첫 번째 HTML 요소를 찾는 DOM 메서드
- **querySelectorAll()**: CSS 선택자를 사용해 조건에 맞는 모든 HTML 요소를 찾는 DOM 메서드로, 여러 요소를 배열 형태로 반환함
- **textContent**: 요소의 텍스트 콘텐츠를 가져오거나 설정하는 속성
- **innerHTML**: 요소의 HTML 콘텐츠(태그 포함)를 가져오거나 설정하는 속성
- **getAttribute()**: HTML 요소의 특정 속성 값을 반환하는 메서드
- **setAttribute()**: HTML 요소의 특정 속성 값을 설정하거나 수정하는 메서드
- **removeAttribute()**: HTML 요소의 특정 속성을 삭제하는 메서드
- **style 객체**: HTML 요소의 인라인 스타일에 접근하고 수정할 수 있는 객체
- **classList:** HTML 요소의 클래스 목록을 조작할 수 있는 속성으로, add(), remove(), toggle() 등의 메서드를 제공함
- **이벤트(Event)**: 웹 브라우저에서 발생하는 클릭, 키보드 입력 등의 사건
- **이벤트 리스너(Event Listener)**: 특정 이벤트가 발생하는지 감지하고, 발생하면 미리 정의된 코드를 실행하는 함수
- **addEventListener()**: 요소에 이벤트 리스너를 추가하는 메서드
- **콜백 함수(callback function)**: 이벤트 발생 시 호출되는 함수. 이벤트 리스너에 전달되어 실행됨

- 익명 함수(anonymous function): 이름이 없는 함수로, 주로 콜백 함수로 직접 전달되어 사용됨
- `value` 속성: 폼 요소의 현재 값을 가져오거나 설정하는 속성
- 이벤트 객체(Event Object): 이벤트가 발생했을 때 브라우저에서 자동으로 생성하는 객체로, 이벤트와 관련된 다양한 정보를 포함함
- `preventDefault()`: 이벤트의 기본 동작을 취소하는 메서드

【연습 문제】

1. DOM에서 HTML 요소를 선택하는 방법 중, id를 기준으로 요소를 선택하는 메서드는 무엇인가?

    ① document.querySelector()

    ② document.getElementById()

    ③ document.getElementsByClassName()

    ④ document.getElementsByTagName()

2. HTML 요소의 텍스트와 HTML 태그를 모두 포함해서 내용을 가져오거나 설정할 수 있는 속성은?

    ① textContent

    ② innerText

    ③ innerHTML

    ④ outerHTML

3. 자바스크립트에서 HTML 요소의 클래스를 조작할 때 사용하는 속성과, 클래스가 있으면 제거하고 없으면 추가하는 메서드는 무엇인가?

    ① classList, switch()

    ② className, change()

    ③ classList, toggle()

    ④ className, flip()

4. 다음 중 이벤트 리스너를 추가하는 올바른 코드는 무엇인가?

   ① element.addEvent("click", function() { });

   ② element.addEventListener("click", function() { });

   ③ element.eventListener("click", function() { });

   ④ element.insertListener("click", function() { });

5. 폼의 제출 이벤트에서 기본 동작(페이지 새로고침)을 방지하기 위해 사용하는 메서드는?

   ① event.stopPropagation()

   ② event.preventDefault()

   ③ event.stopDefault()

   ④ event.cancelSubmit()

연습문제 해답

1. ② – document.getElementById()
2. ③ – innerHTML
3. ③ – classList, toggle()
4. ② – element.addEventListener("click", function() { });
5. ② – event.preventDefault()

11

처음 만드는
웹 페이지

지금까지 HTML, CSS, 자바스크립트의 다양한 문법을 배웠습니다. 11장에서는 하나의 완성된 웹 페이지를 만들면서 지금까지 익힌 내용을 복습하고 각 개념이 웹 페이지의 어떤 기능에서 사용되는지 알아봅니다.

11.1 프로젝트 소개 및 작업 준비

지금까지 웹 페이지를 구현하기 위한 다양한 기술을 배웠습니다. 즉, 뼈대를 구성하는 HTML부터 스타일을 담당하는 CSS, 그리고 생동감을 더하는 자바스크립트까지 배웠습니다. 이번 장에서는 이 모든 개념을 조합해 하나의 완성된 웹 페이지를 만들어 보겠습니다.

본격적인 작업에 들어가기에 앞서 앞으로 완성할 프로젝트 결과물을 미리 확인하고, 필요한 템플릿을 준비하는 것부터 시작하겠습니다.

프로젝트 미리보기

이번 프로젝트는 바로 가상의 카페인 **'위키카페' 웹사이트**를 만드는 것입니다. 위키카페에서는 다양한 메뉴를 판매하고 있습니다. 여기서는 그중 커피 메뉴 페이지를 구현할 예정입니다. 다음 그림을 함께 살펴볼까요?

예제 프로젝트[1]의 ch11-final/index.html 파일을 웹 브라우저에서 열어보면 완성된 웹사이트를 직접 확인할 수 있습니다.

---

1 https://github.com/wikibook/hcj

그림 11.1 위키카페 커피 메뉴 페이지

웹 페이지의 **상단**에는 위키카페의 로고와 내비게이션 메뉴가 자리하고, 중앙의 **본문**에는 여러 커피 메뉴가 목록 형태로 나열돼 있습니다. **하단**에는 저작권 정보가 표시됩니다.

본문을 조금 더 자세히 들여다보면 각 메뉴 카드는 이미지, 이름, 가격, 그리고 [상세 보기] 버튼으로 구성돼 있습니다. 여기서 [상세 보기] 버튼에 마우스를 올리면 다음과 같이 커서가 손가락 모양으로 바뀌고, 카드의 테두리에 그림자가 생겨 강조됩니다.

그림 11.2 버튼에 마우스가 올라갔을 때 스타일이 바뀌는 모습

이 상태에서 [상세 보기] 버튼을 클릭하면 팝업 창이 열리면서 해당 메뉴의 상세 정보를 확인할 수 있습니다.

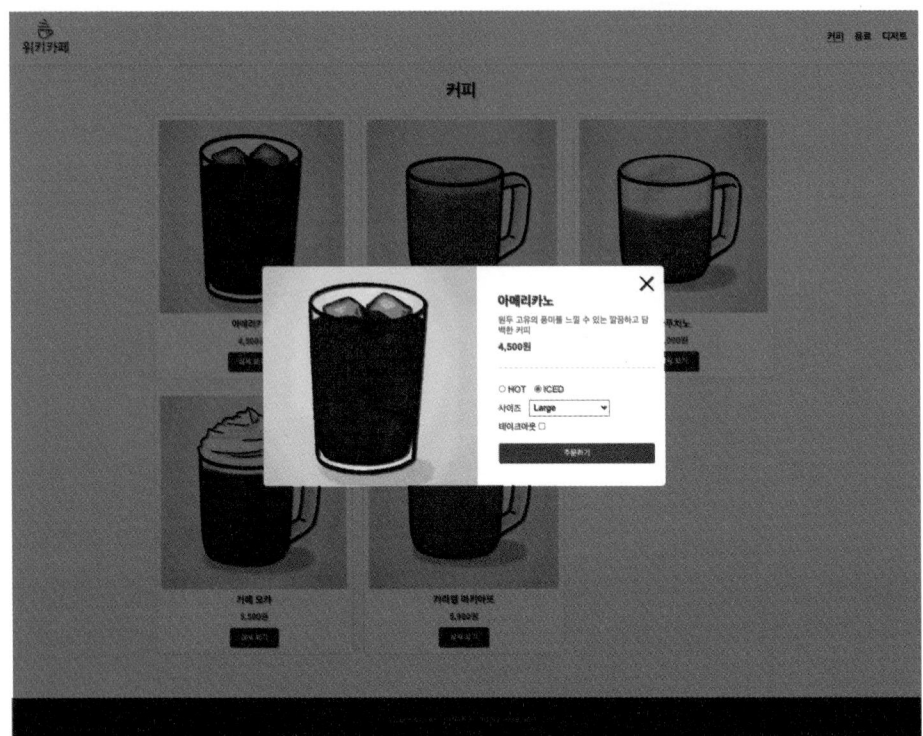

그림 11.3 메뉴 상세 팝업

팝업 창 안에는 메뉴의 설명과 함께, 온도나 사이즈 등 주문을 위한 옵션을 선택하는 폼이 있습니다.

원하는 옵션을 선택한 후 [주문하기] 버튼을 클릭하면 다음과 같이 알림창으로 주문한 메뉴와 선택한 옵션이 출력됩니다.

그림 11.4 주문한 내용이 알림창으로 출력되는 모습

그런데 평소 우리가 카페에서 메뉴를 주문할 때는 PC처럼 큰 화면에서 주문하는 때도 있지만 모바일 기기를 사용하는 일이 더 많습니다. 이러한 다양한 디바이스에서도 잘 동작할 수 있도록 위키카페 웹사이트는 반응형 웹 디자인을 지원합니다.

그림 11.5 모바일 기기에서의 웹 페이지 화면

PC 화면에서는 한 줄에 3개의 메뉴 카드가 보이지만 모바일 화면에서는 한 줄에 1개의 카드만 표시됩니다. 그리고 팝업 창 레이아웃도 모바일 환경에 맞춰 이미지 위치가 상단으로 이동합니다.

간단해 보이는 프로젝트지만 지금까지 배운 모든 개념이 집약적으로 활용됩니다. 이번 장을 마치고 나면 원하는 웹 페이지를 처음부터 끝까지 구현하는 방법을 완벽히 익힐 수 있을 것입니다.

그럼 본격적으로 웹 페이지를 만들어 볼까요?

작업 폴더 준비하기

이번 프로젝트에는 여러 이미지와 코드가 필요합니다. 다만 이를 일일이 준비하기는 번거로울 수 있으므로 미리 준비된 템플릿을 활용해 프로젝트를 시작하겠습니다.

예제 코드 프로젝트[2]의 ch11 폴더를 열어보면 다음과 같이 프로젝트에 필요한 파일들이 있습니다.[3]

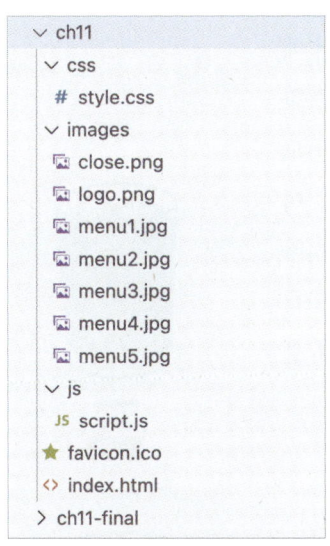

그림 11.6 프로젝트 구조 살펴보기

---

2 https://github.com/wikibook/hcj
3 ch10-final 폴더에 완성된 코드가 담겨 있으니 프로젝트 도중 막히는 부분이 있다면 참고하세요.

프로젝트 구조 파악을 위해 폴더 내 파일들을 위에서부터 하나씩 살펴보겠습니다.

style.css 파일

style.css 파일은 CSS 스타일을 작성할 파일로, 파일을 열어보면 다음과 같이 공통 스타일과 초기화 코드가 미리 작성돼 있습니다.

예제 11.1 style.css의 공통 스타일과 초기화 코드 ch11/css/style.css

```css
/* 공통 스타일 */
:root {
  --font-family: 'Arial', sans-serif;
  --color-primary: #97403d;
  --color-secondary: #666;
  --color-background: #f9f9f9;
  --color-text: #333;
  --color-border: #ddd;
}

/* 스타일 초기화 */
* {
  margin: 0;
  padding: 0;
  box-sizing: border-box;
}

a {
  text-decoration: none;
  color: var(--color-text);
}

li {
  list-style: none;
}

img {
  display: block;
}
```

```
button {
  cursor: pointer;
  border: none;
  background-color: transparent;
}
```

공통 스타일에는 자주 사용하는 색상이나 폰트를 CSS 변수(CSS Custom Properties)로 선언해 뒀습니다. CSS 변수는 처음 배우는 개념인데, 이중 대시(--)로 시작하며, 마치 자바스크립트의 변수처럼 재사용이 필요한 CSS 값을 저장하는 용도로 사용합니다. 따라서 예제와 같이 :root 안에 값을 미리 정의하고, a 태그의 color 속성처럼 var() 함수 안에 키워드(--color-text)를 입력하면 해당 변수의 값(#333)이 그대로 color 속성값으로 적용됩니다.

초기화 코드는 브라우저의 기본 스타일을 제거하기 위해 사용됩니다. 예를 들어, 헤딩 태그는 기본적으로 위아래 여백이 포함돼 있습니다. 이러한 여백은 디자인에 맞게 화면을 구현해야 하는 경우에 불필요한 계산을 요구하므로 실무에서는 초기화 코드를 사용해 기본 스타일을 제거하고, 통일된 상태에서 스타일링을 시작합니다.

images/ 폴더

images/ 폴더에는 로고, 메뉴 이미지, 닫기 버튼(X 아이콘) 등 프로젝트에서 사용할 이미지 파일이 포함돼 있습니다.

script.js 파일

script.js 파일에는 커피 메뉴 데이터가 객체 배열 형태로 저장돼 있습니다. 이 데이터는 나중에 팝업 창에 메뉴 정보를 표시할 때 사용됩니다.

예제 11.2 script.js에 들어 있는 메뉴 데이터　　　　　　　　　　　ch11/js/script.js

```
// 커피 메뉴 데이터
const coffeeMenu = [
  {
    id: 1,
    name: "아메리카노",
```

```
    image: "images/menu1.jpg",
    description: "원두 고유의 풍미를 느낄 수 있는 깔끔하고 담백한 커피",
    price: "4,500원",
  },
  {
    id: 2,
    name: "카페 라떼",
    image: "images/menu2.jpg",
    description: "진한 농도의 에스프레소와 부드러운 스팀 밀크가 조화롭게 어우러진 음료",
    price: "5,000원",
  },
  {
    id: 3,
    name: "카푸치노",
    image: "images/menu3.jpg",
    description: "부드러운 우유 거품이 매력적인 에스프레소 음료",
    price: "5,000원",
  },
  {
    id: 4,
    name: "카페 모카",
    image: "images/menu4.jpg",
    description: "진한 초콜릿 시럽과 에스프레소, 스팀 밀크가 어우러져 달콤하고 깊은 맛을 자랑하는 음료",
    price: "5,500원",
  },
  {
    id: 5,
    name: "카라멜 마키아또",
    image: "images/menu5.jpg",
    description: "향긋한 바닐라 향과 카라멜 소스가 어우러진 달콤한 에스프레소 음료",
    price: "5,900원",
  }
];
```

favicon.ico 파일

favicon.ico는 웹사이트의 파비콘을 위한 이미지 파일입니다. **파비콘(favicon)**이란 웹사이트를 대표하는 작은 아이콘을 의미하며, 다음과 같이 브라우저 탭에 표시되어 웹 사이트를 식별하는 데 사용됩니다. 이러한 작은 아이콘까지 별도로 설정해야 한다니 흥미롭지 않나요?

그림 11.7 브라우저에서 볼 수 있는 파비콘

index.html 파일

마지막으로 index.html 파일에는 앞서 만든 CSS 파일과 자바스크립트 파일, 그리고 파비콘을 연결하는 코드와 메타 정보 설정이 포함돼 있습니다.

예제 11.3 index.html의 기본 코드　　　　　　　　　　　　　　　ch11/index.html

```html
<!DOCTYPE html>
<html lang="ko">
  <head>
    <meta charset="UTF-8">
    <meta name="viewport" content="width=device-width, initial-scale=1.0">
    <title>위키카페</title>
    <link rel="icon" href="favicon.ico" />
    <link rel="stylesheet" href="css/style.css">
    <script defer src="js/script.js"></script>
  </head>
  <body>
  </body>
</html>
```

지금은 `<body>` 태그가 비어 있어 HTML 파일을 열어도 아무것도 보이지 않습니다. 다음 절에서 본문 내용을 하나씩 채워 보겠습니다.

11.2 메인 페이지 구현하기

이번 절에서는 본격적으로 웹 페이지의 기본 레이아웃을 구현하고, HTML과 CSS를 사용해 메뉴 페이지 화면을 만들어 보겠습니다.

기본 레이아웃 구현하기

웹 페이지를 구현할 때 가장 먼저 해야 할 일은 페이지의 전체적인 레이아웃을 파악하는 것입니다. 마치 건물을 짓기 전에 조감도를 작성해 전체적인 구조를 보는 것과 비슷합니다.

그럼 우리가 만들 웹 페이지의 레이아웃을 한번 살펴볼까요?

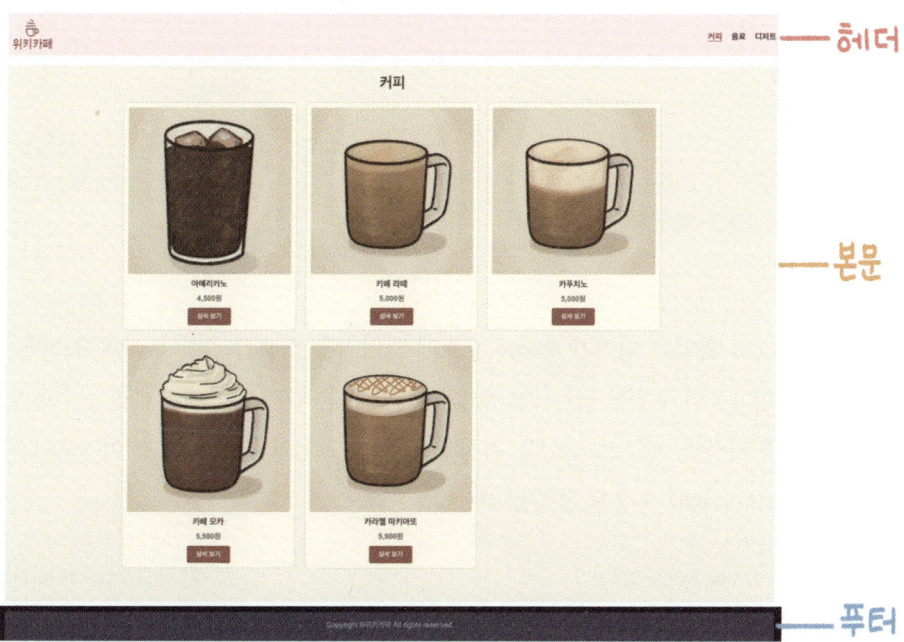

그림 11.8 웹 페이지의 레이아웃

그림과 같이 웹 페이지는 크게 로고와 내비게이션 메뉴가 있는 헤더, 메뉴 목록이 표시되는 본문, 저작권 정보가 포함된 푸터의 세 부분으로 나뉩니다. 따라서 HTML 코드도 헤더, 본문, 푸터를 각각 `<header>`, `<main>`, `<footer>` 같은 시맨틱 태그를 사용해 코드만 봐도 각 영역이 어떤 역할을 하는지 명확히 알 수 있게 합니다.

예제 11.4 시맨틱 태그로 레이아웃 구분하기   ch11/index.html

```html
<!DOCTYPE html>
<html lang="ko">
  <head>
    <meta charset="UTF-8">
    <meta name="viewport" content="width=device-width, initial-scale=1.0">
    <title>위키카페</title>
    <link rel="icon" href="favicon.ico" />
    <link rel="stylesheet" href="css/style.css">
    <script defer src="js/script.js"></script>
  </head>
  <body>
    <!-- 헤더 -->
    <header>
    </header>
    <!-- 본문 -->
    <main>
    </main>
    <!-- 푸터 -->
    <footer>
    </footer>
  </body>
</html>
```

그리고 style.css 파일로 넘어가 <body> 요소에 스타일을 적용합니다. <body> 요소에는 주로 전체 레이아웃의 구조를 잡는 스타일을 추가합니다. 따라서 앞에서 CSS 변수로 만들었던 폰트와 배경색, 텍스트 색상을 지정하고, 화면 크기가 작을 때도 레이아웃이 꽉 차 보이도록 min-height 속성을 설정합니다.

예제 11.5 <body> 요소에 스타일 적용하기   ch11/css/style.css

```css
/* 바디 */
body {
  min-height: 100vh;
  font-family: var(--font-family);
  background-color: var(--color-background);
  color: var(--color-text);
}
```

여기까지 작성하면 페이지 전체의 분위기를 담당하는 기본 스타일이 완성된 것입니다.

헤더 구현하기

이제 웹 페이지의 헤더를 만들 차례입니다. 위키카페의 헤더는 크게 로고 영역과 내비게이션 영역으로 구성돼 있습니다.

먼저 로고 영역은 `<img>` 태그로 로고 이미지를 추가합니다. 일반적으로 로고는 웹 페이지의 제목 역할을 하므로 `<h1>` 태그로 감싸는 경우가 많습니다. 따라서 이번 프로젝트에서도 상단에 `<h1>` 태그를 추가하고, 클릭 시 메인 페이지로 이동할 수 있도록 `<a>` 태그를 사용하겠습니다. 아울러 `<h1>` 태그에 logo라는 클래스를 추가해 나중에 CSS 스타일을 적용할 수 있도록 합니다.

예제 11.6 로고 추가하기   ch11/index.html

```html
<!DOCTYPE html>
<html lang="ko">
  <head>
    <meta charset="UTF-8">
    <meta name="viewport" content="width=device-width, initial-scale=1.0">
    <title>위키카페</title>
    <link rel="icon" href="favicon.ico" />
    <link rel="stylesheet" href="css/style.css">
    <script defer src="js/script.js"></script>
  </head>
  <body>
    <!-- 헤더 -->
    <header>
      <h1 class="logo">
        <a href="index.html">
          <img src="images/logo.png" alt="위키카페">
        </a>
      </h1>
    </header>
    <!-- 본문 -->
    <main>
    </main>
```

```html
    <!-- 푸터 -->
    <footer>
    </footer>
  </body>
</html>
```

내비게이션 메뉴는 먼저 가장 바깥쪽에 `<nav>` 태그를 추가해 내비게이션 영역임을 표시합니다. 그리고 `<ul>` 태그 안에 `<li>` 태그로 각 항목을 추가하고, 클릭 가능한 링크를 `<a>` 태그로 작성합니다. 원래는 href 값으로 실제 이동할 링크 경로를 추가하지만 이번 프로젝트에서는 단일 페이지만 구현하므로 샵 기호(#)를 추가해 링크의 목적지가 아직 정해지지 않았음을 명시합니다.

내비게이션에도 클래스를 추가하는데, 이번 프로젝트에서 구현할 화면은 커피 메뉴 페이지이므로 이후 활성화된 상태를 별도로 스타일링하기 위해 커피 요소에만 active 클래스를 추가합니다.

예제 11.7 내비게이션 메뉴 추가하기　　　　　　　　　　　　　　　📄 ch11/index.html

```html
<!DOCTYPE html>
<html lang="ko">
  <head>
    <meta charset="UTF-8">
    <meta name="viewport" content="width=device-width, initial-scale=1.0">
    <title>위키카페</title>
    <link rel="icon" href="favicon.ico" />
    <link rel="stylesheet" href="css/style.css">
    <script defer src="js/script.js"></script>
  </head>
  <body>
    <!-- 헤더 -->
    <header>
      <h1 class="logo">
        <a href="index.html">
          <img src="images/logo.png" alt="위키카페">
        </a>
      </h1>
      <nav>
```

```html
        <ul class="nav-list">
          <li class="nav-item active"><a href="#">커피</a></li>
          <li class="nav-item"><a href="#">음료</a></li>
          <li class="nav-item"><a href="#">디저트</a></li>
        </ul>
      </nav>
    </header>
    <!-- 본문 -->
    <main>
    </main>
    <!-- 푸터 -->
    <footer>
    </footer>
  </body>
</html>
```

여기까지 구현한 뒤에 브라우저에서 확인해 보면 다음과 같이 앞에서 추가한 태그가 보이는 것을 확인할 수 있습니다.

그림 11.9 HTML 코드가 적용된 모습

이제 스타일을 적용해 예쁘게 꾸며보겠습니다. 먼저 로고와 내비게이션을 양쪽 끝에 배치해야 하므로 부모 요소인 `<header>`에 flexbox의 `justify-content: space-between`을 사용하고, 세로 가운데 정렬은 `align-items: center`를 추가해 적용합니다.

또한 `padding`으로 약간의 여백을 주고, 본문 영역과 시각적으로 구분하기 위해 `background-color`를 사용해 배경색을 추가한 뒤, `border-bottom`으로 하단 테두리도 추가합니다.

예제 11.8 `<header>` 요소에 스타일 적용하기   ch11/css/style.css

```css
/* 헤더 및 내비게이션 */
header {
  display: flex;
  justify-content: space-between;
  align-items: center;
  padding: 10px 20px; /* 상하 10px 좌우 20px */
  background-color: white;
  border-bottom: 1px solid var(--color-border);
}
```

로고의 이미지가 너무 크지 않게 width를 100px로 조정합니다. 그다음 내비게이션 메뉴는 flexbox를 적용해 모든 메뉴를 가로로 정렬하고, gap을 사용해 항목 간 여백을 추가합니다. 여기에 각 `<a>` 요소에는 폰트 크기와 굵기를 설정합니다. 마지막으로 active 클래스에는 색상을 메인 컬러로 바꾸고, 하단에 테두리도 추가해 커피 메뉴가 강조되게 합니다.

예제 11.9 로고와 내비게이션 스타일 적용하기   ch11/css/style.css

```css
.logo img {
  width: 100px;
}

.nav-list {
  display: flex;
  gap: 20px;
}

.nav-item a {
  font-size: 18px;
  font-weight: bold;
}

.nav-item.active a {
  color: var(--color-primary);
  border-bottom: 2px solid var(--color-primary);
}
```

이제 브라우저를 열어보면 다음과 같이 헤더가 완성된 것을 확인할 수 있습니다.

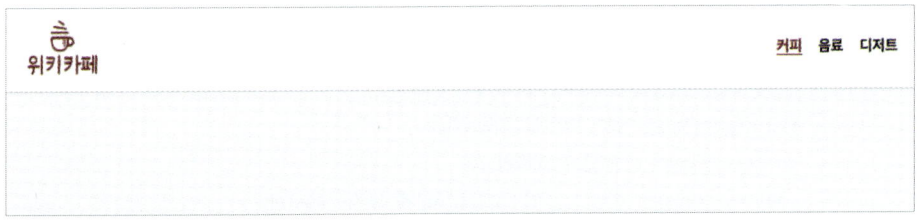

그림 11.10 헤더 스타일이 적용된 모습

본문 구현하기

이제 본문 영역을 만들어 볼까요? 앞에서 본 그림 11.8의 레이아웃 화면을 다시 살펴보면 중앙에는 '커피'라는 페이지 제목이 있고, 그 아래로 각 메뉴의 정보가 카드 목록 형태로 나열돼 있습니다.

따라서 먼저 <main> 태그 내부에 <h2> 태그를 추가해 페이지 제목을 작성하고, 스타일을 적용하기 위해 menu-title 클래스를 추가합니다.

예제 11.10 페이지 제목 요소 구현하기   ch11/index.html

```
... 생략 ...
    <!-- 본문 -->
    <main>
        <h2 class="menu-title">커피</h2>
    </main>
... 생략 ...
```

그리고 <ul> 태그와 <li> 태그를 사용해 메뉴 목록을 구현합니다. 총 5개의 메뉴가 있으며, 각 메뉴는 이미지, 이름, 가격, 그리고 [상세 보기] 버튼으로 구성돼 있습니다. 예제를 보면서 각 구성 요소와 클래스를 순서대로 작성합니다.

예제 11.11 메뉴 목록 구현하기   ch11/index.html

```
... 생략 ...
    <!-- 본문 -->
```

```html
<main>
  <h2 class="menu-title">커피</h2>
  <ul class="menu-list">
    <li class="menu-item">
      <img src="images/menu1.jpg" alt="아메리카노">
      <h3 class="menu-name">아메리카노</h3>
      <p class="menu-price">4,500원</p>
      <button class="button menu-button">상세 보기</button>
    </li>
    <li class="menu-item">
      <img src="images/menu2.jpg" alt="카페 라떼">
      <h3 class="menu-name">카페 라떼</h3>
      <p class="menu-price">5,000원</p>
      <button class="button menu-button">상세 보기</button>
    </li>
    <li class="menu-item">
      <img src="images/menu3.jpg" alt="카푸치노">
      <h3 class="menu-name">카푸치노</h3>
      <p class="menu-price">5,000원</p>
      <button class="button menu-button">상세 보기</button>
    </li>
    <li class="menu-item">
      <img src="images/menu4.jpg" alt="카페 모카">
      <h3 class="menu-name">카페 모카</h3>
      <p class="menu-price">5,500원</p>
      <button class="button menu-button">상세 보기</button>
    </li>
    <li class="menu-item">
      <img src="images/menu5.jpg" alt="카라멜 마키아또">
      <h3 class="menu-name">카라멜 마키아또</h3>
      <p class="menu-price">5,900원</p>
      <button class="button menu-button">상세 보기</button>
    </li>
  </ul>
</main>
... 생략 ...
```

이때 <button> 태그를 보면 button과 menu-button이라는 두 개의 클래스가 지정된 것을 확인할 수 있습니다. 왜 클래스를 두 개나 만드는지 의아할 수 있는데, 그 이유는 공통 스타일과 개별 스타일을 분리하기 위해서입니다.

예를 들어, button 클래스에는 모든 버튼의 공통 스타일을 적용하고, menu-button 클래스에서는 각 버튼에만 필요한 스타일을 추가로 정의하면 나중에 버튼의 스타일이 바뀌어도 각 버튼 스타일을 일일이 수정하지 않고 button 클래스 하나면 수정하면 됩니다.

이러한 규칙은 CSS 스타일링에서 많이 사용하는 방식이며, 버튼뿐만 아니라 공통으로 사용할 수 있는 모든 스타일에 적용할 수 있으므로 기억해 두면 좋습니다.

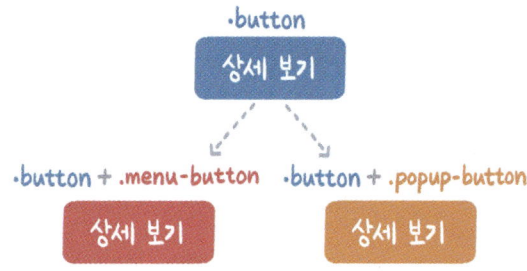

그림 11.11 공통 스타일과 개별 스타일

이제 본문에 스타일을 적용해 보겠습니다. 먼저 앞에서 만든 button 클래스에 적용할 공통 스타일을 정의합니다.

예제 11.12 버튼 공통 스타일 추가하기　　　　　　　　　　　　　　ch11/css/style.css

```css
/* 버튼 스타일 */
.button {
  padding: 10px 20px; /* 상하 10px 좌우 20px */
  font-size: 14px;
  color: white;
  border-radius: 4px;
  background-color: var(--color-primary);
}

.button:hover {
  opacity: 0.8;
}
```

padding으로 여백을 추가하고, 폰트 사이즈와 색상을 적용합니다. 버튼의 모서리를 border-radius로 살짝 둥글게 만들고, 배경색은 CSS 변수를 사용해 메인 컬러를 적용합니다.

추가로 마우스를 올렸을 때 약간 투명해지는 효과를 주기 위해 :hover 상태에서 opacity를 변경합니다.

그러면 다음과 같이 button 클래스가 포함된 버튼에 공통 스타일이 적용되고, 마우스를 갖다 대면 약간 투명해지면서 강조되는 것을 확인할 수 있습니다.

그림 11.12 버튼에 공통 스타일이 적용된 모습

다음으로 본문 전체의 레이아웃과 제목 스타일을 정의합니다.

예제 11.13 본문 스타일 적용하기　　　　　　　　　ch11/css/style.css

```css
/* 본문 */
main {
  max-width: 1200px;
  margin: 0 auto;
}

.menu-title {
  margin-top: 30px;
  font-size: 32px;
  text-align: center;
}

.menu-list {
  display: grid;
  grid-template-columns: repeat(3, 1fr);
  gap: 20px;
  margin: 20px;
}
```

먼저 `<main>` 요소에는 최대 너비(`max-width`)를 설정해 화면이 커졌을 때 과도하게 넓어지는 것을 방지합니다. 그리고 `margin`을 `'0 auto'`로 설정해 요소를 중앙으로 정렬합니다. 이처럼 좌우 마진을 `auto`로 지정하면 부모 요소보다 본인의 너비가 작은 경우에 자동으로 중앙 정렬이 적용됩니다.

제목(`menu-title`) 텍스트는 중앙으로 정렬하고, 상단 여백과 적절한 폰트 크기를 설정합니다. 마지막으로 메뉴 목록(`menu-list`)은 **그리드 레이아웃**을 사용해 한 줄에 3개의 메뉴가 배치되게 합니다.

그다음 각 메뉴 아이템(`menu-item`)의 스타일을 적용합니다.

예제 11.14 메뉴 아이템 스타일 적용하기　　　　　　　　　　ch11/css/style.css

```css
.menu-item {
  padding: 10px;
  text-align: center;
  background: white;
  border: 1px solid var(--color-border);
  border-radius: 8px;
  transition: all 0.3s;
}

.menu-item:hover {
  transform: translateY(-5px);
  box-shadow: 0 4px 6px rgba(0, 0, 0, 0.1);
}

.menu-item img {
  width: 100%;
  border-radius: 4px;
}

.menu-name {
  font-size: 18px;
  margin: 10px 0;
}

.menu-price {
  display: block;
```

```
    font-size: 16px;
    font-weight: bold;
    color: var(--color-secondary);
}

.menu-button {
    margin-top: 10px;
}
```

배경색과 테두리를 추가해 카드 공간을 구분하고, transition 속성을 사용해 마우스를 가져다 대면 세로로 약간 올라가고 그림자가 생기는 애니메이션 효과를 추가합니다. 그리고 각 하위 요소의 크기와 폰트를 설정합니다.

여기까지 코드를 작성한 뒤, 브라우저를 열어보면 다음과 같이 메뉴가 나란히 3개씩 정렬돼 있고, 각 메뉴에 마우스를 갖다 대면 애니메이션이 실행되며 메뉴가 강조되는 것을 확인할 수 있습니다.

그림 11.13 본문 영역 구현이 완료된 모습

기본 스타일 구현이 끝났으니, 이제 반응형 스타일을 적용해 볼까요? 지금은 메뉴가 한 줄에 3개씩 보이지만 화면 크기가 줄어들면 각 요소가 너무 작아 보일 수 있습니다. 이를 해결하기 위해 미디어 쿼리를 사용해 화면 너비가 768px 이하일 때 메뉴가 한 줄에 하나씩 보이도록 설정해 보겠습니다.

예제 11.15 반응형 스타일 적용하기　　　　　　　　　　　ch11/css/style.css

```css
/* 반응형 스타일 */
@media (max-width: 768px) {
  .menu-list {
    grid-template-columns: 1fr;
  }
}
```

이렇게 구현하면 다음과 같이 기기의 너비가 줄어들어도 요소가 적절한 크기로 보이는 것을 확인할 수 있습니다.

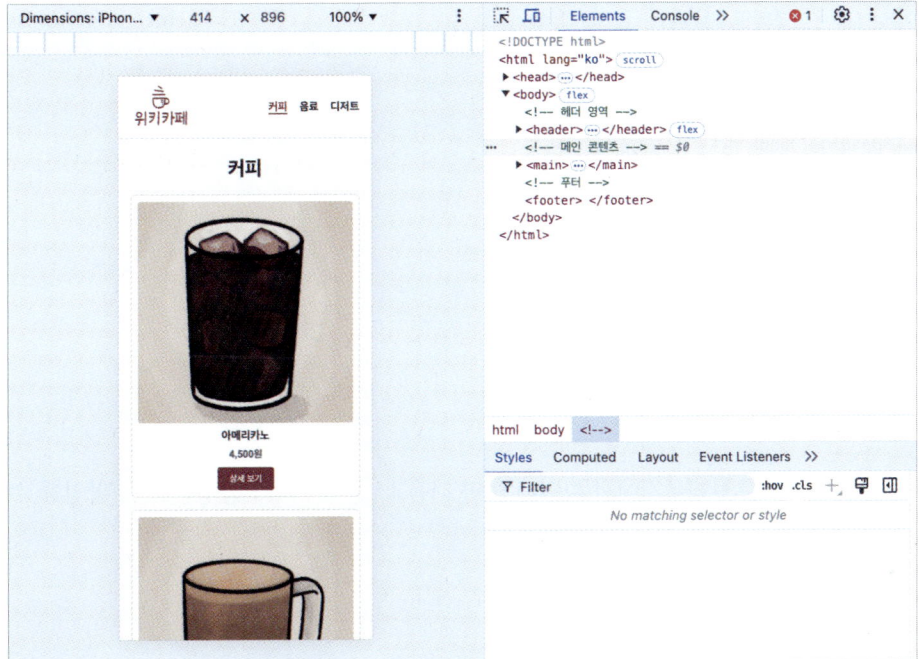

그림 11.14 반응형 스타일이 적용된 모습

푸터 구현하기

마지막으로 푸터를 구현하는 것은 비교적 간단합니다. 다음과 같이 <footer> 태그 안에 <p> 태그를 추가하고, copyright 클래스를 추가하면 됩니다.

예제 11.16 푸터 요소 구현하기   ch11/index.html

```html
... 생략 ...
    <!-- 푸터 -->
    <footer>
      <p class="copyright">Copyright ©위키카페 All rights reserved.</p>
    </footer>
  </body>
</html>
```

style.css 파일에서는 다음과 같이 푸터 영역을 구분할 수 있도록 배경색을 추가하고, 여백과 폰트 스타일을 추가합니다.

예제 11.17 푸터 스타일 적용하기   ch11/css/style.css

```css
/* 푸터 */
footer {
  padding: 30px 0;
  background-color: var(--color-text);
}

.copyright {
  text-align: center;
  color: #999;
}
```

이렇게 작성한 뒤 브라우저에서 확인해 보면 다음과 같이 푸터가 완성된 것을 확인할 수 있습니다.

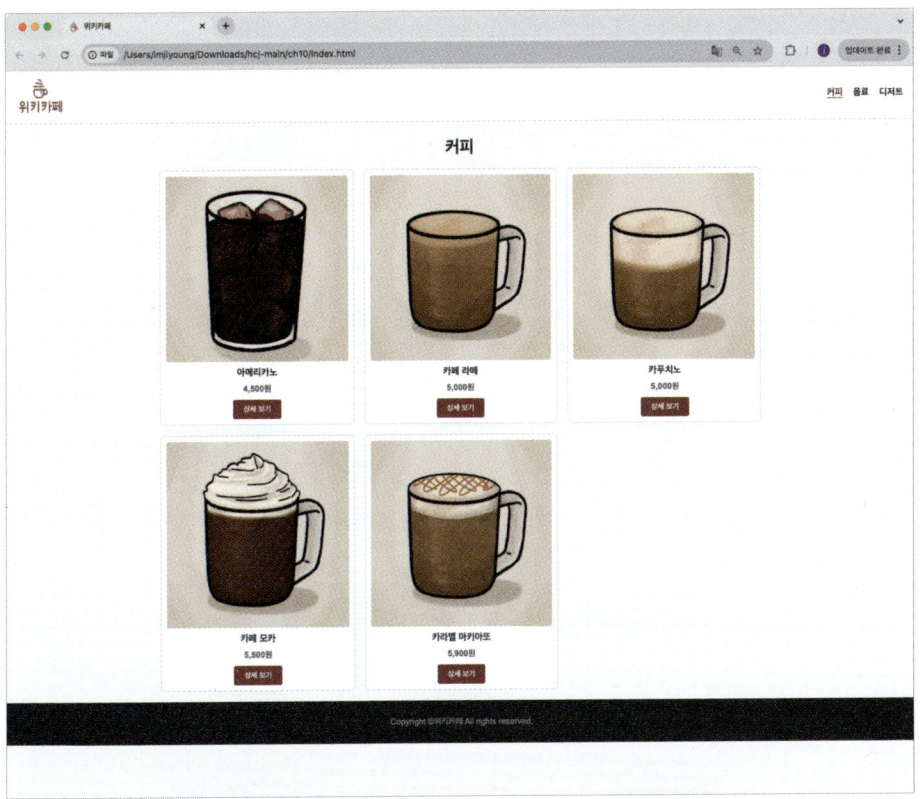

그림 11.15 푸터 구현이 완료된 모습

그런데 그림을 보면 푸터가 바닥에 고정되지 않고 어색하게 떠 있는 모습을 확인할 수 있습니다. 그 이유는 페이지 요소들의 전체 높이가 브라우저의 화면 높이보다 작기 때문입니다.

이를 해결하기 위해 flexbox를 활용해 본문 영역의 높이가 브라우저에 맞게 확장될 수 있도록 수정하겠습니다.

먼저 헤더, 본문, 푸터를 감싸는 `<body>` 요소에 flexbox를 적용하고, 방향을 `column`으로 설정합니다. 이렇게 하면 페이지가 세로로 정렬되는데, 이때 본문에 해당하는 `<main>` 요소에 `flex: 1`을 추가하면 본문이 남은 공간을 전부 차지하게 됩니다.

예제 11.18 레이아웃에 flexbox 적용하기   ch11/css/style.css

```
body {
  display: flex; /* 추가 */
```

```css
  flex-direction: column; /* 추가 */
  min-height: 100vh;
  font-family: var(--font-family);
  background-color: var(--color-background);
  color: var(--color-text);
}

main {
  flex: 1; /* 추가 */
  max-width: 1200px;
  margin: 0 auto;
}
```

이렇게 하면 본문이 부족한 높이를 채워 다음과 같이 푸터가 페이지 하단에 고정됩니다.

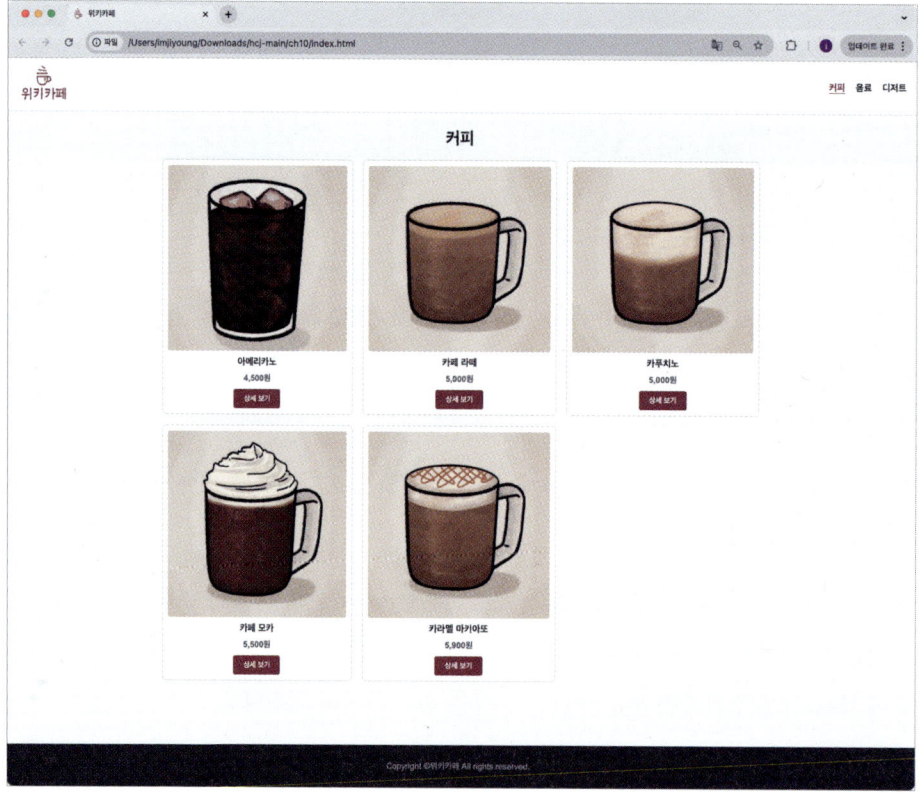

그림 11.16 푸터가 브라우저 바닥에 위치한 모습

이렇게 푸터까지 구현하고 나면 위키카페의 커피 메뉴 페이지가 완성된 것입니다.

11.3 팝업 창 구현하기

지금까지 메인 페이지를 HTML과 CSS만으로 구현했습니다. 이번 절에서는 자바스크립트를 활용해 팝업을 띄우고, 이벤트에 따라 값이 변경되게 하는 등 동적인 기능들을 추가하며 웹 페이지에 생동감을 불어넣어 보겠습니다.

레이아웃 구현하기

이번에도 작업에 앞서 팝업의 전반적인 레이아웃을 살펴보겠습니다.

그림 11.17 팝업의 레이아웃 구조

팝업은 크게 팝업 콘텐츠 영역과 배경을 어둡게 처리하는 오버레이로 구성됩니다. 그리고 콘텐츠 영역은 다시 [닫기] 버튼이 있는 상단, 왼쪽의 이미지 영역, 그리고 오른쪽의 텍스트 영역으로 나눌 수 있습니다.

이 레이아웃을 기준으로 HTML 태그를 다음과 같이 구성할 수 있습니다.

예제 11.19 팝업의 레이아웃 구성하기 ch11/index.html

```html
... 생략 ...
    <!-- 푸터 -->
    <footer>
      <p class="copyright">Copyright ©위키카페 All rights reserved.</p>
    </footer>
    <!-- 팝업 -->
    <div class="popup">
      <div class="popup-content">
        <button class="popup-close"><img src="images/close.png" alt="닫기"></button>
        <div class="popup-body">
          <div class="popup-left">
          </div>
          <div class="popup-right">
          </div>
        </div>
      </div>
    </div>
... 생략 ...
```

먼저 `<body>`의 내부에 popup 클래스를 가진 `<div>` 태그를 추가합니다. 그 안에 팝업 콘텐츠(popup-content)와 그 하위 요소를 구성합니다. 닫기 버튼(popup-close)에는 close.png 아이콘을 `<img>` 태그로 추가합니다. 이때 닫기 버튼을 popup-body가 아닌 팝업 콘텐츠 바로 아래 위치시킨다는 점에 유의합니다.

그리고 style.css로 넘어와 기본 팝업 스타일을 추가합니다.

예제 11.20 팝업 스타일 적용하기 ch11/css/style.css

```css
/* 팝업 스타일 */
.popup {
  position: fixed;
  top: 0;
  left: 0;
  right: 0;
```

```
    bottom:0;
    background-color:rgba(0,0,0,0.5);
    display:flex;
    align-items:center;
    justify-content:center;
}
```

팝업 스타일의 핵심은 웹사이트의 중앙에 고정된 위치로 배치하는 것입니다. 따라서 예제와 같이 `position`을 `fixed`로 설정해 팝업이 스크롤에 영향을 받지 않도록 설정하고, `top`, `left`, `right`, `bottom` 값을 0으로 지정해 화면 전체를 차지하게 합니다.

그리고 배경색은 `rgba`를 사용해 어두운 색을 투명하게 적용하고, `flexbox`의 수평과 수직 속성을 전부 `center`로 입력해 팝업 내 콘텐츠를 중앙으로 정렬합니다.

그러고 나서 실행해 보면 다음과 같이 오버레이 부분은 어둡게 처리되며, 팝업의 콘텐츠 요소는 중앙에 배치된 모습을 확인할 수 있습니다.

그림 11.18 팝업 창이 뜬 모습

다음으로 팝업 콘텐츠의 스타일을 적용합니다. 완성된 화면을 보면 닫기 버튼이 콘텐츠의 오른쪽 상단에 있습니다. 따라서 position 속성을 사용해 닫기 버튼을 해당 위치로 띄워보겠습니다.

```css
.popup-content {
  position: relative;
  width: 100%;
  max-width: 750px;
  background-color:white;
  border-radius: 8px;
  overflow: hidden;
}

.popup-close {
  position: absolute;
  top: 20px;
  right: 20px;
}

.popup-close img {
  width: 25px;
}
```

이를 위해 popup-content 클래스에 position: relative를 추가해 버튼이 콘텐츠 요소 안에서 위치를 잡을 수 있도록 설정하고, popup-close 클래스에는 position: absolute를 추가해 버튼이 오른쪽 상단에 표시되도록 작성합니다.

추가로 콘텐츠의 최대 너비를 750px로 제한해 PC와 모바일에서 모두 적절한 크기로 표시하고, overflow: hidden 속성도 추가해 콘텐츠의 둥근 모서리에서 삐쳐 나온 이미지나 텍스트를 숨깁니다.

여기까지 구현한 뒤 브라우저를 열어보면 닫기 버튼이 콘텐츠의 오른쪽 상단에 정확히 배치되고, 둥근 모서리를 벗어나는 요소들이 숨겨져 깔끔한 레이아웃이 완성된 것을 확인할 수 있습니다.

그림 11.19 팝업 콘텐츠 레이아웃이 구현된 모습

팝업 본문 태그 구현하기

기본 틀이 완성됐다면 이제 본문의 내용을 추가해 보겠습니다.

팝업 본문은 크게 왼쪽 이미지 영역, 오른쪽 텍스트 영역으로 나뉩니다. 이 중 텍스트 영역은 다시 메뉴의 설명(popup-description)과 옵션 폼(popup-form)으로 세분화됩니다.

따라서 다음과 같이 팝업 본문의 태그를 구현합니다.

예제 11.21 팝업 본문 태그 구현하기 　　　　　　　　　　　　　ch11/index.html

```html
... 생략 ...
    <!-- 팝업 -->
    <div class="popup">
      <div class="popup-content">
        <button class="popup-close"><img src="images/close.png" alt="닫기"></button>
        <div class="popup-body">
          <div class="popup-left">
            <img src="images/menu1.jpg" alt="아메리카노">
```

```html
        </div>
        <div class="popup-right">
          <div class="popup-description">
            <h4 class="popup-title">아메리카노</h4>
            <p class="popup-details">다크 풍미의 깊고 진한 아메리카노 커피</p>
            <span class="popup-price">4,000원</span>
          </div>
          <form id="orderForm" class="popup-form">
            <div class="popup-option">
              <label>
                <input type="radio" name="temperature" value="HOT" checked> HOT
              </label>
              <label>
                <input type="radio" name="temperature" value="ICED"> ICED
              </label>
            </div>
            <div class="popup-option">
              <label>
                사이즈
                <select name="size">
                  <option>Small</option>
                  <option>Regular</option>
                  <option>Large</option>
                </select>
              </label>
            </div>
            <div class="popup-option">
              <label>
                테이크아웃
                <input type="checkbox" name="takeout">
              </label>
            </div>
            <button type="submit" class="button popup-button">주문하기</button>
          </form>
        </div>
      </div>
    </div>
  </div>
... 생략 ...
```

먼저 왼쪽 이미지 영역(popup-left)에는 앞에서 본 메뉴 중 아메리카노 이미지를 추가합니다.

그리고 오른쪽 텍스트 영역 중 메뉴의 설명 부분에는 타이틀, 상세 설명, 가격을 표시하고, 옵션 폼 부분에는 온도, 사이즈, 테이크아웃 폼을 각 타입에 맞게 작성합니다.

이때 온도 폼의 경우 기본으로 하나의 옵션이 선택되게 해야 합니다. 이를 위해 HOT 요소에 checked 속성을 추가해서 사용자가 별도의 선택을 하지 않았다면 따뜻한 음료가 기본값으로 설정되게 합니다.

<form> 태그의 마지막에는 [주문하기] 버튼을 만들고, 눌렀을 때 폼 요소의 값이 자바스크립트에 전송되도록 submit 타입으로 설정합니다. 그리고 스타일 적용을 위해 공통 클래스인 button 클래스와 개별 스타일을 적용할 popup-button 클래스를 추가합니다.

팝업 본문 스타일 구현하기

본문 스타일은 가장 먼저 popup-body 클래스에 flexbox를 적용해 그림과 텍스트 영역이 나란히 정렬되게 한 다음, 하위 콘텐츠의 여백이나 폰트 스타일을 하나씩 추가합니다. 내용이 많아 보이지만 대부분 여백 조정이나 폰트 스타일 속성이므로, 예제를 따라 하나씩 순서대로 작성하면 쉽게 구현할 수 있습니다.

팝업 옵션(popup-option)의 경우 옵션마다 있는 라벨과 폼 태그가 일렬로 정렬되도록 flexbox 속성을 추가합니다.

예제 11.22 팝업 콘텐츠 스타일 적용하기　　　　　　　　ch11/css/style.css

```css
.popup-body {
  display: flex;
  gap: 20px;
}

.popup-left img {
  width: 400px;
}

.popup-right {
```

```css
    margin-top: 30px;
    padding: 20px;
}

.popup-title {
    font-size: 24px;
}

.popup-details {
    font-size: 16px;
    color: var(--color-secondary);
    margin-top: 10px;
}

.popup-price {
    display: block; /* 개행을 위해 사용 */
    margin-top: 10px;
    font-size: 18px;
    font-weight: bold;
    color: var(--color-primary);
}

.popup-form {
    margin-top: 25px;
    padding-top: 20px;
    border-top: 1px solid var(--color-border);
}

.popup-option {
    margin-top: 10px;
    display: flex;
    align-items: center;
    gap: 15px;
}

.popup-option select {
    font-size: 16px;
    width: 150px;
    padding: 5px;
    margin-left: 10px;
```

```
    }

    .popup-button {
        margin-top: 20px;
        width: 100%;
        background: var(--color-primary);
    }
```

이렇게 구현한 뒤 브라우저를 열어보면 다음과 같이 팝업 본문도 스타일이 잘 적용된 것을 확인할 수 있습니다.

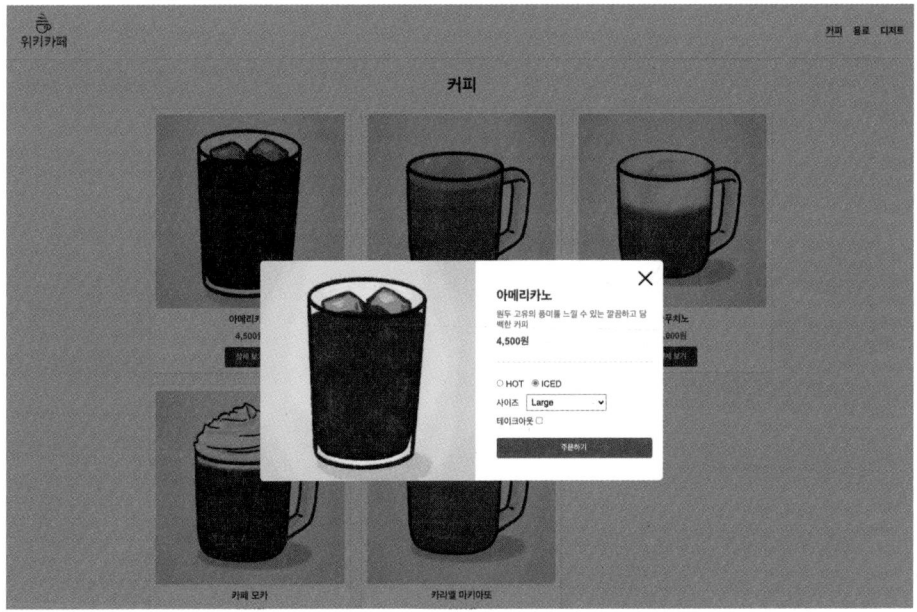

그림 11.20 팝업이 적용된 모습

마지막으로 팝업 또한 반응형 스타일이 필요합니다. 화면이 작아지면 이미지 위치가 상단으로 이동할 수 있도록 앞에서 만들어 둔 미디어 쿼리 안에서 팝업 본문의 flex-direction 속성값을 column으로 적용하는 코드를 추가하고, 이미지 영역 또한 모바일 환경에 맞게 크기를 조정합니다.

예제 11.23 팝업에 반응형 스타일 적용하기   📄 ch11/css/style.css

```css
/* 반응형 스타일 */
@media (max-width: 768px) {
  .menu-list {
    grid-template-columns: 1fr;
  }

  /* 추가 */
  .popup {
    padding: 0 20px; /* 모바일 화면에서 좌우 여백 추가 */
  }

  .popup-body {
    flex-direction: column;
    gap: 10px;
  }

  .popup-left img {
    width: 100%;
  }

  .popup-right {
    margin-top: 0; /* 불필요한 여백 제거 */
  }
}
```

그림 다음과 같이 모바일 화면에서 이미지가 위로 올라오고 콘텐츠는 아래로 내려오면서 모바일 너비에 적절하게 표시되는 것을 확인할 수 있습니다.

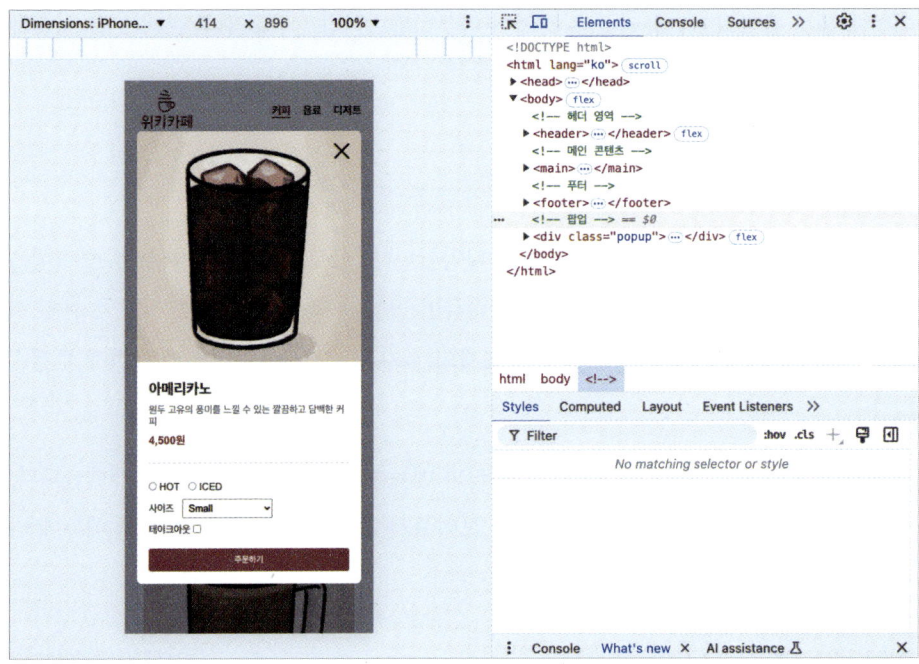

그림 11.21 모바일 크기에서의 팝업 창

지금까지는 스타일을 작업하느라 팝업이 계속 열려 있는 상태였습니다. 그런데 실제 웹 페이지에서는 처음 화면에 진입했을 때 팝업이 닫혀 있어야 합니다. 따라서 앞에서 만든 popup 클래스에 `display: none` 속성을 추가해 브라우저를 열었을 때 팝업이 보이지 않게 합니다.

예제 11.24 첫 화면 진입 시 팝업이 보이지 않도록 수정하기   📄 ch11/css/style.css

```css
.popup {
  position:fixed;
  top:0;
  left:0;
  right:0;
  bottom:0;
  background-color:rgba(0,0,0,0.5);
  display:flex;
  align-items:center;
  justify-content:center;
  display: none; /* 추가 */
}
```

이렇게 해서 팝업의 HTML과 CSS 작업이 마무리됐습니다. 이제 자바스크립트를 사용해 필요한 이벤트를 추가해 보겠습니다.

자바스크립트로 동적 기능 추가하기

자바스크립트로 할 수 있는 기능은 아주 다양합니다. 프로젝트에서는 메뉴를 클릭했을 때 팝업이 열리는 기능과 닫기 버튼을 클릭하면 팝업이 닫히는 기능, 그리고 옵션을 선택하고 주문 버튼을 클릭하면 알림창이 표시되는 기능을 자바스크립트로 구현해 보겠습니다.

앞서 script.js 파일 안에는 다음과 같이 커피 메뉴 데이터가 들어있다고 소개했습니다. 이 값들을 사용해 지금은 아메리카노밖에 보여주지 않는 팝업 내용을, 클릭한 메뉴에 따라 동적으로 보여줄 수 있게 수정해 보겠습니다.

예제 11.25 script.js의 커피 메뉴 데이터　　　　　　　　　　ch11/js/script.js

```
// 커피 메뉴 데이터
const coffeeMenu = [
  {
    id: 1,
    name: "아메리카노",
    image: "images/menu1.jpg",
    description: "원두 고유의 풍미를 느낄 수 있는 깔끔하고 담백한 커피",
    price: "4,500원",
  },
  {
    id: 2,
    name: "카페 라떼",
    image: "images/menu2.jpg",
    description: "진한 농도의 에스프레소와 부드러운 스팀 밀크가 조화롭게 어우러진 음료",
    price: "5,000원",
  },
  ... 생략 ...
];
```

먼저 script.js 파일의 맨 밑에 필요한 DOM을 가져오는 코드를 추가합니다. 이때 메뉴 목록의 경우 여러 요소로 이뤄져 있으므로 querySelectorAll을 사용하고, 팝업과 닫기 버튼은 각각 단일 요소이므로 querySelector를 사용합니다.

예제 11.26 필요한 DOM 요소 가져오기   ch11/js/script.js

```js
// DOM 요소 가져오기
const menuItems = document.querySelectorAll(".menu-item");
const popup = document.querySelector(".popup");
const popupClose = document.querySelector(".popup-close");
```

먼저 메뉴를 클릭했을 때 팝업이 열리는 기능을 만들어 보겠습니다. menuItems 변수에는 현재 메뉴 목록이 순서대로 저장돼 있습니다. 이 목록과 앞서 만들어 둔 coffeeMenu 데이터를 하나씩 매칭해 보여줄 예정입니다. 쉽게 말해, 1번 메뉴를 클릭하면 1번 데이터를 팝업에 표시하는 것입니다.

이를 편리하게 구현하기 위해 forEach라는 새로운 메서드를 사용합니다. forEach 또한 배열의 각 요소를 순회하며 작업을 수행한다는 점에서 앞서 배운 for...of와 공통점이 있습니다. 차이점은 현재 처리 중인 요소의 인덱스를 조회할 수 있다는 점입니다.

예제 11.27 forEach 메서드 살펴보기

```js
// 구문
배열.forEach((현재 값, 인덱스) => {
  // 작업 수행
});

// 사용 예제
["수박", "오이", "호박"].forEach((value, index) => {
  console.log(value, index);
});
// 수박 0
// 오이 1
// 호박 2
```

따라서 다음과 같이 forEach로 메뉴 요소를 순회하며 메뉴의 버튼을 클릭하면 클릭한 메뉴의 인덱스를 기반으로 데이터를 매칭해 팝업 내용을 업데이트하는 이벤트를 추가합니다.

예제 11.28 forEach 메서드를 사용해 클릭 이벤트 추가하기　　　　　　　ch11/js/script.js

```
// 버튼 클릭 시 팝업 활성화 및 콘텐츠 채우기
menuItems.forEach((item, index) => {
  item.querySelector(".menu-button").addEventListener("click", () => {
    const menu = coffeeMenu[index];
    popup.querySelector(".popup-title").textContent = menu.name;
    popup.querySelector(".popup-left img").src = menu.image;
    popup.querySelector(".popup-details").textContent = menu.description;
    popup.querySelector(".popup-price").textContent = menu.price;
    popup.style.display = "flex"; // 팝업 열기
  });
});
```

내용을 업데이트할 때는 popup-title 클래스처럼 변경 대상이 텍스트인 경우는 textContent 메서드를 사용하고, popup-left img 클래스처럼 이미지의 경로를 수정해야 하는 경우에는 src 메서드를 사용합니다.

마지막으로 팝업의 display 속성을 flex로 변경해 클릭 시 팝업을 화면에 보이게 설정합니다.

그러면 브라우저에서 원하는 메뉴를 눌렀을 때 팝업이 열리고, 해당하는 메뉴의 정보와 이미지가 보이는 것을 확인할 수 있습니다.

그림 11.22 메뉴에 따라 다른 팝업 내용이 보이는 모습

팝업을 여는 기능이 있다면 닫는 기능도 필요합니다. 닫기 기능은 다음과 같이 앞서 querySelector로 가져온 popupClose 변수에 이벤트 리스너를 추가하고, 팝업의 display를 처음 설정한 값인 none으로 설정해서 구현합니다.

예제 11.29 팝업 닫기 기능 구현하기 ch11/js/script.js

```
// 팝업 닫기 기능
popupClose.addEventListener("click", () => {
  popup.style.display = "none";
});
```

이제 마지막으로 주문 버튼을 클릭했을 때 알림창이 표시되는 기능을 구현해 보겠습니다.

예제 11.30 폼 제출 시 알림창을 표시하는 이벤트 리스터 추가하기 ch11/js/script.js

```
// 주문 처리 이벤트
const orderForm = document.getElementById("orderForm");

orderForm.addEventListener("submit", (e) => {
  e.preventDefault();

  const popupTitle = popup.querySelector(".popup-title").textContent;
  const temperature = e.target.elements["temperature"].value;
```

```
    const size = e.target.elements["size"].value;
    const takeout = e.target.elements["takeout"].checked ? "테이크아웃" : "매장 이용";

    alert(`[주문 완료]\n${popupTitle}\n${temperature}, ${size}, ${takeout}`);
});
```

먼저 폼 요소(orderForm)의 DOM을 getElementById을 사용해 변수에 저장합니다. 그리고 submit 이벤트에 대한 리스너를 추가한 뒤, 팝업의 타이틀과 각 옵션의 입력값을 변수로 저장합니다.

이때 테이크아웃 여부의 경우 checked 속성을 확인하고, 만약 속성값이 참이라면 '테이크아웃', 거짓이라면 '매장 이용'을 변수로 저장하도록 합니다.

그리고 alert() 메서드 안에 저장한 변수들을 입력하고, 중간에 \n을 추가해 개행을 추가합니다.

여기까지 구현한 뒤 브라우저를 열고, 팝업 창에서 옵션을 선택한 뒤 [주문하기] 버튼을 클릭하면 다음과 같이 주문 내역이 알림창으로 출력되는 것을 확인할 수 있습니다.

그림 11.23 선택한 옵션이 알림창으로 출력되는 모습

이렇게 해서 HTML, CSS, 자바스크립트를 활용해 하나의 완성된 웹 페이지를 구현해 봤습니다. 다음 절에서는 이렇게 만든 프로젝트를 공유할 수 있는 형태로 배포해 보겠습니다.

11.4 깃허브 페이지로 웹사이트 배포하기

지금까지 HTML, CSS, 자바스크립트를 사용해 가상의 위키카페 웹 페이지를 구현해 봤습니다. 그러나 현재 상태로는 내 PC에서만 실행하고 확인할 수 있습니다. 이번 절에서는 프로젝트의 마지막 단계로, 깃허브를 활용해 웹 페이지를 누구나 접근할 수 있는 형태로 배포해 보겠습니다.

깃허브란?

깃허브(GitHub)는 개발자들이 코드를 관리하고 공유할 수 있는 웹 기반 플랫폼입니다. 앞서 프로젝트 템플릿을 다운로드할 때도 깃허브를 활용했듯이 깃허브는 현대 개발자들에게 필수적인 도구입니다.

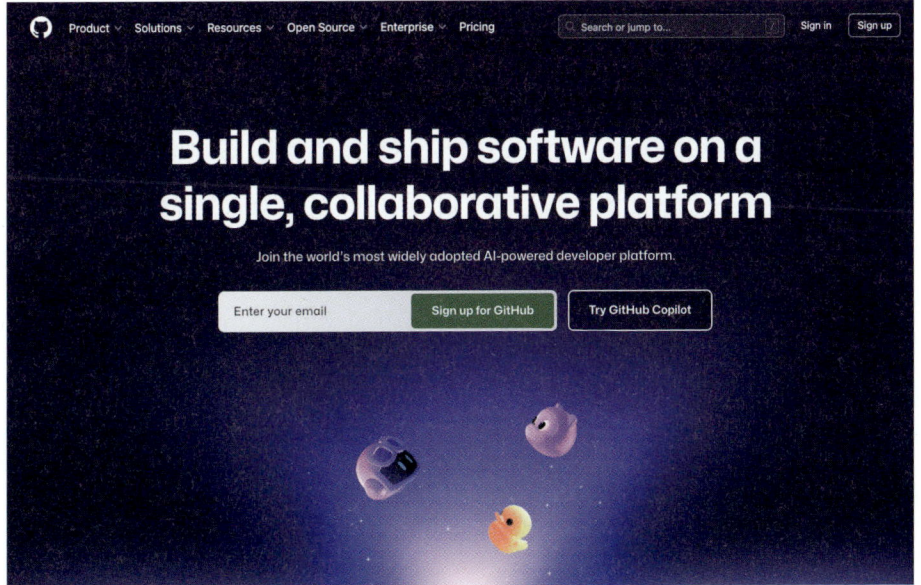

그림 11.24 깃허브 메인 페이지[4]

[4] https://github.com/

깃허브는 깃(Git)이라는 버전 관리 시스템을 기반으로 코드의 버전을 관리하고 여러 사람들이 함께 협업할 수 있도록 지원하는 등 다양한 기능을 제공합니다. 그중 이 책에서는 **깃허브 페이지(GitHub Pages)**라는 정적 웹사이트 배포 기능을 사용할 예정입니다.

웹사이트 배포하기

먼저 깃허브의 메인 페이지로 이동하면 앞의 그림 11.24와 같은 화면이 나타납니다. 이때 오른쪽 상단의 [Sign Up] 버튼을 클릭해 회원가입을 하거나, 이미 계정이 있는 경우는 [Sign in] 버튼으로 로그인합니다.

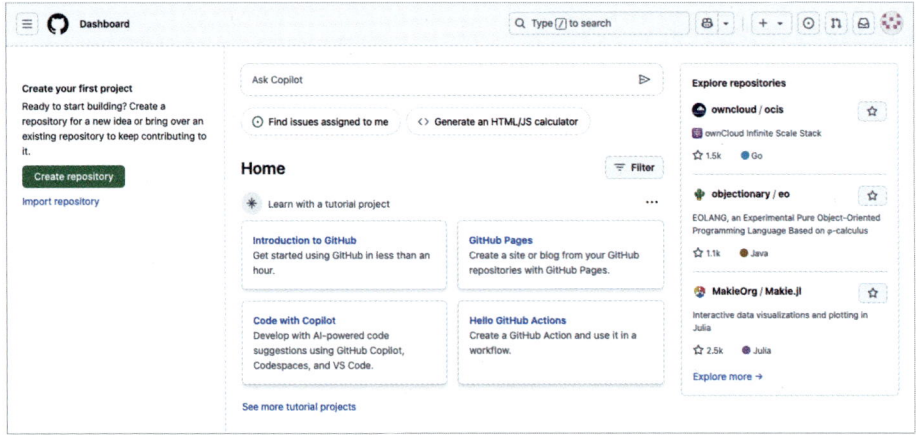

그림 11.25 깃허브 대시보드 페이지

로그인하면 다음과 같은 대시보드 화면이 나타나는 것을 확인할 수 있습니다. 여기에서 왼쪽의 [Create repository] 버튼을 선택해 리포지터리 생성 화면으로 이동합니다. 이때 리포지터리는 깃허브 내에서 하나의 프로젝트를 관리하는 개념 정도로 이해하면 좋습니다.

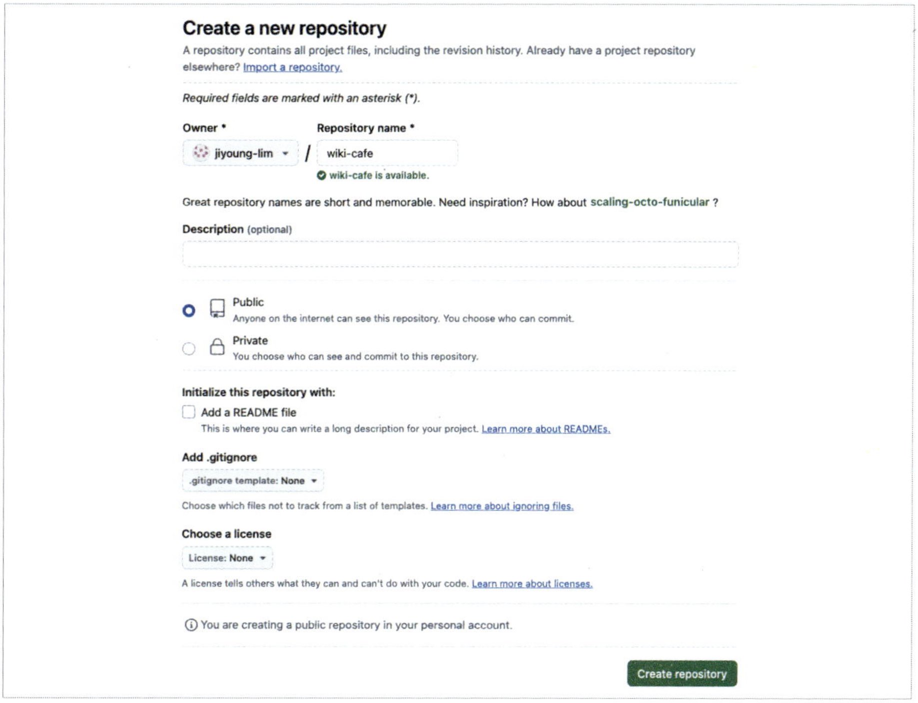

그림 11.26 리포지터리 생성 페이지

먼저 리포지터리 이름을 입력합니다. 깃허브에서 배포할 경우 생성된 링크는 기본적으로 `https://<사용자 닉네임>.github.io/<리포지터리 이름>/` 형태가 됩니다. 따라서 반드시 예제와 동일한 이름을 사용할 필요는 없으며, 원하는 이름을 자유롭게 설정할 수 있습니다. 예제에서는 직관적으로 `wiki-cafe`라는 이름을 사용했습니다.

이름을 입력한 후, 하단에 'wiki-cafe is available.'이라는 메시지가 초록색으로 표시되면 [Create repository] 버튼을 클릭해 리포지터리를 생성합니다.

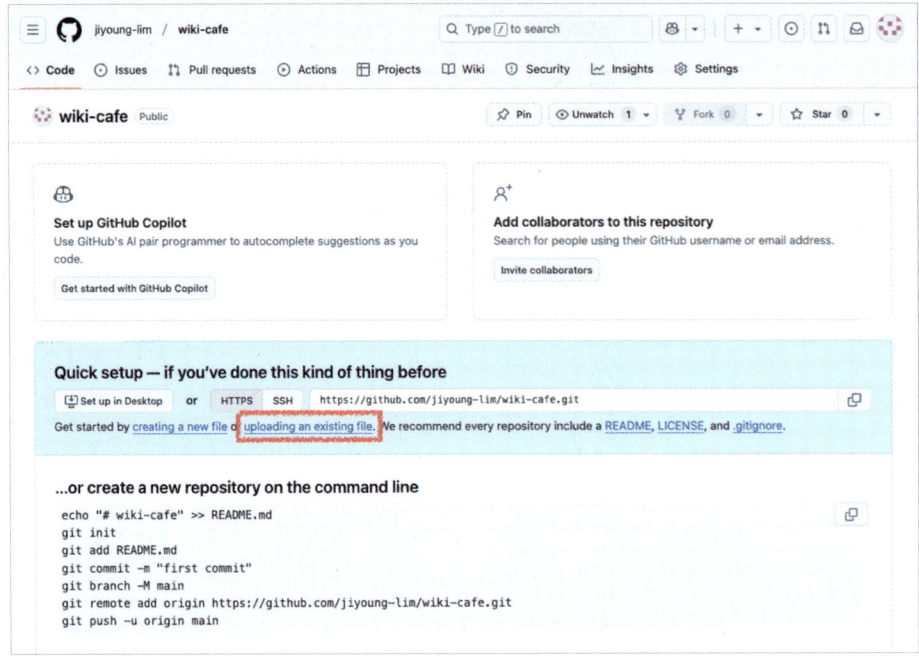

그림 11.27 리포지터리가 생성된 모습

이제 새로 생성한 리포지터리에 우리가 만든 코드를 추가해야 합니다. 파일을 업로드하는 방법은 여러 가지가 있지만 이 책에서는 직접 파일을 업로드하는 방법을 사용하겠습니다.

먼저 중앙의 파란 박스 안에 있는 [uploading an existing file] 링크를 클릭합니다.

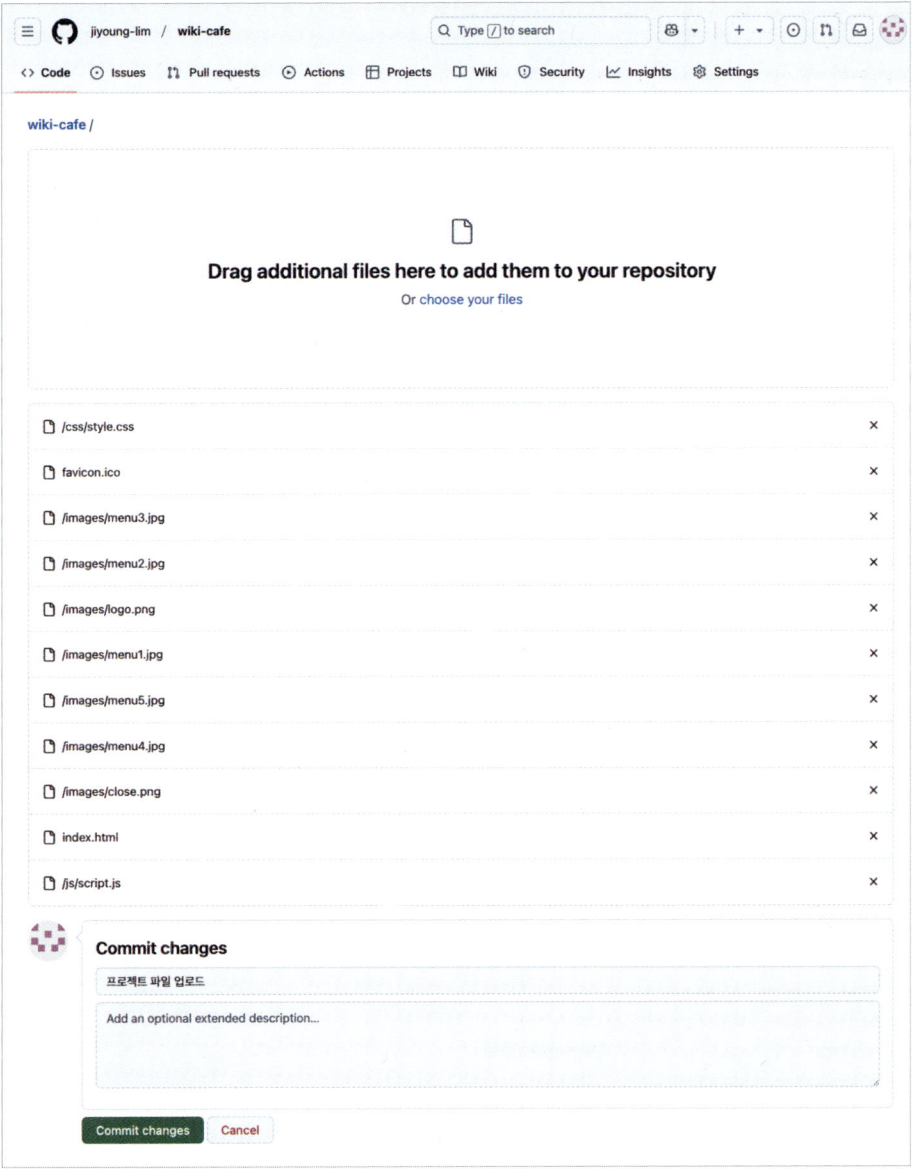

그림 11.28 파일 추가하기

그림과 같이 파일을 업로드할 수 있는 화면이 나타나면 앞에서 만든 모든 파일을 끌어와 추가합니다. 그리고 하단의 입력란에 '프로젝트 파일 업로드'라고 작성해 이번 변경 사항에 대해 간단히 정의한 다음 [Commit changes] 버튼을 클릭합니다.

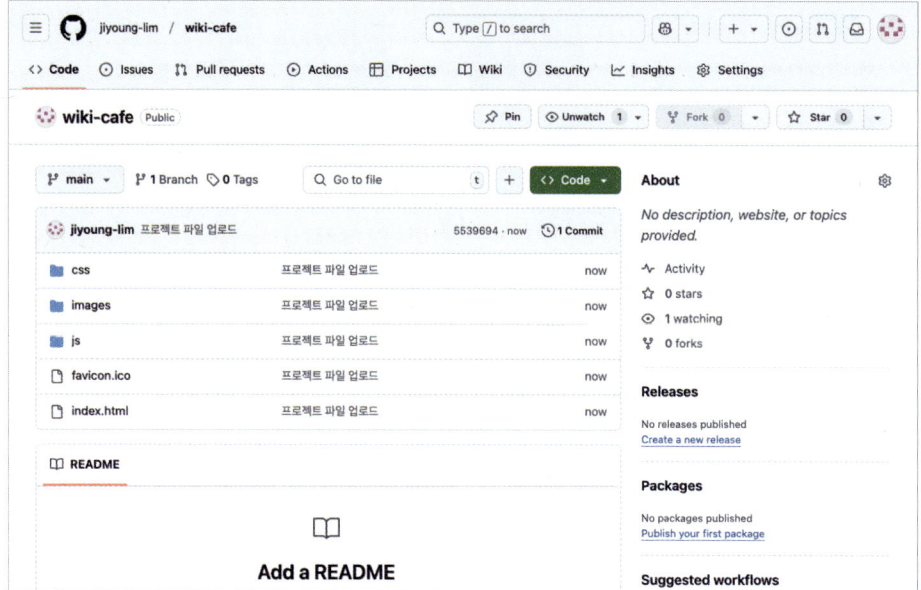

그림 11.29 파일이 업로드된 모습

업로드가 완료되면 그림과 같이 리포지터리에 파일들이 추가된 것을 확인할 수 있습니다.

그럼 이제 이 리포지터리를 배포해 볼까요? 그림 오른쪽 상단의 [Settings] 버튼을 클릭해 설정 화면으로 이동한 후 왼쪽 메뉴의 [Pages] 버튼을 클릭해 깃허브 페이지 설정 화면으로 이동합니다.

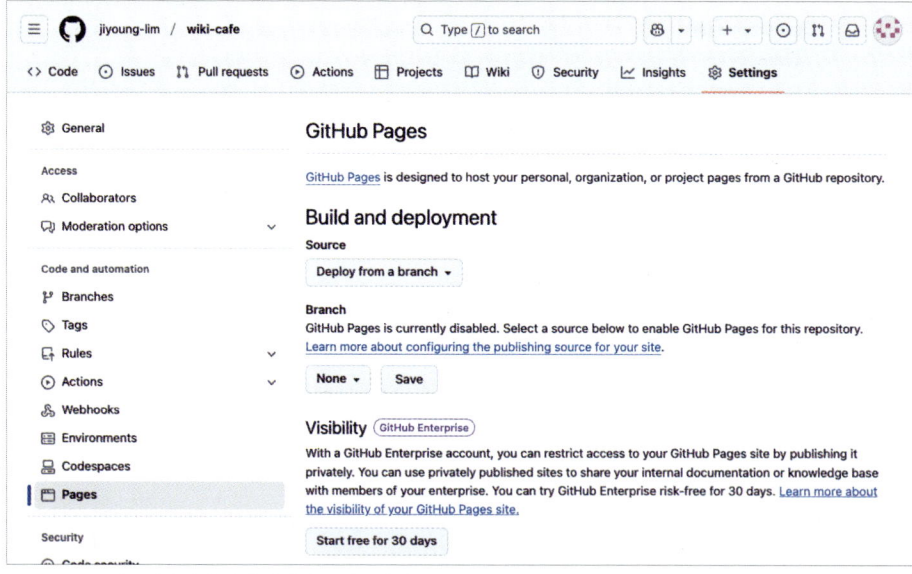

그림 11.30 리포지터리의 설정 페이지로 이동하기

깃허브 페이지 설정 화면에서 [Build and deployment] → [Branch] 항목에 'None'으로 설정된 선택 상자를 'main'으로 변경한 뒤, [Save] 버튼을 클릭합니다.

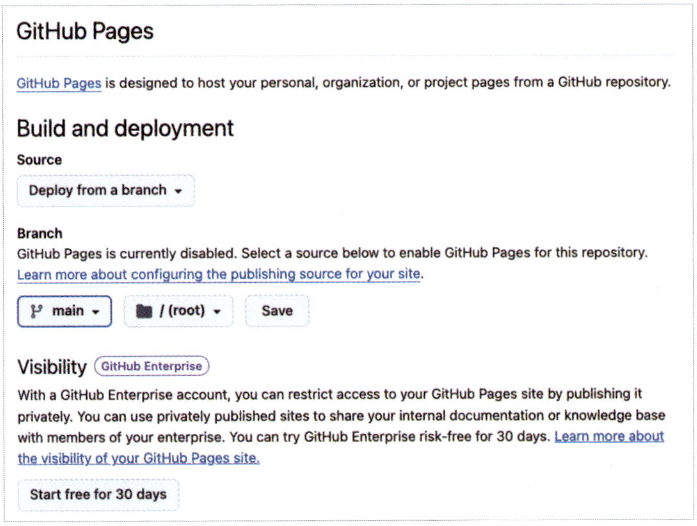

그림 11.31 배포 브랜치 설정하기

설정을 마치면 자동으로 배포가 진행되며, 몇 분 정도 기다린 다음 화면을 새로고침하면 다음과 같이 페이지 상단에 사이트가 배포됐다는 안내 문구가 표시됩니다.

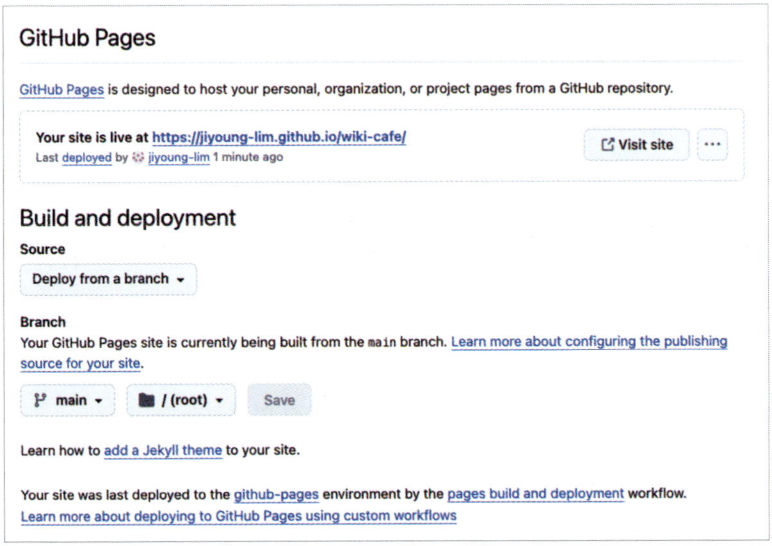

그림 11.32 배포 완료 안내 문구가 표시된 모습

마지막으로 [Visit site] 버튼을 누르거나 웹 브라우저에서 https://<사용자 닉네임>.github.io/<리포지터리 이름>/ URL을 직접 입력하면 우리가 만든 웹 페이지가 정상적으로 배포된 것을 확인할 수 있습니다. 이제 다른 사람들에게 내가 만든 페이지를 공유할 수 있게 된 것입니다!

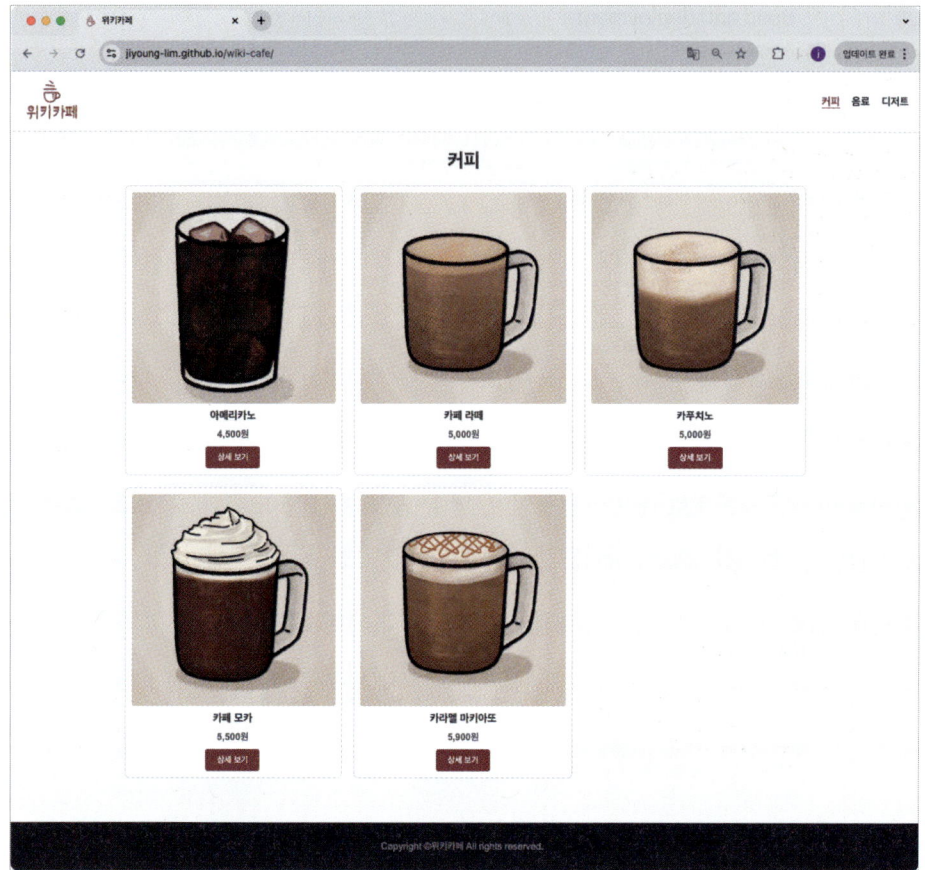

그림 11.33 웹사이트가 배포된 모습

이렇게 해서 이 책에서 배운 지식을 활용해 하나의 웹 페이지를 완성하고, 이를 깃허브 페이지를 통해 공유 가능한 형태로 배포하는 과정까지 마무리했습니다.

핵심 용어 정리

- **CSS 변수(CSS Custom Properties)**: 재사용이 필요한 CSS 값을 저장하는 용도로 사용하는 변수로, 이중 대시(--)로 시작하며 var() 함수를 통해 호출됨
- **forEach 메서드**: 배열의 모든 요소에 대해 제공된 함수를 실행하는 자바스크립트 배열 메서드
- **파비콘(Favicon)**: 웹사이트를 대표하는 작은 아이콘으로, 브라우저 탭에 표시됨
- **깃허브(GitHub)**: 코드 호스팅, 버전 관리, 협업을 위한 웹 기반 플랫폼
- **깃허브 페이지(GitHub Pages)**: 깃허브에서 제공하는 정적 웹사이트 배포 서비스
- **리포지터리(Repository)**: 깃허브에서 프로젝트를 저장하고 관리하는 저장소

【연습 문제】

1. 반응형 웹 디자인을 구현하기 위해 사용하는 CSS 기능으로, 화면 크기에 따라 다른 스타일을 적용하는 기술은 무엇인가?

   ① CSS 변수
   ② 미디어 쿼리
   ③ 플렉스박스
   ④ 그리드 레이아웃

2. 팝업이 처음 화면에 보이지 않도록 하기 위해 .popup 클래스에 추가해야 할 CSS 속성값은 무엇인가?

   ① visibility: hidden
   ② opacity: 0
   ③ display: none
   ④ z-index: -1

3. 자바스크립트에서 배열의 모든 요소를 순회하며 각 요소와 해당 인덱스를 활용할 수 있는 메서드는 무엇인가?

   ① map()

   ② filter()

   ③ reduce()

   ④ forEach()

4. position: absolute;를 사용할 때, 요소의 기준점이 되는 부모 요소의 position 속성값으로 올바른 것은?

   ① static

   ② relative

   ③ fixed

   ④ inherit

5. CSS에서 부모 요소 내에서 남은 공간을 차지하도록 하는 플렉스박스 속성값은 무엇인가?

   ① flex: 0

   ② flex: 1

   ③ flex: auto

   ④ flex: none

연습문제 해답

1. ② – 미디어 쿼리
2. ③ – display: none
3. ④ – forEach()
4. ② – relative
5. ② – flex: 1

12

더 나아가기

책에서 배운 내용만으로도 웹에 필요한 여러 구성 요소를 만들 수 있지만 여러분의 웹 개발 여정은 이제 막 시작됐습니다. 이번 장에서는 이 책을 다 읽고 난 다음에 배울 수 있는 다양한 경로를 안내합니다.

12.1 모두를 위한 웹 접근성

우리가 일상에서 자연스럽게 사용하는 웹은 누구에게나 쉬워 보일 수 있지만 사실상 모두가 동등하게 접근할 수 있는 것은 아닙니다. 시각장애나 운동장애와 같이 처음부터 웹 이용이 어려운 경우뿐만 아니라 저시력이나 색맹, 노안처럼 시간이 흐름에 따라 사용에 제약이 생기는 경우도 있습니다.

하지만 웹의 탄생 배경이 '모두에게 열린 웹(World Wide Web)'이었던 만큼 웹 접근성이라는 개념 아래 누구나 편리하게 이용할 수 있도록 개선하려는 노력이 계속되고 있습니다.

이번 절에서는 웹 접근성이 무엇인지 알아보고, 대표적인 웹 접근성 가이드라인과 예시를 소개합니다.

웹 접근성이란?

웹 접근성(Web Accessibility, a11y)이란 장애 여부나 신체 능력과 관계없이 누구나 웹 사이트에서 제공하는 정보에 접근하고 이용할 수 있도록 보장하는 것을 의미합니다.

'장애'라는 단어 때문에 웹 접근성이 장애인, 특히 시각장애인을 위한 개념이라고 오해할 수 있는데, 사실 접근성 문제는 생각보다 우리 일상과 가깝습니다.

예를 들어, 갑자기 안경을 잃어버려 앞이 잘 보이지 않거나 깁스를 해서 한 손만 사용할 수 있는데 이어폰 없이 영상을 시청해야 하는 상황을 떠올려볼까요? 이런 순간에도 불편 없이 사용할 수 있는 웹 서비스가 있는가 하면, 그렇지 못한 서비스도 있습니다. 이 차이를 만드는 것이 웹 접근성입니다.

또한 2024년을 기준으로 우리나라의 장애인 인구는 약 263만 명으로, 전체 인구의 5.1%를 차지합니다. 특히 고령화 사회로 접어들면서 장애 인구 중 노인의 비율이 빠르게 증가하고 있습니다. 따라서 웹 접근성은 지금 당장 나에게 해당하지 않더라도 언젠가 나와 주변 사람들을 위한 배려가 될 수 있습니다.

그림 12.1 모두를 위한 웹 접근성

이러한 웹 접근성을 준수하는 방법에는 여러 가지가 있습니다. 대표적으로 W3C(월드 와이드 웹 컨소시엄)에서 만든 **WCAG(Web Content Accessibility Guidelines)**라는 국제 가이드라인이 있습니다. WCAG에는 다양한 지침이 포함돼 있지만 이 책에서는 비교적 간단하면서도 큰 효과를 줄 수 있는 대표적인 접근성 원칙들을 살펴보겠습니다.

음성으로 모든 내용을 확인할 수 있도록

시각장애인은 웹을 이용할 때 **스크린 리더** 같은 보조 프로그램을 사용합니다. 스크린 리더는 화면의 내용을 음성으로 읽어주는 도구로, 키보드 움직임이나 마우스 클릭에 따라 선택된 요소를 읽어줍니다.

다음 그림의 화면을 스크린 리더가 읽어준다고 가정해 볼까요?

그림 12.2 스크린 리더로 읽는 내용 예시

텍스트는 별문제가 없어 보이지만 문제는 중앙의 이미지입니다. 스크린 리더는 이미지를 분석할 수 없기 때문에 <img> 태그가 있으면 가장 먼저 alt 속성이 있는지 확인하고, 값이 있다면 해당 내용을 읽어줍니다.

alt 속성이 없다면 어떻게 될까요? 이 경우 스크린 리더는 이미지의 경로(URL)를 읽어줍니다. 그러면 사용자는 갑자기 의미 없는 파일 경로를 듣게 되어 혼란스러울 수 있습니다.

따라서 접근성을 높이기 위해 이미지나 동영상 같은 **시각적 콘텐츠에는 반드시 alt 속성을 추가**하는 것이 중요합니다.

단, 아이콘처럼 맥락상 굳이 설명할 필요가 없는 이미지는 alt 속성을 빈 값으로 남겨 스크린 리더가 무시하도록 설정하는 것이 좋습니다. 예를 들어, 아래 UI를 보면 검색 아이콘에는 alt="검색하기"를 추가해 검색 기능을 인지할 수 있도록 하고, 장바구니 아이콘은 옆에 이미 '장바구니'라는 텍스트가 있기 때문에 alt=""로 설정합니다.

그림 12.3 상황에 따라 다르게 작성하는 alt 속성

시각적으로 인지가 어려워도 사용할 수 있도록

누구나 한 번쯤 시력 검사를 하면서 희미한 글씨를 읽으려고 애쓴 경험이 있을 겁니다. 웹의 텍스트도 마찬가지입니다. 어떤 사람에게는 너무 흐리게 보이거나, 심지어 읽지 못하는 경우가 있습니다. 대표적으로 노령자나 저시력자 등이 그렇습니다.

웹의 대부분이 텍스트로 이뤄진 만큼, 가독성을 확보하는 것은 무엇보다 중요합니다. 이에 따라 웹 접근성에서는 텍스트와 배경의 명도 대비를 4.5:1 이상으로 유지할 것을 권장합니다.

이때 명도 대비는 명도 대비를 확인할 수 있는 사이트를 이용하면 간단히 확인할 수 있습니다. 다음과 같이 텍스트 색상과 배경색을 설정하면 Contrast Ratio에서 명도 대비를 보여줍니다.

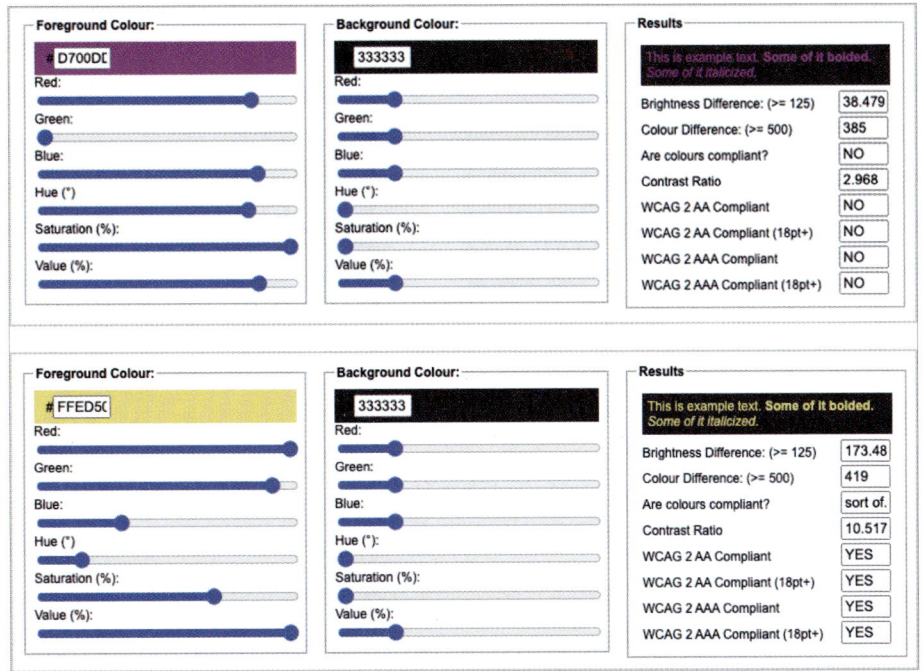

그림 12.4 명도 대비 사이트[1]에서 확인하기

텍스트 색상뿐만 아니라 글자 크기 역시 가독성에 큰 영향을 미칩니다. 너무 작은 글씨는 피하는 것이 좋고, 사용자가 직접 폰트 크기를 조절할 수 있도록 하는 것도 좋은 방법입니다. WCAG에서 폰트 크기를 강제하지는 않지만 일반적으로 가독성을 위해 기본 본문 폰트 크기는 최소 16px 이상을 권장하며, px보다는 em이나 rem 등을 사용해 크기 조정이 가능하게 하는 것 또한 중요합니다.

신체에 제한이 있어도 사용할 수 있도록

마지막으로, 신체에 제한이 있는 사용자도 불편함 없이 웹을 사용할 수 있도록 **모든 기능이 키보드만으로도 작동해야 한다**는 가이드라인이 있습니다.

---

[1] https://snook.ca/technical/colour_contrast/colour.html

왜 키보드로만 사용할 수 있는 것이 접근성이 될 수 있는지 의아할 수 있는데, 손 떨림이 있거나 한 손 장애로 인해 우리가 일반적으로 알고 있는 키보드나 마우스를 사용할 수 없는 경우 한 손 키보드나 트랙볼 등을 사용해 웹을 조작합니다. 따라서 이러한 도구만으로도 웹을 손쉽게 조작할 수 있도록 키보드 사용에 대한 가이드가 있는 것입니다.

그림 12.5 다양한 키보드 대체 입력 장치

키보드만으로 모든 조작이 가능하다면 어떤 것이 가능해질까요? 이는 실제로 웹 사이트에서 키보드만을 사용해 조작해 보면 쉽게 체감할 수 있습니다.

웹 브라우저를 열고 탭 키를 누르면 다음과 같이 특정 요소에 파란색 테두리(초점)가 나타나는 것을 확인할 수 있습니다. 간혹 일부 웹사이트에서는 디자인을 해친다는 이유로 초점을 숨기거나 반대로 불필요한 곳까지 초점이 이동하도록 설정해 사용자에게 혼란을 주는 경우가 있는데, 이런 처리는 피해야 합니다.

또한 마우스를 올렸을 때만 보이는 툴팁이나 메뉴 목록도 키보드로 초점을 맞췄을 때 동일하게 표시되게 해야 합니다. 그래야 어떤 입력 장치를 사용하든 동등한 정보를 확인할 수 있습니다.

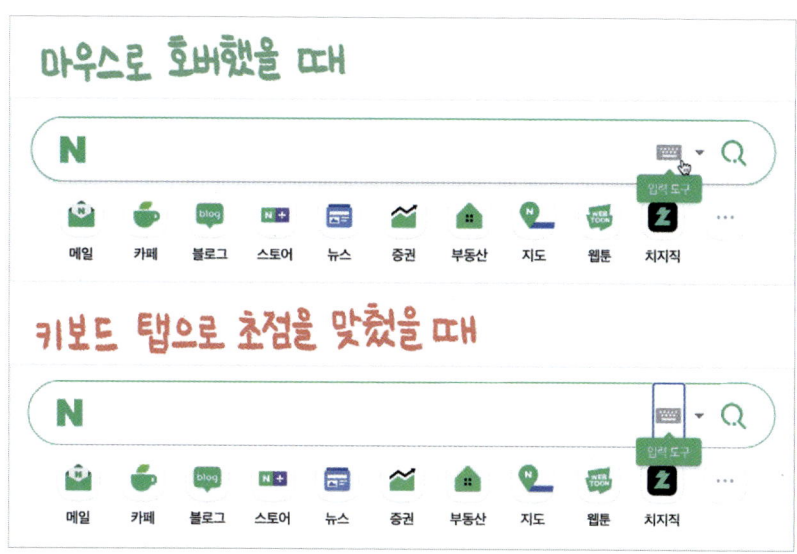

그림 12.6 입력 장치와 무관하게 동등한 정보 제공하기

마지막으로, 초점은 논리적인 순서로 이동해야 합니다. 여기서 논리적인 순서란 사람이 화면을 읽는 방식과 일치해야 한다는 뜻입니다. 예를 들어, 위에서 아래로, 메뉴에서 상세 항목으로 초점이 자연스럽게 이동해야 합니다. 또한 팝업창이 나타났다면 초점도 팝업창으로 이동해야 합니다.

그림 12.7 논리적인 순서에 따라 이동하는 초점

이 외에도 웹 접근성을 지키기 위한 다양한 가이드라인이 있습니다. 하지만 웹 접근성은 법적으로 강제되지 않는 경우가 많아 이를 제대로 준수하지 않는 웹사이트도 많습니다. 그러나 접근성은 다른 누구도 아닌 미래의 나와 내 주변 사람들을 위한 것이기도 하므로 이를 인지하고 작은 것부터 하나씩 적용해 나가는 자세가 무엇보다 중요합니다.

12.2 API와 데이터 사용

앞서 11장에서 카페 웹 페이지를 만들 때 여러 메뉴 정보를 보여주기 위해 다음과 같이 자바스크립트 파일에 직접 데이터를 텍스트로 입력했던 것을 기억하시나요?

```
const coffeeMenu = [
  {
    id: 1,
    name: "아메리카노",
    image: "images/menu1.jpg",
    description: "원두 고유의 풍미를 느낄 수 있는 깔끔하고 담백한 커피",
    price: "4,500원",
  },
  {
    id: 2,
    name: "카페 라떼",
    image: "images/menu2.jpg",
    description: "진한 농도의 에스프레소와 부드러운 스팀 밀크가 조화롭게 어우러진 음료",
    price: "5,000원",
  },
  ... 생략 ...
```

이 방식은 간단하게 데이디를 관리할 수 있다는 장점이 있지만 실제 웹 개발에서는 잘 사용되지 않습니다.

그 이유는 두 가지 한계 때문인데, 하나는 데이터가 많아지면 관리하기가 어렵다는 점이고, 다른 하나는 서비스 중간에 데이터를 추가하거나 수정하기가 어렵다는 점입니다.

따라서 실제 웹 개발에서는 데이터를 데이터베이스라는 공간에 저장해 뒀다가 이를 웹 서버를 통해 관리하고, 웹 브라우저는 데이터가 필요할 때마다 웹 서버에 요청을 보내 가져옵니다.

그리고 이때 사용되는 것이 바로 웹 API입니다. 그렇다면 API는 정확히 무엇이며 어떻게 사용할 수 있을까요?

API란?

API(Application Programming Interface)는 두 소프트웨어 구성 요소가 통신할 수 있게 하는 방법으로, 웹뿐만 아니라 소프트웨어 간의 소통에서 널리 사용되는 개념입니다. 그중 여기서 살펴볼 웹 API는 웹 브라우저와 웹 서버가 데이터를 주고받을 때 사용하는 통신 방법입니다.

이러한 웹 API는 정해진 규격에 맞춰 요청을 보내고 응답을 받아야 합니다. 이 과정을 이해하기 쉽게 카페에서 음료를 주문하는 과정으로 비유할 수 있습니다.

그림 12.8 카페 주문으로 비유하는 API

먼저 음료를 마시려면 카페에 가야 합니다. 이때 우리가 가는 카페에는 이름이나 주소가 있을 것입니다. API에서도 데이터를 요청하는 서버의 주소가 있는데, 이를 **엔드포인트(endpoint)**라고 부릅니다.

엔드포인트를 알고 있다면 여러 메뉴 중 어떤 메뉴를 요청할지도 정할 수 있습니다. 예를 들어, 블로그의 게시글 목록을 요청하고 싶다면 엔드포인트 뒤에 /posts를 추가하는 식입니다. 그리고 API 요청이 전달되면 서버는 브라우저가 요청한 데이터를 준비해 응답합니다.

그럼 실제로 API를 호출해 볼까요?

일반적으로 서버의 데이터는 아무나 접근할 수 없도록 보안이 걸려 있습니다. 하지만 학습을 위해 API를 공개하는 경우가 있는데, 이 책에서도 이를 활용할 예정입니다.

다음 URL을 웹 브라우저의 주소창에 입력해 보세요.

- https://jsonplaceholder.typicode.com/posts

그럼 다음 그림과 같이 브라우저 화면에 JSON 형식으로 게시글 목록이 표시되는 것을 확인할 수 있습니다.

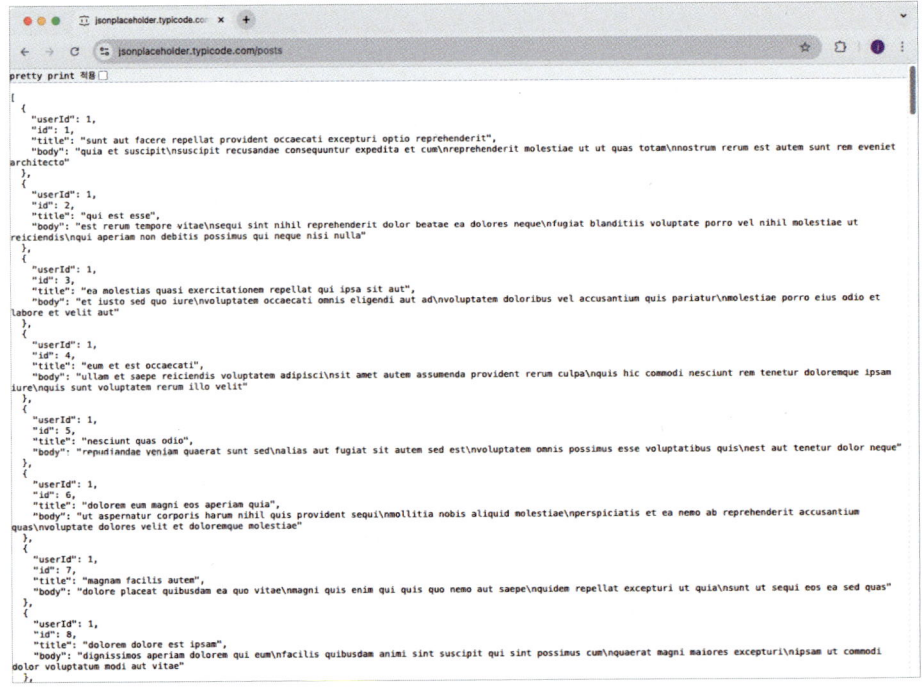

그림 12.9 브라우저에서 확인하는 API 응답 결과

그런데 웹 서비스를 보면 데이터를 가져오는 것뿐만 아니라 새로운 데이터를 추가하거나 반대로 데이터를 삭제해야 하는 상황도 필요합니다. 이때 HTTP 메서드(method)를 활용해 데이터를 처리하는 방식을 설정할 수 있습니다.

HTTP 메서드는 웹 브라우저의 요청을 처리하는 방식으로, API에서 자주 사용하는 메서드에는 다음과 같은 것이 있습니다.

표 12.1 대표적인 HTTP 메서드

메서드	설명
GET	데이터를 가져올 때
POST	새로운 데이터를 생성할 때
PUT	데이터를 수정할 때
DELETE	데이터를 삭제할 때

GET 메서드는 가장 대표적인 메서드로, 카페 메뉴 목록을 불러오거나 사용자 정보를 조회하는 등 데이터를 가져올 때 사용합니다. 앞에서 확인했듯이 웹 브라우저 주소창에서 API 엔드포인트를 입력할 때도 기본적으로 GET 메서드를 사용합니다.

POST 메서드는 블로그에 새로운 글을 추가하거나 회원가입을 통해 사용자를 추가하는 등 데이터를 추가할 때 사용합니다. 그리고 **PUT 메서드**는 기존 데이터의 내용을 수정할 때 사용하며, 마지막 **DELETE 메서드**는 데이터를 삭제할 때 사용합니다.

이러한 메서드를 활용해 데이터를 필요에 맞게 요청할 수 있습니다.

자바스크립트에서 API 사용하기

앞에서 간단히 결과를 확인하기 위해 웹 브라우저를 활용했는데, 실제로 웹 개발 과정에서 데이터를 활용하기 위해서는 자바스크립트를 활용해 API를 호출할 수 있어야 합니다.

그럼, 자바스크립트로는 어떻게 API 호출을 구현할 수 있을까요?

자바스크립트는 API 호출을 위해 `fetch()`라는 함수를 제공합니다. fetch()에는 기본적으로 데이터를 가져올 URL을 입력합니다. 이때 URL은 'https://jsonplaceholder.

typicode.com/posts'처럼 엔드포인트를 포함한 전체 요청 경로를 의미합니다. 또한 요청에 필요한 옵션을 추가할 수도 있습니다.

```
fetch(URL, 옵션);
```

이번에는 자바스크립트를 사용해 데이터를 가져와 볼까요? 다음과 같이 스크립트 영역에 getData() 함수를 생성하고, 이를 호출합니다.

예제 12.1 fetch() 함수로 데이터 가져오기 ch12/12.2/api.html

```
<script>
  async function getData() {
    const response = await fetch("https://jsonplaceholder.typicode.com/posts");
    const data = await response.json();
    // 응답 전체가 아닌 본문만 가져오기 위해 json() 사용
    console.log("data", data);
  }
  getData();
</script>
```

코드를 실행하면 브라우저가 해당 URL로 네트워크 요청을 보내고, 응답을 response 변수에 할당합니다. 그리고 앞서 브라우저에서 확인한 것과 동일하게 게시글 목록이 출력되는 것을 확인할 수 있습니다.

```
data                                                              api.html:13
▼ Array(100) i
  ▼ 0:
      body: "quia et suscipit\nsuscipit recusandae consequuntur expedita et cum\nreprehende
      id: 1
      title: "sunt aut facere repellat provident occaecati excepturi optio reprehenderit"
      userId: 1
    ▶ [[Prototype]]: Object
  ▶ 1: {userId: 1, id: 2, title: 'qui est esse', body: 'est rerum tempore vitae\nsequi sint
  ▶ 2: {userId: 1, id: 3, title: 'ea molestias quasi exercitationem repellat qui ipsa sit a
  ▶ 3: {userId: 1, id: 4, title: 'eum et est occaecati', body: 'ullam et saepe reiciendis v
  ▶ 4: {userId: 1, id: 5, title: 'nesciunt quas odio', body: 'repudiandae veniam quaerat su
  ▶ 5: {userId: 1, id: 6, title: 'dolorem eum magni eos aperiam quia', body: 'ut aspernatur
  ▶ 6: {userId: 1, id: 7, title: 'magnam facilis autem', body: 'dolore placeat quibusdam ea
  ▶ 7: {userId: 1, id: 8, title: 'dolorem dolore est ipsam', body: 'dignissimos aperiam dol
  ▶ 8: {userId: 1, id: 9, title: 'nesciunt iure omnis dolorem tempora et accusantium', body
  ▶ 9: {userId: 1, id: 10, title: 'optio molestias id quia eum', body: 'quo et expedita mod
  ▶ 10: {userId: 2, id: 11, title: 'et ea vero quia laudantium autem', body: 'delectus reic
  ▶ 11: {userId: 2, id: 12, title: 'in quibusdam tempore odit est dolorem', body: 'itaque i
  ▶ 12: {userId: 2, id: 13, title: 'dolorum ut in voluptas mollitia et saepe quo animi', bo
```

그림 12.10 getData()의 실행 결과

그런데 앞의 예제에서 낯선 키워드가 보입니다. 바로 **async**와 **await**입니다.

이 개념을 이해하려면 자바스크립트 코드의 실행 순서를 잠깐 살펴볼 필요가 있습니다. 일반적인 자바스크립트 코드는 위에서 아래로, 논리적인 흐름에 따라 순서대로 실행됩니다.

이를 햄버거 쌓기에 비유하면 햄버거 주문이 들어왔을 때 정해진 레시피대로 빵, 양상추, 고기를 차곡차곡 쌓는 과정과 같습니다. 그런데 이때 다른 재료와 달리 고기는 패티 담당이 고기를 전부 구울 때까지 기다린 다음에 올려야 합니다. 그렇지 않으면 덜 익은 패티가 햄버거에 들어가는 참사가 벌어집니다.

그림 12.11 햄버거 쌓기에 비유한 비동기 요청

API 요청 또한 마찬가지입니다. 서버에서 응답이 오기까지 시간이 걸리므로 await를 사용해 해당 요청이 완료될 때까지 기다렸다가 다음 작업을 실행합니다. await 키워드는 단독으로 사용할 수 없으며, 상위 함수에는 반드시 async 키워드를 붙여야 합니다.

기본 동작 과정을 익혔으니, 이번에는 새로운 데이터를 추가하는 요청을 보내 보겠습니다. 앞서 fetch() 함수에 옵션을 추가할 수 있다고 했는데, 데이터를 추가할 때는 이 fetch()의 옵션을 활용해야 합니다.

예제 12.2 fetch() 함수의 옵션을 활용해 데이터 추가하기   ch12/12.2/api.html

```
<script>
  async function postData() {
    const response = await fetch('https://jsonplaceholder.typicode.com/posts', {
      method: 'POST',
```

```
    headers: {
      'Content-Type': 'application/json'
    },
    body: JSON.stringify({
      title: '오늘의 할일',
      body: '자바스크립트 fetch() 공부하기',
      userId: 1,
    })
  })
  const data = await response.json();
  console.log("data", data);
}
postData();
</script>
```

먼저 method에는 앞에서 살펴본 HTTP 메서드를 지정합니다. 예제에서는 데이터를 생성하는 것이므로 POST를 입력했습니다.

그다음 headers는 요청에 대한 메타 정보를 의미합니다. 보통은 보내는 본문의 유형을 적는 경우가 많은데, 예제에서도 Content-Type을 지정해 JSON 형식의 데이터를 보낸다는 것을 나타냅니다.

마지막 body에는 실제로 추가할 데이터를 입력합니다. 본문 값은 API에서 요구하는 형식에 맞춰야 합니다. 여기서 추가하는 데이터는 블로그 포스트이므로, 제목(title), 본문(body), 그리고 작성자 ID(userId)를 추가합니다.

이때 body 값을 보면 JSON.stringify()로 둘러싸여 있습니다. 이는 자바스크립트 객체를 JSON 문자열로 변환하는 함수로, 데이터를 API에 맞는 형식으로 변환하는 과정입니다.

이렇게 입력한 뒤에 콘솔 창을 확인해 보면 다음과 같이 새로 생성된 데이터의 id와 앞서 작성한 값이 출력된 것을 확인할 수 있습니다.

```
data                                                          api.html:28
 ▼ {title: '오늘의 할일', body: '자바스크립트 fetch() 공부하기', userId: 1, id: 101} ⓘ
     body: "자바스크립트 fetch() 공부하기"
     id: 101
     title: "오늘의 할일"
     userId: 1
   ▶ [[Prototype]]: Object
> |
```

그림 12.12 postData() 실행 결과

참고로 예시에서 사용한 API는 연습용으로, 이후에 실제 데이터를 활용해 API 호출을 해보고 싶다면 공공 데이터 포털[2]과 같은 공공 기관의 API를 사용할 수 있습니다. 이런 데이터를 활용하면 날씨 앱, 쇼핑 사이트 등 다양한 서비스를 만들 수 있습니다.

그림 12.13 공공 데이터 포털 홈페이지

---

[2] https://www.data.go.kr/

그런데 데이터를 주고받기 위해서는 어딘가에 서버가 동작하고 있어야 합니다. 서버 운영에는 비용이 들기 때문에 대부분의 API는 로그인해야 하거나 호출 횟수에 제한을 두는 등의 정책을 통해 사용을 제한하고 있습니다.

또한 API마다 요구하는 body 값이나 옵션이 다를 수 있으므로 API를 사용할 때는 제공하는 서버에서 어떤 형식으로 데이터를 주고받는지 꼼꼼히 확인한 후에 사용하는 것이 중요합니다.

12.3 프런트엔드 라이브러리 사용하기

지금까지 HTML로 웹 페이지의 뼈대를 만들고, CSS를 사용해 스타일을 적용했으며, 자바스크립트를 사용해 동적인 기능을 추가했습니다. 또 API를 사용해 서버로부터 데이터를 가져오는 방법도 배웠습니다.

그렇다면 더 복잡하고 대규모의 웹 서비스를 만들거나 장기간 안정적으로 유지하려면 어떻게 해야 할까요? 이럴 때 필요한 것이 바로 **프런트엔드 라이브러리**입니다.

먼저 프런트엔드 라이브러리는 무엇이고, 어떤 장점이 있는지 알아보겠습니다.

프런트엔드 라이브러리는 왜 필요할까?

프런트엔드 라이브러리는 웹 개발을 더 쉽고 효율적으로 하기 위해 제공되는 **재사용 가능한 코드의 집합**입니다. 버튼과 같은 UI 컴포넌트부터 페이지 간 이동을 처리하는 라우팅, 데이터를 효율적으로 관리하는 상태 관리 기능까지 다양한 요소들이 포함돼 있어 복잡한 웹 애플리케이션을 좀 더 체계적으로 개발할 수 있도록 도와줍니다.

그럼 이러한 프런트엔드 라이브러리는 왜 필요할까요? 그 해답을 찾기 위해 11장에서 위키카페 웹 사이트를 만들었을 때를 떠올려 봅시다. 당시 카페에 있는 여러 메뉴를 나열하기 위해서 다음과 같이 HTML 태그를 여러 번 작성했습니다.

```
<ul class="menu-list">
    <li class="menu-item">
```

```
      <img src="images/menu1.jpg" alt="아메리카노">
      <h3 class="menu-name">아메리카노</h3>
      <p class="menu-price">4,500원</p>
      <button class="button menu-button">상세 보기</button>
    </li>
    <li class="menu-item">
      <img src="images/menu2.jpg" alt="카페 라떼">
      <h3 class="menu-name">카페 라떼</h3>
      <p class="menu-price">5,000원</p>
      <button class="button menu-button">상세 보기</button>
    </li>
    ... 생략 ...
</ul>
```

이처럼 똑같은 코드가 반복되는 구조는 프로젝트 규모가 커질수록 큰 단점으로 작용합니다. 예를 들어, 메뉴 UI를 변경해야 한다면 수십 개의 태그를 하나하나 수정해야 하고, 그 과정에서 일부를 실수로 놓칠 가능성이 큽니다. 또한 코드의 가독성이 떨어지는 문제도 있습니다.

프런트엔드 라이브러리는 이러한 문제를 해결하기 위해 **컴포넌트**(component) 개념을 도입했습니다. 컴포넌트란 HTML, CSS, 자바스크립트를 하나로 묶은 작은 코드 조각으로, 마치 레고 블록을 조립하듯이 웹 페이지를 구성할 수 있게 합니다. 덕분에 코드를 재사용할 수 있어 개발 시간이 단축되고, 유지보수가 쉬워집니다.

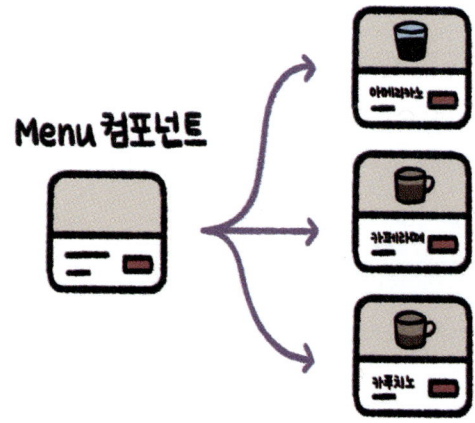

그림 12.14 컴포넌트로 재사용 가능한 코드 만들기

따라서 위의 메뉴 리스트를 대표적인 프런트엔드 라이브러리인 리액트(React) 컴포넌트로 만들면 다음과 같이 간결하게 작성할 수 있습니다.

예제 12.3 리액트 컴포넌트로 구현한 메뉴 아이템

```jsx
// 메뉴 아이템 컴포넌트
function MenuItem({ name, price, imgSrc }) {
  return (
    <li className="menu-item">
      <img src={imgSrc} alt={name} />
      <h3 className="menu-name">{name}</h3>
      <p className="menu-price">{price}원</p>
      <button className="button menu-button">상세 보기</button>
    </li>
  );
}

// 컴포넌트 활용
<ul className="menu-list">
  <MenuItem imgSrc="images/menu1.jpg" name="아메리카노" price="4,500원" />
  <MenuItem imgSrc="images/menu2.jpg" name="카페 라떼" price="5,000원" />
  ... 생략 ...
</ul>
```

또한 프런트엔드 라이브러리는 데이터가 변경되면 자동으로 화면을 업데이트하는 기능을 제공합니다.

숫자를 1씩 더하는 코드를 자바스크립트로 구현한다고 생각해볼까요? 일반 자바스크립트 코드에서는 버튼 클릭 이벤트를 직접 처리하고, 숫자 값을 증가시킨 후 해당 값을 HTML 요소에 반영해야 합니다. 즉, 매번 `document.querySelector()`로 요소를 찾아 `innerText`를 변경해야 합니다.

하지만 프런트엔드 라이브러리에서는 **상태(state)**라는 개념을 사용해 이 값이 변경되면 자동으로 UI의 값 또한 바뀌도록 수정합니다. 예시를 볼까요?

예제 12.4 리액트의 상태 관리

```
import { useState } from "react";

function Counter() {
  const [count, setCount] = useState(0);

  return (
    <div>
      <h1>버튼 클릭 횟수</h1>
      <p>{count}</p>
      <button onClick={() => setCount(count + 1)}>+1 증가</button>
    </div>
  );
}

export default Counter;
```

처음 보는 코드라 낯선 부분이 많을 텐데, 중요한 것은 자바스크립트의 `document.querySelector()`처럼 요소를 찾는 코드가 없어도 자동으로 `<p>` 요소의 값이 업데이트된다는 점입니다. 코드를 보면 `button`의 `onClick` 이벤트가 실행될 때 `count`라는 값을 바꾸는 `setCount()` 함수를 실행합니다. 그 결과가 `{count}`라고 정의된 `<p>` 요소에 그대로 반영되는 것을 확인할 수 있습니다.

이처럼 개발자가 직접 DOM을 조작하지 않아도 데이터가 변하면 UI가 자동으로 반영되므로 더욱 간결하게 코드를 작성할 수 있습니다.

마지막으로, 일반적인 HTML, CSS, 자바스크립트로 만들어진 웹 페이지는 중간에 내용이 변경되면 웹 페이지 전체가 다시 계산되고 그려지는 문제가 있습니다. 앞서 `<form>` 태그를 사용해서 `submit` 이벤트를 호출해 보면 웹 페이지가 하얗게 깜빡이며 새로고침 현상이 발생하는 일이 있었습니다. 이러한 현상이 동작마다 발생하면 웹 브라우저에 부담이 될뿐더러 사용자에게 좋지 않은 인상을 남길 수 있습니다.

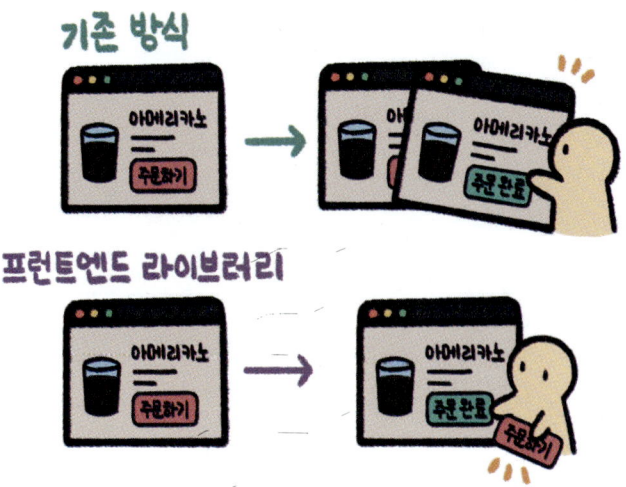

그림 12.15 바뀌는 부분만 업데이트하는 프런트엔드 라이브러리

따라서 프런트엔드 라이브러리에서는 웹 화면에 변화가 생겼을 때 바뀐 부분이 어디인지 계산해 해당 부분만 새로 업데이트하는 방식을 도입했습니다. 그 결과, 성능을 개선하고 사용자 경험을 향상할 수 있었습니다.

오늘날에는 대부분의 기업에서 웹 프런트엔드 라이브러리를 사용하고 있으며, 그 생태계 또한 아주 큽니다.

나에게 맞는 라이브러리 선택하기

그럼 이러한 프런트엔드 라이브러리에는 어떤 것이 있을까요? 지금까지 등장한 프런트엔드 라이브러리는 정말 다양하지만 현재 가장 많이 사용되는 것은 **리액트(React)**와 **뷰(Vue)**입니다. 두 라이브러리는 모두 탄탄한 생태계를 갖추고 있으며, 많은 기업에서 활용하고 있다는 공통점이 있습니다. 하지만 문법과 개발 방식에는 차이가 있습니다.

다음은 클릭했을 때 "안녕하세요!"라는 알림창이 뜨는 버튼을 각각 리액트와 뷰로 구현한 예제입니다.

예제 12.5 리액트로 구현한 버튼

```
import React from 'react';

function App() {
  const handleClick = () => {
    alert('안녕하세요!');
  };

  return (
    <button onClick={handleClick}>클릭하세요</button>
  );
}

export default App;
```

예제 12.6 뷰로 구현한 버튼

```
<template>
  <button @click="handleClick">클릭하세요</button>
</template>

<script>
export default {
  methods: {
    handleClick() {
      alert('안녕하세요!');
    }
  }
};
</script>
```

보다시피 같은 기능이지만 코드 스타일이 확연히 다릅니다.

리액트 코드를 살펴보면 HTML과 자바스크립트가 혼합된 듯한 형태를 볼 수 있는데, 이는 JSX라는 리액트 고유의 문법으로, 컴포넌트 중심의 UI 개발에 최적화돼 있습니다. 더불어 리액트는 메타(Meta, 이전의 페이스북)에서 개발한 자바스크립트 라이브러리로, 개발자가 자유롭게 조합할 수 있는 기능들을 제공합니다.

반면 뷰는 우리에게 익숙한 HTML, CSS, 자바스크립트가 분리된 형태를 유지합니다. 뷰 또한 리액트와 비슷한 시기에 등장한 자바스크립트 프레임워크로, 문법이 직관적이고 기존 웹 개발 방식과 유사해 학습 난이도가 상대적으로 낮다는 장점이 있습니다. 실제로 오랫동안 바닐라 자바스크립트를 사용한 사람들이 뷰를 선호하는 경우가 많습니다.

그림 12.16 리액트와 뷰 비교

그럼 둘 중 어떤 것을 선택하는 게 좋을까요? 이는 개인의 자유이지만 앞서 리액트는 자바스크립트 '라이브러리', 그리고 뷰는 자바스크립트 '프레임워크'라고 설명한 것을 기억하시나요? 지금까지 프런트엔드 라이브러리라고 통칭한 것은 편의를 위한 표현이었고, 사실은 라이브러리와 프레임워크가 존재합니다.

라이브러리(library)와 **프레임워크**(framework)는 비슷한 개념처럼 보일 수 있지만 라이브러리는 말 그대로 '도서관'처럼 다양한 편의 기능을 제공하며, 그중 필요한 기능을 개발자가 직접 선택해 호출할 수 있습니다. 반면 프레임워크는 좀 더 제한적인 형태로, 개발에 편리한 기능을 제공하지만 정해진 순서나 규칙을 따라야 합니다. 비유하자면, 요리할 때 라이브러리는 필요한 모든 재료와 주방 도구를 제공하는 것이라면 프레임워크는 미리 손질된 재료와 조리 순서가 정해진 밀키트를 제공하는 것과 같습니다.

리액트는 방대한 생태계와 다양한 기능을 제공하기 때문에 복잡하고 규모가 큰 서비스를 개발할 때 유용하며, 뷰는 직관적인 문법으로 빠르게 학습이 가능해 소규모 또는 중간 규모의 프로젝트를 진행할 때 좋은 선택이 될 수 있습니다.

이러한 내용을 참고해 나에게 맞는 프런트엔드 라이브러리를 선택하고, 더 강력한 웹을 개발할 수 있습니다.

핵심 용어 정리

- **웹 접근성(Web Accessibility)**: 장애 여부나 신체 능력과 관계없이 누구나 웹 사이트의 정보에 접근하고 이용할 수 있도록 보장하는 것
- **스크린 리더(Screen Reader)**: 화면의 내용을 음성으로 읽어주는 보조 프로그램으로, 시각장애인이 웹을 이용할 때 사용함
- **alt 속성**: HTML의 이미지 태그에 추가하는 속성으로, 이미지를 설명하는 대체 텍스트를 제공함
- **명도 대비(Contrast Ratio)**: 텍스트와 배경 사이의 밝기 차이로, 웹 접근성 측면에서 4.5:1 이상이 권장됨
- **초점(Focus)**: 키보드 내비게이션에서 현재 선택된 요소를 시각적으로 표시하는 것
- **API(Application Programming Interface)**: 두 소프트웨어 구성 요소가 통신할 수 있게 하는 방법
- **엔드포인트(Endpoint)**: API에서 데이터를 요청하는 서버의 특정 URL 주소
- **HTTP 메서드(Method)**: 웹 브라우저의 요청을 처리하는 방식(GET, POST, PUT, DELETE 등)
- **GET 메서드**: 데이터를 가져올 때 사용하는 HTTP 메서드
- **POST 메서드**: 새로운 데이터를 생성할 때 사용하는 HTTP 메서드
- **fetch()**: 자바스크립트에서 API 호출을 위해 제공하는 함수
- **async/await**: 자바스크립트에서 비동기 작업을 처리하기 위한 문법
- **프런트엔드 라이브러리**: 웹 개발을 더 쉽고 효율적으로 하기 위해 제공되는 재사용 가능한 코드의 집합
- **컴포넌트(Component)**: HTML, CSS, 자바스크립트를 하나로 묶은 작은 코드 조각으로, 재사용이 가능함
- **상태(State)**: 프런트엔드 라이브러리에서 UI와 연결된 데이터를 관리하는 개념
- **리액트(React)**: 메타(구 페이스북)에서 개발한 자바스크립트 라이브러리로, 컴포넌트 기반의 UI 개발에 사용됨
- **뷰(Vue)**: 직관적인 문법을 가진 자바스크립트 프레임워크로, HTML, CSS, 자바스크립트의 분리된 구조를 유지함
- **JSX**: 리액트에서 사용하는 자바스크립트 확장 문법으로, HTML과 자바스크립트를 혼합한 형태

- 라이브러리(Library): 개발에 필요한 다양한 기능을 제공하며, 개발자가 필요한 기능을 선택해 호출할 수 있는 코드 모음
- 프레임워크(Framework): 개발에 편리한 기능을 제공하지만 정해진 순서나 규칙을 따라야 하는 코드 구조

【연습 문제】

1. 웹 접근성 측면에서 이미지에 반드시 추가해야 하는 HTML 속성은?
   ① src
   ② alt
   ③ title
   ④ width

2. 웹 접근성 가이드라인에 따르면 텍스트와 배경의 명도 대비는 최소 얼마 이상이어야 하는가?
   ① 2:1
   ② 3:1
   ③ 4.5:1
   ④ 7:1

3. 자바스크립트에서 서버로부터 데이터를 가져오기 위해 사용하는 함수는 무엇인가?
   ① ajax()
   ② get()
   ③ request()
   ④ fetch()

4. 자바스크립트에서 비동기 작업을 처리할 때 사용하는 키워드 쌍은 무엇인가?
   ① function/return
   ② try/catch
   ③ async/await
   ④ if/else

5. 프런트엔드 라이브러리에서 HTML, CSS, 자바스크립트를 하나로 묶어 재사용 가능하게 만든 코드 조각을 무엇이라고 부르는가?

① 모듈

② 컴포넌트

③ 프래그먼트

④ 엘리먼트

연습문제 해답

1. ② – alt
2. ③ – 4.5:1
3. ④ – fetch()
4. ③ – async/await
5. ② – 컴포넌트

에필로그

HTML, CSS, 그리고 자바스크립트는 보통 웹 개발을 처음 접하는 사람들이 가장 먼저 배우는 언어입니다. 학습 난이도가 비교적 낮으면서도 배운 것만으로도 다양한 웹 개발을 시도할 수 있기 때문입니다.

아마 이 책을 읽은 독자 여러분 또한 비슷한 배경에서 웹 개발을 시작했을 거라 생각합니다. 저 또한 비전공자로서 HTML/CSS/자바스크립트로 처음 프로그래밍을 시작했고, 그렇게 시작한 배움이 개발자라는 지금의 저를 만들었습니다.

지금은 새로운 개념을 배우는 것이 예전처럼 두렵진 않지만 처음 HTML을 공부할 때만 하더라도 낯설고 어려웠습니다. 그도 그럴 것이, 당시 제게 '언어'란 사람과 사람이 소통하는 도구였지, 컴퓨터와 대화하는 수단이라고는 생각하지 못했기 때문입니다. 그 덕분에 쉬운 개념도 이해하는 데 시간이 걸렸고, 내가 잘 따라가지 못하는 게 아닌지 걱정하며 힘들어하던 순간도 있었습니다. 그러나 그 과정을 거치며 한 줄 한 줄 쌓아 올린 코드가 실제 웹 페이지로 구현되는 것을 두 눈으로 확인할 때의 느낌이 좋았고, 그 때문에 아직도 개발자라는 업을 지속하고 있는 것 같습니다.

처음 HTML을 배우던 당시의 기억을 떠올리며 이 책을 집필했습니다. 함께 알았다면 좋았을 개념들을 추가하고, 유독 어렵게 느껴졌던 부분에는 설명과 비유를 덧붙이며, 마치 과거의 저에게 보내는 메시지처럼 한 문장 한 문장 정성 들여 채웠습니다. 이 노력이 웹 개발을 시작하는 여러분께 조금이라도 도움이 됐기를 바랍니다.

두 번째 책을 집필하며 나름의 노하우가 생긴 것 같다고 생각했으나, 새로운 주제를 다룬다는 것만으로도 설명 방식이 크게 달라졌고, 결국 첫 번째 책보다 더 많은 시간과 정성을 들이게 됐습니다. 잘 알고 있는 분야라고 생각한 만큼 이를 적절한 난이도로 설명하는 과정에서 어려움이 많았고, 덕분에 이 책은 저에게도 큰 의미를 갖게 됐습니다. 함께 기다려주신 위키북스 편집자님들께 다시 한번 감사의 말씀을 드립니다.

마지막 '더 나아가기' 장에서 언급했듯이, 이 책에서 다룬 내용은 웹 개발의 기초에 불과하며, 이 다음에 다양한 선택지가 여러분을 기다리고 있을 것입니다. 프런트엔드와 백엔드는 물론이고, 앱이나 게임처럼 전혀 다른 형태의 서비스 개발로도 확장해볼 수 있습니다. 여러분이 좋아하는 분야가 무엇인지 탐색하고, 과감하게 다음 단계로 나아가 보세요.

이 책이 여러분의 웹 개발이라는 긴 여정을 시작하는 데 든든한 이정표가 됐기를 바라며, 오랜 시간 함께해 주신 모든 분들께 진심으로 감사의 인사를 전합니다.

찾아보기

기호

⟨a⟩	59
⟨article⟩	79
⟨aside⟩	79
⟨audio⟩	71
⟨br⟩	54
⟨button⟩	87
⟨caption⟩	65
⟨dd⟩	64
⟨div⟩	76
⟨dl⟩	64
⟨dt⟩	64
⟨em⟩	56
⟨footer⟩	79
⟨form⟩	80
⟨header⟩	79
⟨hr⟩	55
⟨img⟩	57
⟨input⟩	81
⟨label⟩	82
⟨li⟩	61
⟨main⟩	79
⟨nav⟩	79
⟨ol⟩	63
⟨p⟩	53
⟨script⟩	262
⟨section⟩	79
⟨select⟩	86
⟨source⟩	73
⟨span⟩	77
⟨strong⟩	56
⟨table⟩	65
⟨td⟩	66
⟨textarea⟩	85
⟨th⟩	66
⟨tr⟩	66
⟨ul⟩	61
⟨video⟩	71
@font-face	250
@keyframes	231
@media	220

A – G

addEventListener()	340
alert()	267
align-items	199
align-self	208
animation	230
API(Application Programming Interface)	417
async	421
await	421
background	157
background-attachment	150
background-color	142
background-image	144
background-position	146
background-repeat	145
background-size	149
border	167
border-color	168
border-radius	170
border-style	167
border-width	167
box-shadow	236
box-sizing	172
calc()	162
checkbox	84
classList	334
color	131
colspan	69
Console 탭	28
console.log()	268
const	281
CSS 변수(CSS Custom Properties)	364
CSS(Cascading Style Sheets)	95
defer	265
direction	137
display	174
DNS(Domain Name System)	4
DOCTYPE	43
document	320
DOM(Document Object Model)	318
do...while 문	306
fetch()	419
filter	240
flex	207

flex-basis	207
flex-direction	195
flex-grow	205
flex-shrink	206
flex-wrap	196
float	184
font-family	124
font-size	126
font-style	129
font-weight	130
for 문	301
forEach	395
for…of 문	303
fr	212
gap	201
GET 메서드	419
getAttribute()	328
getElementById()	320
getElementsByClassName()	322
getElementsByTagName()	322
grid-area	216
grid-column	215
grid-row	215
grid-template-columns	211
grid-template-rows	211

H – R

height	161
HTML	35
HTML5	37
HTML 태그	38
HTTP 메서드	419
HTTP 메시지	5
ID 선택자	110
if 문	297
innerHTML	326
justify-content	197
length	291
let	281
letter-spacing	140
linear-gradient()	153
line-height	135
margin	163
null	285
opacity	238
order	203
padding	163
pop()	290
position	176
POST 메서드	419
preventDefault()	351
push()	290

querySelector()	323
querySelectorAll()	323
radial-gradient()	155
radio	83
removeAttribute()	331
rowspan	69

S – Z

setAttribute()	329
shift()	290
Sources 탭	30
style 객체	332
switch 문	299
text-align	137
textContent	325
text-decoration	139
transform	233
transition	228
typeof	283
undefined	285
unshift()	290
value	346
var	282
vh(Viewport Height)	161
VS Code(Visual Studio Code)	16
vw(Viewport Width)	161
WCAG(Web Content Accessibility Guidelines)	411
while 문	305
width	161
word-spacing	141
z-index	181

ㄱ – ㅅ

가상 클래스 선택자	118
개발자 도구	23
객체	286
결합자	115
계층 구조	319
그룹 선택자	113
그리드 레이아웃	210
깃허브	399
깃허브 페이지	400
내부 스타일시트	103
내부 웹 폰트	248
노드JS	260
논리 연산자	295
닫는 태그	39
대괄호 표기법	287
데이터베이스	10
디버깅	269
레이아웃	74
리액트	428
리액트 네이티브	260
마진 겹침 현상	165
매개변수	308
메서드	289
문자열	283
미디어 쿼리	220
박스 모델	158
반복문	301
반응형 디자인	219
반응형 웹	219
반환값	311
배열	288
백엔드 개발	9
버그	269
변수	279
복합 대입 연산자	292
불리언	285
뷰	428
뷰포트	219
블록 요소	74
비교 연산자	294
사용자 경험	97
산술 연산자	292
삼항 연산자	299
상대 단위	126
서버	3
선택자	99
속성	41, 99
속성값	99
속성 선택자	112
숫자형	283
스크린 리더	47, 411
스크립트 언어	261
시맨틱	78
시맨틱 태그	78

ㅇ – ㅎ

엔드포인트	417
여는 태그	39
연산자	291
외부 스타일시트	104
외부 웹 폰트	243
월드 와이드 웹	2
웹 브라우저	4
웹 접근성	410
웹 API	417
이벤트	338
이벤트 객체	342
이벤트 리스너	339
익명 함수	341
인라인 스타일	102
인라인 요소	74
인수	308
일반 폰트 계열	125
자바스크립트	258
자손 선택자	116
자식 선택자	117
자체 닫기 태그	41
전체 선택자	106
절대 단위	126
점 표기법	287
제어 흐름	296
조건문	296
주석 태그	45
캐멀 케이스	272
컨벤션	272
컴포넌트	425
코드펜	14
코드 편집기	14
콜백 함수	340
클라이언트	3
클래스 선택자	109
타입 선택자	108
텐서플로	260
템플릿 리터럴	284
트리 구조	319
파비콘	366
프런트엔드 라이브러리	424
프런트엔드 개발	8
프로그래밍 언어	260
플렉스박스	192
하이퍼링크	36
하이퍼텍스트	36
함수	307
헤딩 태그	51
호이스팅	282
화살표 함수	311